全本全注全译丛书

中华经典名著

胡平生 张萌◎译注

礼记 上

中華書局

目　录

上册

下册

前　言

西汉初期是礼学由衰落到兴盛发达的时期。秦末起义，暴秦瓦解，天下嚣嚣，礼崩乐坏。刘邦进据关中，战胜项羽，即皇帝位，群臣在宫中饮酒争功，喧嚣呼叫，拔剑击柱，弄得汉高祖十分恼火。博士叔孙通便征聘鲁地儒生数十百人，制礼作乐演习。长乐宫建成举行典礼，叔孙通布置酒宴，廷中列车骑步卒，设旗帜，殿下安排郎中夹陛，武将在西，文臣在东，殿上侍从皆匍匐俯首，群臣依尊卑次序敬酒，莫不肃敬，"竟朝置酒，无敢谨哗失礼者"。于是，汉高祖说："吾乃今日知为皇帝之贵也。"重赏叔孙通，并将他从鲁地招来的弟子都安排做了郎。可知汉初是十分重视礼仪的制定与执行的，礼书的纂辑应当与这个大气候、大背景有关联。《汉书·儒林传》记载，与传习《士礼》的鲁高堂生同时治《礼》的还有鲁地的徐生，擅长礼容、礼仪。汉文帝时，徐生做了礼官大夫，后来传给了他的孙子，还有他的弟子，都做了礼官大夫，另一个治《礼》的学生萧奋做了淮阳太守。萧奋的学生孟卿，传给了后仓，后仓传给了闻人通汉、戴德、戴圣、庆普。戴德号大戴，戴圣号小戴，做过博士；庆普做过东平太傅。这几位都是当时著名的礼学家，三家都立为礼学博士，都有学生传承其学。所谓《礼记》，就是关于"礼经"的"记"，即对"经"的诠释讲解，就是礼学家对礼经的解释以及他们所采择的各种意见的辑录。《大戴礼记》、《小戴礼记》就是这类的书。下面，我们分四个部分着重对《小戴礼记》的基本情况加以介绍和说明。

一 《礼记》的作者与编者

传世的《礼记》,有《大戴礼记》和《小戴礼记》之分。《大戴礼记》,相传是由西汉时期的礼学家戴德编纂;《小戴礼记》,相传是由西汉礼学家戴圣编纂。戴圣为戴德之从兄子。《小戴礼记》,也称为《礼记》,凡四十九篇,是一部以儒家礼论为主的论文汇编。《礼记》的作者,历来莫衷一是。较早提出具体作者的,如《史记·孔子世家》说:"故《书传》、《礼记》自孔氏。"认为《礼记》传自孔子。不过,司马迁这里所说的《礼记》是广义的,就是我们在前面说过的包括《仪礼》等先秦古礼在内的许多的礼论作品,并非今本《礼记》。《汉书·艺文志》著录礼类十三家,有"《记》百三十一篇",班固自注:"七十子后学者所记也。"明显地不能具体指出作者,只能以孔子弟子及其后学来概括陈述。陆德明《经典释文·序录》认为,《礼记》本是孔子门徒共撰所闻的著作,后世通儒又各自斟酌损益以续学,陆氏并指出《中庸》是子思伋所作,《缁衣》是公孙尼子所撰,又引郑玄说《月令》乃吕不韦所撰,引卢植说《王制》是汉文帝时博士所为;孔颖达《礼记正义》结合《孔子世家》之说,看法与陆氏同。后世也不乏讨论《礼记》作者的论述,但除了少数单篇作者或可具体落实之外,大多篇章的作者已不可考。

《礼记》非出于一人之手,我们今天所看到的本子是由后人汇辑编纂成书的。今本《礼记》的编纂者,郑玄以来都认为是西汉戴圣所编。郑玄《六艺论》说:"戴德传《记》八十五篇,则《大戴礼》是也;戴圣传《礼》四十九篇,则此《礼记》是也。"大戴、小戴是叔侄关系,戴圣是戴德从兄之子。戴圣,字次君。《汉书·儒林传》说:

> 德号大戴,为信都太傅;圣号小戴,以博士论石渠,至九江太守。由是《礼》有大戴、小戴、庆氏之学。

石渠,即石渠阁,也就是汉代的国家图书馆,兼具收藏珍本秘籍与举办学术会议的功能。汉宣帝甘露三年(前51),由太子太傅萧望之主持,召集儒生若干人齐聚石渠阁,讲论五经异同,戴圣也在其列。戴圣在宣帝时立为博士,后来官至九江太守。他的著作,除了编纂《礼记》四十九篇之外,还有《石渠礼论》、《群经疑义》等著作。

近世有学者对于传统《礼记》编纂者的说法提出质疑,其中较具影响力的,应属洪业先生于1936年所撰的《礼记引得序》,他认为《礼记》不是由戴圣编纂,其编纂时间应在大小戴之后、郑玄之前,而且可能不是一人所辑、一时所成。他的一条理由是,戴圣是今文《礼》学家,而《礼记》中则有不少古文《礼》的内容,因此《小戴礼》不可能是戴圣所编纂。实际上,汉代当时的今古文之争,并不像后来,特别是清人所说的那么形同水火、势不两立。大戴、小戴编纂《礼记》时混用今文、古文,并不奇怪。洪业先生的意见并不能成立。

二 《礼记》的来源与成书

由于《礼记》各篇来源各不相同,所以在谈《礼记》的成书经过之前,必须对全书四十九篇的来源略作梳理。

关于四十九篇的来源问题,历来有些争辩。王锷先生《礼记成书考》汇集各家见解,最后提出:《礼记》四十九篇,应是选辑自《汉书·艺文志》所录的"《记》百三十一篇"、《明堂阴阳记》等几种著作,以及《艺文志》记载的《曾子》、《子思子》等已亡佚的儒家文献;而这些"礼记"所议论的内容,则是今本《仪礼》十七篇以及散见其他古书或早已亡佚的古礼。

有关《礼记》的成书经过,历来论说甚多。台湾学者周何先生《礼学概论》列出四个发展阶段,分别为附经而作、单独成篇、选编成书、定本流传四个阶段。我们结合出土文献来看,前两个阶段是否必然,因为先秦时代的记文,一般是单独成篇的,所谓附经而作的材料不是很确凿。

所以，我们姑且将这两个阶段放在一起，并根据出土文献典籍加以补充说明。

（一）附经而作与单独成篇

早期《礼记》附经而作，可以从今本《仪礼》看到证据。今本《仪礼》十七篇，除了《士相见》、《大射》、《少牢馈食》、《有司彻》等四篇，其他十一篇，如《士冠礼》、《士昏礼》、《乡饮酒礼》、《乡射礼》等，篇末都标有一“记”字。“记”后面的内容，或接续书写对经文的发明，或记礼节之变异，或记传闻，这可能是当时学者读礼经时，在每卷经文后面的空白竹简随手附记说明或感想，这些记文便是早期附经而作的痕迹。

单独成篇的形态，先秦时也已经出现。以今本《缁衣》为例，属于战国时期的郭店楚墓竹简及上海博物馆所藏竹简各有一篇，内容大同小异；又如《孔子闲居》篇，也见于上海博物馆所藏竹简（题为《民之父母》）；这都是最好的明证。

汉初所见的《礼记》，也可能是以单篇形式流传的。据《汉书·景十三王传》，景帝时河间献王刘德修学好古，从四方民间搜集不少古书：

> 献王所得书皆古文先秦旧书，《周官》、《尚书》、《礼》、《礼记》、《孟子》、《老子》之属，皆经传说记，七十子之徒所论。

颜师古注：“《礼》者，礼经也；《礼记》者，诸儒记礼之说也。”此处《礼记》与《礼》并列，可见学者已有意将“礼记”别为一类。

又据《汉书·艺文志》、《说文解字·叙》，汉武帝末年，鲁恭王坏孔壁而得古文典籍数十篇，其中就有《礼记》。据此，李学勤《郭店简与〈礼记〉》认为：“《汉志》的‘《记》百三十一篇’便包括孔壁所出和河间献王所得两来源。”至于这两种“礼记”流传形式，李学勤认为由于先秦简帛流传不易，书籍多以单篇行世，所以不管是河间献王得书或孔壁中书，必有许多书的单篇；也就是说，上述所谓的“礼记”未必指书籍，可能只是一种通称，犹如“史记”一词本泛指各国之史书，至司马迁《太史公书》出，才作为书名的专称。

这些先秦以至汉初的“礼记”与戴圣所编纂《礼记》的关系，吴承仕《经典释文叙录疏证》认为，后者（戴圣编《礼记》）犹如“晚出之丛书”，而前者（各种《礼记》来源）则如“稍古之丛书”，这可以算是一个贴切的比喻。

（二）选编成书

汉宣帝时期，戴圣与其叔戴德都在学官讲授《礼》。我们从今天的十七篇《仪礼》可知，各篇备载种种仪节，虽形式十分具体，但这种行礼如仪的节目单，难免枯燥乏味。而传世的“礼记”，累积了历来许多儒家学者的精彩阐释，将各种仪节赋予精神与意义，可让平淡无奇的礼单变得生动，深化礼义，因此二戴从中选编出适用的礼学参考资料，而成大、小戴《礼记》，作为讲学的辅助材料。

（三）定本流传

戴圣虽然编纂了《礼记》一书，但为了配合讲学需要，篇目未必始终相同；这与今天编选“古文文选”相仿，书名可以一样，但选录的篇目可能因为爱好或需求的变化而有所变更，因而初版与再版的篇目未必相同。到了东汉，知名的经学家郑玄为三《礼》作注，据陆德明《经典释文·叙录》引晋人陈邵《周礼论序》云“马融、卢植考诸家同异，附戴圣篇章，去其繁重及所叙略而行于世”，郑玄所依据的正是马、卢的本子。经过名重士林的经学大师郑玄作注，使《礼记》的可读性更加提高，于是才有定本《礼记》流传至今。

三 《礼记》的内容与分类

今本《礼记》共四十九篇，以《曲礼》为始，以《丧服四制》为终。其中《曲礼》、《檀弓》、《杂记》三篇又分上、下，因此实际上只有四十六篇。依今本《礼记》篇次，略述各篇内容要旨如下：

1.《曲礼》上下：略记吉、凶、军、宾、嘉五礼仪文，兼及日常洒扫应对进退之法。

2.《檀弓》上下：杂记各种行礼故事，尤以丧礼为多数。

3.《王制》：记述君王应有的行政制度，其中部分有历史依据，部分则是理想之言。

4.《月令》：按十二个月次，记录各月天象特征，并说明政令、祭祀、行礼等事宜。

5.《曾子问》：以孔子与曾子问答方式，记录丧礼中的特殊事例，也兼及冠、昏等吉礼。

6.《文王世子》：记世子的教育问题，以及相关教育制度等。

7.《礼运》：主要叙述礼义、礼制的源流与运行。

8.《礼器》：阐述礼能使人成器之义，成器指成德器之美或用器之制。

9.《郊特牲》：杂记各礼，发挥礼义，其中又以祭祀较多。

10.《内则》：记家庭内各种人际关系的日常生活准则。

11.《玉藻》：记天子诸侯的饮食衣饰居处之法，以及其配偶的服制等。

12.《明堂位》：记鲁国国君因周公之德而可袭用古代天子衣服、器物之事。

13.《丧服小记》：主要记丧礼中特殊的服饰要求。

14.《大传》：记服制、宗法、祭法等制度。

15.《少仪》：记各种应对仪节，与《曲礼》相近。

16.《学记》：记古代学校教人、传道、授受的顺序以及教育得失与兴废之故。

17.《乐记》：主要阐述乐的形成与功能，并论述礼、乐的关系及影响等。

18.《杂记》上下：以杂记丧礼细节为主。

19.《丧大记》：记国君、大夫、士之丧制，器物方面的介绍尤其详细。

20.《祭法》：记载有虞氏至周朝制定祭祀天地众神的法度。

21.《祭义》:记祭祀主敬之义,同时述及孝悌祭先之道、养老尊长之义,可与《祭法》互相发明。

22.《祭统》:从不同方面论祭祀的意义。

23.《经解》:讲六经的教化功能,兼及天子德配天地、霸王治民之器、治国隆礼之道。

24.《哀公问》:记鲁哀公向孔子问礼、问政,旨在解说为政先礼、礼为政教之本的精神。

25.《仲尼燕居》:借孔子与弟子问答,说明礼的本质、内容、作用、意义。

26.《孔子闲居》:借孔子与子夏问答,阐述如何修身行事才能成为民之父母。

27.《坊记》:记如何透过礼的消极节制作用防禁各种过失。

28.《中庸》:主要阐述中庸之道。

29.《表记》:记君子如何处世为人以作为人民表率。

30.《缁衣》:多记君臣上下关系、君化民之道,兼及君子交友之道与言行准则等。

31.《奔丧》:主要记士身在异国他乡而返乡奔丧之礼,兼及天子与诸侯。前人指出本篇应属礼经,而非礼记的性质。

32.《问丧》:阐述丧礼某些仪节的意义,如始死、殓尸、安魂之祭、寝苫枕块、束发、拄杖等,并说明丧礼之制乃本于人情等。

33.《服问》:记丧服有关问题。

34.《间传》:记居丧时由于亲疏不同而表现的各种行止。

35.《三年问》:记父母丧所以三年之义,兼阐述服丧期限何以长短不同之理。

36.《深衣》:记深衣制度及意义。

37.《投壶》:专记投壶之礼。本篇也应属礼经,而非记文。

38.《儒行》:记儒者德行的特征。

39.《大学》:记博学而可以为政治国之义。

40.《冠义》:记《仪礼·士冠礼》之义。

41.《昏义》:记《仪礼·士昏礼》之义。

42.《乡饮酒义》:记《仪礼·乡饮酒礼》之义。

43.《射义》:记《仪礼》之《乡射礼》与《大射仪》。

44.《燕义》:记《仪礼·燕礼》之义。

45.《聘义》:记《仪礼·聘礼》之义。

46.《丧服四制》:阐述制定丧服所根据的四种原则——恩(恩情)、理(义理)、节(节制)、权(权变),分别本之于仁、义、礼、智。

由上述各篇主旨可知,全书都是与礼直接、间接相关的内容,范围十分广泛,如果要将这些篇章分分类,作一归纳,是颇为棘手的问题。最早为《礼记》篇章进行分类者,是刘向的《别录》(参孔疏引郑玄《礼记目录》所录),刘向将《礼记》四十九篇分为十一类:

(一)通论:《檀弓》上下、《礼运》、《玉藻》、《大传》、《学记》、《经解》、《哀公问》、《仲尼燕居》、《孔子闲居》、《坊记》、《中庸》、《表记》、《缁衣》、《儒行》、《大学》,共十六篇。

(二)制度:《曲礼》上下、《王制》、《礼器》、《少仪》、《深衣》,共六篇。

(三)丧服:《曾子问》、《丧服小记》、《杂记》上下、《丧大记》、《奔丧》、《问丧》、《服问》、《间传》、《三年问》、《丧服四制》,共十一篇。

(四)祭祀:《郊特牲》、《祭法》、《祭义》、《祭统》,共四篇。

(五)吉事:《冠义》、《昏义》、《乡饮酒义》、《燕义》、《聘义》、《射义》,共六篇。

(六)吉礼:《投壶》,一篇。

(七)明堂阴阳:《明堂位》,一篇。

(八)明堂阴阳记:《月令》,一篇。

(九)世子法:《文王世子》,一篇。

(十)子法:《内则》,一篇。

（十一）乐记：《乐记》，一篇。

刘向的分类，试图提纲挈领地了解《礼记》，但囿于《礼记》的内容实在驳杂，分类不免未惬人意。后世学者亦不乏为《礼记》重作分类者，如元代吴澄《礼记纂言》略分为通礼、丧礼、祭礼、通论四大类，将刘向原来的分类都打散。梁启超《要籍解题及其读法》说，《礼记》为儒家者流一大丛书，内容所含颇复杂，今略析其重要类别。他将《礼记》与《大戴礼》统分为十类，分类颇与前人不同，我们在条目下略去其所列篇目：

（甲）记述某项礼节条文之专篇。

（乙）记述某项政令之专篇。

（丙）解释礼经之专篇。

（丁）专记孔子言论。

（戊）记孔门及时人杂事。

（己）制度之杂记。

（庚）制度礼节之专门的考证及杂考证。

（辛）通论礼义或学术。

（壬）杂记格言。

（癸）某项掌故之专记。

台湾学者高明《礼学新探·礼记概说》则将《礼记》分为三大类，各大类下再分项：

（一）通论

1. 通论礼义：《礼运》、《礼器》、《郊特牲》、《经解》、《哀公问》、《仲尼燕居》。

2. 通论与礼有关之学术思想：《孔子闲居》、《乐记》、《学记》、《大学》、《中庸》、《坊记》、《表记》、《缁衣》、《儒行》。

（二）通礼

1. 关于世俗生活规范：《曲礼》上下、《内则》、《少仪》、《深衣》、《玉藻》。

2. 关于国家政令制度:《月令》、《王制》、《文王世子》、《明堂位》。

(三)专论

1. 丧礼

甲、逸礼正经:《奔丧》。

乙、论变礼:《檀弓》上下、《曾子问》。

丙、记丧制:《丧大记》、《丧服小记》、《杂记》上下、《服问》。

丁、论丧义:《大传》、《间传》、《问丧》、《三年问》、《丧服四制》。

2. 祭礼

甲、祭制:《祭法》。

乙、论祭义:《祭义》、《祭统》。

3. 冠礼:《冠义》。

4. 昏礼:《昏义》。

5. 乡饮酒礼:《乡饮酒义》。

6. 射礼:《射义》。

7. 燕礼:《燕义》。

8. 聘礼:《聘义》。

9. 投壶礼(含逸礼正经一篇):《投壶》。

学者的分类往往是见仁见智的,所持标准不同,类目自然就有别,像高明归为"专论"之"丧礼"类的《檀弓》、《曾子问》两篇,内容记丧礼的变礼,刘向则将前者归"通论"、后者归"丧礼";吴澄并归为"丧礼"一类;梁启超将前者归"记孔门及时人杂事"、后者归"专记孔子言论"。高氏的分类,对于想初步掌握《礼记》驳杂内容的读者而言,应该是有些帮助的。

四 《礼记》的意义与价值

《仪礼》及其他古礼经,是研究古代礼制的重要文献,由于经文内容多是礼节仪式,即使熟读经文,了解了礼节程序,但对于各种仪节背后的用意，却仍然难以知晓，而《礼记》就保存了部分阐释礼经意涵的篇章，虽不全面，但正可指引后人阅读礼经的思考方向，补足了上述的缺憾。今本《礼记》的《冠义》、《昏义》、《乡饮酒义》、《射义》、《燕义》、《聘义》等篇，是阐释《仪礼》中相应的专礼。而与丧服有关的《丧服小记》、《问丧》、《间传》等篇，则是补记《仪礼》的《丧服》、《士丧礼》等篇的不足。除了阐释古礼经义之外，《礼记》也对《仪礼》十七篇所未载的古礼颇有补充，例如《曾子问》记种种丧制、丧服的变例，即可补《仪礼》之未备。由于《礼记》是以儒家礼论为主的论文汇编，因此，后人亦可通过《礼记》对儒学思想进行深入的研究。梁启超《要籍解题及其读法》就说：

> 《礼记》之最大价值，在于能供给以研究战国秦汉间儒家者流——尤其是荀子一派学术思想史之极丰富之资料。盖孔氏之学，在此期间始确立，亦在此期间而渐失其真。其蜕变之迹与其几，读此两戴记八十余篇最能明了也。
>
> 要之欲知儒家根本思想及其蜕变之迹，则除《论语》、《孟子》、《荀子》外，最要者实为两《礼记》。而《礼记》方面较多，故足供研究资料者亦较广。

这是十分正确的看法。透过《礼记》，我们可以看到儒家小至修身、大至治国的种种思想。以政治思想与教育思想为例，儒家政治思想中最有名的理想社会——大同与小康：

> 大道之行也，天下为公。选贤与能，讲信修睦，故人不独亲其亲，不独子其子，使老有所终，壮有所用，幼有所长，矜寡孤独废疾者皆有所养。男有分，女有归。货恶其弃于地也，不必藏于己；力恶其不出于身也，不必为己。是故谋闭而不兴，盗窃乱贼而不作，故外户而不闭。是谓大同。

《礼运》描绘出一幅美好的理想国图景：最上乘的大同社会，大道盛行，人性本善，亲亲爱人，各安其所，君主垂拱而天下治。到了“大道既隐，天下为家”的时代，“各亲其亲，各子其子，货力为己”，虽然略逊一筹，却也算“小康”，尚属基本安定的社会。而其最重要的支撑便是礼义，礼义并不是强制执行的律法，礼义是依循天地万物的常情而形成的规范，因此得以收潜移默化之功，建立普世可行的价值观念，产生维系人心的力量。又如教育思想。我们从《论语》里可以看到孔子与学生之间的互动，可以勾勒出儒家教育思想的概貌，而通过《学记》，我们看到的是完整地体现儒家教育理念的专论。《学记》所提出的教育思想及方法，至今仍对学校教育，乃至所有广义的“教育者”与“学习者”都具有指导意义。以教学方法为例，《学记》提出“豫”、“时”、“逊”、“摩”四种理论：“豫”是预防，意指在过失发生前先加预防，一如现代学校要订定共同生活常规，导引学生品行，使学生懂得为与不为的分寸，这便是“豫”的观念；“时”是适时，意指在适当时机教育学生合宜的知识，可说是结合孔子“因材施教”与兵家“因势利导”的观念；“逊”是渐进，指循序渐进地施教，就像现代各级学校选编教材莫不由浅至深、由简及繁、由具体而抽象，以配合学生逐步成长的理解能力；“摩”是观摩，意指互相观摩学习，其中含藏着孔子见贤思齐的学习精神，也是现代学校教育甚至社会各行各业善用的方法。《学记》的意义，不只是后人研究儒家教育观的学术资料，两千多年来，它一直为历来无数“教者”、“学者”指引方向，韩愈写出有名的《师说》、《进学解》，岂能不受《学记》启发！现代校园有所谓的观摩教学、鼓励各级教师应该多多进修等，其理念源头焉能与《学记》以至孔子无关！

以一条人际关系原则为例，《曲礼上》说“贤者狎而敬之，畏而爱之”，与有贤德的人交往，要“狎而敬”、“畏而爱”，这是很中肯的。“狎”是指亲近贤者，这样就可以见贤思齐。既要亲近又要“敬”，人往往因亲近而生侮慢，慢心一生，便容易发生问题。后半句“畏而爱之”相反相成，畏不是恐惧，而是敬畏，带着敬畏又不失爱慕之心，人与人之间才能维持和平久长的关系。又如《少仪》说“不窥密”，即不窥探别人的私密。

今天常讲保护个人的隐私权，而各类大众传播媒体上却总是流言满天飞，狗仔队大行其道，因此这古老的道德规范至今并不过时。像这类提供个人修身养性的参考原则，《礼记》俯拾即是。研读《礼记》，不只让我们了解古代儒家的思想，更可鉴古知今，为现代人提供安身立命的处世之道。可以毫不夸张地说，《礼记》中有许多代表中国传统文化精华的闪亮的思想，只要列举几句那些我们耳熟能详的语录就足以说明问题：

道德仁义，非礼不成；教训正俗，非礼不备；分争辨讼，非礼不决。

临财毋苟得，临难毋苟免。

礼尚往来，往而不来，非礼也；来而不往，亦非礼也。

玉不琢，不成器；人不学，不知道。

师严然后道尊，道尊然后民知敬学。

好学近乎知，力行近乎仁，知耻近乎勇。

凡事预则立，不预则废。

小人溺于水，君子溺于口，大人溺于民。

生则不可夺志，死则不可夺名。

天下内和而家理……外和而国治。

苟利国家，不求富贵。

富贵而知好礼，则不骄不淫；贫贱而知好礼，则志不慑。

修身，齐家，治国，平天下。

……

至于《礼记》中的《大学》、《中庸》两篇，自唐代韩愈引用之后，宋代理学家程颐、程颢高度重视，朱熹更重新编次，重新阐释，与《论语》、《孟子》合纂于《四书集注》中，成为理学家最重要的纲领性著作。元代起，成为各级学校的必读书、士子求取功名的考试书。其在文化史与思想史上的地位是不言而喻的。

毋庸讳言，《礼记》中也有不少封建糟粕，如等级制度，男尊女卑，以及最为诟病的“繁文缛节”。如今我们在阅读过程中，尽可抛开那些“不合时宜”的礼节与观念，而学习那些至今仍有价值的、应当遵循的礼仪与思想。

《礼记》的今注今译，已有许多学者做过工作，硕果累累。如王梦鸥的《礼记今注今译》（台湾商务印书馆），杨天宇的《礼记译注》（上海古籍出版社），姜义华的《新译礼记读本》（台湾三民书局），吕友仁、吕咏梅的《礼记全译》（贵州人民出版社），王文锦的《礼记译解》（中华书局），钱玄、钱兴奇等的《礼记》（岳麓书社），潜苗金的《礼记译注》（浙江古籍出版社）等等。这些译注大作，我们也拜读过若干，我们认为做得比较好的是杨天宇，他研究礼学，成绩斐然。他也是我北大中文系本科时的学弟。我接手《礼记译注》工作后，还准备拜访他，讨论各种今注今译本的成败得失。可惜的是，他竟不幸早逝，令人扼腕叹息。

我们有幸参加中华书局的“中华经典名著全本全注全译丛书”的工作，《礼记译注》的工作是纳入该丛书的。2007年，我曾与台湾暨南大学陈美兰副教授合作，为“中华经典藏书”项目编写过《礼记·孝经》选本译注。囿于编选时字数的限制，我们选录了《礼记》的部分篇章，有的是全篇如《曲礼》上、《学记》、《祭法》、《经解》、《缁衣》、《冠义》、《昏义》；有的是部分选，如《曲礼》下、《王制》、《礼运》、《乐记》、《祭义》，此书出版后得到读者的肯定，先后印刷总数达十多万册。现在的全注全译本，由于陈美兰女士教学科研工作太忙而不能参加，让我感到非常遗憾，也非常紧张。幸而，吉林大学古籍研究所朱红林教授推荐了他的学生张萌来帮助我。张萌，是一位专业上很强的同学。她集中精力花了一年的时间，完成了初稿。本书的完成，首先要感谢张萌卓有成效的工作。自2013年末起，我在张萌工作的基础上，字斟句酌地将全部译注稿又打磨了几遍，直到2016年末，历时三年终于完成通稿。

记得最初接触《礼记》，还是1963年大二上“校勘学”课时，王重民教授和侯忠义老师带我们在善本阅览室，调出线装书，要我们将“大戴记”与“小戴记”的篇目抄录下来，比较异同。当时看到那些句子读不通、文字读不懂的八行本、十行本，觉得血脉贲张，头皮发麻。倏忽之间五十多年过去了，真恍如隔世。坦白地说，如果没有旧注旧疏，没有历代学者的考订解说，我们对大小戴记还是读不通、读不懂的，因此做好古籍的注释今译，对于年轻读者而言是非常必要的。

我们这个《礼记》的全注全译本，主旨与以前做过的选本是一致的，就是希望以易于理解的文字，帮助读者了解《礼记》的要义。全书内容分为四个部分：首先出题解，扼要概括通篇内容旨意。其次出正文，正文的分节参考了北大标点本《十三经注疏·礼记正义》及各家译注本的分节，文字也参考各种版本进行了勘校，有调整者在注释中加以说明。再次出注释，注释兼及章句训诂与名物制度介绍，在引述各家说法时，为求简明，最常见的郑玄注、孔颖达疏，简称郑注、孔疏，其他注家或相关著作则引作者与书名，如朱彬《礼记训纂》、孙希旦《礼记集解》、陈澔《礼记集说》，或径直引作朱彬说、孙希旦说等。不过，为了行文的简便，也为了不给读者太大的压力，注释一般不征引太多的研究著作。最后出译文，译文以直译为主，原文太过精练无法直译表达时，兼用意译。《礼记》的今译，是高难度的挑战，由于牵涉相当复杂的专业知识，既需要晓知礼书、礼制，又需要浅显易懂，做到“信、达、雅”，为此常常煞费苦心。

总之，从选编本到全注全译本编纂的前后十年间，本书让我们付出了许多心血，也经历了不少周折，我们虽然尽力希望做得好些，但限于水平，不足与错误在所难免，敬祈大雅方家斧正。

胡平生于北京

2017年5月

曲礼上第一

【题解】

本篇名为“曲礼”，历来学者有几种不同看法：一、郑玄《礼记目录》说：“名曰‘曲礼’者，以其篇记‘五礼’之事。”为本篇内容包含吉、凶、军、宾、嘉五礼之事，故名“曲礼”，此“曲”字有周遍之意。二、陆德明《经典释文·礼记音义》认为“曲礼”是“仪礼”的旧名，委曲详细说礼之事。三、孙希旦《集解》认为“曲礼”之命名，是摘取篇首二字。四、任铭善《礼记目录后案》认为“曲礼”之名得之于《汉书·艺文志》之《曲台后仓》九篇（《儒林传》作《后氏曲台记》），该书是汉代礼学家后仓在汉宫曲台说礼的著作，书已亡佚；任氏认为可能以此书说于曲台，故称之；也可能以其内容多引古说、曲尽礼义，故称之。

《曲礼》篇所述包括吉、凶、军、宾、嘉五礼的相关礼仪，内容繁杂。主要是为人臣、子在日常生活中起居、饮食、应对进退之法，以及在不同场合的言语、容貌、制器、备物、服饰、车旗等规定。因而，郑玄、陆德明之说有其道理。同时，《礼记》全书又不乏以篇首字句题名者，如《曾子问》、《文王世子》、《郊特牲》、《哀公问》等，故孙希旦之说也同样可取。

本篇分上、下两部分，主要是简策繁重、篇幅过长的原因。

《曲礼》曰①：毋不敬②，俨若思③，安定辞④，安民哉！

【注释】

①《曲礼》：古《礼》篇名。《礼器》："经礼三百，曲礼三千。"《朱子语类·礼器》说，"经礼三百""此是大节"；"曲礼三千，乃其中之小目"。

②毋（wú）不敬：不要不恭敬。郑注："礼主于敬。"《孝经·广要道章》："礼者，敬而已矣。"郭店楚简《性自命出》篇和上海博物馆藏战国楚简《性情》篇中有："敬，勿（物）之即（节）也。"毋，不要，不可以。

③俨（yǎn）若思：郑注："俨，矜庄貌。"即神态端庄，像若有所思一样。

④安定：合理、审慎。辞：言辞。

【译文】

《曲礼》说：人不可以不恭敬，神态要像若有所思般端庄稳重，说话时态度安详，言辞合理、审慎，这样就能安定民心了！

敖不可长[①]，欲不可从[②]，志不可满，乐不可极[③]。

【注释】

①敖：同"傲"，傲慢。

②从（zòng）：同"纵"，放纵。

③极：无度，超越极限。

【译文】

傲慢不可滋长，欲望不可放纵，志意不可自满，享乐不可超限。

贤者狎而敬之[①]，畏而爱之。爱而知其恶[②]，憎而知其善。积而能散[③]，安安而能迁[④]。临财毋苟得，临难毋苟免[5]，很毋求胜[6]，分毋求多。疑事毋质[7]，直而勿有[8]。

【注释】

①贤者：有道德、才能之人。狎(xiá)：亲近。

②爱：喜爱。与下文“憎”相对。恶(wù)：缺点。与下文“善”相对。

③散：分散。这里指施舍。

④安安而能迁：第一个“安”是动词，居处；第二个“安”是名词，指生活环境。迁，迁徙，变换住所。

⑤“临财”二句：云梦睡虎地秦墓竹简《为吏之道》：“临材(财)见利，不取句(苟)富；临难见死，不取句(苟)免。”苟，苟且，随便。

⑥很：郑注：“阋也，谓争讼也。”按，通“狠”，即争斗、争执。

⑦疑事毋质：对事情有疑惑，不要以既定的成见下判断。郑注：“质，成也。”

⑧直而勿有：要谦逊，自己的意见正确时，也不要将正确的意见据为自己的发明。直，正。有，据为己有。上海博物馆藏战国楚简《性情》篇：“毋蜀(独)言蜀(独)居。”“独”指独断自专。与人论事，不论疑与不疑，都不可自专独断，与文义正相参证。

【译文】

对贤能的人要亲近并且尊敬他，畏服并且爱戴他。对自己喜爱的人也要知道他的缺点，对自己憎恶的人也要知道他的优点。能够积蓄财物也能布施给穷人，安于安宁的生活也能适应迁徙变化。面对财物，不该取得的绝不取得；面对危难，不该逃避的绝不逃避。与人争执时不求胜利，分配财物时不求多得。对有疑问的事情，不以自己的成见擅下定论；意见正确时也不自以为是，将正确的意见据为自己的发明。

若夫坐如尸[1]，立如齐[2]。礼从宜[3]，使从俗[4]。

【注释】

①若夫(fú)坐如尸:这是用尸来说明坐姿需庄重严肃。孔疏:“尸居神位,坐必矜庄。言人虽不为尸,若所在坐法,必当如尸之坐。”若夫,如果。夫,语助词。尸,古代祭祀时代替神鬼受祭的人。

②齐(zhāi):同“斋”,古人祭祀前要斋戒。

③礼从宜:行礼时要顺从不同情况的需要。宜,事之所宜。

④使:动词,指出使到他国。

【译文】

如果坐着,就要像受祭的尸那样庄重地端坐;站着,就要像斋戒时那样恭敬地肃立。行礼要顺从时宜,出使他国要遵从他国的风俗习惯。

夫礼者,所以定亲疏、决嫌疑、别同异、明是非也①。礼,不妄说人②,不辞费③。礼不逾节,不侵侮,不好狎④。修身践言,谓之善行。行修言道⑤,礼之质也⑥。

【注释】

①定亲疏:孔疏:“五服之内,大功已上服粗者为亲,小功已下服精者为疏。”决嫌疑:孙希旦说:“彼此相淆谓之嫌,是非相似谓之疑。”

②不妄说(yuè)人:《集解》引朱熹曰:“礼有常度,不为佞媚以求说于人也。”说,同“悦”,取悦,讨好。

③不辞费:指说话言辞达意即可,不要多说无用之言。

④好(hào)狎(xiá):轻佻亲昵而不恭。

⑤行修言道:行为要体现出修养,言语要合乎道理。行,行为。

⑥质:根本,本质。

【译文】

礼,是用来确定人与人之间关系的亲近疏远,判断容易混淆和相似的事物，分别事类的相同或相异，辨明是非对错的。礼，不随便取悦、讨好他人，不说多余的话。礼，不逾越节度，不侵犯侮慢，不轻佻亲狎。修养身心，实践所言，叫作善行。行为有修养，说话合于道理，这是礼的本质。

礼，闻取于人，不闻取人。礼，闻来学，不闻往教。

【译文】

礼，只听说主动向人取法学习，没听说硬让人取法学习的。礼，只听说学礼者要前来学习，没听说授礼者上门去传授的。

道德仁义，非礼不成；教训正俗，非礼不备；分争辨讼，非礼不决；君臣上下，父子兄弟，非礼不定；宦学事师[①]，非礼不亲；班朝治军[②]，莅官行法[③]，非礼威严不行；祷祠祭祀[④]，供给鬼神[⑤]，非礼不诚不庄[⑥]。是以君子恭敬、撙节、退让以明礼[⑦]。

【注释】

①宦：指为吏者。学：指学习礼、乐、射、御、书、数六艺者。孙希旦认为，“宦”指已仕而学者，“学”指未仕而学者。

②班朝：排班百官的朝位。班，次。

③莅（lì）官：官吏任职。

④祷祠祭祀：吴澄云：“祷祠者，因事之祭；祭祀者，常事之祭。”这里指临时的祭祀和定期的祭祀。祷，告事求福。祠，既得所求，则祠以报之。

⑤鬼神：祷祠、祭祀的对象。这里泛指一切天神地祇人鬼。

⑥不诚：内心不虔诚。不庄：神态不庄重。

⑦撙（zǔn）节：节制。撙，抑。

【译文】

道德仁义，没有礼就不能完成；教导训诫、端正风俗，没有礼就不能完备；分辨争讼，没有礼就不能判断是非曲直；君臣上下、父子兄弟之间，没有礼就不能确定尊卑名分；为学习做官、学习道艺而侍奉师长，没有礼就不能亲近和睦；上朝排列百官位次、治理军队，官吏任职、执行法令，没有礼威严就不能体现；临时的祭祀或定期的祭祀，供奉天神地祇人鬼时，没有礼内心就不虔诚、神态就不庄重。因此君子要有恭敬、节制、谦让的态度，以彰显礼。

鹦鹉能言，不离飞鸟；猩猩能言，不离禽兽。今人而无礼，虽能言，不亦禽兽之心乎？夫唯禽兽无礼，故父子聚麀[①]。是故圣人作[②]，为礼以教人，使人以有礼，知自别于禽兽。

【注释】

①父子聚麀（yōu）：父、子和同一个雌兽交配。郑注："聚，犹共也。鹿牝曰麀。"按，麀，此处泛指雌兽。

②作：兴起，产生。

【译文】

鹦鹉虽然能说话，不过是一种飞鸟；猩猩虽然也能说话，不过是一种禽兽。而今作为人要是无礼，虽然能说话，不也是禽兽之心吗？只因禽兽不知礼，所以父子才与同一雌兽交配。因此出现了圣人，制定礼法来教导人，使人从此有礼，知道把自己和禽兽区别开来。

大上贵德[1]，其次务施报[2]。礼尚往来[3]。往而不来，非礼也；来而不往，亦非礼也。人有礼则安，无礼则危。故曰：礼者不可不学也。

【注释】

①大上：指上古三皇五帝之世。大，同“太”。郑注：“大上，帝皇之世。”

②其次：指上古以后的世代。施：对他人施德。报：报答他人之施。

③礼尚往来：指与人交际要有往有来。

【译文】

上古时以德为贵，后世才讲究施惠与回报。礼，崇尚交际要有往有来。施惠于他人而他人不来报答，这是失礼；他人前来施惠而不去报答他人，也是失礼。人有礼，人际关系就能平和安定，无礼就会有危险。所以说，礼是不可不学的。

夫礼者，自卑而尊人。虽负贩者[1]，必有尊也，而况富贵乎？富贵而知好礼[2]，则不骄不淫；贫贱而知好礼，则志不慑[3]。

【注释】

①负贩者：挑担做买卖的小商贩。负，负担。

②知好(hào)礼：懂得并喜爱礼。

③慑(shè)：胆怯，困惑。

【译文】

所谓礼，要自我谦卑而尊重别人。即使是挑担的小贩，也一定有值得尊重的，何况是富贵的人呢？富贵的人知道并喜好礼，就不会骄奢淫逸；贫贱的人知道并喜好礼，就不会怯懦困惑。

人生十年曰幼，学[①]；二十曰弱，冠[②]；三十曰壮[③]，有室[④]；四十曰强[⑤]，而仕；五十曰艾[⑥]，服官政[⑦]；六十曰耆[⑧]，指使[⑨]；七十曰老，而传[⑩]；八十、九十曰耄[⑪]；七年曰悼[⑫]。悼与耄，虽有罪，不加刑焉。百年曰期，颐[⑬]。

【注释】

①学：外出学习。《内则》篇云："十年，出就外傅，居宿于外，学书计。"

②二十曰弱，冠（guàn）：弱，孔疏："二十成人，虽加冠，体犹未壮，故曰弱。"冠，冠礼。古代贵族男子，到二十岁要举行加冠的仪式，表示已成年。

③三十曰壮：孔疏："三十而立，血气已定，故曰壮也。"

④有室：指娶妻成家。

⑤四十曰强：孔疏："壮久则强，故四十曰强。强有二意：一则四十不惑是智虑强，二则气力强也。"

⑥艾（ài）：郑注："老也。"苍白色，指发色苍白如艾草。

⑦服官政：成为行政主管。孔疏：五十"堪为大夫服事也，大夫得专事其官政，故曰'服官政'也"。

⑧耆（qí）：孔疏引贺玚曰："至也，至老之境也。"

⑨指使：指使人做事。

⑩传（chuán）：指将家族中的大事，主要是祭祀等事传给子孙。

⑪耄（mào）：郑注："惛忘也。"

⑫悼：郑注："怜爱也。"因年纪幼小，招人疼爱。

⑬期，颐：郑注："期，犹要也。颐，养也。"

【译文】

人生十岁称为“幼”，开始学习；二十岁称为“弱”，要举行冠礼；三十岁称为“壮”，可以娶妻成家；四十岁称为“强”，可以任职当官；五十岁称为“艾”，可以做行政主管；六十岁称为“耆”，可以指使他人做事；七十岁称为“老”，要将家族中祭祀等大事传给子孙；八十岁、九十岁称为“耄”；七岁称为“悼”。七岁以下的儿童和八九十岁的老人，虽然有罪，也不施以刑罚。满百岁称为“期”，由人赡养，颐养天年。

大夫七十而致事①。若不得谢②，则必赐之几杖③，行役以妇人④，适四方⑤，乘安车⑥。自称曰“老夫”，于其国则称名。越国而问焉，必告之以其制⑦。

【注释】

①致事：郑注：“致其所掌之事于君而告老。”即退休。

②谢：孔疏：“犹听许也。”

③几(jī)杖：君王赐给高龄老人的用具。几，一种可以靠背的用具。古人席地跪坐，为照顾老人不致过于劳累，赐几凭靠而坐可以比较舒服。杖，拄杖，拐杖。这里应特指君王赐给高龄老人的“王杖”、“鸠杖”，是一种端首装有木刻鸠鸟的木杖。武威出土的《王杖十简》及《王杖诏令册》都有汉代给高龄老人颁赐王杖及各种优待的诏令。“高皇帝以来至本始二年，朕甚哀怜耆老，高年赐王杖，上有鸠，使百姓望见之，比于节。”张家山汉墓竹简《二年律令·傅律》：“大夫以上年七十，不更七十一，簪袅七十二，上造七十三，公士七十四，公卒、士五七十五，皆受仗(杖)。”不同爵级颁授杖的年龄不同。

④役：本国巡行役事。

⑤适四方：到各国出使、出访。适，到，出使。

⑥安车：可坐乘的小车。

⑦"越国"二句：孔疏："若他国来问己国君之政，君虽已达其事，犹宜问于老贤，老贤则称国之旧制以对他国之问也。"指他国使者来访，国君要咨询老臣，把国家的典章制度告诉对方。制，典章制度。

【译文】

大夫七十岁时即可辞官退休。如果辞官未得到国君允许，国君就一定要赐给他凭几与拄杖，出差办事要有妇人陪伴照顾，出使四方，要乘坐安稳的小车。可以自称"老夫"，但在本国内仍然要称自己的名。他国使者来访问，国君要咨询老者，把本国的典章制度告诉使者。

谋于长者①，必操几杖以从之②。长者问，不辞让而对，非礼也。

【注释】

①谋：计划，商议。

②操：孔疏："执持也。"从：往。

【译文】

与长者商议事情，一定要拿着凭几与拄杖前往。长者问话，不谦让就直接回答，是不合礼仪的。

凡为人子之礼，冬温而夏清①，昏定而晨省②，在丑、夷不争③。

【注释】

①清(qìng):凉。

②定:郑注:"安定其床衽也。"指铺设安放床褥被枕等。省(xǐng):向父母问候请安。

③丑、夷:郑注:"丑,众也。夷,侪(即同辈)也。"《孝经·纪孝行章》:"在丑不争。"

【译文】

作为儿子的礼节是,要使父母冬天感到温暖,夏天感到清凉,晚上要为父母铺床,早晨要向父母请安,在众同辈之中不和人争斗。

夫为人子者,三赐不及车马①。故州、闾、乡、党称其孝也②,兄弟亲戚称其慈也,僚友称其弟也③,执友称其仁也④,交游称其信也⑤。

【注释】

①三赐不及车马:郑注:"凡仕者,一命而受爵,再命而受衣服,三命而受车马。"指为人子一而再、再而三地受到君王的任命和封赏,但不受车马之赐。因为受封可以光宗耀祖,受车马只能安己身。《训纂》引王引之说:"赐,犹予也。"认为这是指为人子者再三赠送别人东西,也不敢将车马赠予他人。朱引《坊记》"父母在,馈献不及车马"旁证。今从王引之说。

②州、闾、乡、党:地方上的各级单位。郑注:"《周礼》二十五家为闾,四闾为族,五族为党,五党为州,五州为乡。"

③僚友:郑注:"官同者。"即同僚。弟(tì):通"悌",敬爱兄长。这里指以对兄长的态度来对待同僚。

④执友:郑注:"志同者。"指志同道合的朋友。

⑤交游：孔疏："泛交也。"指一般的交往者。

【译文】

做儿子的，再三给别人赠送东西，却不能馈赠车马。因此州、闾、乡、党地方各级称赞他孝顺，兄弟亲戚称赞他慈爱，共事的同僚称赞他恭顺，志同道合的朋友称赞他仁义，平时交往的人称赞他诚信可靠。

见父之执①，不谓之进不敢进，不谓之退不敢退，不问不敢对。此孝子之行也。

【注释】

①见父之执：见父亲的友人，要像对待父亲一样恭敬。

【译文】

见父亲的朋友，不告诉可以上前就不敢上前，不告诉可以退下就不敢退下，没有问话就不敢说话。这就是孝子应有的品德行为。

夫为人子者，出必告，反必面①；所游必有常②，所习必有业。恒言不称老③。

【注释】

①出必告，反必面："告"、"面"都指当面向父母禀告。反，同"返"。

②所游必有常：这里是说出游要有规律，总去一定的地方，以免父母担心。《论语·里仁》："父母在，不远游，游必有方。"意同。常，常规，经常不变。

③不称老：这是避免父母听到"老"字而伤感。

【译文】

做儿子的，出门前一定要当面禀告父母，回家后也要当面禀告父母；出游一定去常去的地方，学习一定要有专业。平常说话不说“老”字。

年长以倍，则父事之；十年以长，则兄事之；五年以长，则肩随之①。群居五人，则长者必异席②。

【注释】

①肩随：并行而稍居后。表示谦逊。

②异席：古人铺席而坐，每席坐四人，并推年长者坐席端，若有五人，其中一人必须另外设席，则推长者异席，表示尊敬长者。

【译文】

比自己年长一倍的人，就像父辈一样侍奉他；比自己年长十岁的人，就像兄长一样侍奉他；比自己年长五岁的人，可以与他差不多并肩而行但稍稍居后。五人同处，一定要让年长者单坐一席。

为人子者，居不主奥①，坐不中席②，行不中道③，立不中门④。食飨不为概⑤，祭祀不为尸⑥。听于无声，视于无形⑦。不登高，不临深。不苟訾⑧，不苟笑。

【注释】

①居不主奥：郑注：“谓与父同宫者也，不敢当其尊处。”主，孔疏：“犹坐也。”奥，室中的西南角。古人认为奥应是尊者所居之处。

②中席：席子的中央。因为席中为尊，要留给尊者。

③中道：道路中央。孔疏：“尊者常正路而行，卑者故不得也。”

④中门：古时有竖在门中央的短木，叫“闑”(niè)，有竖在门两旁的长木桩，叫“枨”(chéng)，“中门”即枨、闑之中。尊者往往所立于

中门。

⑤食(sì)飨(xiǎng):食礼和飨礼。食礼、飨礼皆行于宴会宾客或宗庙祭祀。不为概:孔疏引熊氏云:"不制设待宾馔,其事由尊者所裁,而子不得辄豫限量多少也。"概,限量。

⑥不为尸:儿子不可以充当祭祀之尸。因为如果儿子为尸,父亲参加祭祀,尸将尊临其父,这是孝子不能接受的。古代一般以孙辈幼童为尸。

⑦"听于无声"二句:意思是还没有听见父母说话,就已经知道他们要说什么;还没有看见父母的举动,就知道他们要做什么。指在父母示意之前,就能揣知父母的心意。

⑧訾(zǐ):孔疏:"相毁曰訾。"即诋毁。

【译文】

做儿子的,居处时不敢坐在应当是尊者坐的室内西南角的位置,在席上就座时不敢坐在席的中间,行走时不敢走在路的正中央,站立时不敢站在门的中央。举行食礼、飨礼招待宾客时,饮食多寡由家长决定,不敢擅自做主限量;祭祀时,不充当尸。虽然还没有听到父母的声音、还没有见到父母的举动,就能在父母指使之前揣知他们的心意。不攀登高处,不身临深渊。不随便诋毁他人,不随便嬉笑。

孝子不服暗[①],不登危,惧辱亲也。父母存,不许友以死[②]。不有私财。

【注释】

①服暗:服,事。暗,此指暗中。

②死:郑注:"死为报仇雠。"即替朋友报仇而死。

【译文】

孝子不在黑暗中做事,不到危险的地方,惧怕因此使父母受辱。父母在世，不向朋友承诺可以为其献身去死。不背着父母私存钱财。

为人子者，父母存，冠衣不纯素①。孤子当室②，冠衣不纯采③。

【注释】

①不纯(zhǔn)素：不以白色镶边。这是因为白色是丧服之色。纯，缘。指衣、冠的镶边。

②孤子当室：孔疏："孤子谓二十九以下而无父者。当室谓適(嫡)子也。"

③不纯采：不用彩色绢帛镶边。彩色是喜庆之色，孝子为寄托丧父哀思，衣冠不用彩边。

【译文】

做儿子的，父母在世，戴的帽子与穿的衣服不以白绸镶边。孤子当家，戴的帽子与穿的衣服不以彩色绢帛镶边。

幼子常视毋诳①。童子不衣裘、裳②。立必正方，不倾听。长者与之提携③，则两手奉长者之手。负、剑④，辟咡诏之⑤，则掩口而对⑥。

【注释】

①幼子常视毋诳(kuáng)：孔疏："幼子恒习效长者，长者常示以正事，不宜示以欺诳，恐即学之。"这是说要为小孩子做出正确地示范，不可以说谎，树立错误的榜样。视，通"示"，示范。诳，欺骗。

②童子不衣裘、裳：小孩子穿裘皮袄、着裙装，既不合身体需求，又不便做事活动，所以说"不衣"。衣，动词，穿。裘，裘皮袄。裳，

裙子。

③提携：搀扶。

④负、剑：孔疏："负谓致儿背上也。剑谓挟于胁下，如带剑也。"《训纂》引江永说，负剑指长者俯身与之语，如负剑之状。亦可通。

⑤辟咡(pì èr)诏之：郑注："谓倾头与语，口旁曰咡。"指转头对童子说话。诏，教，告。

⑥掩口而对：郑注："习其乡(向)尊者屏气也。"

【译文】

要为小孩子做出正确地示范，不能说谎欺骗他。儿童不穿裘皮衣与裙裳。站立时一定要姿势端正，不可以歪头侧耳听人说话。长者牵着儿童行走时，儿童应双手捧着长者的手。长者将小孩子背在背上或抱在胁下，转头侧脸跟儿童说话，小孩要掩着口回答。

从于先生①，不越路而与人言②。遭先生于道③，趋而进，正立拱手。先生与之言则对，不与之言则趋而退。从长者而上丘陵，则必乡长者所视④。登城不指，城上不呼⑤。

【注释】

①先生：孔疏："师也，谓师为先生者，言彼先己而生。"

②越路：指路的另一边。

③遭：遇。

④必乡(xiàng)长者所视：一定要面向长者所看的方向。这是为了便于回答长者的提问。乡，通"向"。

⑤"登城"二句：登城时不要指指点点，在城墙上不要大喊大叫。这是怕城下的人望见、听见，因不知其故而感到疑惑害怕。

【译文】

跟随先生走路时，不可自顾自跑到路对面去跟人说话。在路上遇到先生,应快步前进,对先生立正拱手。先生跟他说话就应答,不跟他说话就快步退下。跟随长者登上丘陵时,则一定要面朝着长者所看的方向。登上城墙不要指指点点,在城墙上不要大喊大叫。

将适舍,求毋固①。将上堂,声必扬。户外有二屦②,言闻则入,言不闻则不入③。将入户,视必下④。入户奉扃⑤,视瞻毋回⑥;户开亦开,户阖亦阖;有后入者,阖而勿遂⑦。毋践屦⑧,毋踖席⑨,抠衣趋隅⑩。必慎唯诺⑪。

【注释】

①"将适舍"二句:郑注:"谓行而就人馆。"此指在外住宿,向主人求取日用物品,不可像自己平常在家一样的要求,要随其有无。孙希旦说,"毋固之义","固,谓鄙野而不达于礼"。今采孙说。

②户外有二屦(jù):户外有两双鞋,指室内有两个人。屦,古代的一种单底鞋。旧注说,因长者的鞋可放在室内,所以室内也可能有三个人。

③言不闻则不入:如果在外面听不见室内说话的声音,那么室内的人可能在密谋私事,因此不入内打搅别人。

④视必下:眼光向下,是为了避免看到他人隐私。

⑤奉扃(jiōng):双手犹如捧着门闩的样子。这里是表示恭敬之意,不是真的捧扃。扃,门闩,门杠,是关闭门户用的横木。

⑥视瞻毋回:不要回头四处张望。回,旋转。

⑦阖(hé)而勿遂:慢慢地掩上门,但不关死。表示不拒绝后来的人。阖,关闭。

⑧毋践屦:孔疏:"践,蹋也。""若后进者不得蹋先入者之屦。"

⑨毋踖(jí)席:古人席地而坐,到席子上就位时,要从席子的后方走

上坐下，不能从席子的前方走上去。如果从席子的前方走上去，就叫作“踖席”。踖，践踏。

⑩抠衣：提起下裳。

⑪唯诺：应答之声，表示恭敬之意。

【译文】

外出要到别处住宿，向主人求取借用日常用品，不可鄙野而不合乎礼仪。快走到堂上时，要先发出声音表示自己的来到。如果门户外放着两双鞋，听得到室内说话的声音就进入，听不到室内说话的声音就不进入。将要进室门时，眼光要朝下。进门时，双手要像捧着门闩一样恭敬地放在胸前，不回头四处张望；进入室内时，门如果本来就开着，进了门也还是让它开着；门如果本来是关着的，进了门也还是让它关着；如果后面还有人要进门，就把门慢慢掩上，不要关死。不可践踏别人的鞋子，不可从坐席前方上席，要提起衣服快步走到席的下角上席就座。谈话时，一定要小心谨慎地应对。

大夫、士出入君门，由闑右①，不践阈②。

【注释】

①“大夫、士”二句：按照礼制规定，进大门时主人走门橛的右侧，宾客走门橛的左侧。大夫、士进门时走门橛的右侧，表示臣服从君，臣统于君，并不是宾。

②阈（yù）：门槛。

【译文】

大夫、士出入国君的大门，要从门橛的右侧走，不能践踏门坎。

凡与客入者，每门让于客。客至于寝门，则主人请入为席，然后出迎客，客固辞①，主人肃客而入②。主人入门而右，客入门而左；主人就东阶，客就西阶③。客若降等④，则就主人之阶；主人固辞，然后客复就西阶。主人与客让登，主人先登，客从之，拾级聚足，连步以上⑤。上于东阶则先右足，上于西阶则先左足。

【注释】

①固辞：两次推辞。孔疏："礼有三辞，初曰礼辞，再曰固辞，三曰终辞。"

②肃客：郑注："肃，进也。进客谓道（导）之。"即引导客人进入。

③"主人"二句：东阶在右，又称"阼阶"，是主人升降之阶。西阶在左，又称"宾阶"，是客人升降之阶。

④客若降等：指客人的等级地位低于主人。降，下。

⑤"拾（shè）级"二句：上台阶时，前脚登一阶，后脚跟上与前脚并立。据《仪礼·燕礼》贾公彦疏，古时登阶有四法：一是"连步"，即前脚登一阶，后脚跟上与前脚并立，逐阶并脚而登；二是"栗阶"，即快速登阶，开始也是聚足连步，接着改为左、右脚各登一阶；三是"历阶"，即左、右脚一脚各登一阶；四是"越阶"，即左、右脚跨越三级而上。拾级，登阶。

【译文】

凡主人与客人一起进门，每过一门，主人都要让客人先进。客人走到寝门口，主人先请入内铺设坐席，然后再出来迎客，客人一再推辞后，主人就引导客人入门。主人进门后朝右走，客人进门后朝左走；主人到东阶，客人到西阶。客人身份地位若低于主人，就跟随主人到东阶前；主人一再推辞，然后客人再回到西阶前。登台阶时，主人与客人彼此谦让，主人先登一阶，客人也随之登一阶，登阶时都是前脚先登一阶而后脚随之并立，两脚逐阶相随，后脚不越过前脚。上东阶，就先迈右脚；上西阶，就先迈左脚。

帷薄之外不趋①，堂上不趋，执玉不趋②。堂上接武③，堂下布武④，室中不翔⑤。并坐不横肱⑥，授立不跪，授坐不立。

【注释】

①帷：布幔。薄：帘子。趋：小步快走。表示恭敬的礼节。

②“堂上”二句：在堂上不能小步快走，这是因为堂上地方狭小，不宜快走。持玉时也不能快走，因为玉贵重，执玉时要谨慎。

③接武：小步行走，左、右两脚脚印接续。武，足迹。

④布武：指迈开步子行走，左、右两脚脚印分开。

⑤翔：郑注：“行而张拱曰翔。”指行走时张开双臂。

⑥并坐不横肱（gōng）：和别人并排坐时不能横起胳膊，以免打扰别人。坐，两膝跪地屁股坐在脚后跟上。直立身体，屁股不坐在脚后跟上就叫“跪”。肱，指胳膊。

【译文】

走到布幔、帘子外就不要小步快走，在堂上不要小步快走，持玉时也不要小步快走。在堂上行走步子要小，两脚脚印相续；在堂下行走要迈开步子，两脚脚印分开；在室内行走不要张开手臂。与人并坐时不要横伸手臂，将物品交给站着的人时不可下跪，将物品交给坐着的人时不可站立。

凡为长者粪之礼①，必加帚于箕上②。以袂拘而退③，其尘不及长者。以箕自乡而扱之④。

【注释】

①粪:扫除席前垃圾污秽。

②必加帚(zhǒu)于箕(jī)上:前往长者处去扫除,一定要把扫帚放在簸箕上须两手捧箕,这是向长者表示恭敬。

③以袂(mèi)拘(gōu)而退:指打扫时一手拿着扫帚边扫边退,另一手举起衣袖遮挡灰尘,这是怕尘土飞扬,污及长者。袂,衣袖。拘,遮挡。

④以箕自乡(xiàng)而扱(xī)之:收垃圾时簸箕口要朝向自己。乡,通“向”。下同。扱,收取。

【译文】

凡是为长者扫除之礼,一定要把扫帚放在簸箕上。扫的时候举起衣袖遮挡灰尘,边扫边退,不要让扬起的灰尘污及长者。簸箕口要朝向自己将垃圾扫进去。

奉席如桥衡①。请席何乡,请衽何趾②。席南乡北乡,以西方为上;东乡西乡,以南方为上。

【注释】

①奉席如桥衡:捧席时应当让席像桔槔(jié gāo)上的横木,要左高右低。桥,井上的桔槔。衡,指桔槔中用作杠杆的横木。

②请席何乡,请衽(rèn)何趾:郑注:“顺尊者所安也。衽,卧席也。坐问乡(向),卧问趾,因于阴阳。”指要按照尊者的志意安放坐席与卧席的朝向。

【译文】

捧着卷席给长者时,要像桔槔上的横木一样左高右低。为长者铺坐席,要先请示长者面朝什么方向;为长者铺卧席,要先请示长者脚朝什么方向。席子如果是南北方向，则以西方为上位；如果是东西方向，就以南方为上位。

若非饮食之客[①]，则布席，席间函丈[②]。主人跪正席[③]，客跪抚席而辞[④]。客彻重席[⑤]，主人固辞。客践席，乃坐。主人不问，客不先举。

【注释】

①非饮食之客：郑注："谓讲问之客也。"指来讨论学问的客人。

②席间函丈：为了讲学需要，席与席之间要留有一丈的距离。函，容。

③正：整理。

④抚席：用手按止席子表示不敢当。

⑤彻：撤去，撤除。重席：为了表示尊敬，主人给客人铺两重坐席。

【译文】

如果不是前来饮食的客人，而是来讨论学问的客人，就要为客人铺坐席，席与席之间距离一丈远。主人跪下为客人摆正席子，客人要跪下按着席子辞谢。客人要撤去重席，主人要一再推辞不答应。客人上席之后，主人才坐下。主人不发问，客人就不先主动问话谈论。

将即席，容毋怍[①]。两手抠衣，去齐尺[②]。衣毋拨，足毋蹶[③]。先生书策琴瑟在前，坐而迁之，戒勿越。虚坐尽后，食坐尽前[④]。坐必安，执尔颜[⑤]。长者不及，毋儳言[⑥]。正尔容，听必恭，毋剿说[⑦]，毋雷同。必则古昔，称先王[⑧]。

【注释】

①怍(zuò):郑注:“颜色变也。”

②两手抠衣,去齐(zī)尺:孔疏:“抠,提挈也。衣谓裳也,齐是裳下缉也。”“裳下缉”即衣裳的下摆。

③蹶(jué):孔疏:“行急遽貌也。”

④“虚坐”二句:古人席地而坐,饮食时与非饮食时坐法不同。非饮食时,要“虚坐”,也叫“徒坐”,“虚坐尽后”即尽量靠后坐,是为了表示谦逊。饮食时,为“食坐”,“食坐尽前”即尽量靠前坐,是为了避免食物玷污坐席。

⑤执:守,保持。

⑥毋儳(chàn)言:指长者正与甲说话言事,乙不得以己言打岔搀入。

⑦剿(chāo)说:郑注:“谓取人之说以为己说。”

⑧“必则古昔”二句:郑注:“言必有依据。”指称举古代先王之言。则,法。

【译文】

客人将要就座时,脸色不要有所改变。双手提起下身衣裳,让下摆离地一尺。衣裳不要掀动,脚步不要急促。先生的书册、琴瑟陈设在前方,弟子要跪坐着将它移开,切不可跨越。不是饮食的坐席要尽量往席后坐,饮食时的坐席就要尽量往席前坐。坐时要安稳,保持脸色神态。长者未提及的话题,不可打岔先说。端正仪容,听别人说话时一定要态度恭敬,不可抄袭别人的说法,也不可与别人随声附和。必须效法古代圣贤,说话必举称先王之言。

侍坐于先生,先生问焉,终则对。请业则起,请益则起[①]。父召无诺,先生召无诺,唯而起[②]。

【注释】

①“请业”二句：请教问题时要起立，需要先生再次说明时也要起立。益，更，再次。

②诺、唯：皆应答之辞。郑注“唯恭于诺”。“诺”是嘴上答应却未行动；“唯”是嘴上一答应，立即付诸行动。

【译文】

在先生跟前陪坐，先生问话，要等先生问完再回答。请教问题时要起立，再次请教时也要起立。父亲召唤时不要答“诺”而不行动，先生召唤时不要答“诺”而不行动，要答“唯”后随即起身行动。

侍坐于所尊敬，毋余席。见同等不起。烛至起，食至起，上客起。烛不见跋[①]。尊客之前不叱狗。让食不唾[②]。

【注释】

①烛不见跋(bá)：孔疏，古代没有蜡烛，夜间用炬火照明，这是说不要等炬火燃尽才更换，炬火燃尽会使客人产生厌倦之心而告辞。跋，本，指炬火底部可用手把握处。

②让食不唾：主人让食时，不要吐唾沫，以免主人以为是嫌弃自己的饭菜。

【译文】

在所尊敬的人跟前陪坐，要坐在最靠近尊者的地方，不要让坐席空着位子。见到同辈时，不必起立。烛火送来时，要起立；食物送来时，要起立；贵客来到时，要起立。不要等炬火快要烧完、要烧到根部才更换。在尊敬的客人面前，不要呵斥狗。主人劝食时，不要吐唾沫。

侍坐于君子，君子欠伸，撰杖屦[①]，视日蚤莫[②]，侍坐者请出矣。侍坐于君子，君子问更端③，则起而对。侍坐于君子，若有告者曰："少间④，愿有复也⑤。"则左右屏而待⑥。

【注释】

①撰杖屦：君子拿起手杖穿鞋。这表示君子已经疲倦。撰，郑注："撰，犹持也。"

②蚤(zǎo)莫(mù)：早晚。蚤，通"早"。莫，同"暮"。

③更端：别事，另外的事情。

④间(xián)：空闲。

⑤复：郑注："白也。"即告白，报告。

⑥屏(bǐng)：郑注："退也，隐也。"

【译文】

在君子跟前陪坐，如果君子打哈欠、伸懒腰，拿起手杖要穿鞋子，看看天色的早晚，陪坐者就应该主动请求离开了。在君子跟前陪坐，君子另换话题问话时，要起立回话。在君子跟前陪坐，如果有人来报告说："借用一点儿时间，有事要向您报告。"左右陪坐的人就要退避到别处等待。

毋侧听，毋噭应①，毋淫视②，毋怠荒③。游毋倨④，立毋跛⑤，坐毋箕⑥，寝毋伏⑦。敛发毋髢⑧，冠毋免，劳毋袒，暑毋褰裳⑨。

【注释】

①噭(jiào)：郑注："号呼之声也。"指声响高急。

②淫视：眼光游移不定，左顾右盼。

③怠荒：身体放松，没有精神的样子。

④游毋倨：游，行。倨，倨傲，傲慢。孔疏：“身当恭谨，不得倨慢也。”

⑤跛（bì）：孔疏：“偏也。”指站立时身体歪斜，一脚抬起，一脚踏地。

⑥箕：叉开两腿。

⑦寝毋伏：孔疏：“寝，卧也。伏，覆也。卧当或侧或仰而不覆也。”

⑧敛发毋髢（tì）：头发要束起来，不可像假发一样披散着。髢，又叫“髲”（bì），假发。

⑨褰（qiān）裳：提起裙裳。

【译文】

不要侧耳偷听别人说话，回话不要大声叫喊，眼光不要左右顾盼、游移不定，身体不要放任懈怠。行走时态度不要傲慢张扬，站立时不要歪斜扭曲，坐着时不要叉着两腿、像簸箕一样张开，睡觉时不要趴着身子。头发要收束齐整，不要披散着，帽子不要随意摘下，劳动时不要袒露身体，暑热时不要撩起裙裳。

侍坐于长者，屦不上于堂，解屦不敢当阶[①]。就屦[②]，跪而举之，屏于侧。乡长者而屦[③]，跪而迁屦，俯而纳屦。

【注释】

①解屦（jù）不敢当阶：脱鞋不能当阶，以免妨碍后上阶的人。解屦，脱鞋。

②就屦：穿鞋。

③乡：通“向”。

【译文】

在长者跟前陪坐，鞋子不穿到堂上，脱鞋时不敢对着阶梯。穿鞋时，先跪着拿起鞋子，再退避到一旁穿鞋。穿鞋时若面向长者，就跪着把鞋移开，然后俯身穿鞋。

离坐离立[1]，毋往参焉。离立者不出中间。

【注释】

①离坐离立：指两人并坐或并立。离，成双，两个。

【译文】

有两人并坐或并立时，不要插身到其中。见两人并立时，不要从当中穿过。

男女不杂坐，不同椸、枷[1]，不同巾、栉[2]，不亲授。嫂叔不通问[3]。诸母不漱裳[4]。

【注释】

①椸（yí）：晾衣服的竿子。枷（jià）：通“架”，衣架。

②巾：面巾。栉（zhì）：梳子。

③通问：郑注：“通问，相称谢。”指互相问候。

④诸母不漱裳：古人认为下身所穿的衣服较卑亵，不能让诸母洗涤，以示尊重。诸母，庶母，孔疏：“父之诸妾有子者。”漱，洗涤。

【译文】

男女不随意混杂坐在一起，不共用衣竿、衣架，不共用毛巾、梳子，不亲手递送物品。嫂嫂、小叔之间不互相问候。不让庶母洗涤裙裳。

外言不入于梱，内言不出于梱[1]。女子许嫁，缨[2]，非有大故[3]，不入其门。姑、姊、妹、女子子[4]，已嫁而反[5]，兄弟弗与同席而坐，弗与同器而食。父子不同席。

【注释】

①"外言"二句：男女要各司其职，不要互相干预。外言，男人的职事。内言，家务事。梱(kǔn)，门槛。

②女子许嫁，缨：郑注："女子许嫁系缨，有从人之端也。"即表示有所属。

③大故：死亡或疾病等大变故。

④女子子：女儿。古代儿女通称为"子"，为区别儿子，就称"女子"或"女子子"。

⑤反：同"返"。

【译文】

男人在外的职事不带入家门讨论，家务事也不出去宣扬。女子订婚后，要系上缨带，没有特别的变故，不可进入她的闺门。已经出嫁的姑姑、姐妹、女儿回家，兄弟不与她们坐在同一张席子上，不与她们共用食器一起吃饭。父亲与儿子不坐在同一张席子上。

男女非有行媒，不相知名[①]；非受币[②]，不交不亲。故日月以告君，齐戒以告鬼神[③]，为酒食以召乡党僚友，以厚其别也。取妻不取同姓[④]，故买妾不知其姓则卜之。寡妇之子，非有见焉，弗与为友[⑤]。

【注释】

①"男女"二句：男女之间只有通过媒人传话才相知姓名。古代婚礼"六礼"之一为"问名"，就是男方通过媒人请问女方的名字以占卜吉凶。

②受币：指女方接受男方的聘礼。从男方角度来说就是“纳币”，同样是古代婚礼“六礼”之一，又名“纳征”。

③齐(zhāi)：同“斋”。古人祭祀前的准备工作，要摒除杂念，沐浴、更衣。

④取妻不取同姓：古人认为同姓结婚无法繁衍后代。《国语·晋语》载：“同姓不婚，恶不殖也。”《左传·昭公元年》：“男女辨姓，礼之大司也。”取，同“娶”。

⑤“寡妇”三句：孔疏：“明避嫌也，见谓奇才卓异可见也。寡妇无夫，若其子有奇才异行者，则己可与之为友。若此子凡庸，而己与其往来，则与寡妇有嫌也。”见(xiàn)，同“现”。

【译文】

男女之间没有媒人从中引介，不会互相知道彼此的名字；女方没有接受男方的聘礼，男女双方就不交往、不亲近。因此，把结婚的日期禀告君主，斋戒后报告家庙中的祖先神鬼，置办酒食招待同乡、同事和朋友，这些都是为了使男女之间有别。娶妻不娶同姓之女，所以买妾时如果不知其姓，就要占卜贞问来确定。寡妇的儿子，若非奇才异行，表现出众，就不与他做朋友来往。

贺取妻者曰：“某子使某①，闻子有客，使某羞②。”贫者不以货财为礼，老者不以筋力为礼③。

【注释】

①某子使某：前一个“某”指代贺者，后一个“某”指代表贺者送礼的使者。

②使某羞：孔疏：“某是使者名也。羞，进也。子既召宾客，或须饮食，故使我将此酒食以与子进宾客。”羞，进献。

③“贫者”二句：指礼仪可以因人而异，不必强人所难。

【译文】

祝贺别人娶妻，要说：“某君派某前来，听说您有客人，派我来进献礼物。”贫穷人家不必以送人钱财物品为礼，老人不必以耗费体力的礼仪为礼。

名子者不以国，不以日月，不以隐疾，不以山川[①]。

【注释】

①“名子者”四句：古人有避讳的礼节，人死后名字要避讳。因而命名不用国家、日月、隐疾、山川，凡此皆是常用语，难以避讳，因此不用。《左传·桓公六年》载，鲁桓公向申繻询问太子的命名，申繻认为起名：“不以国，不以官，不以山川，不以隐疾，不以畜牲，不以器币。”因为“以国则废名，以官则废职，以山川则废主，以畜牲则废祀，以器币则废礼”。

【译文】

给儿子起名，不要用国名，不要用日月名，不要用身体隐蔽之处的疾病名，不要用山川名。

男女异长[①]。男子二十，冠而字[②]。父前子名，君前臣名[③]。女子许嫁，笄而字[④]。

【注释】

①男女异长(zhǎng)：兄弟与姊妹各自排行，不相杂混。

②冠：冠冕。这里指冠礼，是男子的成人礼，要加戴冠冕。

③“父前”二句：孙希旦说：“谓卿大夫于君前名其僚友，子于父前名

其兄弟，盖至尊之前无私敬也”，“故对父，虽弟亦名其兄；对君，虽子亦名其父也”。

④笄（jī）：发簪。这里指笄礼，是女子的成人礼，要绾发加笄，与男子的冠礼相似。

【译文】

家中男女分别按长幼排行。男子到了二十岁，要行冠礼且另外取字。在父亲面前，子辈互相都称名；在君主面前，臣僚互相都称名。女子订婚后，要为她绾发加笄且另外取字。

凡进食之礼，左殽右胾①，食居人之左②，羹居人之右；脍炙处外③，醯酱处内④；葱渫处末⑤，酒浆处右⑥。以脯脩置者⑦，左朐右末⑧。

【注释】

①殽（yáo）：通“肴”，带骨切块的熟肉。胾（zì）：切片的纯肉。

②食：饭食。

③脍：切细切薄的肉。炙：烤肉。

④醯（hǎi）：肉酱。

⑤渫（yì）：蒸葱。

⑥浆：酒的一种，里面有米汁。

⑦脯脩（xiū）：干肉。脯是条状干肉，脩是用姜、桂等调料加工并捶捣结实的条状干肉。

⑧朐（qú）：干肉中央呈弯曲状的部位。

【译文】

凡进食之礼，左边放置带骨的熟肉，右边放置切片的熟肉，饭食放在人的左边，羹汤放在人的右边；细切的肉与烤肉放在外边，肉酱放在里边；蒸葱佐料放在末端，酒浆放在右边。若加放脯、脩两种干肉，则把干肉弯曲的部位朝左，而将干肉的末端朝向右边。

客若降等，执食，兴，辞[①]。主人兴，辞于客，然后客座。主人延客祭[②]，祭食，祭所先进，殽之序，遍祭之。三饭，主人延客食胾，然后辩殽[③]。主人未辩，客不虚口[④]。卒食，客自前跪，彻饭齐以授相者[⑤]，主人兴，辞于客，然后客坐。

【注释】

①“客若降等”四句：客人的地位等级如果低于主人，不敢与主人在同一处吃饭，客人要拿起饭食起身，向主人辞谢，表示要下堂去吃饭。

②延客祭：孔疏，客人地位不及主人，则由主人引导祭祀，其祭法是各取少许席前各种食物，放在豆器之间，表示报答古代造食之人，不忘本；若主、客地位相当，则主人毋须“延客祭”。延，引导。

③辩：通“遍”。下同。

④虚口：郑注这是指“酳”(yìn)，即食毕以酒漱口。

⑤彻：撤掉。齐(jī)：通“齑”，调味的酱。相者：主人派以向客人进食者。

【译文】

客人如果地位低于主人，应该拿着饭食起身，向主人辞谢。主人也要起身，告诉客人不必客气，然后请客人再就座。吃饭前，主人引导客人祭祀，行食前祭礼时，要从先端上的食物开始，然后依次遍祭所有食物。客人吃过三口饭后，主人要请客人先吃纯肉，然后再逐一品尝各种食物。主人还没有遍吃各种食物前，客人不饮酒漱口。用餐完毕，客人应从席前跪起，撤下盛饭和酱的器具交给相者，主人起身，不让客人自己动手撤除食具，然后客人再坐下。

侍食于长者，主人亲馈①，则拜而食；主人不亲馈，则不拜而食。共食不饱②，共饭不泽手③。毋抟饭④，毋放饭⑤，毋流歠⑥，毋咤食⑦，毋啮骨⑧，毋反鱼肉，毋投与狗骨。毋固获⑨，毋扬饭⑩，饭黍毋以箸，毋嚃羹⑪，毋絮羹⑫，毋刺齿⑬，毋歠醢⑭。客絮羹，主人辞不能亨⑮；客歠醢，主人辞以窭⑯。濡肉齿决⑰，干肉不齿决。毋嘬炙⑱。

【注释】

①馈（kuì）：孔疏："进馔也。"

②共食：指共用食器吃饭。

③不泽手：不揉搓双手。古人直接用手抓饭吃，与人一同吃饭，手应洁净，不能临吃饭时才搓揉双手弄干净，令人感到龌龊，又会弄脏饭食，对共饭者不敬。泽，揉搓。

④抟（tuán）饭：指把饭抟成一团。

⑤放饭：把手里多余的饭放回食器里。

⑥流歠（chuò）：喝汤像流水一样不停地喝。歠，饮。

⑦咤（zhà）食：吃饭时口舌作响，似乎是嫌弃主人的饭食。

⑧啮（niè）骨：啃骨头。

⑨固获：郑注："欲专之曰'固'，争取曰'获'。"这里是说专拣某种食物吃。

⑩扬饭：指扬去饭中的热气，这样就显得急不可待。

⑪嚃（tà）：不嚼而食。羹中有菜，不嚼菜而吞食，有贪快争食之嫌，吃相不好。

⑫絮（chù）羹：调理羹汤的味道。指往羹里添加盐、梅等调味品，这

样做令人觉得是嫌主人的食物味道不好。絮，调拌。

⑬刺齿：剔牙。

⑭歠醢（hǎi）：喝蘸食用的肉酱。这样做会令人觉得是在嫌主人的食物味道太淡。醢，调味的肉酱。

⑮亨：同“烹”，烹调。

⑯窭（jù）：指因贫穷而不能使礼数周到、客人满意。

⑰濡（ér）肉：煮烂湿软的肉。濡，同“胹”，烹煮。

⑱嘬（chuài）炙：一大口吃尽烤肉。此指吃相难看，有贪婪之嫌。嘬，一口而尽。

【译文】

陪长者吃饭，主人亲自进送食物，要拜谢后才吃；主人没有亲自进送食物，就不必拜谢，自己取食。与人共用食器吃饭，不要自顾吃饱；与人共用食器吃饭，不要搓揉双手。不要把饭抟成饭团来吃，不要把手里拿过不吃的饭再放回盛饭的食器中，喝汤不要长长地喝个不停，吃东西不要嘴巴“咔嚓咔嚓”响，不要啃骨头，不要把拿起的鱼肉又放回食器，不要把骨头扔给狗吃。不要一直专挑某种食物吃，不要迫不及待地扬去饭中的热气，不要用筷子吃黍米饭，不要不咀嚼羹汤里的菜就囫囵咽下，不要自己给羹汤再添加调味品，不要在吃饭时剔牙，不要喝调味的蘸酱。客人若为自己的羹汤添加调味品，主人要致歉表示不善于烹煮羹汤；客人若喝调味的蘸酱，主人要致歉表示家贫以致礼仪不周到。吃煮得湿软的肉可直接用牙咬断，吃坚硬的干肉就不要用牙咬，要用手撕开吃。吃烤肉不要一口吃下一大块。

侍饮于长者，酒进则起，拜受于尊所①。长者辞，少者反席而饮。长者举，未釂②，少者不敢饮。

【注释】

①尊：亦作“樽”，盛酒器。

②釂(jiào)：喝光爵中的酒。

【译文】

陪长者饮酒，见长者为自己斟酒时就要赶紧起身，并到放置酒樽的地方向长者行拜礼后接受酒。长者对晚辈的行礼表示推辞，晚辈返回坐席而饮酒。长者举杯邀大家饮酒时，长者没有喝光爵中的酒之前，晚辈不敢喝酒。

长者赐，少者、贱者不敢辞。赐果于君前，其有核者怀其核。御食于君①，君赐余，器之溉者不写②，其余皆写③。

【注释】

①御食：主人吃饭时陪在身边照料劝食。与前文的“侍食”不同，御食者只劝食却不陪同着一起吃。

②溉(gài)：洗涤。郑注：“溉谓陶梓之器，不溉谓萑竹之器也。”陶器、木器是可洗涤者，草编、竹编器具是不可洗涤者。写：通“泻”，指将食物从一个器物倒在另一个器物中。

③其余：指食器中不可洗涤者，郑玄认为指藤器、竹器等。放在不可洗涤的食器里的食物，之所以必须倒出来另换食器盛放，是怕玷污了国君的器具。

【译文】

长者有所赏赐时，晚辈或身份低下的人不敢推辞。若在国君跟前接受国君赏赐的水果，吃剩的果核就要藏在怀中。伺候国君进食，国君赏赐吃剩的食物，如果食物放在可洗涤的食器里，就不必倒出来换别的食器盛放；如果食物放在不可洗涤的食器里，那就必须倒出来，另换别的食器盛放后才能食用。

馂余不祭[①]。父不祭子,夫不祭妻。

【注释】

①馂(jùn)余不祭:这是说如果要吃剩下的饭菜,饭前就不用举行祭食之礼。馂,剩下的饭菜。祭,指食前祭。

【译文】

吃剩下的饭菜就不必行祭食礼。父亲吃儿子剩下的饭菜不必行祭食礼,丈夫吃妻子剩下的饭菜不必行祭食礼。

御同于长者[①],虽贰不辞[②],偶坐不辞[③]。

【注释】

①御:此处的"御"指陪食。

②虽贰不辞:即使主人送双重的肴馔是为长者,陪食者不要推辞,因为这是主人特意为长者所备。贰:郑注:"谓重殽膳也。"即双份肴膳。

③偶坐不辞:作为陪客也不推辞主人的盛馔。主人设盛馔是为主客,陪客毋须推辞。

【译文】

陪侍长者受邀用餐,即使主人进上双份的菜肴也不要推辞;作为陪客与主客共同用餐时,也不要推辞主人所进上的菜肴。

羹之有菜者用梜[①],其无菜者不用梜。

【注释】

①梜(jiā):筷子。

【译文】

羹汤中如果有菜,就用筷子吃;如果没有菜,就不用筷子。

为天子削瓜者副之[①],巾以絺[②]。为国君者华之[③],巾以绤[④]。为大夫累之[⑤],士疐之[⑥],庶人龁之[⑦]。

【注释】

①副(pì):郑注:"析也。既削,又四析之,乃横断之,而巾覆焉。"切瓜要先削去瓜皮,将瓜切成四瓣,再横切一刀。

②絺(chī):细葛布。

③华:从当中剖开,再横切一刀。

④绤(xì):粗葛布。

⑤累:通"倮"(luǒ)。指从当中剖开,不横切,不用布覆盖。

⑥疐(dì):通"蒂"。指不用从当中剖开,只横切一刀,去除瓜蒂而已。

⑦龁(hé):咬嚼。指不用刀切,去除瓜蒂后就啃着吃。

【译文】

为天子削瓜,去皮后要切作四瓣,再从中间横切开来,用细葛布覆盖。为国君削瓜,去皮后切成两瓣,再从中间横切开来,用粗葛布覆盖。为大夫削瓜,去皮后切成两瓣而不用盖布;为士削瓜,去皮后只要横切一刀、去除瓜蒂;庶人去除瓜蒂后就直接啃着吃。

父母有疾,冠者不栉,行不翔[①],言不惰[②],琴瑟不御。食肉不至变味[③],饮酒不至变貌,笑不至矧[④],怒不至詈[⑤]。疾止复故。

【注释】

①“冠者”二句：这是说孝子因为心中担忧父母的疾病而不顾及容颜装束，走路也不能轻松自在。

②言不惰：指说话不戏谑玩笑。

③变味：吃肉吃到口味发生变化。孔颖达认为，吃一种食物少食则味不变，多食口味就会发生变化。

④矧(shěn)：郑注：“齿本曰矧，大笑则见。”矧即齿龈。

⑤詈(lì)：责骂。

【译文】

父母患病，儿子因为担忧，以至于戴帽子时无心梳理头发，行走时也不像平时那样轻松潇洒地张开双臂，说话不开玩笑，不弹奏琴瑟。吃肉不吃到口味发生改变，喝酒不喝到脸色改变，笑不露出齿龈，怒不怒到发火骂人。等父母病愈了，才回复平时的状态。

有忧者侧席而坐[①]。有丧者专席而坐[②]。

【注释】

①有忧：指因父母患病而担忧。侧席：这里指独席。

②专席：单层席，与“重席”相对。

【译文】

心中有忧虑的人特置一席而坐。守丧的人坐在单席上。

水潦降，不献鱼鳖[①]。献鸟者佛其首[②]，畜鸟者则弗佛也[③]。献车马者执策绥[④]，献甲者执胄，献杖者执末[⑤]，献民虏者操右袂⑥，献粟者执右契⑦，献米者操量鼓⑧。献孰食者操酱齐⑨，献田宅者操书致⑩。

【注释】

①“水潦(lǎo)降”二句：雨水多的时节，不进献鱼鳖，这是因为夏季雨多水大，鱼鳖难以捕捉，所以不以此作为献礼。

②献鸟者佛其首：献鸟人要扭转鸟的头防止它以喙啄人。佛，通“拂”，扭转。

③畜：驯养。

④献车马者执策绥(suí)：车马太大无法进入室内，所以进献者只要献上马鞭和车索就代表车马了。后文“献甲者执胄”意味相同。策，马鞭。绥，登马车时用于拉手的绳索。

⑤末：杖的末端。因杖的末端拄地不干净，所以献给别人时末端要冲向自己。

⑥虏：俘虏。袂(mèi)：衣袖。

⑦右契：契约券书的右半部分。古时契约券书，相同文字抄为两份，剖分为左、右两半，以右为尊，所以献礼时拿着右券作为凭证。

⑧量鼓：郑注：“量器名。”一种量器。

⑨孰：同“熟”。齐(jī)：通“齑”，调料。

⑩书致：孔疏：“谓图书于板，丈尺委曲书之，而致之于尊者也。”也是一种契约凭证文书，标注有田宅大小数据。

【译文】

雨水多的时节，不进献鱼鳖。进献野鸟的人要扭转鸟的头，以防啄伤人，进献家养的鸟就不用了。进献车马的人要拿着马鞭和绳索呈上，进献盔甲的人要拿着头盔呈上，进献手杖的人要拿着手杖的末端，进献俘虏的人要抓着俘虏的右衣袖，进献谷物的人要拿着右半符契呈上，进献米粮的人要拿着量鼓呈上。进献熟食的人要送上酱和调料，进献田地家宅的人送上标注有大小数据的契约凭证。

凡遗人弓者①，张弓尚筋，弛弓尚角②。右手执箫③，左手承弣④，尊卑垂帨⑤。若主人拜，则客还辟辟拜⑥。主人自受，由客之左接下承弣，乡与客并⑦，然后受。进剑者左首⑧，进戈者前其镈⑨，后其刃。进矛戟者前其镦⑩。

【注释】

①遗(wèi)：赠送。

②"张弓"二句：张弓，绷紧了弦的弓。弛弓，松了弦的弓。尚，上。筋，弓弦。角，弓背，弓把。这几节所记交接的方式都是授受弓的礼仪。

③箫：孔疏："弓头。"即弓的端首。

④弣(fǔ)：孔疏："谓弓把也。"指弓中部把手处。

⑤尊卑垂帨(shuì)：授受双方如果尊卑地位匹敌，即地位高下相当，就要互相鞠躬使佩巾垂地。尊卑，这里指二人地位高下相同。帨，佩巾。

⑥还辟(pì)：孔疏："犹逡巡也。"辟(bì)拜：避让躲开主人的拜，谦逊表示不敢当之意。

⑦乡(xiàng)与客并：与客人同向并立。乡，通"向"。

⑧首：指剑柄。

⑨镈(zūn)：戈柄末端圆形的金属套。

⑩镦(duì)：同"錞"，矛、戟柄末端的金属套。

【译文】

凡是献弓给人，绷紧了弦的弓，要把弦朝上交给别人；松了弦的弓，要把弓把朝上交给别人。要用右手拿着弓的末端，左手托着弓把的中部，授受双方如果身份地位相同，都要弯腰鞠躬致意，使佩巾垂下。如果主人拜谢，客人要避让表示不敢当。主人亲自接受献上的弓，要从客人的左侧接住弓把的中部，与客人同向并立，然后接受弓。进献剑的人要将剑柄朝左拿着，进献戈的人要将戈柄尾端的镈朝前，戈刃朝后。进献矛、戟的人要将矛、戟长柄的尾端的镦朝前，矛头朝后。

进几杖者拂之①。效马、效羊者右牵之，效犬者左牵之②。执禽者左首，饰羔雁者以缋③。受珠玉者以掬④，受弓剑者以袂⑤。饮玉爵者弗挥。凡以弓剑、苞苴、箪笥问人者⑥，操以受命，如使之容。

【注释】

①拂：拂去尘土。

②"效马"二句：指献马、献羊时要用右手牵着，献狗时则用左手牵着。用右手牵马、牵羊比较方便，狗会咬人，右手要用来防御，所以用左手牵狗。效，呈献。

③饰：覆盖。缋(huì)：绘画。

④掬(jū)：手中。

⑤袂：衣袖。这里是说接受剑时不用手而用衣袖承接。

⑥苞苴(jū)：孔疏："苞者，以草苞裹鱼肉之属也。""苴者，以草藉(铺垫)器而贮物也。""苞"、"苴"通常使用茅、苇。箪笥(dān sì)：孔疏："箪圆笥方，俱是竹器，亦以苇为之。"盛放饭食的器具。问：犹"遗"，赠送。

【译文】

进献凭几和手杖要事先拂去灰尘。献马、献羊要用右手牵着，献狗要用左手牵着。进献鸟禽时要将鸟头朝左，进献羊羔和大雁要盖上彩色的画布。接受珠玉时要用双手捧着，接受弓箭时要用衣袖去承接。用玉杯喝酒时不要挥动酒杯。凡是以弓箭、苞苴、箪笥这些东西赠送他人的，拿起这些东西接受吩咐，神态要像奉命出使一样庄重。

凡为君使者，已受命，君言不宿于家①。君言至，则主人出拜君言之辱②。使者归，则必拜送于门外。若使人于君所，则必朝服而命之③；使者反，则必下堂而受命。

【注释】

①君言不宿于家：意思是得到国君的命令后就不住在家中逗留耽搁。君言，即君命。

②辱：孔疏："言屈辱尊者之命来也。"

③朝服：臣下朝见国君时所穿的服装。

【译文】

凡被委任为国君的使者，已接受了国君的命令，不能带着君命仍留宿于家中。君命到达时，主人要出门拜谢使者，说有劳使者屈尊前来传命。使者回去时，主人一定要送到大门外拜谢致礼。如果要派使者到国君处，就一定要穿着朝服委派使者；使者返回时，也一定要下堂接受使者带回的君命。

博闻强识而让①，敦善行而不怠②，谓之君子。君子不尽人之欢，不竭人之忠，以全交也③。

【注释】

①博：多，广。识（zhì）：记。

②敦：勉。

③全交：保持与他人的交情。全，保全，保持。交，与人的交情、交往。

【译文】

见闻广博、记忆力强而能谦让，勉力为善行而不懈怠，这样的人就称之为君子。君子不强求别人全心全意的喜欢，也不强求别人尽心竭力的忠诚，这样才能保持与他人的交情。

《礼》曰："君子抱孙不抱子[①]。"此言孙可以为王父尸[②]，子不可以为父尸。为君尸者，大夫、士见之则下之，君知所以为尸者则自下之。尸必式[③]，乘必以几[④]。

【注释】

①君子抱孙不抱子：古代祭祀礼仪要用尸充当祭祀的对象，尸一般要以孙辈的男孩子担当，如果孙子年纪幼小，可以由成人抱着孙子为尸，但不得抱年幼的子为尸。郑注："以孙与祖昭穆同。"

②王父：指死去的祖父。

③式：通"轼"，古代车厢前供站立乘车人扶持凭靠的横木。乘车人俯身低头伏轼，是一种表示致敬的礼仪。

④几：登车用的踏脚物。

【译文】

礼书上说："君子抱孙不抱子。"这是说孙子可以在祭祀时充当已故祖父的尸，儿子则不可以充当已故父亲的尸。作为国君的尸乘车出行，大夫、士见到了，就要下车致敬；国君知道充当先君之尸的人，要亲自下车致敬。尸在车上必须凭轼行答谢之礼，尸乘车必须用几做踏脚登车。

齐者不乐[1]，不吊。

【注释】

①齐(zhāi)：同“斋”。郑注：“为哀乐则失正，散其思也。”

【译文】

斋戒中的人为求心诚志专，不听音乐，也不去吊丧。

居丧之礼，毁瘠不形[1]，视听不衰。升降不由阼阶[2]，出入不当门隧[3]。居丧之礼，头有创则沐[4]，身有疡则浴，有疾则饮酒食肉，疾止复初。不胜丧[5]，乃比于不慈不孝。五十不致毁[6]。六十不毁[7]。七十唯衰麻在身，饮酒食肉，处于内[8]。

【注释】

①毁瘠：羸瘦。形：郑注：“谓骨见。”即瘦到显露骨头。孔疏：“居丧乃许羸瘦，不许骨露见也。”

②阼阶：堂前东阶。本是主人上下堂所行，居丧时升降不由东阶。因为这是父亲过去所走的台阶，追忆思念，所以就不忍心从阼阶上下。

③门隧：门外当门中道。

④创：通“疮”。下文“疡”(yáng)也指疮。

⑤胜：任。

⑥五十不致毁：孔疏：“致，极也。五十始衰，居丧乃许有毁，而不得极羸瘦。”

⑦六十不毁：孔疏：“转更衰甚，都不许毁也。”

⑧处于内：据丧礼，孝子为父母守丧时，不得住在室内，要住在门外

临时搭建的“倚庐”中。

【译文】

守丧之礼，虽然哀伤但不要消瘦到变形而显出骨头，视力、听力不要因此衰减。上下堂时不走东边的阼阶，出入时不走大门正中的道路。守丧之礼，头部有了疮才洗头，身体有了疮才洗澡，有了疾病才能饮酒吃肉，病愈后再回到守丧初始的状态。不能承受守丧的哀痛致使身体崩溃，就等于是不慈不孝。五十岁守丧，不要因悲痛而过度伤身。六十岁守丧，不要影响身体健康。七十岁守丧，只要穿着丧服，可照常饮酒吃肉，住在房室内。

生与来日，死与往日①。

【注释】

①“生与来日”二句：郑注：“与，犹数也。生数来日，谓成服杖以死明日数也。死数往日，谓殡敛以死日数也。”即生者计算为死者服丧的日期，数“来日”为三日；死者计算殡殓的日期，数“死日”为三日。

【译文】

生者服丧的日期，要从死者去世的第二天算起；死者殡殓的日期，要从死者去世的当天算起。

知生者吊①，知死者伤②。知生而不知死，吊而不伤；知死而不知生，伤而不吊。

【注释】

①吊：慰问之辞。

②伤：悼念之辞。

【译文】

认识死者家属的，就向家属致辞慰问；认识死者的，就为死者致辞悼念。认识死者家属但不认识死者的，只向家属致辞慰问而不对死者致辞悼念；认识死者但不认识其家属的，只对死者致辞悼念而不向其家属致辞慰问。

吊丧弗能赙[①]，不问其所费；问疾弗能遗[②]，不问其所欲；见人弗能馆[③]，不问其所舍。赐人者不曰“来取”，与人者不问其所欲。

【注释】

①赙（fù）：送钱财给丧家助办丧事。

②遗（wèi）：馈赠。

③见人：见行人。馆：舍，即安排住宿的馆舍。

【译文】

吊丧时，若不能用财物帮助丧家办丧事，就不要问丧家花费多少；探望病人，若不能馈赠财物，就不要问病人需要什么；看到旅人，若不能为人家安排住宿的馆舍，就不要问人家住在何处。赐给别人东西，不能说“来取”；送给别人东西，不要问人想要什么。

适墓不登垄[①]，助葬必执绋[②]，临丧不笑。揖人必违其位[③]。望柩不歌，入临不翔。当食不叹。邻有丧，舂不相[④]；里有殡，不巷歌。适墓不歌。哭日不歌[⑤]。送丧不由径，送葬不辟涂潦[⑥]。临丧则必有哀色。执绋不笑，临乐不叹。介胄则有不可犯之色。故君子戒慎，不失色于人[⑦]。

【注释】

①垄:郑注:"为其不敬。垄,冢也。墓,茔域。"

②绋(fú):牵引棺柩车往墓穴的绳索。

③违其位:离开原有的位置。郑注:"礼以变为敬。"

④相:舂米打杵时唱歌助兴。

⑤哭日:孔疏:"谓吊人日也。"指吊唁死者的日子。

⑥不辟(bì)涂潦(lǎo):不要躲避路上的积水。辟,避开。潦,雨后积水。

⑦失色:失态。指表情神态与应有的场合不符。

【译文】

去墓地不要登上人家的坟头,参加葬礼一定要牵着引柩车的挽绳,参加丧礼不可面带笑容。对人作揖,一定要离开原位。望见运柩车,不要唱歌;参加丧礼,不可张开双臂迈步行走。面对食物不可叹气。邻家有丧事,舂米时不唱歌;同里有丧事,不在巷子里唱歌。到墓地去不唱歌。吊唁的日子不唱歌。送丧时不抄近道走小路,送葬时不避开有积水的道路。参加丧礼,脸上一定要有哀戚的神情。挽着棺柩车的绳索时不要嬉笑,身在欢乐场合不要叹气。穿着铠甲、戴着头盔时,要有不可侵犯的庄严神色。所以君子要小心谨慎,不在人前失态。

国君抚式,大夫下之;大夫抚式,士下之。

【译文】

国君若凭轼行礼,大夫就要下车致以敬礼;大夫若凭轼行礼,士就要下车致以敬礼。

礼不下庶人①,刑不上大夫②。刑人不在君侧③。

【注释】

①礼不下庶人：孔疏引张逸云："非是都不行礼也"，"其有事，则假士礼行之"。此处的"下"，应是制定之意。

②刑不上大夫：孔疏："制五刑三千之科条，不设大夫犯罪之目也。所以然者，大夫必用有德，若逆设其刑，则是君不知贤也。"

③刑人不在君侧：孔疏："彼刑残者，不得令近君，为其怨恨也。"

【译文】

礼，不为下等的庶民制定礼仪条法；刑，不为上等的大夫制定刑律条法。受过刑罪责罚的人，不得呆在国君身边。

兵车不式。武车绥旌[①]，德车结旌[②]。

【注释】

①武车：即兵车，车上用兵器装饰。绥：垂舒貌。

②德车结旌：孔疏："谓玉路（辂）、金路（辂）、象路（辂）、木路（辂），四路不用兵，故曰德车。"按，四车非军用之车，与用兵器装饰的"武车"对言。分别以玉饰、金饰、象牙饰及漆木制，"结缠其旒，着于竿也"。

【译文】

在兵车上不用行轼礼。武车上的旌旗要任其舒展，德车上的旌旗则要收束起来。

史载笔，士载言[①]。前有水则载青旌[②]，前有尘埃则载鸣鸢[③]，前有车骑则载飞鸿[④]。前有士师则载虎皮[⑤]。前有挚兽则载貔貅[⑥]。行[⑦]，前朱雀而后玄武，左青龙而右白虎，招摇在上[⑧]，急缮其怒[⑨]。进退有度，左右有局[⑩]，各司其局。

【注释】

①“史载(zài)笔”二句:郑注:“谓从于会同,各持其职以待事。笔谓书具之属,言谓会同盟要之辞。”史官和士要随同国君参加与诸侯的会同。史官负责记录国君活动,士参与盟会事务,记录会盟之辞。

②载:指在前导车上竖起旗帜为后面的队伍报告前方的路况,以使后队警备。青:青雀,一种水鸟。

③鸢(yuān):老鹰。孔疏,鸢鸣则风生,风生则尘埃起,前有尘埃,则载鸢于旌首。

④鸿:鸿雁,大雁。

⑤士师:兵众。

⑥挚(zhì):通“鸷”,凶猛。貔貅(pí xiū):古代猛兽名。

⑦行:行军。此下几句说行军之法。古人行军作战迷信天文星象,行军时应前方为朱雀,后方为玄武(龟),左方为青龙,右方为白虎。朱鸟、玄武、青龙、白虎为“二十八宿”之南、北、东、西四方的星宿。或说朱鸟、玄武、青龙、白虎为四方军阵,要分别使用绘有四兽的旗帜。

⑧招摇:北斗七星中位于勺端的一星,此处指北斗星。这是说北斗星应在行军队伍的上方。或说军阵上方要高举绘有北斗的旌旗。

⑨急:坚挺。缮:郑注:“读曰‘劲’。”怒:指士气高昂。孔疏:“军旅士卒起居举动,坚劲奋勇,如天帝之威怒也。”

⑩局:孔疏:“部分也。”

【译文】

国君外出参加盟会,史官带着书写工具,士带着会盟资料。行军时,前方若有水,前导车就挂起画有青雀的旗帜;前方若有尘土,就挂起画有鸣鸢的旗帜;前方若有车马,就挂起画有飞雁的旗帜。前方若有军队，就挂起老虎皮。前方若有猛兽，就挂起貔貅皮。行军时，前应南方朱雀七宿，后应北方玄武七宿，左应东方青龙七宿，右应西方白虎七宿，上方是北斗七星，令兵将士气高昂威猛强健。进退有节度，左右各有所辖部分，将士各管一部，各司其职。

父之仇弗与共戴天①，兄弟之仇不反兵②，交游之仇不同国。

【注释】

①父之仇(chóu)：指杀父之仇。下文“兄弟之仇”、“交游之仇”也指杀害兄弟与朋友的仇家。

②不反兵：谓随身携带武器，遇仇人即可杀之，不必返家拿武器。反，同“返”。兵，指武器。

【译文】

杀害父亲的仇人，不能与他共处于同一天地间，一定要为父报仇；杀害兄弟的仇人，要随时携带兵器以备报仇；杀害朋友的仇人，不与他共处于同一国家。

四郊多垒①，此卿大夫之辱也。地广大，荒而不治②，此亦士之辱也③。

【注释】

①多垒：郑注：“垒，军壁也，数见侵伐则多垒。”

②荒：孔疏：“废秽也。”指土地荒废。

③此亦士之辱：孔疏：“士为君邑宰，必宜地民相得，若使土地广大而荒废，民散而流移，亦邑宰之耻辱也。”

【译文】

国都四郊有很多堡垒，说明国家常受侵略，这是国之大臣卿大夫的耻辱。国土虽然广大，却荒废而没有得到开发，这是管理乡邑的士的耻辱。

临祭不惰。祭服敝则焚之，祭器敝则埋之，龟筴敝则埋之①，牲死则埋之。凡祭于公者②，必自彻其俎③。

【注释】

①筴(cè)：同"策"，指占筮用的蓍草。古代卜筮，卜用龟甲，筮用蓍草。孔疏："若不焚埋，人或用之，为亵慢鬼神之物。"

②祭于公者：指士带着祭品到宗庙去助国君祭祀。

③彻：撤去。俎(zǔ)：祭祀或宴会时盛放牲肉的礼器。

【译文】

参加祭祀时，不可惰怠。祭服穿坏了就烧掉，祭器用坏了就埋掉，卜筮用的龟甲、蓍草坏了就埋掉，祭祀用的牲畜死了就埋掉。凡拿着祭品到国君的宗庙去助祭，祭后一定要自行撤去祭品牲俎。

卒哭乃讳①。礼不讳嫌名②，二名不偏讳③。逮事父母则讳王父母④，不逮事父母则不讳王父母。君所无私讳⑤，大夫之所有公讳⑥。《诗》、《书》不讳，临文不讳⑦。庙中不讳。夫人之讳，虽质君之前⑧，臣不讳也。妇讳不出门。大功、小功不讳⑨。入竟而问禁⑩，入国而问俗，入门而问讳⑪。

【注释】

①卒哭：丧礼的祭名之一，在死者安葬后的"三虞"之祭后举行。按

丧礼规定，孝子因丧亲，朝夕之间随时都会哭起来，但卒哭祭后不再随时号哭，只在早晚哭。讳：避讳。古人对活着的人是不避名讳的，人死后在卒哭祭前仍按生者对待，卒哭祭后神灵迁庙，要以神鬼之礼事之，故卒哭祭后要避讳。

②嫌名：郑注："谓音声相近，若禹与雨，丘与区也。"

③二名不偏讳：名字如有两个字，只需避讳其中之一即可。偏，通"徧"(biàn)，全面。

④逮(dài)事父母则讳王父母：如果父母在世，侍奉父母就要避讳祖父母的名字，这是怕父母伤心。如果父母已经去世，或是孤儿从未见过父母，就不用避讳祖父母之名。逮，及。

⑤君所无私讳：郑注："臣言于君前，不辟(避)家讳，尊无二。"私讳，即家讳。

⑥大夫之所有公讳：孔疏："今谓于大夫之所，止得避公家之讳，不得避大夫讳，所以然者，尊君讳也。"

⑦临文：写文章。

⑧质：对。

⑨大功：丧服"五服"之一。"五服"指斩衰、齐衰、大功、小功、缌麻。斩衰、齐衰为重丧之服，其布粗恶，不加人工裁制。大功、小功、缌麻，依次用布逐渐细密，裁制加工逐渐增多。大功其服用熟麻制成，较齐衰稍细，较小功为粗。大，意为人工粗放不精，故称"大功"。大功服丧期为九个月，为堂兄弟，已嫁的姑母、姊妹、女儿，未嫁的堂姊妹及孙女，嫡长孙之外的众孙等都服大功之服。小功：丧服"五服"之一。其服以熟麻布制成，较大功为细，较缌麻为粗。小功服丧期五个月，为伯叔祖父母、堂伯叔祖父母、堂伯叔祖兄弟、未嫁堂祖姑姐妹、已嫁堂姊妹及孙女等服小功之服。

⑩竟：通"境"。

⑪门：指别人家大门。

【译文】

丧礼举行过卒哭祭礼之后就要避说死者的名讳。按礼不避讳和名同音的字，双字的名不必同时都避讳，避讳其一即可。得以侍奉父母的，就要避称祖父母之名；没能赶得及侍奉父母的，就不必避称祖父母之名。为了表示尊重国君，在国君面前不避个人的家讳，在大夫面前则要避国君的名讳。教学诵读《诗》、《书》时不用避讳。写文书、文章时不用避讳，在宗庙中祝告时不用避讳。国君夫人的家讳，臣子即使是当着国君的面也不用避讳。妇人的名只在家内避讳，出了家门就不用避讳了。服大功、小功之丧的人可以不避死者的名讳。进入别国国境要问清当地的禁忌，到了别国要问明当地的风俗，进了别人家门要问问人家有什么避讳。

外事以刚日①，内事以柔日②。凡卜、筮日，旬之外曰“远某日”③，旬之内曰“近某日”。丧事先远日，吉事先近日④。曰：“为日，假尔泰龟有常⑤，假尔泰筮有常。”卜、筮不过三⑥。卜、筮不相袭⑦。龟为卜，筴为筮。卜、筮者，先圣王之所以使民信时日、敬鬼神、畏法令也，所以使民决嫌疑、定犹与也⑧。故曰：“疑而筮之，则弗非也；日而行事，则必践之⑨。”

【注释】

①外事：指郊外之事，如用兵、郊祭、田猎等事。刚日：古代以十天干记日，十日中有五奇五偶，奇数日甲、丙、戊、庚、壬为刚日，偶数日乙、丁、己、辛、癸为柔日。

②内事：指郊内之事，如宗庙祭祀之事等。

③旬：十天。

④“丧事”二句：办丧事要先卜问远日，办吉事要先卜问近日。丧事要占卜远的日子，这代表孝子不忍与逝去的亲人告别。吉事，如祭祀、冠礼、婚礼等。

⑤泰：大。

⑥卜、筮不过三：孔疏：“谓一卜不吉而凶，又卜，以至于三，三若不吉则止，若筮亦然也。”《公羊传·僖公三十一年》：“三卜礼也，四卜非礼也。三卜何以礼？四卜何以非礼？求吉之道三。”

⑦卜、筮不相袭：郑注：“卜不吉则又筮，筮不吉则又卜，是渎龟筴也。”即不能反复多次地使用龟卜、蓍草占问，这样做有亵渎神明之嫌。袭，因袭。

⑧犹与（yù）：犹豫，游疑。

⑨践：善。

【译文】

外事要在奇数日进行，内事要在偶数日进行。凡以卜、筮来选定日期，若在十天以外的某天就称为“远某日”，十天之内的某天就称为“近某日”。办丧事要先卜问远日，办吉事要先卜问近日。卜、筮时要说：“为选择良辰吉日，要借你这恒常灵验的大龟来占卜，要借你这恒常灵验的大蓍来占卜。”无论以龟甲占卜或以蓍草占问，都不能超过三次。占问同一件事，卜与筮不能交替反复使用。以龟甲占问叫作“卜”，以蓍草占问叫作“筮”。卜与筮，是前代圣王所用来使人们信服所选定的日期，崇敬所祭祀的鬼神、畏惧所制定的法令的，是用来让人们判断容易混淆和相似的事物，确定犹豫不决的事情的。因此说：“有了疑问而卜筮，就不会再有非议；依选定时日而行事，就会有好结果。”

君车将驾，则仆执策立于马前①；已驾，仆展軨效驾②。奋衣由右上③，取贰绥跪乘④，执策分辔⑤，驱之五步而立。君出就车，则仆并辔授绥，左右攘辟⑥。车驱而驺⑦，至于大门，君抚仆之手，而顾命车右就车[⑧]。门闾、沟渠必步[⑨]。

【注释】

①仆执策立于马前：驾车人要手拿马鞭立在马前，这是为了防止马乱动。仆，驾车者。

②展軨（líng）效驾：查看车厢前及左右两面的木围栏并且试驾车。展，视。軨，车厢前面和左右两面的木围栏。效驾，试驾。

③奋：郑注："振去尘也。"

④贰绥：副绥，驾车者和车右登车时所用的绳索。贰，副。绥，车上用于登车时做拉手的绳索。"绥"有正绥与副绥。"正绥"为国君或主人登车时所用，"副绥"为驾车者或陪乘者所用。

⑤辔（pèi）：套在马的头颈部用于驭马的缰绳。一车套有四马，每一马有二辔，驾辕二马，辕前一马，左右各一骖马，四马共八辔。四马中二骖马之内辔系于车轼上，还有六辔，驾车人两手各执三辔，就叫"分辔"。

⑥左右攘辟：郑注："谓群臣陪位侍驾者。攘，却也。"攘，同"让"，即退让。

⑦驺（qū）：通"趋"。

⑧顾：回头。车右：陪乘的勇力之士，负责护卫国君。一车乘三人，国君在左，驾车人在中，护卫在右。

⑨门闾（lǘ）、沟渠必步：孔疏："是车右勇士之礼也。"注疏说，路过门闾时国君要凭轼致礼，车右因而要下车；沟渠危险，担心车子倾覆，车右因而要下车扶持。门闾，城门和里门。步，下车步行。

【译文】

国君的车将要套马时，驾车人应手拿马鞭立在马前；已经套好车，驾车人要查看车厢前及左右的木围栏并且试驾车。驾车人要抖落衣服的灰尘，要从右侧上车，拉着自己用的登车绳索上车跪坐，拿起马鞭，两手分握缰绳，驱车向前走五步，然后停住。国君出来上车时，驾车人一只手把马缰绳合并在一起握住，另一只手将国君登车拉手用的绳索递给国君。国君上车后，左右臣子退到路两旁避让。驾车人驱车疾行，车到了大门，国君按住驾驶人的手，示意停车，回头命令陪乘护卫上车。车子经过城门、里门和沟渠时，陪乘护卫要下车。

凡仆人之礼，必授人绥。若仆者降等，则受，不然则否。若仆者降等，则抚仆之手，不然则自下拘之[①]。

【注释】

①拘(gōu)：取。

【译文】

凡是驾车的人，按礼制规定，一定要把登车拉手的绳索递给乘车的人。如果驾车人的地位低于乘车人，乘车人就接受登车拉手的绳索，否则就不能接受。如果驾车人身份低于乘车人，乘车人要先按一下驾车人的手，表示不敢当，然后接过绳索；如果双方身份相等，乘车人就要从驾车人手的下方接住绳索。

客车不入大门。妇人不立乘。犬马不上于堂。

【译文】

客人的车不驶入主人家的大门。妇人乘车时不站立。赠人犬马时不牵到堂上。

故君子式黄发[①]，下卿位[②]。入国不驰[③]，入里必式。

【注释】

①君子：孔疏："谓人君也。"式：通"轼"。此处指俯身凭轼致礼。下同。黄发：孔疏："人初老则发白，太老则发黄。发黄弥老，宜敬之。"

②卿位：卿朝见国君时站立的位子。

③入国不驰：进入国都时车马不可奔驰。这是因为国中人多，车快容易伤人。

【译文】

所以国君乘车遇到老人要伏轼行礼，经过卿上朝的位子要下车。进入国都，车马不可以奔驰；进入里巷，要伏轼致敬。

君命召，虽贱人，大夫、士必自御之①。

【注释】

①御：孔疏："迎也。"

【译文】

如果国君派使者传命召唤，即使使者是地位低贱的人，大夫、士也要亲自迎接。

介者不拜，为其拜而蓌拜①。

【注释】

①蓌(cuò)：挫。指行拜礼时失态。因身着铠甲时，铠甲坚硬笨重妨碍行礼，一定要行拜礼反而会失去常态，仪容不雅，显得没礼貌。

【译文】

穿着铠甲的人不行跪拜礼，因为穿着笨重的铠甲行礼会因举止不便、动作失调而显得失礼。

祥车旷左[①]。乘君之乘车，不敢旷左[②]，左必式[③]。

【注释】

①祥车：死者平时所乘车子，下葬时作为随葬品，称为“魂车”。旷左：御者坐在右边，而把左边的位子空出来，供死者的神魂乘坐。旷，空。

②“乘君”二句：君王有五路（辂），即玉路（辂）、象路（辂）、木路（辂）、金路（辂）、革路（辂）。出行时君王自乘一辆，其余四辆都供给随行大臣乘坐。大臣乘坐这种车不敢把左边的座位空出来，因为祥车才旷左，而今君王尚在，所以不敢旷左。

③左必式：孔疏：“虽处左而不敢自安，故恒冯（凭）式。”指大臣乘坐君王的乘车，虽居于车左，但又不敢安然处于尊位，因此一直凭轼为礼。

【译文】

随葬的祥车要把左边的座位空下。臣子乘国君的车不敢将左边的座位空着，坐在车子的左位就要俯身凭轼以示谦逊。

仆御妇人，则进左手，后右手。御国君，则进右手，后左手而俯。

【译文】

为妇人驾车，驾车者要坐在中央，妇人在左，为了避嫌，驾车者左手在前操控缰绳，右手在后，稍微侧身背对妇人。为国君驾车，驾车人居中，右手在前操控缰绳，左手在后，稍微俯身以示敬意。

国君不乘奇车[①]。

【注释】

①奇(jī)车：奇邪不正之车。

【译文】

国君不乘奇邪不正的车。

车上不广欬[①]，不妄指。立视五巂[②]，式视马尾，顾不过毂[③]。国中以策彗恤勿驱[④]，尘不出轨。

【注释】

①广欬(kài)：大声咳嗽。

②巂(guī)：通“规”，指一轮转一圈的长度。据旧注，“五巂”约九十九尺，约合今二十三米左右。

③毂(gǔ)：车轮中心部位，外接车辐，内受车轴。

④策彗：带叶的竹帚。恤勿驱：指不用鞭子抽打马匹，而是轻轻地搔摩马匹，不让它奔跑。

【译文】

在车上不大声咳嗽，不随便指画以免让人疑惑。站着乘车，向前看时只能看轮转五周的距离；凭轼示敬时，眼光要落在马尾上；回头看时，眼光不得超过车轴两端。在国都之中行车，就用竹帚搔摩马身，不要让马奔驰，不要让尘土从车辙中飞扬出来。

国君下齐牛，式宗庙[①]；大夫、士下公门，式路马[②]。乘路马，必朝服，载鞭策，不敢授绥，左必式。步路马，必中道。以足蹙路马刍有诛[③]，齿路马有诛[④]。

【注释】

①下齐牛，式宗庙：此句据《周礼·夏官·司马》郑注引《曲礼》当作“下宗庙，式齐牛”。齐，同“斋”。

②路马：专驾国君车乘的马。

③蹙（cù）：通“蹴”，践踏。刍（chú）：粮草。诛：责让，处罚。

④齿：这里指估算年龄。

【译文】

国君路过宗庙要下车，见到祭祀用的牛牲要凭轼行礼。大夫、士经过国君宫门，一定要下车；遇上国君专用的马，要凭轼行礼。乘坐国君专用的马车，一定要穿着朝服，马鞭放在车上但不敢使用，不敢要驾车者给自己递送登车的绳索，居于车子左边的位置，一定要俯身凭轼表示恭敬。牵着国君的马行走，一定要走在道路的中间。用脚践踏路马所需的草料，要受责罚；掰开马口数马齿以探看路马的年龄，要受责罚。

曲礼下第二

凡奉者当心[①]，提者当带[②]。执天子之器则上衡[③]，国君则平衡，大夫则绥之[④]，士则提之。凡执主器，执轻如不克[⑤]。执主器，操币、圭璧[⑥]，则尚左手，行不举足，车轮曳踵[⑦]。立则磬折垂佩[⑧]。主佩倚则臣佩垂[⑨]。主佩垂则臣佩委[⑩]。执玉，其有藉者则裼，无藉者则袭[⑪]。

【注释】

①奉：通“捧”。当心：正当心口处。

②带：束于衣外的大带，在腰处附近。

③上衡：郑注：“谓高于心。”衡，指与心平。

④绥(tuǒ)：郑注：“谓下于心。”

⑤克：郑注：“胜(shēng)也。”

⑥币：束帛，是专用于礼仪活动的帛，通常为一丈八尺长，幅宽二尺四寸。圭璧：孔疏：“瑞玉也。”

⑦车轮曳(yè)踵：孔疏：“若执器行时，则不得举足，但起前拽后，使踵如车轮曳地而行。”指行走时不抬脚迈步，拖着脚后跟走。踵，脚后跟。

⑧立则磬(qìng)折垂佩:站立时要像磬一样俯身,使玉佩悬垂。磬折,这里是弯腰俯身之意。磬,古代的打击乐器,形状像曲尺。佩,佩玉。

⑨倚:郑注:"谓附于身。"这里指站立而不前倾,故玉佩贴身。

⑩委:垂于地面。

⑪"其有藉者"二句:古人冬穿裘,夏穿葛,裘、葛之上有中衣,就是裼(xī)衣。裼衣外又有正服,如朝服、皮弁服。敞开正服前襟,露出中衣,就叫"裼"。掩好正服前襟就叫"袭"。藉,郑注:"藻也","有藻为文","无藻为质"。藻,或作"缫"。孙希旦引郑注《觐礼》云:"缫所以藉玉,以韦衣木,广袤各如其玉之大小。"即为铺垫玉器、铺有绢帛、绘有彩色的皮革包裹的木制托衬,有的以丝绳垂下为装饰。拿着的玉器有彩色衬垫,因此要露出华丽的中衣与之相配。裼,裼衣。这里是左袒露出裼衣的意思。

【译文】

凡是双手捧持东西时,双手应正处于心口的位置;屈臂提东西时,手应恰在腰带的位置。拿着天子的器物,双手要高过心口;拿着国君的器物,双手要恰与心口位置持平;拿着大夫的器物,双手在心口位置下方;拿着士的器物,就用手提在腰际。凡是拿着主人的器物,即使很轻也要像拿不动的样子。拿着主人的器物,或拿着币帛、瑞玉时,要左手在上,右手在下;走路时不抬起脚迈步,要像车轮滚动一样拖着脚跟走。站立就要像磬一样俯身,使玉佩悬垂。如果主人直立,玉佩附在身上,臣子就要俯身,使玉佩悬垂。如果主人俯身,使玉佩悬垂,那么臣子就要大幅度俯身,使玉佩垂于地面。使臣拿着玉作为礼物时,如果玉有衬垫就要敞开正服前襟,露出裼衣;如果玉没有衬垫,就掩好正服不要露出裼衣。

国君不名卿老、世妇[①],大夫不名世臣、侄、娣[②],士不名家相、长妾③。君大夫之子④,不敢自称曰“余小子”⑤。大夫、士之子,不敢自称曰“嗣子某”⑥,不敢与世子同名⑦。

【注释】

①卿老:上卿。世妇:孔疏:“两媵也,次于夫人而贵于诸妾也。”即随同夫人陪嫁者,通常为夫人的亲属,如下文之“侄、娣”。孙希旦说:“诸侯娶一国,则二国往媵之。”

②世臣:父时老臣。侄:妻之兄女。娣(dì):妻之妹。此指侄、娣陪同妻子来为妾。

③家相:孔疏:“谓助知家事者也。”即管家,家臣。长妾:孔疏:“妾之有子者也。”妾有子则地位较高。

④君大夫:郑注:“天子大夫有土地者。”即获天子分封有土地的大夫。

⑤余小子:天子居丧自称时所用,因此君大夫之子不应自称。

⑥嗣子某:诸侯居丧自称时所用,因此大夫、士之子不应自称。

⑦世子:孔疏:“谓诸侯之適(嫡)子也。”即太子。

【译文】

国君不直呼上卿、两媵的名字,大夫不直呼父时老臣、随妻嫁来的妻的侄女、妹妹的名字,士不得直呼主管家臣及长妾的名字。君大夫之子,居丧不敢自称“余小子”。大夫、士之子,居丧不敢自称“嗣子某”,取名字不敢与世子同名。

君使士射,不能,则辞以疾,言曰:“某有负薪之忧①。”

【注释】

①负薪:背柴。这是一种委婉的说法。

【译文】

国君让士参加射箭，士如果不会射，就以自己有病来推托，说："我有背柴落下的伤病。"

侍于君子，不顾望而对，非礼也①。

【注释】

①不顾望而对，非礼也：孔疏："若问多人，则侍者当先顾望坐中，或有胜己者宜前，而己不得率尔先对，先对非礼也。"

【译文】

陪在君子身边，君子发问时，不先看看周围有没有比自己强的人而贸然张口就答，这是不合礼仪的。

君子行礼，不求变俗①。祭祀之礼，居丧之服，哭泣之位，皆如其国之故，谨修其法而审行之②。去国三世③，爵禄有列于朝，出入有诏于国④，若兄弟宗族犹存，则反告于宗后⑤。去国三世，爵禄无列于朝，出入无诏于国。唯兴之日⑥，从新国之法。

【注释】

①"君子"二句：郑注："谓去先祖之国，居新国。"即移居他国，也不用务求改变故国的礼俗。求，务。

②修：旧作"脩"，《训纂》引王念孙说，"修"当为"循"，字之误也。其法：郑注："谓其先祖之制度。"

③三世：三代，从祖至孙。

④出入有诏于国：指如有吉凶之事仍与故国相互往来通告。诏，告。

⑤反:同“返”。宗后:宗子。

⑥兴:起。指被提拔做了他国的卿大夫。

【译文】

君子移居他国,在行礼时不必务求改变故国的礼俗。祭祀的礼仪,居丧的服饰,哭泣的位置,都和故国时一样,谨慎地遵循故国的法度并审慎的施行。离开故国已经三代,但家族中还有在故国朝中做官的,有吉凶之事仍要通告故国,如果兄弟宗族还在故国,有吉凶之事要回国报告宗子。离开故国已经三代,家族中已无人在故国朝中做官,有吉凶之事不用再通告故国。在新国成为卿大夫那天起,要遵循新国的礼法。

君子已孤不更名,已孤暴贵,不为父作谥[①]。

【注释】

①不为父作谥:这里是说父亲地位低贱本无谥号,父亲死后儿子即便是大显贵,升为诸侯,也不为亡父作美号。郑注:“子事父,无贵贱。”孔疏:“父贱无谥,子今虽贵而忽为造之,如似鄙薄父贱,不宜为贵人之父也。”谥,谥号。

【译文】

君子在父亲去世后不更改名字,父亲去世后即便是大显贵,也不为亡父拟美谥。

居丧,未葬读丧礼[①];既葬读祭礼[②];丧复常[③],读乐章[④]。

【注释】

①未葬读丧礼:未葬之前,要研读有关丧礼之书。孙希旦认为:“凶事不豫习,故丧葬之礼,至居丧乃读之。”丧礼,指人死后、下葬之

前各种有关礼节，如小殓、大殓、朝夕奠、殡葬等礼节。

②祭礼：孔疏："虞、卒哭、祔、小祥、大祥之礼也。"

③复常：大丧复祥之后，结束服丧。

④乐章：乐书的篇章，即诗。

【译文】

为父母居丧，未葬之前要研读有关丧礼之书；已经安葬后要研读祭礼之书；服丧结束，可以唱诵歌诗。

居丧不言乐，祭事不言凶，公庭不言妇女。

【译文】

居丧期间不谈乐，祭祀时不谈凶事，办公的地方不谈妇女之事。

振书、端书于君前有诛①。倒筴、侧龟于君前有诛②。龟筴、几杖、席盖、重素、袗絺绤③，不入公门。苞屦、扱衽、厌冠④，不入公门。书方、衰、凶器⑤，不以告，不入公门。公事不私议。

【注释】

①振：抖动去除灰尘。端：正，整理。

②倒：郑注："颠倒也。"筴：同"策"。侧：郑注："反侧也。"

③重素：衣、裳皆素，是丧服。袗絺绤（zhěn chī xì）：穿着葛布做的单衣。袗，单衣，这里是动词。絺，细葛布。绤，粗葛布。"絺"、"绤"属于内衣，如果出门，其外应再套中衣和礼衣，否则视为不敬。《论语·乡党》："当暑，袗絺绤，必表而出之。"

④苞屦（jù）：是服丧时穿的一种草鞋。苞，藨（biāo）草、蒯（kuǎi）

草。扱(chā)衽(rèn):上衣前襟插入腰带中。父母刚去世孝子要“扱衽”,本书《问丧》:“亲始死”,“扱上衽,交手哭”。扱,插。厌(yā)冠:丧冠,丧冠上部不耸起而呈倒伏状。厌,伏。

⑤书方:古代纸张发明前使用竹木做书写材料,记事用的木板叫作“方”。此处指记载丧事中宾客赠送财物的木板。衰(cuī):指丧服。凶器:郑注:“明器也。”即为陪葬而制作的器物。

【译文】

在国君面前抖去书册的灰尘、整理书册,要受到责罚。在国君面前颠倒或拿反占卜用的筮策与龟甲,要受到责罚。拿着龟策、几杖、丧车上的席子和顶盖,以及全身素服、穿着葛布做的单衣的人,不得进入宫门。穿着草编的丧鞋、将衣服前襟扎在腰带里、戴着丧冠的人,不得进入宫门。记载丧事中宾客赠送财物的木板、丧服、随葬的明器,未经报告获准,不得进入宫门。公事不在私下商议。

君子将营宫室①,宗庙为先,厩库为次②,居室为后③。凡家造④,祭器为先,牺赋为次⑤,养器为后⑥。无田禄者不设祭器,有田禄者先为祭服⑦。君子虽贫,不粥祭器⑧;虽寒,不衣祭服⑨;为宫室,不斩于丘木⑩。

【注释】

①君子:这里指国君。

②库:储藏财物的仓库。

③居室为后:生活起居之室要最后营建。《集解》云:“宗庙所以奉先祖,故为先。厩库所以资国用,故为次。居室所以安身,故为后。”

④家造:指大夫置办家中各种器物用品。家,郑注:“大夫称家。”

⑤牺赋：大夫向采邑的人们以赋税形式征收祭祀用的牲畜。牺，祭祀用的牲畜。

⑥养器：指生活所需的日用饮食器具。孔疏："供养人之饮食器也。"

⑦先为祭服：孔疏："所以然者，缘人形参差，衣服有大小，不可假借，故宜先造，而祭器之品量同官可以共有，以其制同，既可暂假，故营之在后。"

⑧粥（yù）：同"鬻"。郑注："卖也。"

⑨衣：动词，穿。

⑩丘：坟包，坟墓。

【译文】

国君将建造宫室，首先要建宗庙，其次建马厩、仓库，最后才建生活起居的房室。凡大夫置办器物用具，首先制作祭祀用器，其次征收祭祀用牲，最后才是制造日用生活用具。没有田地俸禄收入的人，不置办祭器，有田地俸禄收入的人，要先制作祭服。君子即使贫穷，也不售卖祭器；即使寒冷，也不穿祭服；建造宫室，不砍伐坟地的树木。

大夫、士去国[①]，祭器不逾竟[②]。大夫寓祭器于大夫[③]，士寓祭器于士。大夫、士去国，逾竟，为坛位[④]，乡国而哭[⑤]，素衣、素裳、素冠，彻缘[⑥]，鞮屦、素簚[⑦]，乘髦马[⑧]，不蚤鬋[⑨]，不祭食，不说人以无罪[⑩]，妇人不当御，三月而复服。

【注释】

①大夫、士去国：这里指大夫、士因进谏国君不从而离国。孔疏："此大夫、士三谏而不从，出在竟上"，"临去皆行此礼也"。

②不逾竟：不出国境。竟，通"境"。

③寓祭器:寄存祭器。孙希旦说,离开家国的大夫、士必须寄放祭器,原因有三:一是别人可以使用;二是祭器得以保存而不致朽坏;三是自己返回家国时可取回再用。

④坛位:设置哭位,用来祭祀。先清除野草,为一坦坪,然后积土为坛。所谓除地为坛。

⑤乡:通“向”。

⑥彻缘:除去衣服的彩边。祭服或朝服内的中衣,或饰有彩边,这里讲的是出亡,是凶事,因此去除彩缘而穿纯素。

⑦鞮(dī)屦:指鞋面没有配件与装饰的草鞋。素簚(mì):用白狗皮制成的车轼上的覆盖物,因为是丧礼,故用白狗皮覆盖车轼。素,孔疏:“白狗皮也。”簚,孔疏:“车覆阑也。”即车轼的覆盖物。

⑧髦(máo)马:因为是丧事,故不剪不剃马的鬃毛。

⑨不蚤鬋(jiǎn):孔疏:“以治手足爪也;鬋(剪),鬄(剃)治须发也。”蚤,通“爪”,指剪手脚的指甲。鬋,同“剪”。因为是丧事,故不剪手足指甲,不剪不理须发。

⑩不说人以无罪:不向人诉说自己无罪。孔颖达认为,大夫、士所以会离开家国,是因再三劝谏国君而不被采纳,若在异国向他人辩解说自己无罪,则有归咎国君之嫌。

【译文】

大夫、士因进谏国君不从而出走离国,自家的祭器不可带着出境。大夫将祭器寄存在本国其他大夫的家里,士将祭器寄存在本国其他士的家里。大夫、士离国,越过边境,设置祭坛,面向祖国而哭,穿戴着素色的上衣、下裳、帽子,撤去中衣的彩色镶边,穿着没有装饰的草鞋,所乘之车的车轼上覆盖白狗皮,乘坐不剪不剃鬃毛的马驾的车,不剪手脚指甲,不剪不剃须发,饮食前不行祭食礼,不向人诉说自己无罪,不与妇人行房,三个月之后才恢复正常的生活。

大夫、士见于国君[①]，君若劳之[②]，则还辟[③]，再拜稽首[④]；君若迎拜[⑤]，则还辟，不敢答拜。大夫、士相见，虽贵贱不敌，主人敬客则先拜客，客敬主人则先拜主人。凡非吊丧，非见国君，无不答拜者[⑥]。大夫见于国君，国君拜其辱[⑦]；士见于大夫，大夫拜其辱。同国始相见，主人拜其辱[⑧]。君于士，不答拜也；非其臣，则答拜之。大夫于其臣，虽贱，必答拜之。男女相答拜也。

【注释】

①见于国君：孔疏："谓大夫、士出聘他国君之礼。"

②劳：慰劳。

③还辟(bì)：孔疏："逡巡也。"指后退避让。辟，避让。表示自己不敢当。

④再拜：拜了两次。稽(qǐ)首：古代的一种跪拜礼，为"九拜"之一。《周礼·春官·大祝》："辨九拜，一曰稽首，二曰顿首，三曰空首，四曰振动，五曰吉拜，六曰凶拜，七曰奇拜，八曰褒拜，九曰肃拜，以享右祭祀。"行稽首礼时，施礼者屈膝跪地，左手覆按右手，拱手于地，头也缓缓至于地。头至地须停留一段时间，手在膝前，头又在手前。这是"九拜"中最隆重的拜礼，常为臣子拜见君王时所用。

⑤迎拜：宾客初至主国大门外，主君迎而拜之。

⑥"凡非吊丧"三句：凡不是吊丧、不是士见本国国君，别人对自己行拜礼，都要回以答拜礼，即受拜而不答拜只有吊丧与士见本国国君两种情形。吊丧是帮助丧家办丧事，不以宾客自居，不行宾主之礼，所以家属虽行拜礼，但自己不答拜。士见本国国君，国君尊贵，国君不答拜。

⑦“大夫”二句：孙希旦说，这里是指大夫见别国国君，国君要拜谢其屈尊来见；士见别国大夫，大夫要拜谢其屈尊来见。

⑧“同国”二句：指同国之人第一次相见，无论身份高低，都由主人先拜客人。

【译文】

大夫、士出国拜见他国国君，国君如果前来慰劳，大夫、士要转身躲避，再拜磕头；国君如果在大门外迎接并先拜，大夫、士要转身避让，表示不敢接受，也不敢答拜。大夫、士相见，即使双方贵贱有别，但是如果主人要对客人表示尊敬，就先行礼拜客人；如果客人要对主人表示尊敬，就先行礼拜主人。凡不是吊丧、不是士见本国国君的情形，别人对自己行拜礼，都要回以答拜礼。大夫见别国国君，国君要拜谢其屈尊来见；士见别国大夫，大夫要拜谢其屈尊来见。同国的人初次相见，主人要拜谢客人的屈尊来见。国君对于本国之士的拜礼，不必答拜；如果不是本国之士，就要答拜。大夫对于自己的家臣，即使他地位低贱，也一定要答拜。男女之间要互相答拜。

国君春田不围泽①，大夫不掩群②，士不取麛卵③。

【注释】

①泽：泛指山林川泽。这里特指猎场。

②不掩群：孔疏：“群谓禽兽共聚也，群聚则多，不可掩取之。”即不可包围猎杀。

③麛(mí)：孔疏：“麛乃是鹿子之称，而凡兽子亦得通名也。”卵：鸟蛋。春天鸟兽正在繁育成长，需要加以保护。

【译文】

春天，国君打猎不合围猎场，大夫打猎不可将野兽成群包围而捕杀，士打猎不可捕捉幼鹿、不可到鸟巢掏鸟蛋。

岁凶[1]，年谷不登[2]，君膳不祭肺[3]，马不食谷，驰道不除[4]，祭事不县[5]；大夫不食粱[6]；士饮酒不乐。

【注释】

①凶：指水旱等灾害。

②不登：粮食歉收。登，成。

③不祭肺：指不杀牲。郑注："《礼》：食杀牲则祭先，有虞氏以首，夏后氏以心，殷人以肝，周人以肺。不祭肺，则不杀也。"

④驰道：正道，是专供国君驰走车马的道路。除：修治，维护。

⑤县（xuán）：同"悬"，指悬挂的钟、磬等。这里泛指乐器，凶年则祭祀不加乐器。

⑥大夫不食粱：大夫吃黍稷，加食稻粱，凶年则去除加食。

【译文】

遭逢水旱灾害的年岁，粮食歉收，国君用餐时不杀牲取肺做祭奠，不给马匹喂食谷物，驰道不加以修治，举办祭祀活动不用钟、磬等乐器伴奏；大夫吃饭不加食稻粱；士宴会饮酒不奏乐。

君无故玉不去身[1]，大夫无故不彻县，士无故不彻琴瑟。

【注释】

①故：郑注："谓灾患、丧病。"

【译文】

国君没有灾难、祸患、丧事或伤病等特别的原因，佩玉不会离身；大夫没有特别的原因，不撤除家中悬挂的钟磬；士没有特别的原因，不撤除屋内摆设的琴瑟。

士有献于国君，他日[①]，君问之曰："安取彼[②]？"再拜稽首而后对。大夫私行出疆[③]，必请，反必有献[④]。士私行出疆，必请，反必告。君劳之，则拜；问其行[⑤]，拜而后对。

【注释】

①他日：孔疏："谓别日也，非是献物之日。"即不在进献物品当时询问。

②安取彼：国君询问士物品的由来，旧注说这是国君担心士身份卑微，为求得进献的礼物而为难，表现了国君对臣下的体恤。

③私行：为了自己的私事出国。臣子不得私自离境，故《左传·庄公二十七年》谓"卿非君命不越竟"，这里是说离境要请示。

④反：同"返"。下同。

⑤问其行：询问旅途中的情况。

【译文】

士进献给国君物品，过几天，国君问他说："从哪里得到进献的物品？"士要再拜磕头然后回答。大夫为私事出国，一定要先请示国君，回国后一定要进献礼品。士为私事出国，也一定要请示，回国后一定要报告。国君慰劳大夫、士，大夫、士要拜谢；国君询问旅途中的情况，大夫、士要先拜再回答。

国君去其国[①]，止之曰："奈何去社稷也[②]！"大夫，曰："奈何去宗庙也！"士，曰："奈何去坟墓也[③]！"国君死社稷，大夫死众[④]，士死制[⑤]。

【注释】

①去：逃离。郑注："谓见侵伐也。"即受到侵略而出亡。

②社稷：即国家。社，土地神。古人有"五土"之说，即土地有山林、川泽、丘陵、原隰（低洼湿地）、坟衍（水滨平地）五类，社是"五土"的总神，后以五色土为象征：东方青土、南方赤土、西方白土、北方黑土、中央黄土。相传共工氏之子勾龙，为管理田土之官，即"后土"，后来被当作土地神，祭"社"时立有勾龙神主（牌位）。稷，谷物神。"五谷"有黍、稷、菽、麦、麻，这里举"稷"为代表。上古有烈山氏之子柱，被尊为"五谷"之神。周人的先祖弃，传说生而有神，擅农艺稼穑，率领人们播植百谷，后被祀为稷神。土地与谷物是国家的根本，古代立国必先祭社、稷之神，因而"社稷"便成为国家的代称。

③坟墓：指祖宗的坟墓。

④众：指大夫所统率的国君的军队。

⑤制：指士所遵行的国君所定的教令与法制。

【译文】

国君如果要逃离自己的国家，臣民就要劝阻他说："为何要离开自己的社稷呢！"大夫要逃离自己的国家，就劝阻他说："为何要离开自己的宗庙呢！"士要逃离自己的国家，就劝阻他说："为何要离开自己的祖坟呢！"国君为社稷而死，大夫为率众统军而死，士为遵行国君的教令而死。

君天下，曰"天子"[①]。朝诸侯，分职[②]，授政[③]，任功[④]，曰"予一人"。践阼[⑤]，临祭祀，内事曰"孝王某"，外事曰"嗣王某"[⑥]。临诸侯，畛于鬼神[⑦]，曰"有天王某甫"[⑧]。崩，曰"天王崩"；复[⑨]，曰"天子复矣"。告丧，曰"天王登假"[⑩]。措之庙[11]，立之主[12]，曰“帝”。天子未除丧，曰“予小子”。生名之，死亦名之[13]。

【注释】

①天子：统治天下的帝王。旧说帝王受命于天，天为父，地为母，故称“天子”。

②分职：孙希旦说，即分六官之职。《周礼》中有天官、地官、春官、夏官、秋官、冬官六官之职。

③授政：授之以政事。

④任功：任以工作。

⑤践阼：登上阼阶，以就天子之位。阼，堂前东阶，为主人所走之阶。天子为天下之主，升堂当然走阼阶。

⑥某：代称天子之名。

⑦畛（zhěn）：致。这里是说对鬼神致告辞。

⑧某：指天子的字。甫：通“父”，古代男子的美称。

⑨复：人始死时，召唤死者魂魄回到躯体的礼仪。

⑩登假（xiá）：犹上天、升天。假，通“遐”，遥远。

⑪措之庙：据丧礼，天子下葬后，卒哭礼毕，将神主安放在宗庙。措，安置。

⑫主：神主。据孔疏引《五经异议》：“主状正方，穿中央，达四方，天子长尺二寸，诸侯长一尺。”后演变为牌位。

⑬“生名之”二句：据郑注，三年守丧期间，嗣王都称为“小子王某”，生这样称呼，如果死了也这样称呼。某，即嗣王之名。

【译文】

君临天下，称为“天子”。天子朝会诸侯，分派职务，授予政事，委任工作时，自称“予一人”。天子上阼阶登王位，主持祭祀，若是祭祀宗庙祖先就称为“孝王某”，若是郊外祭祀天地神祇就称为“嗣王某”。天子视察诸侯国，向当地鬼神致祭祝告时，称为“有天王某甫”。天子去世，称为“天王崩”；为天子招魂，称为“天子复矣”。为天子发讣告，称为“天王登遐”。安置天子灵位于宗庙，为他树立神主，称为“帝”。继位天子守丧而尚未除丧时，称为“予小子”。继位天子守丧时称为“小子王某”，如果守丧期间死亡也称为“小子王某”。

天子有后，有夫人，有世妇，有嫔，有妻，有妾①。天子建天官②，先六大③，曰大宰、大宗、大史、大祝、大士、大卜④，典司六典⑤。天子之五官，曰司徒、司马、司空、司士、司寇⑥，典司五众⑦。天子之六府⑧，曰司土、司木、司水、司草、司器、司货⑨，典司六职。天子之六工⑩，曰土工、金工、石工、木工、兽工、草工⑪，典制六材。

【注释】

①“天子有后”六句：这是指天子的内官。孔疏：“后，后也，言其后于天子，亦以广后胤也。”即地位在天子之后。夫：孔疏：“扶也，言扶持于王也。”世妇：孔疏：“妇，服也，言其进以服事君子也。以其犹贵，故加以‘世’言之。”嫔(pín)：孔疏：“妇人之美称，可宾敬也。”

②天子建天官：这是天子的外官。天官，郑注说此为殷制。孙希旦《集解》引吕大临说，谓殷人尊神，率民以事神，大宗以下，皆事鬼神、奉天时之官，故总谓之“天官”。周制则不同，以太宰为天官，太宗曰宗伯，与太史、太祝、太士、太卜等皆为春官。这里以《周礼》释官职，未必吻合。下同。

③大(tài)：同“太”。下同。

④大宰：天官之长，六官之首，负责治理国政。大宗：负责国家各种

礼仪事宜。大史:负责管理文书及岁时历法。大祝:掌管祭祷之辞。大士:掌管接应鬼神。大卜:主管卜筮。

⑤典司:执掌,主管。六典:六法。

⑥司徒:管理土地、人民。司马:管理军政。司空:管理百物的制造。司士:管理百工之事。士,通"事"。司寇:管理刑法。

⑦众:群臣。

⑧六府:郑注:"主藏六物之税者。"即储藏六种赋税物品的府库。

⑨司土:掌管土地赋税。司木:掌管山林赋税。司水:掌管川泽赋税。司草:掌管园林赋税。司器:掌管器物的赋税。司货:掌管商旅贸易的赋税。

⑩六工:郑玄认为此亦殷时制度。周制皆属于司空。

⑪土工:掌管陶瓦制作。金工:掌管五金冶炼加工。石工:掌管石、玉器物制作。木工:掌管轮、舆、弓、车、庐等的制作。兽工:掌管兽皮加工制作。草工:掌管草类编织品制作。

【译文】

天子内宫有后,有夫人,有世妇,有嫔,有妻,有妾。天子建立天官,先设立六个太官,分别是太宰、太宗、太史、太祝、太士、太卜,掌管六种典章法制。天子设立五官,分别是司徒、司马、司空、司士、司寇,掌管所属五类属吏。天子设立六府,分别是司土、司木、司水、司草、司器、司货,掌管征收六种赋税。天子设立六工,分别是土工、金工、石工、木工、兽工、草工,掌管六种材料的器具的制作。

五官致贡曰"享"①。五官之长曰"伯",是职方②。其摈于天子也③,曰"天子之吏"。天子同姓谓之"伯父",异姓谓之"伯舅"。自称于诸侯,曰"天子之老",于外曰"公"④,于其国曰"君"⑤。九州之长⑥,入天子之国,曰"牧"⑦。天子同姓，谓之“叔父”，异姓谓之“叔舅”。于外曰“侯”，于其国曰“君”。其在东夷、北狄、西戎、南蛮，虽大曰“子”⑧。于内自称曰“不穀”⑨，于外自称曰“王老”⑩。庶方小侯⑪，入天子之国曰“某人”，于外曰“子”，自称曰“孤”。

【注释】

①“五官”句：孔疏：“贡，功也。享，献也。岁终则此五官各考其属一年之功，以献于天子。”五官，公、侯、伯、子、男五等诸侯。

②职方：主管一方。职，主。

③摈(bìn)：或本作“傧”。孔疏：“谓天子接宾之人也。”

④于外曰“公”：国外的人称其为“公”。下同。

⑤于其国曰“君”：国内的臣民称其为“君”。下同。

⑥九州：天下分为九州，有多种说法，《周礼·夏官·职方氏》载九州为扬州、荆州、豫州、青州、兖州、雍州、幽州、冀州、并州。

⑦牧：孔疏：“天子于每州之中选取贤侯一人，加一命，使其主一州为牧”，“牧，养也，言其养一州之人”。

⑧大：领土广大。

⑨不穀：不善。谦称。穀，郑注：“善也。”

⑩王老：天子的老臣。

⑪庶方小侯：孔疏：“庶，众也。小侯谓四夷之君，非为牧者也，以其贱，故曰众方也。”

【译文】

公、侯、伯、子、男五官向天子报告功绩、进贡献纳叫作“享”。五官之长叫作“伯”，执掌一方的事务。天子的傧相在通报时，要称伯为“天子之吏”。伯若与天子同姓，天子就称之为“伯父”，异姓就称之为“伯舅”。伯对其他诸侯自称“天子之老”，国外的人称他为“公”，国内的臣民称他为"君"。九州的首领进入王畿内,称为"牧"。牧若与天子同姓,天子就称之为"叔父",异姓就称之为"叔舅"。国外的人称他为"侯",国内的臣民称他为"君"。那些东夷、北狄、西戎、南蛮的首领,领土即使广大,仍称为"子"。这些"子"在国内自称"不穀",在国外自称"王老"。其他各方的众多异族小侯,进入天子畿内自称为"某人",国外的人称他为"子",自称为"孤"。

天子当依而立①,诸侯北面而见天子,曰"觐"②。天子当宁而立③,诸公东面,诸侯西面,曰"朝"④。

【注释】

①依(yǐ):通"扆",屏风。通常设置在户牖之间,绘有斧纹,故又名"斧依(扆)"。

②觐(jìn):诸侯在秋季朝见天子称作"觐"。

③当宁(zhù)而立:据孔疏,诸侯来朝,天子在路门外正对屏风的地方站立等候。宁,门与屏风之间,是天子、诸侯国君视朝之处。

④朝:朝见天子之礼。这里说的是行朝礼时天子、诸公、诸侯各自的位置。

【译文】

天子在斧扆前,向南而立,诸侯面朝北见天子叫作"觐"。天子站在门与屏风之间,诸公站在天子的西边面朝东,诸侯站在天子的东边面朝西,叫作"朝"。

诸侯未及期相见曰"遇"①,相见于郤地曰"会"②。诸侯使大夫问于诸侯曰"聘"③,约信曰"誓"④,莅牲曰"盟"⑤。

【注释】

①诸侯未及期相见：诸侯没有约定时期、地点而相见。及，至。

②郤（xì）地：郑注："间也。"指两国交界处。郤，通"隙"。

③诸侯使大夫问于诸侯：诸侯派遣大夫出使他国。

④约信：以言语相约束。

⑤莅牲：孔疏："杀牲歃（shà）血，誓于神也。"即结盟者杀牲取血涂口，以示诚信，所谓歃血为盟。

【译文】

诸侯没有约定时间、地点而相见叫作"遇"，在约定的时间相见于两国边境交界处叫作"会"。诸侯派大夫访问他国诸侯叫作"聘"，相约彼此信守某些条约叫作"誓"，杀牲歃血保证承诺叫作"盟"。

诸侯见天子，曰"臣某侯某"[①]，其与民言，自称曰"寡人"[②]。其在凶服[③]，曰"適子孤"[④]。临祭祀，内事曰"孝子某侯某"，外事曰"曾孙某侯某"[⑤]。死曰"薨"[⑥]，复曰"某甫复矣"[⑦]。既葬见天子，曰"类见"[⑧]，言谥曰"类"[⑨]。诸侯使人使于诸侯，使者自称曰"寡君之老"。

【注释】

①臣某侯某：诸侯向天子的自称，前一个"某"代称国名，后一个"某"代称诸侯名。

②寡人：寡德之人。自谦之语。

③其在凶服：未除丧，即仍在服丧期间。

④適（dí）：同"嫡"。依孔疏，此记文不足，"孤"后应有"某"字，代称名。

⑤曾：孙希旦说："重也。曰曾孙者，言己乃始祖之重孙。"

⑥薨(hōng):诸侯死称"薨"。

⑦甫:指诸侯的字。

⑧类见:孔疏,守丧之继位诸侯必须三年除丧后方能面见天子,受命袭爵;在守丧期间若谒见天子,则不敢执正式之礼,只能是类似诸侯谒见天子之礼,因此称为"类见"。

⑨言谥:向天子为死去的诸侯请求谥号。言,请。类:孔疏引王肃说:"请谥于天子,必以其实为谥,类于平生之行也。"按,谥号要依据死者的生平事迹德行来取,所以叫"类"。

【译文】

诸侯拜见天子时称"臣某侯某",诸侯与臣民对话时自称"寡人"。诸侯在服丧期间称"嫡子孤某"。诸侯主持祭祀,宗庙祭祀时自称"孝子某侯某",郊祭天地神祇时自称"曾孙某侯某"。诸侯死称"薨",招魂时称"某甫复矣"。下葬后未除丧前,继位诸侯见天子称"类见",向天子请赐谥号叫作"类"。诸侯派人出使其他诸侯国,使者自称"寡君之老"。

天子穆穆,诸侯皇皇,大夫济济,士跄跄,庶人僬僬①。

【注释】

①"天子"五句:这是不同身份的人应有的举止容貌。孙希旦说,穆穆,深远貌;皇皇,显盛貌;济济(qí),齐一貌;跄跄(qiāng),舒扬貌;僬僬(jiào),急促貌。

【译文】

天子的神态深沉肃穆,诸侯的神态显赫盛大,大夫的神态端庄稳重,士的神态从容舒畅,庶人的神态急促紧张。

天子之妃曰"后",诸侯曰"夫人",大夫曰"孺人",士曰

“妇人”，庶人曰“妻”。公、侯有夫人，有世妇，有妻，有妾。夫人自称于天子曰“老妇”，自称于诸侯曰“寡小君”，自称于其君曰“小童”[①]。自世妇以下自称曰“婢子”[②]。子于父母则自名也。列国之大夫，入天子之国曰“某士”[③]，自称曰“陪臣某”[④]。于外曰“子”[⑤]，于其国曰“寡君之老”[⑥]。使者自称曰“某”。

【注释】

①小童：郑注：“若云未成人也。”自谦称年幼无知。

②婢子：郑注：“婢之言卑也。”指身份卑微。

③某：指国家。

④陪：重。孔疏：“其君已为王臣，已今又为己君之臣，故自称对王曰‘重臣’也。”某：指名。

⑤于外曰“子”：孔疏：“亦摈者辞。外谓在他国时也，摈者则称其姓而曰‘子’。‘子’是有德之称。”

⑥国：本国人。

【译文】

天子的配偶称“后”，诸侯的配偶称“夫人”，大夫的配偶称“孺人”，士的配偶称“妇人”，庶人的配偶称“妻”。公、侯都有夫人，有世妇，有妻，有妾。公侯的夫人对天子自称“老妇”，在其他诸侯前自称“寡小君”，在自己国君前自称“小童”。从世妇以下都自称“婢子”。子女在父母面前自称名。各诸侯国的大夫进入天子畿内时，傧者称其为“某国之士”，自称名为“陪臣某”。他国人称其为“子”，本国人称其为“寡君之老”。使者对他国自称名为“某”。

天子不言出[①]，诸侯不生名[②]。君子不亲恶[③]。诸侯失地，名；灭同姓，名[④]。

【注释】

①天子不言出：天子出居于国都之外，史书上不能记载“出”，因为天子以天下为家，只有“居”，没有“出”。只有天子有“大恶”，史书才记载说“出”。

②诸侯不生名：孔疏：“诸侯南面之尊，名者质贱之称，诸侯相见，只可称爵，不可称名”；“诸侯大恶，书名以绝之”。

③不亲恶：不隐恶。如果天子、诸侯有“大恶”，史书就要记载“出”和“名”。如《左传·僖公二十四年》：“冬，天王出居于郑。”

④“诸侯失地”四句：诸侯丢失国土或亡国，灭亡同姓的亲戚国家，这是两项大恶行，都要在史书直书其名加以记载。如《春秋·僖公二十五年》：“卫侯毁灭邢。”“何以名？绝。曷为绝之？灭同姓也。”

【译文】

天子即使出居他国，史书也不能记载“出”；诸侯尊贵，史书不能记载他的名。如果天子和诸侯有恶行，君子就要秉笔直书，不能隐藏他们的恶行。诸侯失去国家是大恶，史书要直书其名加以记载；灭亡同姓之国是大恶，史书要直书其名加以记载。

为人臣之礼，不显谏[①]，三谏而不听，则逃之[②]。子之事亲也，三谏而不听，则号泣而随之[③]。

【注释】

①不显谏：郑注：“谓明言其君恶，不几微。”即不要直截了当地劝谏指责君主的错误，要隐微曲折。

②逃：去。据陈澔《集说》认为："君臣有离合之义，若三谏不从，则待放而去。"

③"子之事亲也"三句：儿子侍奉父亲，即使再三劝谏而父亲不听，也要号哭着跟随他。郑注："至亲无去，志在感动之。"

【译文】

为人臣的礼，不要明言君主的过错，进行劝谏，如果再三劝谏而君主不听，就要离开他。儿子侍奉父亲，再三劝谏而父亲不听，还是要号哭着跟随父亲。

君有疾饮药，臣先尝之。亲有疾饮药，子先尝之。医不三世，不服其药[①]。

【注释】

①"医不三世"二句：医者如果不是三代行医，就不服用他开的药。这是害怕医生的医术不精，所以不敢让君王、双亲服其药。

【译文】

国君有病，服药时，臣要先尝药。双亲有病，服药时，儿子要先尝药。做医生的如果不是三代行医，就不敢让君王、双亲服用他开的药。

儗人必于其伦[①]。问天子之年，对曰："闻之，始服衣若干尺矣。"[②]问国君之年，长[③]，曰"能从宗庙、社稷之事矣"[④]；幼[⑤]，曰"未能从宗庙、社稷之事也"。问大夫之子，长，曰"能御矣"[⑥]；幼，曰"未能御也"。问士之子，长，曰"能典谒矣"[⑦]；幼，曰"未能典谒也"。问庶人之子，长，曰"能负薪矣"；幼，曰"未能负薪也"。问国君之富，数地以对[⑧]，山泽之所出[⑨]。

问大夫之富，曰“有宰食力，祭器、衣服不假”⑩。问士之富，以车数对。问庶人之富，数畜以对⑪。

【注释】

①儗(nǐ)人必于其伦：郑注：“儗，犹比也；伦，犹类也。比大夫当于大夫，比士当于士，不以其类，则有所亵。”即评论人时要以与他身份相当的人打比方，否则就是不敬。

②“问天子”二句：古人询问年龄长幼，多以身高尺度言之。天子尊贵，不敢直接说他的身高长短，而间接地说他的衣服的长度。

③长：指已行冠礼。下同。

④从：主持。

⑤幼：指未行冠礼。下同。

⑥御：孔疏：“谓主事也。”即主持事务。

⑦典谒：孔疏：“言能主宾客告请之事。”即主办替宾客传达报告等事。典，主。谒，告。

⑧地：国土。

⑨山泽之所出：山泽所产物品，如鱼盐、蜃蛤、金银、锡石等等。

⑩宰：《训纂》引王念孙说，“宰”为“采”之假借字，即采地。食力：郑注：“谓民之赋税。”

⑪畜：家畜。

【译文】

比拟一个人的时候要找和他同类的人相比。询问天子的年龄，要回答说：“听说，开始穿几尺长的衣服了。”询问国君的年龄，如果国君已行冠礼，就回答说“已经能主持宗庙、社稷的祭祀了”；未行冠礼，就回答说“还不能主持宗庙、社稷的祭祀”。询问大夫之子的年龄，如果已行冠礼，就回答说“能够驾车了”；若未行冠礼，就回答说“还不能驾车”。询问士之子的年龄，如果已行冠礼，就回答说“能够接待宾客并传话了”；

若未行冠礼，就回答说“还不能接待宾客并传话”。询问庶人之子的年龄，如果已行冠礼，就回答说“能背柴了”；若未行冠礼，就回答说“还不能背柴”。询问国君的财富，以国土面积，山泽所产的物品回答。询问大夫的财富，就回答说“有采地和人们缴纳的赋税，祭器、祭服不用向别人借”。询问士的财富，就以拥有的车辆的多少作回答。询问庶人的财富，清点家畜的多少作回答。

天子祭天地[①]，祭四方[②]，祭山川[③]，祭五祀[④]，岁遍。诸侯方祀[⑤]，祭山川，祭五祀，岁遍。大夫祭五祀，岁遍。士祭其先。

【注释】

①祭天：孙希旦说，天子一年有九次祭天：冬至正祭，孟春祈谷，孟夏大雩，季秋大享；立春祭青帝，立夏祭赤帝，季夏祭黄帝，立秋祭白帝，立冬祭黑帝。祭地：夏至祭地于北郊方泽。

②祭四方：指以望祭形式在国都四郊祭祀五岳、四镇（山）、四渎（河）等方位、山川之神。

③山川：岳渎之外的小山川。

④五祀：指在五个时段分别祭祀五种神，即春祭户、夏祭灶、季夏祭中霤、秋祭门、冬祭行。

⑤方祀：祭祀该国所在之方的主管神。据陈澔《集说》，诸侯之国，各居一方，诸侯只能祭其国所居之方，不祭其他方位。

【译文】

天子祭天地之神，祭四方之神，祭山川之神，祭户、灶、中霤、门、行五神，一年之内要祭遍。诸侯祭国家所在之方，祭山川之神，祭户、灶、中霤、门、行五神，一年之内祭遍。大夫祭户、灶、中霤、门、行五神，一年之内祭遍。士祭其祖先。

凡祭，有其废之，莫敢举也；有其举之，莫敢废也。非其所祭而祭之[①]，名曰“淫祀”[②]。淫祀无福。

【注释】

①非其所祭而祭之：不是自己所该祭的却去祭祀，如《左传·僖公十九年》记，宋襄公曾让邾文公用鄫子来祭祀次睢之社。

②淫：过度，过甚。

【译文】

凡祭祀，有已经废止的，就不要再举行祭祀；有已经举行的，就不敢废止祭祀。不是自己所该祭的却去祭祀，就叫作“过度的祭祀”。过度的祭祀不会带来福佑。

天子以牺牛[①]，诸侯以肥牛[②]，大夫以索牛[③]，士以羊、豕。

【注释】

①牺牛：纯色毛的牛。牺，郑注：“纯毛也。”

②肥牛：郑注：“养于涤也。”涤为养牛官，即由官方安排喂养的牛，通常要喂养三个月以上。

③索牛：临时挑选求得的牛，有别于特地喂养的牛。

【译文】

天子祭祀用专门喂养的纯色毛的牛，诸侯用特别喂养的肥牛，大夫用临时特地挑选的牛，士用羊和猪。

支子不祭①，祭必告于宗子②。

【注释】

①支子：孔疏："庶子也。"实指嫡长子以外的诸子，含嫡子与庶子。

②宗子：嫡长子。

【译文】

嫡长子以外的诸子不主持宗庙祭祀，如果有特殊原因主持祭祀，要事先禀报嫡长子。

凡祭宗庙之礼，牛曰"一元大武"①，豕曰"刚鬣"②，豚曰"腯肥"③，羊曰"柔毛"④，鸡曰"翰音"⑤，犬曰"羹献"⑥，雉曰"疏趾"⑦，兔曰"明视"⑧，脯曰"尹祭"⑨，槁鱼曰"商祭"⑩，鲜鱼曰"脡祭"⑪，水曰"清涤"⑫，酒曰"清酌"⑬，黍曰"芗合"⑭，粱曰"芗萁"⑮，稷曰"明粢"⑯，稻曰"嘉蔬"⑰，韭曰"丰本"⑱，盐曰"咸鹾"⑲，玉曰"嘉玉"，币曰"量币"⑳。

【注释】

①一元大武：孔疏："牛若肥则脚大，脚大则迹痕大，故云一元大武也。"元，头。武，足迹。以下各种祭牲得名，孔疏多依其特征解释。

②刚鬣(liè)：孔疏："豕肥则毛鬣刚大也。"

③腯(tú)：孔疏："腯即充满貌也。"即肥胖。

④柔毛：孔疏："若羊肥则毛细而柔弱。"

⑤翰：孔疏："长也。鸡肥则其鸣声长也。"

⑥羹献：孔疏："人将所食羹余以与犬，犬得食之肥，肥可以献祭于鬼神。"

⑦疏趾:孔疏:“雉肥则两足开张,趾相去疏也。”

⑧明视:孔疏:“兔肥则目开而视明也。”

⑨尹祭:指切割方正的干肉。尹,正。祭,古文字本象以手持肉进行祭祀。

⑩槀:即“槁”,干。商祭:孔疏:“祭用干鱼,量度燥滋(湿)得中而用之也。”商,量。

⑪脡(tǐng)祭:祭祀用鲜鱼,鲜鱼煮熟则脡直,若是不鲜之鱼则会碎而不直。脡,直也。

⑫清涤:清澈洁净,古代祭祀亦用清水,又名“玄酒”。

⑬清酌:指其清澈可斟酒而饮。

⑭芗(xiāng)合:黍味香而性黏,故曰“香合”。芗,通“香”。

⑮芗萁:粱气息香而茎高大。萁,茎。

⑯明粢(zī):洁白的稷米。

⑰嘉:美。蔬:通“糈”(xǔ),米粒。

⑱丰本:韭菜之美在根部。本,根。

⑲鹾(cuó):郑注:“大咸曰鹾。”

⑳量币:指帛的长短广狭合于制度。币,帛。

【译文】

凡祭祀宗庙所用的礼物,其称呼如下:牛称为“一元大武”,猪称为“刚鬣”,小猪称为“腯肥”,羊称为“柔毛”,鸡称为“翰音”,犬称为“羹献”,雉称为“疏趾”,兔称为“明视”,干肉称为“尹祭”,干鱼称为“商祭”,鲜鱼称为“脡祭”,水称为“清涤”,酒称为“清酌”,黍称为“芗合”,粱称为“芗萁”,稷称为“明粢”,稻称为“嘉蔬”,韭称为“丰本”,盐称为“咸鹾”,玉称为“嘉玉”,币称为“量币”。

天子死曰“崩”①,诸侯曰“薨”②,大夫曰“卒”③,士曰“不禄”④,庶人曰“死”。在床曰“尸”,在棺曰“柩”。羽鸟曰

“降”,四足曰“渍”[⑤]。死寇曰“兵”[⑥]。祭王父曰“皇祖考”[⑦],王母曰“皇祖妣”[⑧]。父曰“皇考”,母曰“皇妣”,夫曰“皇辟”[⑨]。生曰“父”、曰“母”、曰“妻”,死曰“考”、曰“妣”、曰“嫔”[⑩]。寿考曰“卒”,短折曰“不禄”[⑪]。

【注释】

①崩:郑注:“自上颠坏曰崩。”

②薨:郑注:“颠坏之声。”

③卒:终。

④不禄:郑注:“不终其禄。”

⑤渍(zì):相互污染而死。孔疏:“牛马之属,若一个死,则余者更相染渍而死。”

⑥死寇曰“兵”:被寇贼用兵器杀死,称为“兵”。

⑦皇祖考:祖父。皇,君。考,成。《尔雅·释亲》:“父为考,母为妣。”

⑧妣(bǐ):母。郑注:“妣之言媲也,媲于考也。”指母亲媲美于父亲。

⑨辟(bì):法,妻所取法。

⑩嫔(pín):《周礼·天官·大宰》“嫔妇”郑注,嫔是妇人的美称,本为生称,此处“考、妣、嫔”,与前“父、母、妻”对言,嫔特指死去的妻子。

⑪“寿考曰卒”二句:孔疏:“此并是有德未经仕而死者之称也,寿考老也,短折少也。若有德不仕老而死者,则从大夫之称,故曰卒也;若少而死者,则从士之称,故曰不禄。”短折,年少而死。

【译文】

天子死称为“崩”,诸侯死称为“薨”,大夫死称为“卒”,士死称为“不禄”,庶人死就称为“死”。死者还在床上称“尸”,放在棺内称为“柩”。

飞鸟死称为“降”，四条腿的野兽死了称为“渍”。被贼寇杀死的称为“兵”。祭祀祖父称为“皇祖考”，祭祀祖母称为“皇祖妣”。祭祀父亲称为“皇考”，祭祀母亲称为“皇妣”，祭祀丈夫称为“皇辟”。在世时，称“父”、称“母”、称“妻”，死后称父为“考”、称母为“妣”、称妻为“嫔”。长寿而死的称为“卒”，短寿而死的称为“不禄”。

天子视，不上于袷①，不下于带；国君绥视②；大夫衡视③；士视五步④。凡视，上于面则敖，下于带则忧⑤，倾则奸⑥。

【注释】

①袷（jié）：衣领交叠的地方。

②绥（tuǒ）视：正常的视线为平视，绥视视线稍偏下，即在脸部与“袷”之间。绥，下垂，下落。

③衡视：看大夫时，可平视对方脸部，视线比看国君略高。衡，平。

④视五步：看士时，视线可以平视，还可以在五步范围之内移动。

⑤“上于面”二句：视线过高就显得骄傲，过低就显得忧郁，都不合于礼。《左传·定公十五年》：“春，邾隐公来朝。子贡观焉。邾子执玉高，其容仰；公受玉卑，其容俯。”敖，同“傲”。

⑥倾则奸：视线歪斜就显得心不正、奸邪。

【译文】

看天子，视线上不高于交叠着的衣领，下不低于腰带；看国君，视线稍低于脸部以下；看大夫，可以平视他的脸部；看士，视线可以看五步之内。凡看人，视线高于对方脸部的就显得傲慢，视线低于对方腰带的就显得忧愁，视线歪斜不正的就显得奸恶。

君命，大夫与士肄[①]。在官言官[②]，在府言府[③]，在库言库[④]，在朝言朝。朝言不及犬马。辍朝而顾[⑤]，不有异事，必有异虑，故辍朝而顾，君子谓之“固”[⑥]。在朝言礼，问礼，对以礼。

【注释】

①肄(yì)：学习。

②官：郑注：“谓板、图、文书之处。”

③府：郑注：“谓宝藏货贿之处也。”

④库：郑注：“谓车马、兵甲之处。”

⑤辍(chuò)：止。

⑥固：郑注：“谓不达于礼也。”指不合乎礼仪，失礼、无礼。

【译文】

国君有命令，大夫与士应好好学习。在官衙就谈论官衙之事，在府仓就谈论府仓之事，在武库就谈论武库之事，在朝廷上就谈论朝政之事。在朝廷上说话，不涉及犬马逸乐之事。如果散朝后还回头张望，不是有异常的事情，就是有异常的念头，所以散朝后还回头张望的，君子把这种不合礼仪的行为叫作“固”。在朝廷上，一切都讲究礼，问话要合乎礼，对答也要合乎礼。

大飨不问卜[①]，不饶富[②]。

【注释】

①大飨(xiǎng)：郑玄认为，这是一种祭祀五帝的典礼。孙希旦《集解》说，这是指“王飨诸侯”，即天子宴请诸侯。

②富：备。

【译文】

举行大飨礼，不占问、不卜卦，礼数仪节不要过度，周备就好。

凡挚[①]，天子鬯[②]，诸侯圭，卿羔，大夫雁，士雉，庶人之挚匹[③]。童子委挚而退[④]。野外军中无挚，以缨、拾、矢可也[⑤]。妇人之挚，椇、榛、脯、脩、枣、栗[⑥]。

【注释】

①挚(zhì)：古代拜访时给主人赠送的礼物。俗作"贽"。

②鬯(chàng)：祭祀用的酒，以黑黍所酿，气味芬芳。

③匹：孔疏："鹜(wù)也。"即家鸭。

④童子委挚而退：孔疏："既未成人，不敢与主人相授受拜伉之仪，但奠委其挚于地而自退辟(避)之。"童子之挚为束脩。

⑤缨：马的缨络，即套在马头颈与胸口的装饰物。拾：射韝(gōu)，射箭时带的皮质袖套。旧注说，如果军人不在野外而在都邑，则应遵从旧礼。

⑥椇(jǔ)：枳椇，一种树木。也指其果实，味甘可食。

【译文】

凡相见时赠送的礼物，天子用鬯酒，诸侯用圭，卿用羔羊，大夫用雁，士用雉，庶人用家鸭。童子把见面礼放在地上就退避到一边去，不行授受之礼。军人在野外驻扎没有更好的见面礼时，用马缨、射箭用的束袖臂套、箭矢也可以。妇人的见面礼是椇、榛、肉脯、长条干肉、枣子、栗子。

纳女于天子[①]，曰"备百姓"[②]；于国君，曰"备酒浆"[③]；于大夫，曰"备扫洒"[④]。

【注释】

①纳女：即女方家将女儿送到夫家。

②备百姓：准备多生孩子。姓，生。《集解》引吕大临说，“自卑之辞也”，将女儿送给天子是“备妾媵之数而已”。

③备酒浆：准备提供酒食的人。

④备扫洒：准备扫洒的人。

【译文】

致送女儿嫁给天子，称为“备百姓”；致送女儿嫁给国君，称为“备酒浆”；致送女儿嫁给大夫，称为“备扫洒”。

檀弓上第三

【题解】

郑玄《礼记目录》云:“名曰‘檀弓’者,以其记人善于礼,故著姓名以显之。”

檀弓,姓檀名弓,鲁国人。本篇多言丧事礼仪,孙希旦认为,“此篇盖七十子之弟子所作”,内容可以补《仪礼·士丧礼》之“所未备”,也考订了天子、诸侯之礼。本篇因篇幅过长,分为上、下两部分。

公仪仲子之丧①,檀弓免焉②。仲子舍其孙而立其子③,檀弓曰:“何居④?我未之前闻也。”趋而就子服伯子于门右⑤,曰:“仲子舍其孙而立其子,何也?”伯子曰:“仲子亦犹行古之道也⑥。昔者文王舍伯邑考而立武王,微子舍其孙腯而立衍也⑦。夫仲子亦犹行古之道也。”子游问诸孔子⑧,孔子曰:“否!立孙⑨。”

【注释】

①公仪仲子:姓公仪,字仲子。鲁国人。

②免(wèn):同“绕”,居丧时一种束发的方式。郑注:“以广布一寸,

从项中而前交于额上,又却向后,绕于髻。”凡绕必袒,即露出左臂。袒绕的情况是,朋友皆在他国,朋友死而没有亲属,活着的朋友为其主持丧事。檀弓与公仪仲子都在鲁国,檀弓却袒绕。郑注,这是用不合礼仪的装束责备公仪仲子“舍其孙而立其子”不合礼仪。

③舍其孙而立其子:舍弃嫡长孙而立庶子。按周礼,嫡长子死应立嫡长孙为继承人,这是注重血缘的正统。

④何居(jī):何故。居,郑注:“齐、鲁间语助也。”

⑤子服伯子:郑玄认为是春秋末年鲁国大夫子服景伯。门右:门内的东边,卿大夫吊丧之位。

⑥古之道:指殷代的礼制。

⑦“昔者”二句:伯邑考是周文王的嫡长子,周武王之兄,衍是微子之弟。按殷时礼制,兄死弟及。

⑧子游:姓言名偃,春秋时期吴国人。孔子的学生。

⑨立孙:孔子认为公仪仲子的做法不对,还是应当立嫡长孙,这是根据周代的礼制作出的评判。

【译文】

公仪仲子的嫡长子死了,檀弓束着绕发前去吊丧。这是因为公仪仲子舍弃嫡长孙不立而立庶子的缘故。檀弓说:“为什么这样呢?我以前从没有听说过这样。”快步走到大门内的东边询问子服伯子,说:“公仪仲子舍弃嫡长孙不立而立庶子,这是为什么?”伯子回答说:“仲子也是遵行古时的礼制。以前周文王舍弃伯邑考不立而立武王,微子启舍弃嫡长孙腯不立而立衍。所以说仲子也是在遵行古时的礼制。”子游又拿这件事询问孔子,孔子说:“不对!应该立嫡长孙。”

事亲有隐而无犯①,左右就养无方②,服勤至死③,致丧三年④。事君有犯而无隐⑤,左右就养有方⑥,服勤至死,方丧三年[7]。事师无犯无隐[8]，左右就养无方，服勤至死，心丧三年[9]。

【注释】

①事亲有隐而无犯：侍奉父母，对父母的过失要隐讳，不要冒犯父母，犯颜而谏。郑注："隐，谓不称扬其过失也。无犯，不犯颜而谏。"

②左右：指在身边服侍。就养：就近奉养。无方：没有固定的模式。方，常。

③服勤：服侍父母，承受劳辱之事。

④致丧：服丧时极其哀戚。致，极。

⑤事君有犯而无隐：侍奉国君，要直言进谏，不隐瞒其错误。孙希旦说："君臣主义，隐则恐其阿谀而伤于义，故必勿欺也而犯之。"

⑥有方：指各尽其职，不能僭越。

⑦方丧：郑注："资于事父。"比照为父亲服丧。

⑧事师无犯无隐：孙希旦说："师者道之所在，有教则率，有疑则问，无所谓隐，亦无所谓犯也。"

⑨心丧：指不穿着丧服而戚容如丧父。

【译文】

侍奉父母，对父母的过失要隐讳，不可直言进犯，在左右扶持伺候，没有固定的模式，甘愿受苦受累服侍父母到去世，极其哀戚的守丧三年。侍奉国君，对国君的过失要直言指出，不可包庇隐瞒，在左右扶持伺候，有固定的职责，甘愿受苦受累服侍国君到去世，比照丧父的哀痛守丧三年。侍奉老师，老师有了过失不可直言冒犯，但也不要隐瞒，在左右扶持伺候，没有固定的模式，甘愿受苦受累服侍老师到去世，不穿丧服，但忧戚、悲伤之容像死了父亲一样，守丧三年。

季武子成寝[1]，杜氏之葬在西阶之下[2]，请合葬焉[3]，许之。入宫而不敢哭。武子曰："合葬非古也，自周公以来[4]，未之有改也。吾许其大而不许其细[5]，何居？"命之哭。

【注释】

①季武子：鲁国公子季友的曾孙季孙夙。成寝：建成住宅。

②杜氏之葬在西阶之下：这是指杜家的墓地本在季武子住宅的西阶之下。

③合葬：将后死的人葬在先死的人的墓坑里。

④周公：又称"周公旦"，姓姬名旦。周武王死后，成王尚幼，周公摄政，平定"三监"的叛乱，建立东都洛邑。相传他制定礼、乐以及各种典章制度。

⑤大：指合葬。细：孔疏："细是哭也。"

【译文】

季武子建成一座住宅，杜家的坟墓本来葬在住宅的西阶之下，杜家人请求将死者迁出合葬，季武子答应了。杜家的人进入住宅却不敢哭泣。季武子说："合葬不是古时之制，自周公以来才有，到现在没有改变。我都允许了他们迁墓合葬的大事，却不允许他们号哭的小事，为什么要这样呢？"于是，允许杜家人号哭。

子上之母死而不丧[1]。门人问诸子思曰[2]："昔者子之先君子丧出母乎[3]？"曰："然。""子之不使白也丧之，何也？"子思曰："昔者吾先君子无所失道。道隆则从而隆，道污则从而污[4]，伋则安能？为伋也妻者，是为白也母；不为伋也妻者，是不为白也母[5]。"故孔氏之不丧出母，自子思始也。

【注释】

①子上:孔子的曾孙。孔子的儿子名孔鲤。孔鲤之子,名伋,字子思。子思之子,名白,字子上。他的母亲与子思已离婚。不丧,这是说子上没有为其母服丧。

②门人:门生,弟子。

③出母:已被父亲休弃的母亲。

④"道隆"二句:这是说礼应因时制宜,该隆重就隆重,该从简就从简。隆,盛,高。污,低,降。

⑤"为伋也妻者"四句:孙希旦认为,孔子的妻子(孔鲤的母亲)虽然离异却没有改嫁,因此孔鲤可以为她服丧;而子上的母亲离异后已经改嫁,与孔家已毫无关系了,所以不用为其服丧。"盖妻出而未嫁,犹有可反之义;出而嫁,则彼此皆绝矣。"

【译文】

子上的母亲死了,他的母亲已被子上的父亲子思休掉而离异,子上没有为她服丧。子思的弟子问子思说:"从前,您的先祖让儿子为离异的母亲服丧吗?"子思回答:"是的。"弟子又问:"那您不让孔白为已离异的母亲服丧,这是为什么呢?"子思回答说:"从前我祖父的做法没有不合礼制。按礼制的规定,该隆重就隆重,该从简就从简,我怎么能和先祖相比?做我孔伋的妻子,那就是孔白的母亲;不再是我孔伋的妻子了,那就不是孔白的母亲了。"所以,孔家不让儿子为与父亲离异的母亲服丧,是从子思开始的。

孔子曰:"拜而后稽颡①,颓乎其顺也②;稽颡而后拜,颀乎其至也③。三年之丧,吾从其至者。"

【注释】

①拜而后稽颡(sǎng):先拜而后磕头。这是丧拜礼。"拜"是向宾

客致意，“稽颡”是表达自己的哀痛之情。稽颡，额头触地。颡，额头。

②颓：顺。

③颀(kěn)：恻隐貌。

【译文】

孔子说：“丧拜礼，先拜再磕头，很合乎顺序；先磕头再拜，这样行礼，表达悲哀伤痛之极的心情。三年之丧，我遵行表达悲哀伤痛之极的拜礼。”

孔子既得合葬于防[①]，曰：“吾闻之，古也墓而不坟[②]。今丘也，东西南北之人也[③]，不可以弗识也[④]。”于是封之，崇四尺[⑤]。孔子先反，门人后，雨甚至，孔子问焉，曰：“尔来何迟也？”曰：“防墓崩。”孔子不应。三[⑥]，孔子泫然流涕曰[⑦]：“吾闻之，古不修墓。”

【注释】

①孔子既得合葬于防：孔子的父亲葬在防地，母亲去世后即合葬于防。防，鲁国地名。

②坟：郑注：“土之高者曰坟。”

③东西南北之人也：郑注：“言居无常处也。”

④识(zhì)：标记。

⑤崇：高。

⑥三：郑注：“三言之。”因为孔子不应，所以门人说了三次。

⑦泫(xuàn)然：水珠向下滴落的样子。涕：泪。

【译文】

孔子将父母合葬在防地后，说：“我听说，古时的墓是没有坟头的。

现在我孔丘，是东南西北到处走、周游天下的人，不可以不在墓上做上标记。”于是筑积土，高四尺。孔子先返回家，弟子很晚才回来，雨下得很大，孔子问弟子，说：“你们怎么回来得这么晚？”弟子回答说：“防地墓的坟头崩塌了。”孔子没有回应。说了三遍，孔子的眼泪像水珠一样滴滴答答地流下来说：“我听说，按照古制墓园是不修筑坟头的。”

孔子哭子路于中庭[①]。有人吊者，而夫子拜之[②]。既哭，进使者而问故。使者曰：“醢之矣[③]。”遂命覆醢。

【注释】

①子路：名仲由，字子路。孔子的学生。在卫国做官，因卫国内乱而被杀。详见于《左传·哀公十五年》。中庭：郑注：“寝中庭也。”

②夫子拜之：孔子以主人的身份拜谢吊丧者。

③醢(hǎi)：肉酱。这里用作动词，指子路被剁成了肉酱。

【译文】

孔子在寝屋的中庭为子路哭。有人前来吊唁，孔子以主人的身份拜谢。哭完后，让使者进入询问子路死的情况。使者说：“被剁成了肉酱。”孔子于是命人倒掉正要吃的肉酱。

曾子曰[①]：“朋友之墓，有宿草而不哭焉[②]。”

【注释】

①曾子：名参(shēn)，字子舆。孔子的学生。

②宿草：前一年的草。这是说，朋友去世，哀悼朋友而哭，以一年为期。

【译文】

曾子说:“朋友的墓地,有了去年的草就不再为他而哭了。”

子思曰:“丧三日而殡①,凡附于身者②,必诚必信,勿之有悔焉耳矣。三月而葬,凡附于棺者,必诚必信,勿之有悔焉耳矣③。丧三年以为极,亡则弗之忘矣④。故君子有终身之忧,而无一朝之患⑤。故忌日不乐。”

【注释】

①殡:死者入殓后灵柩停放在堂上,以待下葬。

②附于身者:指衣衾等物品。

③焉耳矣:都是语助词。

④亡则弗之忘矣:孙希旦说:“言亲虽亡,而子之心则不能忘也。”

⑤一朝之患:郑注:“毁不灭性。”指虽然哀痛,却不因一时的过分冲动而伤害了身体。

【译文】

子思说:“人死后三天就要入殓停柩,凡是随遗体入殓的衣衾,一定要尽心尽力,不要违背礼节,不要有所遗憾。三个月后下葬,凡是随棺下葬的明器,一定要尽心尽力,不要违背礼节,不要有所遗憾。服丧虽以三年为期限,但对去世的亲人却永远不能忘记。所以君子对死去的亲人始终怀念,但不致毁伤身体。所以在亲人忌日那天不做娱乐之事。”

孔子少孤,不知其墓①。殡于五父之衢②。人之见之者,皆以为葬也。其慎也,盖殡也。问于郰曼父之母③,然后得合葬于防。

【注释】

①“孔子”二句：郑注：“孔子之父郰叔梁纥与颜氏之女徵在野合而生孔子，徵在耻焉不告。”据说，其父叔梁纥病逝时孔子才三岁，叔梁纥的家人不喜欢孔子母子，没有善待他们。颜氏只好带着孔子离开，移居曲阜阙里，独自抚养孔子。十七岁时，孔子的母亲也去世了。

②五父之衢(qú)：道路名。在鲁国东南。

③郰(zōu)曼父之母：郰，地名。郑注：“曼父之母与徵在为邻，相善。”即曼父之母与孔子之母关系好。

【译文】

孔子很小的时候父亲就去世了，不知道父亲墓地所在。孔子的母亲去世后，孔子将母亲的灵柩停放在五父之衢。别人看见了，都以为是要下葬了。其实是孔子为慎重起见将母亲的灵柩暂时安厝。孔子询问了母亲以前的邻居郰曼父的母亲，知道了父亲墓地的所在，然后将母亲与父亲合葬于防地。

邻有丧，舂不相；里有殡，不巷歌[①]。

【注释】

①“邻有丧”四句：见《曲礼上》“适墓不登垄”节。

【译文】

邻家有丧事，舂米时不唱歌；同里有丧事，不在巷子里唱歌。

丧冠不绥[①]。

【注释】

①绥(ruí):冠缨在下巴处打结后垂下的部分。

【译文】

服丧所戴的丧冠,冠缨应在领下打好结,不要使剩余部分下垂。

有虞氏瓦棺[①],夏后氏堲周[②],殷人棺椁[③],周人墙置翣[④]。

【注释】

①有虞氏:传说中的远古部落,首领是舜。瓦棺:陶制的棺。

②堲(jì)周:烧砖砌在瓦棺四周。郑注:"火熟曰堲,烧土冶以周于棺也。"堲,烧土为砖。

③椁(guǒ):套在棺外的大棺。

④周人墙置翣(shà):在棺椁旁放置柳和翣扇。墙,郑注:"柳衣也。"周人在椁旁设置木框架,称作"柳",外面盖上布,四周叫做"帷",顶上叫做"荒","帷"、"荒"总称为"柳"或"柳衣"。因如墙围棺椁外,又叫做"墙"。翣,画有花纹的扇状白布装饰物,用来遮挡灵柩。

【译文】

有虞氏用瓦棺,夏代在瓦棺四周砌砖,殷人用木制棺椁,周人在棺椁外放置柳和翣扇。

周人以殷人之棺椁葬长殇[①],以夏后氏之塈周葬中殇、下殇[②],以有虞氏之瓦棺葬无服之殇[③]。

【注释】

①长(zhǎng)殇:十六至十九岁的夭亡者。

②中殇:十二至十五岁的夭亡者。下殇:八至十一岁的夭亡者。

③无服之殇:七岁以下的夭亡者。

【译文】

周人用殷人的棺椁来埋葬十六岁到十九岁的夭亡者,用夏代的堲周埋葬十二到十五岁的夭亡者及八到十一岁的夭亡者,用有虞氏的瓦棺埋葬七岁以下的夭亡者。

夏后氏尚黑[①],大事敛用昏[②],戎事乘骊[③],牲用玄[④]。殷人尚白,大事敛用日中[⑤],戎事乘翰[⑥],牲用白。周人尚赤,大事敛用日出[⑦],戎事乘騵[⑧],牲用骍[⑨]。

【注释】

①尚:崇尚,尊崇。

②大事:郑注:"此大事谓丧事也。"。敛:通"殓",下棺于圹。昏:傍晚天色已黑。因夏代尚黑,所以在天黑后举行丧事。

③戎:兵。骊(lí):黑色的马。

④玄:黑色。

⑤日中:太阳正中的时候,即白天最亮的时候。

⑥翰(hàn):郑注:"白色马也。"

⑦日出:日出时天色是赤红色。

⑧騵(yuán):赤毛白腹的马。

⑨骍(xīng):孔疏:"纯赤色也。"

【译文】

夏代崇尚黑色,丧事入殓在傍晚天黑的时候进行,军事行动乘坐黑色的马,祭祀用黑色的牺牲。殷人崇尚白色,丧事入殓在日中的时候进行,军事行动乘坐白色的马,祭祀用白色的牺牲。周人崇尚赤色,丧事入殓在日出的时候进行,军事行动乘坐赤色的马,祭祀用赤色的牺牲。

穆公之母卒[①],使人问于曾子曰[②]:“如之何?”对曰:“申也闻诸申之父曰:‘哭泣之哀,齐、斩之情[③],馆粥之食[④],自天子达。布幕[⑤],卫也;缪幕[⑥],鲁也。’”

【注释】

①穆公:鲁穆公,鲁哀公的曾孙,名不衍。

②曾子:这里指曾参之子,名申。

③齐(zī)、斩:齐衰和斩衰两种丧服。礼制规定,“齐衰”是为母亲穿着的丧服,“斩衰”是为父亲穿着的丧服。父母去世,哀伤之情是相同的,因此并联在一起说“齐、斩之情”。

④馆(zhān)粥:指稀饭。馆,粥。

⑤幕:郑注:“所以覆棺也。”即覆盖在棺上的织物。据郑注,卫用诸侯礼,鲁用天子礼。

⑥缪(xiāo):缣(jiān)帛。

【译文】

鲁穆公的母亲去世了,鲁穆公派人询问曾子说:“该怎么办丧事?”曾子回答:“我曾听我的父亲说:‘哭泣表达的是悲哀,穿着齐衰、斩衰丧服表达的是哀悼之情,因为哀伤吃不下饭只喝稀粥,这些礼节上达天子,下至百姓都是这样的。用布做覆盖在棺上的幕,这是卫国的礼仪;用缣帛做覆盖在棺上的幕,这是鲁国的礼仪。’”

晋献公将杀其世子申生[①],公子重耳谓之曰[②]:“子盖言子之志于公乎[③]？”世子曰：“不可。君安骊姬，是我伤公之心也。”曰：“然则盖行乎[④]？”世子曰：“不可。君谓我欲弑君也[⑤]。天下岂有无父之国哉[⑥]！吾何行如之[⑦]？”使人辞于狐突曰[⑧]：“申生有罪，不念伯氏之言也[⑨]，以至于死。申生不敢爱其死。虽然，吾君老矣，子少，国家多难，伯氏不出而图吾君[⑩]，伯氏苟出而图吾君，申生受赐而死。”再拜稽首，乃卒。是以为共世子也[⑪]。

【注释】

①晋献公将杀其世子申生：申生为晋献公嫡长子，申生母亲早卒。献公伐骊戎而得骊姬，骊姬获宠幸，想让自己的儿子奚齐取代申生为太子，设计诬陷申生要毒害晋献公，晋献公听信骊姬谗言，因此要杀申生。这个故事详见于《左传·僖公四年》、《国语·晋语》等。世子，帝王、诸侯正妻所生长子，太子。

②公子重耳：申生的异母弟，即晋文公。

③子盖(hé)言子之志于公乎：重耳让申生向晋献公将自己的心志作解释、表白。盖，通“盍”，何不。下同。志，意。

④行：指出行、出逃。

⑤弑(shì)君：臣下杀死国君。

⑥天下岂有无父之国：天下难道有不要父亲的国家吗？意思是天下之人都有父，有了弑父的恶名，使天下人都不能容忍。

⑦何行如之：如果有弑父之名，没有国家会接受他的投奔，就没有地方可去。

⑧辞：告。狐突：字伯行，狐偃之父，申生的老师，重耳的外祖父。此前，晋献公让申生讨伐东山皋落氏，狐突曾阻止申生，认为这会有危身之害，果然，申生凯旋回国后谗言四起，狐突怕危及自

身而闭门不出。

⑨伯氏：指狐突，申生之傅。我国传统以“伯、仲、叔、季”表示排行，“伯”是老大。

⑩伯氏不出而图吾君：这是申生希望狐突继续辅佐国君。图，谋划。

⑪是以为共世子：共，通“恭”。恭，《谥法》：“敬顺事上曰‘恭’。”郑注：“言行如此，可以为恭，于孝则未之有。”孔疏，孝子不陷亲于不义，申生这样做，“遂陷父有杀子之恶，虽心存孝，而于理终非，故不曰孝，但谥为恭”。

【译文】

晋献公将要杀掉他的嫡长子申生，公子重耳对申生说：“你为什么不向父亲解释，说自己是被诬陷的呢？”申生回答说：“不可以。国君因骊姬而安逸、快乐，我去解释的话，骊姬会受到处罚，那就是我让国君伤心了。”重耳又问：“那么你为什么不出走呢？”申生又说：“不可以。国君说我要杀害他。天下哪有没有父亲的国家呢！有谋害父亲的恶名，我能逃到哪里去呢？”申生派人带话告诉狐突说：“申生我有罪过，没有听从伯氏您的话，以致陷于死地。申生我不敢惜命怕死。虽然如此，我们国君已经老了，小儿子又很小，国家多难，您又不出来为国君出谋划策，您如果肯为国君出谋划策，申生就是得到恩赐而死了。”再跪拜磕头而后自杀。由于申生对国君百依百顺，因此给他的谥号为“恭”，称他为“恭世子”。

鲁人有朝祥而莫歌者①，子路笑之。孔子曰：“由，尔责于人，终无已夫②！三年之丧，亦已久矣夫③！”子路出，孔子曰：“又多乎哉！逾月则其善也④。”

【注释】

①朝(zhāo)祥而莫(mù)歌:祥,丧礼祭名。有小祥和大祥二种。小祥是在人死一年后举行的祭祀,即周年祭。大祥在两年后,除去丧服,服丧即已基本完成。孔疏:"祥谓二十五月大祥,歌、哭不同日,故仲由笑之也,故郑注'笑其为乐速'。然祥日得鼓素琴。"莫,同"暮",傍晚。

②夫(fú):语末助词。下同。

③亦已久矣夫:意思是这个人已经服了三年的丧,时间已经很长了。

④逾月则其善也:大祥后再过一个月就是禫(dàn)祭,禫祭后就可以唱歌,所以孔子认为再过一个月就好了。

【译文】

鲁国有人早上刚进行了大祥祭,晚上就唱起歌来,子路因而讥笑他。孔子说:"子路,你责备他人,没个完了吗!他服丧三年,也已经很久了啊!"子路出去后,孔子又说:"距可以唱歌的日子也没有多少了嘛!能再过一个月唱就好了。"

鲁庄公及宋人战于乘丘①,县贲父御②,卜国为右③。马惊败绩④,公队⑤,佐车授绥⑥。公曰:"末之卜也⑦。"县贲父曰:"他日不败绩,而今败绩,是无勇也。"遂死之。圉人浴马⑧,有流矢在白肉⑨。公曰:"非其罪也。"遂诔之⑩。士之有诔,自此始也。

【注释】

①乘丘:鲁地。此事发生在鲁庄公十年(前684),鲁国大败宋国。

②县贲父(xuán bēn fǔ):鲁人。御:驾车,驾驭。

③右：车右，护卫。古制一车乘三人，尊者在左，驭手在中，护卫在右，通常由勇力之士担任。

④马惊败绩：此战是鲁胜宋败，鲁国并没有“败绩”的事。郑注：“惊奔失列。”《训纂》引江永说：“败绩，谓车覆。”

⑤队(zhuì)：同“坠”。

⑥佐车：副车。绥：上车时供拉手的绳索。

⑦末：当作“未”。

⑧圉(yǔ)人：养马的人。

⑨白肉：郑注：“股里肉。”指马的大腿里侧。

⑩诔(lěi)：哀悼死者的文章。古制只有卿大夫有诔，士没有诔。

【译文】

鲁庄公和宋国人在乘丘作战，县贲父为驭手驾车，卜国为车右护卫。马突然受惊而翻车，鲁庄公摔了下来，驾驭副车的人将登车的绳索递给庄公，让他上了副车。庄公说：“这是我事先没有占卜选择驭手。”县贲父说：“平日驾车马从未受惊翻车，今天马却受惊而翻车，这是我没有勇气的缘故。”于是赴敌而战死。后来，圉人给马洗浴时，发现马的大腿内侧中了箭。鲁庄公说：“这不是县贲父的罪过。”于是为他写了表示哀悼的诔文。士这个阶层有诔文，就是由此而开始的。

曾子寝疾，病[①]。乐正子春坐于床下[②]，曾元、曾申坐于足[③]，童子隅坐而执烛[④]。童子曰：“华而睆[⑤]，大夫之箦与[⑥]？”子春曰：“止！”曾子闻之，瞿然曰[⑦]：“呼[⑧]！”曰：“华而睆，大夫之箦与？”曾子曰：“然，斯季孙之赐也，我未之能易也。元起易箦！”曾元曰：“夫子之病革矣[⑨]，不可以变。幸而至于旦，请敬易之。”曾子曰：“尔之爱我也不如彼。君子之爱人也以德，细人之爱人也以姑息[⑩]。吾何求哉？吾得正而毙焉[11]，斯已矣。”举扶而易之。反席未安而没[12]。

【注释】

①病：郑注：“谓疾困。”指病重。

②乐(yuè)正子春：乐正是姓。曾子的弟子。

③曾元、曾申：都是曾子的儿子。

④隅：角落。

⑤华：指画有花纹。睆(huǎn)：光滑。

⑥大夫之箦(zé)：大夫所用的席子。曾子并未做官，不是大夫，按礼制，不应使用这种“大夫之箦”。箦，郑注：“谓床笫也。”即床上铺的竹席。与(yú)：语气词。

⑦瞿(jù)然：惊惧貌。

⑧呼：郑注：“虚惫之声。”

⑨革：急。也是指病重。

⑩细人：小人，与“君子”相对。姑息：苟且取安。

⑪正：指合乎礼仪，行为正确。

⑫安：安置，放好。没(mò)：通“殁”，死。

【译文】

曾子卧病在床，病情严重。弟子乐正子春坐在床下，儿子曾元、曾申坐在脚旁，少年在角落侍坐拿着烛火。少年说：“美丽又光滑，这是大夫用的竹席吗？”子春说：“住嘴！”曾子听到了，十分惊诧，虚弱而疲惫地叹息道：“唉！”少年又说：“美丽又光滑，这是大夫用的竹席吗？”曾子说：“是的，这是季孙赐给我的，我没有来得及换掉它。曾元，起来把席子换掉！”曾元说：“您的病很严重，不可以移动。希望等到天亮，再为您更换。”曾子说：“你对我的爱还不如那少年。君子爱人是成全他的品德，小人爱人则是姑息他，让他苟且偷安。我所要求的是什么呢？只是希望能符合礼仪地死去，就是如此而已。”大家抬起曾子，换掉竹席。把曾子放回席上，还没有安顿好，曾子就去世了。

始死，充充如有穷[①]；既殡，瞿瞿如有求而弗得[②]；既葬，皇皇如有望而弗至[③]。练而慨然[④]，祥而廓然[⑤]。

【注释】

①充充如有穷：这是指孝子悲痛到无以复加的感情。孔疏："亲始死，孝子匍匐而哭之，心形充屈，如急行道极，无所复去，穷急之容也。"

②瞿瞿(jù)：孔疏："眼目速瞻之貌"；"貌恒瞿瞿，如有所失而求觅之不得然也"。

③皇皇如有望而弗至：孔疏："孝子心形栖栖皇皇，无所依托，如有望彼人来而彼人不至也。"

④练：小祥，人死一周年的祭祀。慨：慨叹时间逝去太快。

⑤祥：大祥。廓：空虚。

【译文】

双亲刚过世，孝子满腔悲痛，好像一切已到穷尽；入殓后，孝子目光游移，好像失去什么又求之不得；等到下葬后，孝子栖栖惶惶，好像期望谁来而又不至。小祥过后就感慨时间过得太快，大祥除服后感到空虚失落，情绪不快乐。

邾娄复之以矢[①]，盖自战于升陉始也[②]。鲁妇人之髽而吊也[③]，自败于台鲐始也[④]。

【注释】

①邾娄(zhū lóu)：邾国。《释文》云："邾人呼邾声曰娄，故曰邾娄。"

复:招魂。矢:箭。招魂本应用死者的衣服,但邾国在战争中死亡人数过多,已无衣可以用来招魂,因而用箭来代替。

②升陉(xíng):鲁地。鲁僖公二十二年(前638),邾国与鲁国发生战争,鲁国战败,但邾国死伤亦惨重。

③髽(zhuā):妇人丧髻,即不用发簪,仅用麻或布带束发。

④台鲐(tái):郑注,"台(臺)"当是"壶"字之误,《春秋传》作"狐鲐",邾地,在今山东滕州东南二十里的狐骀山。此次邾、鲁之战发生在鲁襄公四年(前569),鲁国失败。《左传·襄公四年》:"冬十月,邾人、莒人伐鄫,臧纥救鄫,侵邾,败于狐骀。国人逆丧者皆髽,鲁于是乎始髽。"

【译文】

邾国人用箭招魂,大概是从升陉之战开始的。鲁国妇人用麻布束发去吊丧,是从狐骀之战失败后开始的。

南宫绦之妻之姑之丧[①],夫子诲之髽[②],曰:"尔毋从从尔[③]!尔毋扈扈尔[④]!盖榛以为笄[⑤],长尺而总八寸[⑥]。"

【注释】

①南宫绦(tāo):郑玄认为他是鲁国大夫孟僖子之子南宫阅,字子容。姑:婆婆。南宫绦之妻是孔子的侄女。《论语·公冶长》:"子谓南容:'邦有道,不废;邦无道,免于刑戮。'以其兄之子妻之。"

②夫子诲之髽:孔子教南宫绦之妻做丧髻。

③从从(zǒng):郑注:"谓大(太)高。"

④扈扈(hù):郑注:"谓大(太)广。"

⑤笄(jī):发簪。

⑥总八寸：束发后的布条垂下八寸作为装饰。

【译文】

南宫绦的妻子的婆婆去世，孔子教她做丧髻，说：“你不要把发髻束得高高的！也不要束得宽宽的！用榛木做簪子，长一尺，束发后的布条要垂下八寸长。”

孟献子禫[①]，县而不乐[②]，比御而不入[③]。夫子曰：“献子加于人一等矣！”

【注释】

①孟献子：鲁国大夫仲孙蔑，“献”是谥号。禫（dàn）：丧礼祭名。在大祥后的一个月举行。

②县（xuán）而不乐：悬挂乐器但不演奏。县，同“悬”。

③比御而不入：郑注：“可以御妇人矣，尚不复寝。”即仍不进入寝室。

【译文】

孟献子举行完禫祭之后，只悬挂乐器但不演奏，可以由妇人侍寝但仍不进入寝室。孔子说：“孟献子高人一等啊！”

孔子既祥，五日弹琴而不成声[①]，十日而成笙歌[②]。

【注释】

①不成声：因为悲伤的心情还在，所以弹奏音乐还不成调。

②十日而成笙歌：郑注：“逾月且异旬也。”十天后已经是下个月，心情平复，才能吹出歌曲。

【译文】

孔子举行完大祥祭，五天后弹琴，但还不成曲调，十天后的下一个月，吹笙才吹得出歌曲。

有子盖既祥而丝屦、组缨[①]。

【注释】

①"有子"句：郑注："讥其早也。"即讥讽、批评有子穿戴漂亮衣冠过早，不合丧礼礼仪。有子，有若。孔子的弟子。丝屦（jù），丝制的鞋子。组缨，用丝做冠缨。

【译文】

有子举行大祥祭后就穿上了丝质的鞋子，戴上丝带做缨的冠。

死而不吊者三：畏、厌、溺[①]。

【注释】

①"死而不吊者三"句：因"畏、厌、溺"三种情形而死，不用为其吊丧。儒家认为孝子为孝养父母应珍惜自己的生命，若轻身忘孝，不必为其吊丧。畏，孔疏："谓有人以非罪攻己，己若不有以解说（脱）之而死者。"厌，压。孔疏："谓行止危险之下，为崩坠所厌（压）杀也。"溺，孔疏："谓不乘桥舡而入水死者。"

【译文】

死了却不为其吊丧的有三种人：因畏惧而自杀的人，在险境被压死的人，溺水而死的人。

子路有姊之丧，可以除之矣，而弗除也。孔子曰："何弗除也？”子路曰：“吾寡兄弟而弗忍也[①]。”孔子曰：“先王制礼，行道之人皆弗忍也[②]。”子路闻之，遂除之。

【注释】

①寡兄弟：这是说自己的兄弟少，不忍心除丧，想按兄弟之丧的礼仪为姐姐服丧。为姐姐服丧应是服九个月大功之丧，为兄弟服丧则是一年齐衰之丧。

②行道之人皆弗忍也：凡是仁义之人都不忍除丧，但这是先王制定的礼制，必须要遵守。行道，郑注：“犹行仁义。”

【译文】

子路为去世的姐姐服丧，服丧期已到可以除丧了却不除。孔子问他：“为什么不除丧？”子路答：“我的兄弟少，不忍心除丧。”孔子说：“先王制礼，凡行仁义的人其实都是不忍心的，但要按礼制办事。”子路听了孔子的话，便停止了服丧。

大公封于营丘[①]，比及五世，皆反葬于周[②]。君子曰：“乐，乐其所自生；礼，不忘其本。古之人有言曰：‘狐死正丘首[③]，仁也[④]。’”

【注释】

①大公：姜太公吕尚，或称“姜子牙”，辅佐周文王、武王灭商，因功封于营丘，为齐国。大，同“太”。营丘：在今山东淄博东北。

②“比及五世”二句：比及五世，指姜太公以下五代子孙。有研究者认为，姜太公以下五世返葬于周，不可信。

③正丘首：即“正首丘”。正，正对着。丘，孔疏：“丘是狐窟穴根本之处。虽狼狈而死，意犹向此丘，是有仁恩之心也。”

④仁:恩。这里指的就是“本”。

【译文】

太公吕尚分封在营丘,他的五代子孙,死后都返回周埋葬。君子说:“乐,是对自己的功业兴发的喜乐;礼,是让人不要忘本。古人曾说过:‘狐狸死了,头也要正对着它的巢穴所在的山丘,这是不忘根本啊。’”

伯鱼之母死[①],期而犹哭[②]。夫子闻之,曰:“谁与哭者?”门人曰:“鲤也。”夫子曰:“嘻[③]!其甚也。”伯鱼闻之,遂除之。

【注释】

①伯鱼:孔子之子,名鲤,字伯鱼。

②期(jī)而犹哭:父亲尚在,为死去的母亲服丧只需一年。孔疏,伯鱼之母已被“出”,即已与孔子离婚,为出母服丧应在十三月举行祥祭,祥祭后无哭。犹,尚。

③嘻(xī):郑注:“悲恨之声。”

【译文】

伯鱼的母亲死了,服丧满一年仍哭。孔子听见了,询问:“是谁在哭?”弟子说:“是孔鲤。”孔子叹道:“唉!那是过分了。”伯鱼听了,于是就不哭了。

舜葬于苍梧之野[①],盖三妃未之从也[②]。季武子曰:“周公盖祔[③]。”

【注释】

①舜葬于苍梧之野：郑注："舜征有苗而死，因留葬焉。"苍梧，即苍梧山，又名"九嶷山"。周代属南越之地，汉代为郡，位于今湖南南部宁远境内。

②三妃未之从也：是说舜的三妃没有与其合葬。三妃，娥皇、女英、癸比。

③祔(fù)：郑注："谓合葬。"

【译文】

舜死后葬在苍梧之野，他的三位妃子都没有与他合葬。季武子说："大概夫妻合葬是从周公开始的。"

曾子之丧，浴于爨室[①]。

【注释】

①浴于爨(cuàn)室：死后在烧火做饭的厨房洗浴身体。按照礼制，遗体洗浴应在正寝，安排在爨室洗浴不合礼仪。郑玄、孔颖达认为此篇与上文曾子卧病，曾元没有及时更换竹席有关，曾子为教育他有意而为。但后世学者认为不可信，孙希旦说："曾子欲教其子，正当示之以礼，岂有使之以非礼治其丧耶"，"此所记必传闻之误"。

【译文】

曾子死后，在烧火做饭的厨房洗浴身体。

大功废业[①]。或曰[②]："大功，诵可也。"

【注释】

①大功废业：大功，“五服”之一。服丧期九个月，其服用熟麻制成，较齐衰稍细，较小功为粗，故称“大功”。为堂兄弟，未婚的堂姊妹，已婚的姑、姊妹、侄女等服丧，都服大功。已婚的女子为伯父、叔父、兄弟、侄，未婚姑、姊妹、侄女等服丧，也服大功。业，学业，包括弹琴、诵诗等。

②或：有人。

【译文】

服大功的丧期中要停止弹琴、诵诗等学业。但有的人说：“服大功之丧，诵诗是可以的。”

子张病①，召申祥而语之曰②：“君子曰‘终’，小人曰‘死’。吾今日其庶几乎③！”

【注释】

①子张：姓颛孙，名师，字子张。孔子的弟子。

②申祥：子张之子。

③“君子”三句：孔疏：“庶，幸也。几，冀也。”孙希旦说：“天之生人，气以成形，而理具焉。惟君子全而受之，全而归之，有始有卒，故曰‘终’；小人不能全其所赋之理，则但见其身形之澌灭而已，故曰‘死’。吾今日其庶几者，言未至今日，犹不敢自信其不为小人。”

【译文】

子张病重，招来儿子申祥对他说：“君子去世叫‘终’，小人去世叫‘死’。我如今或许有幸可以希望叫‘终’了！”

曾子曰:"始死之奠①,其余阁也与②?"

【注释】

①奠:《集解》引朱熹说:"自葬以前,皆谓之奠,其礼甚简。""奠"就是为死者献上饮食供品。

②余阁:死者剩余在房室柜架上的食物。阁,存储放置食物的房室与柜架。孙希旦说,用阁上所余脯、醢以奠,一则以仍其生前之食而不忍遽易,一则以用于仓促之顷而不及别具也。

【译文】

曾子说:"人刚死后的奠祭,用的是死者存储在房室、柜架上剩余的食物吧?"

曾子曰:"小功不为位也者①,是委巷之礼也②。子思之哭嫂也为位③,妇人倡踊④。申祥之哭言思也亦然⑤。"

【注释】

①小功:丧服"五服"之一。其服以熟麻布制成,较大功为细,较缌麻为粗。小功服丧期五个月,适用于为伯叔祖父母、堂伯叔祖父母、堂伯叔祖兄弟、未嫁堂祖姑姐妹,已嫁堂姊妹及孙女等。为位:郑注:"位谓以亲疏叙列哭也。"即丧礼中亲属要按照亲疏远近关系序列站在一定的位置上哭。

②委巷:郑注:"犹街里委曲所为也。"即街道弯曲小巷。

③子思:孔门字"子思"的有孔子的孙子孔伋和孔子弟子原宪、燕伋。孔伋无兄,应无嫂,这里的"子思"未知所指。

④妇人倡踊:子思之妻率先号哭跳脚。按照礼制,叔嫂无服,子思不用为嫂服丧,但子思之妻对其嫂要服小功,所以子思随其妻为

位而哭。倡,先。踊,双足跳起,表示非常哀痛。

⑤申祥:子张之子。言思:子游之子,申祥妻之昆弟。按照礼制,申祥于言思无服,但申祥之妻应为言思服大功,所以申祥也要为位而哭。

【译文】

曾子说:"为亲属服小功之丧,如果不按照亲疏的序列在一定的位置上哭,就是街里小巷小人之礼了。子思哭其嫂也按照亲疏的序列在一定的位置上哭,他的妻子先跳脚号哭。申祥为妻子的弟弟言思哭也是这样的。"

古者冠缩缝①,今也衡缝②。故丧冠之反吉,非古也。

【注释】

①古者:孔疏:"自殷以上也。"缩缝:指冠顶褶皱自前向后纵向排列。缩,纵。自殷代以上吉冠、丧冠都是直缝。

②今:周代。衡缝:横缝。衡,横。周代吉冠冠顶褶皱横向排列,丧冠冠顶褶皱纵向排列,两者相反。

【译文】

古时的冠是直缝、冠顶折皱是纵向的,现在的吉冠是横缝、冠顶折皱是横向的,丧冠则是直缝、冠顶折皱是纵向的。因此丧冠和吉冠是相反的,这并不是古代的制度。

曾子谓子思曰:"伋!吾执亲之丧也①,水浆不入于口者七日②。"子思曰:"先王之制礼也,过之者俯而就之③,不至焉者跂而及之④。故君子之执亲之丧也,水浆不入于口者三日,杖而后能起。"

【注释】

①执亲之丧:为亲人守丧。执,守,持。

②水浆不入于口者七日:这里指七天没吃任何食物。浆,带米汁的酒。按照礼制,为父服斩衰,三日不食。《间传》:“斩衰三日不食。”

③过之者俯而就之:行礼过重的人应俯身迁就礼制的规定。

④跂(qǐ):踮起脚。

【译文】

曾子对子思说:“伋!我为父亲守丧,七天不吃不喝。”子思说:“先代圣王制定礼仪,让行礼超过标准的人俯身贴近标准,让行礼没有达到标准的人踮起脚努力达到标准。所以君子为父亲守丧,三天不吃不喝就达到标准了,要扶着丧杖能站起来。”

曾子曰:“小功不税[①],则是远兄弟终无服也[②],而可乎?”

【注释】

①税(tuì):为死者追服。郑注:“日月已过,乃闻丧而服,曰税。大功以上然。小功轻,不服。”这是说,听到远房亲属的死讯太晚,如果应服大功以上的丧,就要追服;如果应服小功以下的丧,就不用追服了。

②远兄弟:相距很远的从祖兄弟。

【译文】

曾子说:“按照礼制,应为亲属服小功之丧服,听到死讯晚了、服丧期已过,就不用再追加服丧了。那么相距很远的从祖兄弟就会不再服丧了,这样可以吗?”

伯高之丧[①]，孔氏之使者未至[②]，冉子摄束帛、乘马而将之[③]。孔子曰："异哉！徒使我不诚于伯高[④]。"

【注释】

①伯高：人名。郑注："死时在卫，未闻何国人。"

②使者：向死者赠送财物的代表。

③冉子：冉有，名求。孔子的弟子。摄：代。乘（shèng）马：四匹马。将之：谎称奉孔子之命而来。

④不诚于伯高：《训纂》引王念孙认为此句应是"不诚礼于伯高"。孔疏："代孔子行吊非孔子本意，是非孔子忠信，虚有吊礼。若孔子重遣人更吊，即弥为不可。"

【译文】

伯高的丧事，孔子派去吊唁赠送财物的使者还未到，冉子就代为准备好一束帛、四匹马送了过去。孔子知道后说："奇怪！这白白让我不能对伯高诚信行礼！"

伯高死于卫，赴于孔子[①]。孔子曰："吾恶乎哭诸[②]？兄弟，吾哭诸庙；父之友，吾哭诸庙门之外；师，吾哭诸寝；朋友，吾哭诸寝门之外；所知，吾哭诸野。于野则已疏，于寝则已重。夫由赐也见我[③]，吾哭诸赐氏[④]。"遂命子贡为之主[⑤]，曰："为尔哭也来者，拜之；知伯高而来者，勿拜也[⑥]。"

【注释】

①赴：告。

②吾恶（wū）乎哭诸：我应在哪里哭他呢？诸，指代伯高。孔子和伯高的交情不算深，所以有此疑惑。

③赐：端木赐，字子贡。孔子的弟子。

④赐氏：子贡家里。实际上是子贡的寝门之外。

⑤命子贡为之主：让子贡作为伯高的丧主。

⑥“为尔哭也”四句：孔疏：“凡丧之正主，知生知死来者悉拜，今与伯高相知而来，不拜。”因为子贡并不是伯高之丧的正主，异于有服之亲，所以对认识伯高的人就不用拜谢。

【译文】

伯高死在卫国，他的家人向孔子报丧。孔子说：“我该到哪里哭他呢？如果是兄弟，我在祖庙里哭；如果是父亲的朋友，我在庙门外哭；如果是老师，我在正寝里哭；如果是朋友，我在寝门外哭；如果是相知的有交往的人，我在野外哭。我和伯高的交情，在野外哭就显得太疏，在正寝哭又显得太重。他是通过子贡和我见面认识的，我去子贡家哭吧。”于是让子贡在家充当主丧人，说：“凡是因为你的关系而来哭伯高的，你就拜谢他；认识伯高而来吊丧的，就不用拜谢了。”

曾子曰：“丧有疾，食肉饮酒，必有草木之滋焉[①]。”以为姜桂之谓也。

【注释】

①草木之滋：即后文的“姜桂”。郑注：“增以香味，为其疾不嗜食。”

【译文】

曾子说：“居丧时生病，可以吃肉饮酒，一定要有草木的调味。”所谓“草木的调味”，就是添加生姜、桂皮这些香料。

子夏丧其子而丧其明[①]。曾子吊之曰：“吾闻之也：朋友丧明则哭之。”曾子哭，子夏亦哭，曰：“天乎！予之无罪也！”

曾子怒曰："商！女何无罪也[②]？吾与女事夫子于洙、泗之间[③]，退而老于西河之上[④]，使西河之民疑女于夫子[⑤]，尔罪一也。丧尔亲，使民未有闻焉[⑥]，尔罪二也。丧尔子，丧尔明，尔罪三也。而曰女何无罪与？"子夏投其杖而拜曰："吾过矣！吾过矣！吾离群而索居亦已久矣[⑦]。"

【注释】

①子夏：姓卜，名商，字子夏。孔子的弟子。丧其明：失明。

②女：通"汝"，你。

③洙、泗：洙水、泗水，都是鲁地的水名。

④西河：指黄河龙门至华阴一段的地方。

⑤疑：通"拟"，比拟。

⑥"丧尔亲"二句：意思是为亲人居丧却没有百姓可称道的优异表现。

⑦索：郑注："犹散也。"

【译文】

子夏因为死了儿子而哭到失明。曾子前去吊唁，说："我听说，朋友如果失明了要为他哭。"曾子哭，子夏也哭，说："老天啊！我没有什么罪过啊！"曾子听了发怒说："卜商！你怎么没有罪过了？我和你一起在洙水、泗水间侍奉孔子，后来你在西河养老，西河的百姓都把你比拟于孔子了，这是你的第一条罪过。你的双亲死了，你也没有让百姓看到有值得称道的优异表现，这是你的第二条罪过。你的儿子死了，你就为他哭到失明，这是你的第三条罪过。你还说你没有什么罪过？"子夏扔掉拄杖而拜谢说："是我的错！是我的错！我离开同门朋友而独居的时间也已经太久了。"

夫昼居于内，问其疾可也[①]；夜居于外，吊之可也[②]。是故君子非有大故，不宿于外；非致齐也、非疾也[③]，不昼夜居于内。

【注释】

①“夫昼居于内”二句：白天呆在正寝中，可能是生病了，可以问候病情。内，正寝之中。

②“夜居于外”二句：夜晚在正寝之外，可能是有丧事，可以前往吊丧。孝子居丧期间，夜晚不睡在正寝中，而是在中门之外搭庐舍睡觉。

③齐：同“斋”。

【译文】

白天还呆在正寝中，可以问候病情；夜晚还在正寝之外，可以前往吊丧。所以君子不是有丧事，就不会在正寝之外睡觉；不是祭祀前的斋戒、不是生病，就不会昼夜都呆在正寝中。

高子皋之执亲之丧也[①]，泣血三年[②]，未尝见齿[③]，君子以为难。

【注释】

①高子皋(gāo)：姓高，名柴，字子皋。孔子的弟子。

②泣血：泣而无声，就像血流出一样。

③未尝见齿：笑不露齿。指只有微笑。见，同“现”。

【译文】

高子皋为父亲服丧三年，悲伤哭泣无声像血流出一样，从来没有露齿笑过，君子认为能做到这些是很难的。

衰[①]，与其不当物也[②]，宁无衰。齐衰不以边坐[③]，大功不以服勤[④]。

【注释】

①衰：丧服。

②不当物：不合礼制。郑注："谓精粗、广狭不应法制。"

③齐（zī）衰：丧服"五服"之一。仅次于斩衰，用粗麻布制作。齐衰的服丧期有四种情况：一、如果父亲已死，为母亲、为继母服丧，母亲为嫡长子服丧，服期为三年。二、父亲健在，为母服丧，丈夫为妻子服丧，服期为一年，又称"杖期"。三、男子为伯、叔父母，为兄弟、兄弟之子，媳妇为公公、婆婆，已嫁的女子为父母，孙子、孙女为祖父母等服丧，服期为一年，不执杖。四、为寄居他国的国君，庶民为国君，为过去侍奉的国君以及他的母亲、妻子，族人为宗子及其母亲、妻子，已嫁或未嫁的女子为曾祖父母等服丧，服期为三个月。不以边坐：不可偏倚而坐，即要端坐在席子中央。边，偏倚。

④大功不以服勤：孔疏："大功虽轻，亦不可着衰服以为勤劳事也。"指穿着大功以上的丧服（如斩衰、齐衰）就不要干活。穿着小功和缌麻丧服可以干活。

【译文】

各种丧服，如果穿着不合礼制，宁可不要穿丧服。穿着齐衰丧服就不可以偏倚而坐，穿着大功丧服就不可以干活。

孔子之卫，遇旧馆人之丧[①]，入而哭之哀。出，使子贡说骖而赙之[②]。子贡曰："于门人之丧，未有所说骖，说骖于旧馆，无乃已重乎[③]？"夫子曰："予乡者入而哭之，遇于一哀而出涕[④]，予恶夫涕之无从也。小子行之。”

【注释】

①旧馆人：以前馆舍的主人。

②说(tuō)骖(cān)而赙(fù)之：解下驾车的马作为助丧之物赠给人家。说，通“脱”。赙，帮助丧家办理丧事而赠送财物，一般送钱财，重者送车马。

③“于门人”四句：子贡认为，对于自己的弟子去世，孔子都没有为其赠送骖马，对于旧馆人丧事的礼数过重。门人，这里指的应是颜回。《论语·先进》记载，颜回死后，其父颜路曾向孔子要车子做棺材的外椁，但孔子没有答应。

④遇于一哀而出涕：孙希旦说：“言已入吊时，遇主人之专一而致其哀也。盖主人之于吊宾恩深者，其哀恒切，今主人为孔子而致哀，是以厚恩待孔子也。孔子感之而为之出涕，是又以厚恩答之也。”

【译文】

孔子到卫国去，遇见从前馆舍主人的丧事，孔子进门哭得很伤心。出来后，让子贡解下驾车的马作为助丧之物赠给人家。子贡说：“对于自己弟子的丧事，都没有为其赠送驾车的马，现在为从前馆舍主人却赠送驾车之马，礼数未免太重了吧？”孔子说：“我刚才进门吊丧而哭，主人为我致哀令我悲伤而感动得流泪，我讨厌光是流泪却不跟上实际行动。你照我说的做。”

孔子在卫，有送葬者，而夫子观之，曰：“善哉为丧乎！足以为法矣。小子识之[①]！”子贡曰：“夫子何善尔也？”曰：“其往也如慕，其反也如疑[②]。”子贡曰：“岂若速反而虞乎[③]？”

子曰:“小子识之!我未之能行也。”

【注释】

①识(zhì):记。下同。

②其反也如疑:亲人遗体已下葬,魂灵要返回故居。孝子返家时,迟疑亲人的魂灵是否能跟上来一起返家,因此不敢马上返回。

③虞:祭名。死者下葬后在当日正午举行的祭祀,意在安魂。

【译文】

孔子在卫国的时候,有人为亲人送葬,孔子在旁观看,说:“这位送葬的人做得很好呀!足以作为榜样了。你们要记住!”子贡说:“您为什么说他做得好呢?”孔子回答说:“他送葬时,如同小孩思慕亲人一样地啼哭,葬后返家时又担心亲人的魂灵跟不上回家而迟疑着。”子贡说:“难道不应该是赶快回家举行安魂的虞祭吗?”孔子说:“你好好记住吧!我都未必能做到这样呢。”

颜渊之丧[1],馈祥肉,孔子出受之,入,弹琴而后食之[2]。

【注释】

①颜渊:名回,字子渊。孔子的弟子。

②弹琴而后食之:先弹了一会儿琴再吃肉。郑注:“弹琴以散哀也。”即为排遣哀伤而弹琴。颜回是孔子最喜爱的弟子,对他的死,孔子非常悲伤。

【译文】

颜渊的丧事,他的家人来馈送大祥祭后的祭肉,孔子出门接受祭肉,进门后,先弹了一会儿琴才吃肉。

孔子与门人立，拱而尚右[①]，二三子亦皆尚右。孔子曰："二三子之嗜学也，我则有姊之丧故也。"二三子皆尚左。

【注释】

①拱而尚右：拱手时是右手在上，左手在下。古时男子在拱手拜礼时，如果是丧事就右手在上，左手在下，吉事就左手在上，右手在下。女子则相反。尚，上。

【译文】

孔子与弟子一同站立，拱手时右手在上，左手在下，弟子们也都学他右手在上。孔子说："你们只晓得一味地学我，我是为姐姐服丧的缘故才这样。"于是弟子们又都将左手放在上。

孔子蚤作[①]，负手曳杖[②]，消摇于门[③]，歌曰："泰山其颓乎[④]！梁木其坏乎！哲人其萎乎[⑤]！"既歌而入，当户而坐。子贡闻之，曰："泰山其颓，则吾将安仰？梁木其坏，哲人其萎，则吾将安放[⑥]？夫子殆将病也。"遂趋而入。夫子曰："赐！尔来何迟也？夏后氏殡于东阶之上，则犹在阼也[⑦]。殷人殡于两楹之间，则与宾主夹之也[⑧]。周人殡于西阶之上，则犹宾之也[⑨]。而丘也，殷人也[⑩]。予畴昔之夜[⑪]，梦坐奠于两楹之间[⑫]。夫明王不兴，而天下其孰能宗予？予殆将死也！[⑬]"盖寝疾七日而没。

【注释】

①蚤作：早起。蚤，通"早"。作，起。

②负手曳（yè）杖：背着手，拖着手杖。

③消摇:即逍遥。

④颓:崩塌。

⑤萎:病。

⑥放:依靠。

⑦“夏后氏”二句:夏人将灵柩停放在东阶上,那是主人的位置。

⑧“殷人”二句:殷人将灵柩停放在户牖之间,那是主人和宾客之间的位置。

⑨“周人”二句:周人将灵柩停放在西阶上,那是宾客的位置。

⑩丘也,殷人也:周武王灭商后,封商纣王子武庚于旧都(今河南商丘),武庚于周初叛乱被杀,又改封纣之庶兄微子,为宋国。孔子的祖先是宋人,因此自称是“殷人”。

⑪畴昔:昔。郑注,“畴”是发声词。

⑫梦坐奠于两楹之间:这是孔子自己占梦。郑注:“是梦坐两楹之间而见馈食也。”即接受祭奠献食。两楹之间,即户牖之间,是南面而坐的位子,在堂上这是最尊贵的位子。

⑬予殆将死也:孔子认为,坐在两楹之间的尊位,不是天下要尊我为君,不是南面听政之象,那就一定是殷人丧殡之兆,说明自己要死了。

【译文】

孔子早上起来,背着手,拖着手杖,逍遥地在门外散步,歌唱道:“泰山要崩塌了!栋梁要损坏了!哲人要病倒了!”唱完歌回到屋内,对着门坐下。子贡听见了,说:“要是泰山崩塌了,那我仰望什么呢?要是栋梁损坏了,哲人病倒了,那我依靠什么呢?夫子恐怕是要生大病了吧。”于是快步走进屋里。孔子说:“赐!你怎么来得这么晚呢!夏代将灵柩停放在东阶上,那是主人的位置。殷人将灵柩停放在两楹之间,那是主人和宾客的位置。周人将灵柩停放在西阶上,那是宾客的位置。我孔丘是殷人的后代。我昨晚梦见自己坐在两楹之间的尊位被馈食。可现在没有明王兴起，天下有谁能够用我、尊我呢？我恐怕是将要死了！”大约卧病在床七天就去世了。

孔子之丧，门人疑所服。子贡曰：“昔者夫子之丧颜渊，若丧子而无服[①]。丧子路亦然。请丧夫子若丧父而无服。”

【注释】

①无服：郑注：“不为衰，吊服而加麻，心丧三年。”即丧期内生活行为要按丧制规范实行。

【译文】

孔子的丧事，弟子们对所穿的丧服有疑问。子贡说：“从前夫子为颜渊居丧，就像为儿子居丧一样没穿丧服，但心丧三年。为子路居丧也是这样。请大家为孔子居丧像为父亲居丧一样，只是不穿丧服。”

孔子之丧，公西赤为志焉[①]。饰棺墙[②]，置翣设披[③]，周也。设崇[④]，殷也。绸练设旐[⑤]，夏也。

【注释】

①公西赤：姓公西，名赤，字子华。孔子的弟子。志：为棺木做装饰、绘画。

②墙：柳衣。在棺柩旁设置木框架，称作“柳”，外面盖上布，四周叫作“帷”，顶端叫作“荒”，“帷”、“荒”就是柳衣，也叫作“墙”。

③翣(shà)：宽三尺、高二尺四寸的木架，用来遮挡灵柩的扇形装饰，用白布遮盖，其上画有花纹。披(bì)：缚在棺两边的帛带，柩车行进时，使人牵持，用以保持棺的平稳。

④崇：崇牙。孔疏：“旌旗之旁，刻缯为崇牙。”即旌旗上牙形的

边饰。

⑤绸练：用素锦缠绕旗杆。绸，束缚，缠绕。练，素锦。旐（zhào）：一种黑布魂幡。

【译文】

孔子的丧事，由公西赤负责装饰棺柩。他装饰了棺柩外的柳衣，安置了遮挡灵柩的翣扇，设置了缚在棺柩两边的披带，这用的是周人的礼制。送丧车的旗上缀有牙形的边饰，这用的是殷人的礼制。送丧车上的旗杆用素锦缠绕，上面设有黑布的魂幡，这用的是夏人的礼制。

子张之丧，公明仪为志焉①。褚幕丹质②，蚁结于四隅③，殷士也。

【注释】

①公明仪：子张的弟子。

②褚（zhǔ）幕丹质：他用红色的布幕覆盖棺材。褚，覆棺的红布。

③蚁结于四隅：在红布幕的四角画上蚂蚁形往来交错的纹饰。

【译文】

子张的丧事，由公明仪负责装饰棺柩。他用红色的布幕覆盖棺材，在红布幕的四角画上蚂蚁形状般交结往来的纹路，这是殷代士的丧礼礼制。

子夏问于孔子曰："居父母之仇如之何？"夫子曰："寝苫枕干①，不仕②，弗与共天下也。遇诸市朝，不反兵而斗③。"曰："请问居昆弟之仇如之何？"曰："仕，弗与共国；衔君命而使，虽遇之不斗。"曰："请问居从父、昆弟之仇如之何？"曰："不为魁④。主人能，则执兵而陪其后。"

【注释】

①寝苫(shān)枕干:睡在草垫上,枕着盾牌。干,盾。

②仕:做官。

③不反兵而斗:不用返回家取兵器就同他决斗,意思是兵器不离身,随时准备为父报仇。

④魁:郑注:"犹首也。"

【译文】

子夏向孔子询问说:"对杀害父母的仇人要怎么办?"孔子说:"睡在草垫上,枕着盾牌,不做官,与仇人不共戴天。不论是在街市还是官府遇见,不用再回家拿兵器,马上与他决斗。"子夏问:"请问对杀害兄弟的仇人要怎么办?"孔子说:"不和他在同一个国家做官;如果奉君命出使,即使遇见了也不能与他决斗。"子夏又问:"请问对杀害叔伯、叔伯兄弟的仇人要怎么办?"孔子说:"不能为首。如果被害者的儿子或兄弟能复仇决斗,就手持兵器陪同在后。"

孔子之丧,二三子皆绖而出[①];群居则绖[②],出则否。

【注释】

①绖(dié):用麻布做的丧带,系在腰上和头上。

②群:指孔子的弟子们。

【译文】

孔子的丧事,弟子们都头缠腰系丧带才出门;但如果有弟子去世,其他的弟子们只在家里头缠腰系丧带,出门就不这样了。

易墓[①],非古也。

【注释】

①易：郑注："谓芟治草木。"

【译文】

为墓地芟除草木，这不是古代的礼制。

子路曰："吾闻诸夫子：丧礼，与其哀不足而礼有余也[①]，不若礼不足而哀有余也。祭礼，与其敬不足而礼有余也[②]，不若礼不足而敬有余也。"

【注释】

①哀不足而礼有余：此指丧礼仪节繁缛，随葬的明器衣衾之类物品繁多。

②敬不足而礼有余：此指祭礼仪节繁缛，供奉的俎豆牲牢之类物品繁多。

【译文】

子路说："我听夫子说过：举行丧礼，与其悲哀不足而仪节繁缛、明器衣衾之类的物品有余，不如仪节简单、明器衣衾之类的物品不足但悲哀有余。举行祭礼，与其敬意不足而仪节繁缛、俎豆牲牢之类的祭品有余，不如仪节简单、俎豆牲牢之类的祭品不足但敬意有余。"

曾子吊于负夏[①]，主人既祖[②]，填池[③]，推柩而反之，降妇人而后行礼[④]。从者曰："礼与？"曾子曰："夫祖者且也。且胡为其不可以反宿也[⑤]？"从者又问诸子游曰："礼与？"子游曰："饭于牖下[⑥]，小敛于户内[⑦]，大敛于阼[⑧]，殡于客位[⑨]，祖于庭，葬于墓，所以即远也。故丧事有进而无退。"曾子闻之曰："多矣乎⑩！予出祖者。"

【注释】

①负夏：卫国地名。

②祖：祖奠，是柩车出发前一天的祭奠。将原载棺柩的灵车车头从朝内（北）调转为朝外（南），设置祭品，即为"祖奠"，是出殡入葬的开始。翌日一早要撤去祖奠祭品，改设"遣奠"，准备出发去墓地。

③填池：当为"奠彻"，指撤去遣奠，重设祖奠。郑玄认为，这是主人见曾子来而感到荣幸，因而将仪式倒退，将灵柩返回原位，重设祖奠，便于曾子吊唁行礼。

④降妇人而后行礼：祖奠结束，灵柩准备出发去墓地前，妇人从堂上下来，站立于两阶之间；如果柩车返回祖奠前的位置，那么妇人也应该重新回到堂上。现柩车返回原位，让妇人下堂站在两阶之间，再行祖奠之礼，这是不合礼仪的。

⑤反宿：将柩车返回原处。

⑥饭：用米、玉贝等放在死者口中，叫"饭含"。

⑦小敛：为死者沐浴，穿衣，戴帽，裹以复衾，使遗体不再外露，并用绞带束扎。

⑧大敛：小殓后的次日举行，地点是在堂前的东阶上。再将遗体用布衾包裹，用绞带束扎，并将已装裹好的遗体放入棺中。

⑨客位：西阶之上。

⑩多：胜。

【译文】

曾子到卫国的负夏吊丧，主人已行过祖奠礼，已将柩车车头调转朝外，设置好奠祭品，准备出发了，见到曾子来，又将柩车调头返回原位，撤去出发前的奠祭品，重设祖奠，请曾子吊丧，其时妇人已经下到东西两阶之间了。随从的人问曾子："这么做合于礼吗？"曾子说："那个祖奠的'祖'就是暂且的意思。既然是暂且的意思，为什么不可以将柩车返回到原位呢？"随从的人又拿这件事询问子游："这么做合于礼吗？"子游说："在户牖下为死者放置饭含，在正寝正对门处进行小殓，在东阶之上进行大殓，在西阶之上停放灵柩，在庭中祖奠，安葬于墓地，死者就这样渐渐远去。所以丧事是只有进没有退的。"曾子听到子游的这番话，说："他解释'出祖'比我强多了。"

曾子袭裘而吊，子游裼裘而吊①。曾子指子游而示人曰："夫夫也，为习于礼者，如之何其裼裘而吊也？"主人既小敛，袒、括发②，子游趋而出，袭裘、带、绖而入③。曾子曰："我过矣！我过矣！夫夫是也。"

【注释】

①裼(xī)裘：古人冬穿裘，夏穿葛，裘、葛之外有无袖外衣如坎肩，即裼衣。裼衣外又有正服，如朝服、皮弁服。敞开正服前襟，露出中衣，就叫"裼"。掩好正服前襟就叫"袭"。袭衣是凶服，裼裘属于吉服。

②括发：去掉束发的布帛，即缅(xǐ)和笄，仅用麻绳束发髻。

③"子游"二句：这是说子游根据主人的变服而改变服装。孔疏："凡吊丧之礼，主人未变之前，吊者吉服而吊吉服，谓羔裘。玄冠、缁衣、素裳，又袒去上服以露裼衣，则此裼裘而吊是也。主人既变之后，虽着朝服，而加武以绖，又掩其上服。若是朋友，又加带，则此袭裘带绖而入是也。"

【译文】

曾子穿着正装裘服，掩好正服前襟前去吊丧，子游则敞开正服前襟，露出中衣去吊丧。曾子指着子游对众人说：“这个人，是研习礼仪的人，怎么能敞开正服的前襟，露出中衣去吊丧呢？”主人为死者举行小殓后，袒衣露出左臂，去掉束发的布帛，用麻绳束发髻，子游这时才快步走出门，系好正服前襟、头上缠上丧带、腰上系好丧带然后进门。曾子说：“我错了！我错了！还是这个人做得对。”

子夏既除丧而见①，予之琴，和之而不和②，弹之而不成声，作而曰：“哀未忘也。先王制礼，而弗敢过也。”子张既除丧而见，予之琴，和之而和，弹之而成声，作而曰：“先王制礼，不敢不至焉③。”

【注释】

①除丧：除去丧服，在大祥祭后，即结束丧礼的活动。

②和之而不和：前“和”指调弦，后“和”指乐音和谐。

③不敢不至：不敢不做到。这里子夏与子张的做法，正是前篇子思所说“先王之制礼也，过之者俯而就之，不至焉者跂而及之”，二人除丧后的表现虽不同，但行为合乎礼仪。《孔子家语》、《诗经·桧风·素冠》毛传也有类似的记载。《诗经·桧风·素冠》毛传：“子夏三年之丧毕，见于夫子，援琴而弦，衎衎而乐，作而曰：‘先王制礼，不敢不及。’夫子曰：‘君子也。’闵子骞三年之丧毕，见于夫子，援琴而弦，切切而哀，作而曰：‘先王制礼，不敢过矣。’夫子曰：‘君子也。’子路曰：‘敢问何谓也？’夫子曰：‘子夏哀已尽，能引而致之于礼也，故曰“君子也”；闵子骞哀未尽，能自割以礼，故曰“君子也”。’”可参看。

【译文】

子夏服丧期满后去见孔子，孔子给他琴，子夏不能将琴弦调得和谐,弹奏起来也不成曲调,站起来说:"哀伤还没有忘记。先代圣王制定的礼仪,不敢超过。"子张服丧期满去见孔子,孔子给他琴,子张弦调得很和谐,弹琴也能成曲调,站起来说:"先代圣王制定的礼仪,不敢不做到。"

司寇惠子之丧[①],子游为之麻衰[②],牡麻绖[③]。文子辞曰[④]:"子辱与弥牟之弟游,又辱为之服,敢辞。"子游曰:"礼也。"文子退,反哭。子游趋而就诸臣之位[⑤]。文子又辞曰:"子辱与弥牟之弟游,又辱为之服,又辱临其丧,敢辞。"子游曰:"固以请。"文子退,扶適子南面而立[⑥],曰:"子辱与弥牟之弟游,又辱为之服,又辱临其丧,虎也敢不复位!"子游趋而就客位。

【注释】

①司寇惠子:姓司寇,名惠,字叔兰,卫灵公之孙,卫将军文子弥牟的弟弟,虎的父亲。郑注:"惠子废適(嫡)立庶,为之重服以讥之。"

②麻衰:以吉服之布为衰。按礼制,士为朋友所穿的吊丧之服应是疑衰,麻衰比疑衰之服还要轻。

③牡麻绖:牡麻所做的丧带,是齐衰三年所用的绖。子游的这身丧服是轻衰重绖,显然不合礼制,这是因为文子弥牟废嫡立庶,子游意在讥讽他。

④文子:卫灵公之孙,名木,字弥牟。卫国将军。

⑤诸臣之位:家臣的位置。这是子游看文子没有明白到自己的意图,故意再次做出违礼之事。

⑥適:同"嫡"。

【译文】

司寇惠子的丧事，子游为讽劝文子而穿着吉布做的麻衰，头上缠着牡麻做的丧带，腰上系着牡麻做的丧带前去。文子不知子游用意，辞谢说："委屈您和我弥牟的弟弟交往，又委屈您为他穿这身丧服，实在不敢当。"子游说："这是合于礼制的。"文子于是退下，返回自己的位置哭。子游又快步走到家臣所在的位置。文子又辞谢说："委屈您和我弥牟的弟弟交往，又委屈您为他穿这身丧服，又委屈您参加丧礼，实在不敢当。"子游说："我一定要这么做。"文子这才明白过来，退下，扶着惠子的嫡子虎朝南而立于丧主之位，说："委屈您和我弥牟的弟弟交往，又委屈您为他穿这身丧服，又委屈您参加丧礼，虎怎么敢不回到丧主的位置上!"子游见文子已明白己意，就快步走到宾客应在的位置。

将军文子之丧①，既除丧，而后越人来吊。主人深衣、练冠②，待于庙③，垂涕洟④。子游观之曰："将军文氏之子其庶几乎⑤！亡于礼者之礼也⑥，其动也中。"

【注释】

①将军文子：即上文司寇惠子之兄文子弥牟。将军，官衔。

②主人：指丧主，文子的儿子简子瑕。深衣：上衣、下裳相连，属于吉、凶之间的一种服装。练冠：小祥之冠，由白色的绢做成，也是属于吉、凶之间的冠。

③待于庙：在庙中接待来吊者。这是因为死者的神主已经迁入庙里，所以在庙中接待吊丧的人。

④垂涕洟（yí）：《释文》："自目曰涕，自鼻曰洟。"这是说不放声大哭了。

⑤庶几（jī）：孙希旦说，近也，言其近于礼也。

⑥亡于礼者之礼也：礼制中没有的礼节。除丧以后受吊，这是礼制规定中所没有的。

【译文】

将军文子的丧事，服丧期满已经除丧，越国的人才来吊丧。文子的儿子简子瑕身穿衣、裳相连的深衣，头戴白色的练冠，在庙中接待吊丧的人，默默地流着眼泪和鼻涕。子游看见了，说："将军文子的儿子基本合乎礼仪了！这是礼制中没有的礼节，他的举止得当，合于情又合于礼。"

幼名[①]，冠字[②]，五十以伯仲[③]，死谥[④]，周道也。

【注释】

①幼名：年幼而称名。郑注："生三月而加名。"

②冠字：二十岁行加冠礼，即成人礼，冠礼中要给加冠者命字，以后除君王、父母及自己外，别人都以字称呼他。

③五十以伯仲：古时以伯、仲、叔、季表示排行，"伯"是老大，"仲"是老二，五十岁时，即以"伯仲"排行称呼了。贾公彦说："若孔子称尼甫（父），至五十去'甫'，以'尼'配'仲'，而呼之曰仲尼是也。"

④谥：人死后按其生平事迹所拟的称号。

【译文】

幼年时称呼名，二十岁行冠礼后就称字，五十岁就按他在家中的排行称伯、仲等，死后称谥号，这是周代的礼制。

绖也者，实也。

【译文】

丧事中头所缠、腰所系的丧带，这是表达孝子忠实的哀痛的心情。

掘中霤而浴①，毁灶以缀足②，及葬，毁宗躐行③，出于大门，殷道也。学者行之④。

【注释】

①掘中霤(liù)而浴：在寝室中间掘坑，将床架在坑上，尸放置在床上沐浴。孔疏："中霤，室中也，死而掘室中之地作坎"，"一则言此室于死者无用，二则以床架坎上，尸于床上浴，令浴汁入坎"。

②毁灶以缀足：拆毁炉灶，用砖坯约束遗体的脚。孔疏："一则死而毁灶示死无复饮食之事"，"二则恐死人冷僵，足辟戾不可着屦，故用毁灶之甓，连缀死人足令直可着屦也"。

③毁宗躐(liè)行：拆毁庙的西墙，越过行神之位。这是佑护出行平安的仪式。殷人殡于庙，而行神之位在庙门的西边，因而要毁庙西墙。孔疏："若生时出行，则为坛币告行神，告竟，车躐行坛上而出，使道中安稳如在坛，今向毁宗处出，仍得躐此行坛，如生时之出也。"宗，庙。躐，越。行，行神。

④学者行之：郑注："学于孔子者行之，效殷礼。"

【译文】

在寝室中间掘坑，将床架在坑上，将遗体放置在床上沐浴；拆毁炉灶，用砖坯约束遗体双脚，以免遗体双脚僵硬，无法穿上鞋子；到出葬时，拆毁庙的西墙，越过行神之位，让柩车拉出大门；这些都是殷代的礼制。孔子的学生都按照殷礼这样做。

子柳之母死①，子硕请具②。子柳曰："何以哉？"子硕曰："请粥庶弟之母③。"子柳曰："如之何其粥人之母以葬其母也？不可。"既葬，子硕欲以赙布之余具祭器④。子柳曰："不可。吾闻之也：君子不家于丧。请班诸兄弟之贫者。"

【注释】

①子柳：鲁国叔仲皮之子，子硕的哥哥。

②具：郑注："葬之器用。"

③粥(yù)：同"鬻"，卖。

④以赙(fù)布之余具祭器：以助丧的钱置办祭器。赙，用财物帮助丧葬。布，钱币。

【译文】

子柳的母亲死了，子硕请求置办丧事所用的各种器物用具。子柳说："家里贫穷怎么置办呢？"子硕说："请卖了庶弟的母亲。"子柳说："怎么能卖了别人的母亲来安葬我们的母亲呢？不可以的。"等到下葬完毕，子硕想要用亲友资助丧葬的财物来置办祭器。子柳说："不可以。我听说过的，君子不能靠办丧事来经营家产发财，请分给兄弟中的穷人吧。"

君子曰："谋人之军师①，败则死之②；谋人之邦邑③，危则亡之④。"

【注释】

①军师：一万两千五百人为"军"，两千五百人为"师"。

②败则死之：如果军队失败要以死为担当。郑注："谋人之军师而致于败，则丧师辱国，而其义不可以独生矣。"

③邦邑：国家。

④亡：出亡，离去。

【译文】

君子说："指挥谋划人家的军队，如果打了败仗，就要以死为担当；经营谋划人家的国家，如果搞到国家危险，就要下台出亡。"

公叔文子升于瑕丘[①]，蘧伯玉从[②]。文子曰："乐哉斯丘也！死则我欲葬焉。"蘧伯玉曰："吾子乐之，则瑗请前[③]！"

【注释】

①公叔文子：卫献公之孙，名拔。卫国大夫。

②蘧(qú)伯玉：名瑗(yuàn)。卫国大夫。

③则瑗请前：郑玄认为，这是蘧伯玉在讽刺公叔文子要侵占别人的良田。孙希旦说：瑗请前行以去，"示不欲与闻其事也"。即不参与占人良田的缺德事。

【译文】

公叔文子登上瑕丘，蘧伯玉随从。文子说："我非常喜爱这个山丘！我死后要葬在这里。"蘧伯玉说："您喜爱这地方，那我请求死在您之前吧！"

弁人有其母死而孺子泣者[①]。孔子曰："哀则哀矣，而难为继也。夫礼，为可传也，为可继也。故哭踊有节[②]。"

【注释】

①弁(biàn)：鲁地名。孺子：幼儿。"孺子泣"是说像婴儿一样哭泣，没有节制。

②踊：跳脚。

【译文】

弁地有人母亲死了，他像婴儿一样哭个没完没了。孔子说："悲哀的确是悲哀，但别人难以传承继续。礼节，是为了可以传布，可以继续。所以哭泣和跳脚都应该有节有度。"

叔孙武叔之母死①,既小敛,举者出户。出户袒,且投其冠,括发。子游曰:“知礼②!”

【注释】

①叔孙武叔:名州仇。鲁国大夫。《论语·子张》记“叔孙武叔毁仲尼”。

②知礼:孔疏:“子游是习礼之人,见武叔失礼,反谓之‘知礼’,故知嗤之也。”这是子游说反话,讽刺之语。按照礼制,死者小殓后丧主应当在室内就袒露左臂,括发,并应亲自参加举尸出户。叔孙武叔在举尸出户后才袒露左臂,括发,未参加举尸出户,都是失礼的行为。

【译文】

叔孙武叔的母亲死了,小殓完毕后,抬尸的人将遗体抬出门。叔孙武叔才出门袒露左臂,扔掉素冠,去掉束发的布帛,用麻绳束发髻。子游讽刺他说:“真懂礼!”

扶君,卜人师扶右①,射人师扶左②。君薨以是举③。

【注释】

①“扶君”二句:郑注:“谓君疾时也。卜,当为‘仆’,声之误也。”卜人,《周礼·夏官·大仆》:“掌正王之服位。”即掌管王穿戴的衣物服饰及站立的位置。师,长。

②射人:《周礼·夏官·射人》:“掌国之三公、孤、卿大夫之位……若有国事,则掌其戒令,诏相其事”,“以射法治射仪”,即掌管引导百官站立到各自朝位以及大射礼仪。

③举:迁移遗体。王始死,要将遗体迁移至南牖下;五日小殓,要将

遗体迁移到室内；七日大殓，要将遗体迁移到堂上。《周礼·夏官·射人》："大丧，与仆人迁尸。"

【译文】

国君生病时要扶持着国君，仆人之长在右侧扶着国君，射人之长在左侧扶着国君。国君去世则负责搬迁遗体。

从母之夫[①]，舅之妻，二夫人相为服[②]，君子未之言也。或曰同爨缌[③]。

【注释】

①从母：母亲的姐妹。

②二夫人：郑注："犹言此二人也。"或说"夫"字为衍文。

③同爨(cuàn)：同吃一个灶里做出的饭。这可能是说外甥从小在姨夫家或在舅妈家居住，恩如父母，虽然按礼不用为其服，但于情不敢不服。缌(sī)：缌麻，"五服"丧服中最轻的一种。服丧期为三个月。

【译文】

姨夫去世，舅妈去世，外甥是否应该为这两个人服丧，君子没有专门论说。但有人说，只要是同吃一个灶里做出的饭的人，就应该为其服缌麻之丧。

丧事欲其纵纵尔[①]，吉事欲其折折尔[②]。故丧事虽遽不陵节[③]，吉事虽止不怠[④]。故骚骚尔则野[⑤]，鼎鼎尔则小人[⑥]，君子盖犹犹尔[⑦]。

【注释】

①纵纵(zǒng)尔：郑注："趋事貌。"急急忙忙的样子。

②折折尔：郑注："安舒貌。"舒缓从容的样子。

③遽(jù)：急。陵：越。

④止：事与事之间有停顿休息的时候。怠：惰。

⑤骚骚尔：郑注："谓大疾。"太过急迫的样子。野：粗野。

⑥鼎鼎尔：郑注："谓大舒。"太过缓慢的样子。

⑦犹犹尔：郑注："急舒之中。"缓急适中的样子。

【译文】

办理丧事要有急切紧迫的样子，办理吉事要有从容舒缓的样子。因此丧事即使很紧急也不能超越应有的礼节与步骤，吉事即使有停顿的时候但也不能懈怠懒惰。所以，办事过于急促就显得粗野，过于迟缓就像个小人，君子办事应该快慢适中，疾徐得宜。

丧具[①]，君子耻具[②]。一日二日而可为也者[③]，君子弗为也。

【注释】

①丧具：郑注："棺衣之属。"即丧事所用的各种器物用具。

②耻具：以超前准备丧具为耻。如果亲人在世而提前准备丧具，有希望亲人速死的嫌疑。

③一日二日而可为也者：指可以快速制成的绞、紟、衾、冒等丧葬用品。孔疏："棺即预造，衣亦渐制，但不一时顿具，故《王制》云：……'唯绞、紟、衾、冒死而后制'，是也。"

【译文】

丧事所用的各种器物用具，君子以提前准备这些丧具为耻。一天两天就可以赶制出来的物品，君子就不事先准备好。

丧服，兄弟之子犹子也①，盖引而进之也；嫂叔之无服也，盖推而远之也；姑、姊妹之薄也②，盖有受我而厚之者也。

【注释】

①兄弟之子犹子：为侄子服丧和为儿子服丧一样，都服齐衰不杖期。

②姑、姊妹之薄：姑、姐妹如果没有出嫁而去世，为她们服齐衰一年；如果已出嫁，就降等为服大功九个月。薄，与"厚"对言，指与其丈夫相比，服丧期较短些。

【译文】

丧服的规定，为侄子服丧与为自己儿子服丧相同，这大概是为重视亲情而拉近兄弟间的关系；嫂子和小叔之间不互相服丧，这大概是因男女有别而故意推远关系；姑姑、姐妹出嫁后，为她们服丧要降等，这大概是因为她们的丈夫娶走她们，与她们的关系便厚于我。

食于有丧者之侧，未尝饱也。①

【注释】

①《论语·述而》亦有此篇，"食"字前有"子"，指孔子。今译文据《论语》补出主语孔子。

【译文】

孔子在有丧事的人旁边吃饭，从不曾吃饱过。

曾子与客立于门侧，其徒趋而出。曾子曰："尔将何之?”曰:“吾父死,将出哭于巷[①]。”曰:“反哭于尔次[②]!”曾子北面而吊焉。

【注释】

①出哭于巷:出门到街巷去哭。郑注:“以为不可发凶于人之馆。”

②次:屋舍。指学生所住的房间。

【译文】

曾子与客人站立在门旁,他的学生快步走出。曾子问:“你要去哪里?”学生答道:“我父亲去世了,我要到街巷里去哭。”曾子说:“返回你的房间去哭吧!”曾子面向北吊唁逝者。

孔子曰:“之死而致死之[①],不仁而不可为也;之死而致生之,不知而不可为也[②]。是故,竹不成用[③],瓦不成味[④],木不成斫[⑤],琴瑟张而不平,竽笙备而不和,有钟磬而无簨虡[⑥]。其曰‘明器’,神明之也。”

【注释】

①之死:往死者处。指以礼往送死者。之,往。致死之:认为死者完全无知而仅以待死者之礼对待他。

②知:同“智”。

③成:善。

④味:郑注:“当作‘沫’。沫,靧也。”孔疏:“味犹黑光也”,“瓦不善沫,谓瓦器无光泽也”。

⑤斫(zhuó):雕琢。

⑥簨(sǔn)虡(jù):悬挂钟磬所用的木架。横木叫“簨”,直木叫“虡”。

【译文】

孔子说："以礼往送死者，倘以为死者完全无知，仅以待死者之礼相待，这是不仁的，不可以这样做；以礼往送死者，倘以为死者完全有知，而全以待生者之礼相待，这是不智的，不可以这样做。所以，随葬的竹器没有縢缘，不能正常使用；陶器粗糙，没有光泽；木器不加雕琢；琴瑟虽已张弦但未调音，无法弹奏；竽笙虽然已备但没有音调，无法吹奏；虽然备有钟磬，但没有悬挂钟磬的木架，无法打击。这些随葬的物品叫作'明器'，意思是将死者当作神明对待。"

有子问于曾子曰："问丧于夫子乎[①]？"曰："闻之矣：丧欲速贫，死欲速朽。"有子曰："是非君子之言也。"曾子曰："参也闻诸夫子也。"有子又曰："是非君子之言也。"曾子曰："参也与子游闻之。"有子曰："然，然则夫子有为言之也[②]？"曾子以斯言告于子游。子游曰："甚哉！有子之言似夫子也。昔者夫子居于宋，见桓司马自为石椁[③]，三年而不成[④]。夫子曰：'若是其靡也，死不如速朽之愈也！'死之欲速朽，为桓司马言之也。南宫敬叔反[⑤]，必载宝而朝。夫子曰：'若是其货也，丧不如速贫之愈也！'丧之欲速贫，为敬叔言之也。"曾子以子游之言告于有子。有子曰："然，吾固曰非夫子之言也。"曾子曰："子何以知之？"有子曰："夫子制于中都[⑥]，四寸之棺，五寸之椁，以斯知不欲速朽也。昔者夫子失鲁司寇，将之荆[⑦]，盖先之以子夏，又申之以冉有[⑧]，以斯知不欲速贫也。"

【注释】

①丧(sàng)：丧失官位。

②有为：有所针对，有所指。

③桓司马：宋国大夫向戌之孙，名魋（tuí）。桓，谥号。司马，官名。

④三年而不成：花费三年仍没有完成，说明精工细作，耗费钱财。

⑤南宫敬叔：郑注："鲁孟僖子之子仲孙阅，盖尝失位去鲁，得返，载其宝来朝于君。"

⑥制：制定条规。中都：鲁国邑名。孔子曾任中都宰。

⑦荆：楚国。

⑧"盖先之"二句：郑注："言汲汲于仕得禄也。"申，申说，申述。

【译文】

有子询问曾子说："你问过夫子要如何对待丧失官位吗？"曾子回答说："听说过：丧失官位就要快点儿贫穷，死了就要快点儿腐烂。"有子说："这不是夫子所说的。"曾子说："这是我亲耳听到夫子说的。"有子又说："这不是夫子所说的。"曾子说："这是我和子游一起听到的。"有子说："这样的话，夫子一定是有所针对才会这样说的吧？"曾子将这番话告诉子游。子游说："真厉害啊！有子说的话和夫子说得很像。从前夫子居住在宋国，看见桓司马为自己建造石椁，耗费三年的人力物力还没有完成。夫子就说：'像他这样的奢侈，死了不如快点儿腐烂的好！'说死了要快点儿腐烂，是针对桓司马而说的。南宫敬叔失官再复官返回鲁国，去朝见国君一定要带上财宝。夫子说：'像他这样靠财宝得官位，丧失官位还不如快点儿贫穷的好！'说丧失官位要快点儿贫穷，是针对南宫敬叔而说的。"曾子将子游的话告诉有子。有子说："是这样啊，我就坚持说那不是夫子所说的嘛。"曾子问有子说："你是怎么知道的？"有子说："夫子在中都做宰时曾规定，棺木要四寸厚，椁木要五寸厚，凭这点我知道夫子不会想要死了就快点儿腐烂。以前夫子在鲁国失去司寇的职位，准备到楚国去，先派子夏去联系，又派冉有去申说，凭这点我知道夫子不会想丧失官位就要快点儿贫穷。"

陈庄子死[①]，赴于鲁。鲁人欲勿哭[②]，缪公召县子而问焉[③]。县子曰："古之大夫，束脩之问不出竟[④]，虽欲哭之，安得而哭之？今之大夫，交政于中国[⑤]，虽欲勿哭，焉得而勿哭[⑥]？且臣闻之，哭有二道：有爱而哭之，有畏而哭之。"公曰："然。然则如之何而可？"县子曰："请哭诸异姓之庙。"于是与哭诸县氏[⑦]。

【注释】

①陈庄子：齐国大夫陈恒之孙，名伯。

②鲁人：这里指鲁穆公。欲勿哭：按礼制规定，国君对于他国大夫的讣告，仅需派使者吊丧，不必亲哭。

③缪(mù)公：即穆公。缪，通"穆"。县(xuán)子：名琐。鲁国大夫。

④"古之大夫"二句：这是说古时候的大夫，与国境外的人连一束干肉的微薄的礼仪馈赠来往都没有，意思是大夫无外交。脩，干肉。十条为一束。"束脩"是微礼。问，遗(wèi)，送，给予。竟，通"境"。

⑤交：交往，交接。政：指盟会征伐等政治事务。中国：中原各国。

⑥"虽欲"二句：孙希旦说："齐强鲁弱，而陈氏专政于齐，则其丧固不容于不哭矣。"

⑦哭诸县氏：到县氏的宗庙去哭陈庄子。哭诸异姓之庙，有别于哭诸侯之礼。

【译文】

齐国大夫陈庄子去世，派人向鲁国讣告。鲁穆公不想为他行哭礼，召见县子，向他询问相关礼仪。县子说："古时候的大夫与国境外的人交往，哪怕是一束干肉的微礼往来，都不可能，即使您想为他行哭礼，又怎能为他去哭呢？现在的大夫，中国诸侯的政事交接，都由他们在主持,即使您不想为他行哭礼,又怎能不去哭呢?况且我听说,哭有两种情况:有因为爱他而为他哭的,有因为怕他而为他哭的。"鲁穆公说:"是这样。但是我要怎么做才合适呢?"县子说:"请到异姓的宗庙中行哭礼。"于是,鲁穆公到县氏的宗庙中为陈庄子行哭礼。

仲宪言于曾子曰①:"夏后氏用明器,示民无知也②。殷人用祭器,示民有知也③。周人兼用之,示民疑也④。"曾子曰:"其不然乎!其不然乎!夫明器,鬼器也。祭器,人器也。夫古之人胡为而死其亲乎⑤?"

【注释】

①仲宪:原宪,字子思。孔子的弟子。

②无知:郑注:"所谓'致死之'。"即认为死者是毫无知觉的。

③有知:郑注:"所谓'致生之'。"即认为死者是有知有觉的。

④示民疑也:郑注:"言使民疑于无知与有知。"

⑤古之人胡为而死其亲乎:古人怎么能确定死去的亲人就是毫无知觉的呢?这是曾子否定"示民无知"的说法。孔疏:"言二代用此器送亡者,非是为有知与无知也,正是质文异耳。"曾子认为原宪的三种说法都不对,认为夏、商、周器用不同是质与文的差异。

【译文】

仲宪对曾子说:"夏代用明器作为死者的随葬品,这是向人们表示死者是毫无知觉的。殷代用祭器作为死者的随葬品,这是向人们表示死者是有知有觉的。周代兼用二者,这是向人们表示对死者究竟毫无知觉还是有知有觉是有疑惑的。"曾子说:"不是这样的!不是这样的!明器,是为鬼准备的器物,是不能使用的。祭器,是为人准备的器物,是可以使用的。古时候的人怎么能确定死去的亲人就是毫无知觉的呢?"

公叔木有同母异父之昆弟死[1]，问于子游。子游曰："其大功乎！"狄仪有同母异父之昆弟死[2]，问于子夏。子夏曰："我未之前闻也。鲁人则为之齐衰[3]。"狄仪行齐衰。今之齐衰，狄仪之问也。

【注释】

①公叔木：卫国大夫公叔文子之子。郑玄认为"木"当为"朱"字之误。《春秋》中记载为"公叔戌"。

②狄仪：人名。其人已不可考。

③齐衰：孔疏："张融以为继父同居有子，正服齐衰三月。"

【译文】

公叔木有同母异父的兄弟死了，询问子游应服何种丧服。子游说："应当服大功吧！"狄仪有同母异父的兄弟死了，询问子夏应服何种丧服。子夏说："我以前没听说过这种情况。鲁国人遇到这种情况服丧齐衰。"狄仪于是就为同母异父的兄弟服丧齐衰。现在人们为死去的同母异父兄弟服丧齐衰，就是由狄仪提出的问题而确定下来的。

子思之母死于卫[1]，柳若谓子思曰[2]："子，圣人之后也[3]。四方于子乎观礼，子盖慎诸[4]！"子思曰："吾何慎哉？吾闻之，有其礼，无其财，君子弗行也；有其礼，有其财，无其时，君子弗行也。吾何慎哉！"

【注释】

①子思之母死于卫：子思的母亲在子思父亲死后改嫁到卫国。

②柳若：卫国人。

③圣人：指孔子。

④子盖慎诸：这里是柳若告诫子思为改嫁的母亲服丧要谨慎。郑注："见子思欲为嫁母服，恐其失礼，戒之。"

【译文】

子思的母亲在卫国去世，柳若对子思说："你呀，是圣人的后代。四方的人都要从你这里观摩礼仪，你还是要谨慎些啊！"子思说："我有什么可谨慎的呢？我听说，有这样的礼仪，而没有行礼的财物，君子就不行礼；有这样的礼仪，也有行礼所需要的财物，但没有适当的时机，君子就不行礼。我有什么可谨慎的呢！"

县子琐曰："吾闻之：古者不降[①]，上下各以其亲[②]。滕伯文为孟虎齐衰[③]，其叔父也；为孟皮齐衰，其叔父也。"

【注释】

①古者：指殷代以前。不降：指按照亲疏远近尊卑高下，丧服有升降。据说殷代以上服丧不会按照亲疏尊卑而降等，周代才规定丧服要按亲疏尊卑不同而升降。孔疏："周礼以贵降贱，以適（嫡）降庶，唯不降正耳。殷世以上，虽贵不降贱也。"

②上下：指尊卑等级。

③滕伯文：殷代滕国国君，名伯。孟虎是滕伯文的叔父，孟皮是滕伯文兄弟之子，滕伯文是他的叔父。

【译文】

县子琐说："我听说：古时候没有丧服降等的规定，上下尊卑都按各自的亲属关系服丧。滕伯文虽贵为国君仍为孟虎服齐衰丧，因为孟虎是他的叔父；滕伯文虽然是长辈但仍为孟皮服齐衰丧，因为他是孟皮的叔父。"

后木曰[1]："丧，吾闻诸县子曰：'夫丧，不可不深长思也。买棺外内易[2]。'我死则亦然。"

【注释】

①后木：鲁孝公之子惠伯巩的后人。

②易：平滑。

【译文】

后木说："关于丧事，我听县子说过：'丧事，不可以不深思长虑。买棺一定要内外精良平滑。'我死后也这么做。"

曾子曰："尸未设饰，故帷堂，小敛而彻帷。"仲梁子曰[1]："夫妇方乱，故帷堂，小敛而彻帷。"

【注释】

①仲梁子：姓仲梁。鲁国人。这里是仲梁子和曾子对"帷堂"原因的不同理解。

【译文】

曾子说："遗体还没有进行沐浴、穿衣等修饰之事，所以要在堂上设置帷幕，小殓后就撤去帷幕。"仲梁子则说："亲人刚去世，丧主夫妇手忙脚乱，所以要在堂上设置帷幕，小殓后就撤去帷幕。"

小敛之奠[1]，子游曰："于东方[2]。"曾子曰："于西方，敛斯席矣[3]。"小敛之奠在西方，鲁礼之末失也。

【注释】

①奠：祭，死后至下葬以酒食物品供奉死者。

②于东方：祭品放在遗体的东侧。《仪礼·士丧礼》："奠尸于东。"祭品在遗体东侧，也就是右侧。

③敛斯席：曾子认为小殓后祭品应放在席上，但小殓并无席。曾子根据当时鲁国的习俗讲礼仪，并不符合礼制规定。

【译文】

小殓所用的祭品，子游说："要放在尸的东侧。"曾子说："应放在遗体的西侧，小殓后要放在席上。"小殓所用的祭品放在遗体的西侧，这是鲁国末世礼仪上的失误。

县子曰："绤衰、繐裳[①]，非古也[②]。"

【注释】

①绤(xì)衰：粗葛布所做的丧服上衣。繐(suì)：细而稀疏的麻布。

②非古也：不是古代的礼制。郑注："非时尚轻凉，慢礼。"孔疏："当记时失礼，多尚轻细，故有丧者不服粗衰，但疏葛为衰、繐布为裳，故云'非古也'。"

【译文】

县子说："用粗葛布做丧服的上衣，用细而疏的麻布做丧服的下裳，这不是古代的礼制。"

子蒲卒[①]，哭者呼"灭"[②]。子皋曰[③]："若是野哉[④]！"哭者改之。

【注释】

①子蒲：名灭。

②哭者呼"灭"：哭丧的人呼喊子蒲的名字"灭"，这是不合礼仪的。

按丧礼规定，只有在为死者招魂，即“复”时才呼叫死者的名，其他时候都不得直呼其名。

③子皋(gāo)：高柴。孔子的弟子。

④野：粗野。孔疏：“不达礼也。”

【译文】

子蒲去世，哭丧的人呼叫子蒲的名字“灭”。子皋听见了，说：“怎么这么粗野不懂礼！”哭丧的人听到了，就改了叫法。

杜桥之母之丧①，宫中无相②，以为沽也③。

【注释】

①杜桥：人名。

②宫：殡宫，即死者生前的正寝。相：引导死者亲人进行各种礼仪活动的人。孔疏：“孝子丧亲悲迷，不复自知，礼节事仪皆须人相导。”

③沽(gǔ)：粗略。

【译文】

杜桥母亲的丧事，殡宫中没有引导行礼的人，人们认为礼仪过于粗略。

夫子曰：“始死，羔裘、玄冠者①，易之而已②。”羔裘、玄冠，夫子不以吊③。

【注释】

①羔裘：黑色的羊羔皮裘服。玄冠：黑色的帽子。“羔裘”、“玄冠”都属于吉服。

②易之：改换服装。由羔裘改穿衣裳上、下相连的深衣，由玄冠改戴素冠。

③“羔裘、玄冠”二句：见于《论语·乡党》：“羔裘、玄冠不以吊。”吊丧是凶事，不能穿吉服前往。

【译文】

孔子说：“亲人刚死，原本穿着黑色的羊皮裘服，戴着黑色的帽子，改成穿深衣，戴白色的帽子就是了。”夫子不穿羔皮裘服、戴玄冠去吊丧。

子游问丧具。夫子曰：“称家之有亡[①]。”子游曰：“有亡恶乎齐[②]？”夫子曰：“有，毋过礼。苟亡矣，敛首足形，还葬[③]，县棺而封[④]，人岂有非之者哉[⑤]！”

【注释】

①称家之有亡(wú)：与家庭有钱财、没钱财相称。称，适合，相当。亡，无，没有。指没钱财，即家庭贫困。

②恶(wū)乎齐：郑注：“问丰省之比。”即询问家财与葬具多寡的比例标准应当怎样计算。

③还(xuán)葬：殓后立即下葬。《王制》：“大夫、士、庶人三日而殡，三月而葬。”按照丧礼，士、庶人要停棺三月才下葬。还，立即，快。

④县(xuán)棺而封：用绳子拴住棺，悬起下葬。按照礼制，应使用碑或用绛作支撑与牵引将棺木缒入墓穴。封，郑玄认为当作“窆”(biǎn)，下棺。

⑤非：责备。

【译文】

子游询问治葬物品数量该用多少。孔子说：“要和家庭财富的多少相适合。"子游又问："那如何掌握家财与葬具多少的比例标准呢？"孔子说："家庭富有，不要逾越礼制厚葬。家庭贫困，衣衾要能够遮蔽遗体首足，殓后不必停棺直接下葬，用绳子拴住棺，悬起下葬。这样按照礼仪尽力去做了，难道还有谁会加以非议责难吗？"

司士贲告于子游曰[①]："请袭于床[②]。"子游曰："诺。"县子闻之，曰："汰哉叔氏[③]！专以礼许人[④]。"

【注释】

①司士贲："司士"是官名，"贲"是名。孙希旦认为是以官为氏。

②袭：为遗体穿衣。

③汰：通"泰"，自大。叔氏：子游的字。

④专以礼许人：这是县子在批评子游。孔疏："今子游不据前礼以答之，专辄许诺，如似礼出于己，是自矜大，故县子闻而讥之。""袭于床"本是古礼，当时人"袭在于地"，不合礼仪，子游回答"喏"，好像这项礼仪是由他制定的，县子因而批评他。

【译文】

司士贲对子游说："请求在床上给遗体穿衣。"子游说："可以。"县子听到了，说："叔氏太自大了！像是专门许诺批准别人执行礼仪似的。"

宋襄公葬其夫人，醯醢百瓮[①]。曾子曰："既曰明器矣，而又实之？"

【注释】

①醯(xī)醢(hǎi)百瓮(wèng)：醋和肉酱装满了一百个坛子。瓮，盛水或酒的陶器。

【译文】

宋襄公葬他的夫人，随葬的醋和肉酱装满了一百个坛子。曾子得知后说："既然叫做明器了，就是不能用的东西，为什么还要填实它呢？"

孟献子之丧，司徒旅归四布[1]。夫子曰："可也。"

【注释】

①司徒旅归四布：郑注："司徒使下士归四方之赙布。"即把四方为帮助办理丧事赠送的财物归还原主。旅，下士，司徒的下属。

【译文】

孟献子的丧事，司徒派属下将四方赠送的治丧财物归还原主。孔子得知后说："这件事办得好。"

读赗[1]，曾子曰："非古也[2]，是再告也[3]。"

【注释】

①读赗（fèng）：将亲友赠送的助丧物品记录在方板上，下葬前，丧家要宣读赠品清单并核对实物。

②非古也：不是殷及前代的礼制，是周代才有的礼仪。

③再告：亲友所赠助丧财物在奠祭后已宣读过，曾子认为下葬前的宣读是重复。

【译文】

在棺柩下葬前，丧家要宣读亲友赠送的助丧物品，曾子说："这不是古代的礼制，助丧财物已在奠祭后宣读过，这是再次宣读。"

成子高寝疾[1]，庆遗人[2]，请曰："子之病革矣[3]，如至乎大病④,则如之何?”子高曰:“吾闻之也,生有益于人,死不害于人。吾纵生无益于人,吾可以死害于人乎哉!我死,则择不食之地而葬我焉⑤。”

【注释】

①成子高:齐国大夫国成伯高父,姓国,“成”是谥号。寝疾:卧病。

②庆遗:齐国大夫庆封的族人。

③革:郑注:“急也。”指病重。

④大病:孙希旦说,“谓死也”。

⑤不食之地:不能垦耕的土地。

【译文】

成子高病重卧床,庆遗进入寝室,请求说:“您已经病得很重了,如果真的一病不起,那可怎么办呢?”子高说:“我听说过,活着要有益于他人,死了不能有害于他人。我活着的时候纵然无益于他人,我死了还能有害于他人吗!我死了,就选择一块不能垦耕的土地埋葬我吧。”

子夏问诸夫子曰①:“居君之母与妻之丧,居处、言语、饮食衎尔②。”

【注释】

①问:当作“闻”。

②衎(kàn)尔:放松自得的样子。《集解》引陈澔说:“君母君妻,皆服齐衰,不杖期,然恩义俱浅矣。”

【译文】

子夏听孔子说过:“为国君的母亲和妻子服丧,在生活起居、说话言语、饮食方面都可以放松自得。”

宾客至，无所馆。夫子曰：“生于我乎馆，死于我乎殡。”①

【注释】

①《论语·乡党》也有类似记载：“朋友死，无所归，曰：于我殡。”

【译文】

朋友来到，没有住所。孔子说：“活着由我安排住所，死了由我安排殡葬。”

国子高曰①：“葬也者，藏也；藏也者，欲人之弗得见也。是故衣足以饰身，棺周于衣，椁周于棺，土周于椁，反壤树之哉②！”

【注释】

①国子高：即前文“成子高”。

②壤树：修坟种树。

【译文】

国子高说：“葬，就是藏的意思；藏，就是不想让人看见的意思。所以衣衾只要能遮住身体，棺可以包住衣衾，椁可以围住棺木，墓穴的土可以埋住椁就可以了，何必还要垒砌坟头、栽种树木呢！”

孔子之丧，有自燕来观者①，舍于子夏氏。子夏曰：“圣人之葬人与②？人之葬圣人也，子何观焉？昔者夫子言之曰：‘吾见封之若堂者矣③，见若坊者矣④，见若覆夏屋者矣⑤，见若斧者矣⑥。从若斧者焉。’马鬣封之谓也⑦。今一日而三斩板[8],而已封,尚行夫子之志乎哉!"

【注释】

①燕:音 yān。

②圣人:指孔子。

③封:垒土为坟。堂:郑注:"堂形四方而高。"指六面体形的土墩。

④坊:郑注:"坊形旁杀平上而长。"指剖面似梯形的长条形土墩。

⑤覆:屋檐。夏屋:郑注:"今之门庑也,其形旁广而卑。"指形状如堂下廊庑,两旁宽斜低矮的土墩。

⑥斧:郑注:"斧形旁杀,刃上而长。"指中央高如斧刃而两侧削下的土墩。

⑦马鬣(liè):马脖颈上的长鬃毛。这里是说封土的形状像马脖颈及鬃毛。

⑧三斩板:夯土版筑之法。用两块横向的木板直起固定在竖立的木柱上,并封住两端,在两板之间填土夯筑,筑紧后斩断约束绳索逐渐升高,如此三次。郑注:"板,盖广二尺,长六尺。"

【译文】

孔子的丧事,有从燕国来观礼的人,住在子夏家里。子夏说:"是圣人要安葬他人吗?是别人要安葬圣人,你有什么可观看的?从前夫子说过:'我见过把坟建得像四四方方的堂的,见过建得像堤防上窄下宽的,见过建得像房檐边宽而矮的,见过建得像斧刃朝上形而长长的。我认同像斧形的。'斧形的坟就叫做马鬣封。现在一天内三次夯土版筑,就能筑成坟,这算是实现夫子的愿望了吧!"

妇人不葛带[1]。

【注释】

①葛带:葛布做的腰带。按照丧礼规定,卒哭后要变麻服葛,男子首绖和腰绖都要换,女子则只变首绖,不变腰绖。

【译文】

妇人在除丧之前,一直都系麻布腰带,不换成葛布腰带。

有荐新[①],如朔奠[②]。

【注释】

①荐新:死者的灵柩在停放时所举行的祭名。荐,献。新,新熟的五谷果物等。《仪礼·士丧礼》郑注:"荐新,荐五谷若时果物新出者。"

②朔奠:每月初一对死者的祭奠,在死者灵柩前供奉祭品。

【译文】

死者下葬前停柩期间,要供奉新熟的五谷果物做祭品,与每月初一供奉的祭奠相同。

既葬[①],各以其服除[②]。

【注释】

①既葬:死者下葬后亲人完成卒哭礼,此时哀情已减,可以出丧或更换为较轻的丧服。

②各以其服除:分别减轻丧服等级。如果服缌麻就可以除服,小功以上皆除重服。

【译文】

死者下葬后亲属完成卒哭礼,服小功以上的亲属可以换掉重服,穿上较轻的丧服，服缌麻的亲属可以除去丧服。

池视重霤[①]。

【注释】

①池：棺柩车上竹制的类似房檐的装饰，位于荒（柩车装饰性的篷顶）下，象征着房屋的承霤。重霤（chóng liù）：房檐上用以承接雨水、排走雨水的结构，木制。天子的宫室四面都设置承霤；诸侯三面，后面不设；大夫设前、后两面；士仅设前一面。

【译文】

柩车上池的数量，比照死者生前家中承霤的数量设置。

君即位而为椑[①]，岁一漆之[②]，藏焉[③]。

【注释】

①椑（bì）：诸侯的棺有三重，内棺称作“椑”。

②岁一漆之：每年都要刷一遍漆，表示尚未完成。

③藏：棺中要放置物品，不可空虚，否则像是在等待国君去世一样。

【译文】

国君即位后就为他做内棺，每年都要刷一遍漆，棺中要放置物品，不可空虚。

复[①]，楔齿、缀足、饭[②]，设饰、帷堂并作[③]。

【注释】

①复：招魂。

②楔(xiē)齿:用角质的饭匙撑住死者的口,使嘴在饭含时不会闭合。缀足:用砖坯约束死者的腿脚。饭:饭含。用米、玉贝等放在死者的口中。

③设饰:即袭,为死者穿衣。

【译文】

为死者招魂,用角质的饭匙撑住死者的口、用砖坯约束死者的腿脚、为死者饭含,为死者穿衣、在堂上张帷,这些事在同一时间接连进行。

父兄命赴者[①]。

【注释】

①父兄命赴者:孝子失去亲人,悲痛迷乱,由伯父、叔父任命向亲友讣告死讯的人,只有讣告国君才亲自前往。

【译文】

由伯父、叔父任命向亲友讣告死讯的人。

君复于小寝、大寝[①],小祖、大祖[②],库门、四郊[③]。

【注释】

①小寝:燕寝,闲暇时所处居室。大寝:正寝,议事、办公所处的居室。

②小祖:四亲之庙。四亲,即高祖父、曾祖父、祖父、父亲。大祖:太祖庙。大,同"太"。

③库门:诸侯的外门。

【译文】

国君死后招魂的地点是燕寝、正寝，四亲之庙、太祖庙，诸侯的外门、四郊。

丧不剥[①]，奠也与？祭肉也与？

【注释】

①丧不剥：为死者准备的饮食要用巾遮盖，不能暴露，是怕长久摆设落上尘埃。剥，裸露。

【译文】

为死者准备的饮食要用巾遮盖，是奠祭的食物都要遮盖呢？还是仅遮盖祭肉呢？

既殡，旬而布材与明器[①]。

【注释】

①布：布告，颁布。

【译文】

死者殡殓后，停放在堂上西侧，十天后颁发布告，寻找制作椁的木材和陪葬明器。

朝奠日出[①]，夕奠逮日[②]。

【注释】

①朝奠日出：死者殡殓后，早、晚要在棺柩的东侧设置食品祭奠。

早上陈设祭品叫作“朝奠”，傍晚陈设祭品叫“夕奠”，朝、夕设奠象征着人在世时的早饭、晚饭。

②逮：及。

【译文】

死者殡殓后的奠祭，朝奠要在日出之时，夕奠要在日将落之时。

父母之丧，哭无时[①]；使必知其反也[②]。

【注释】

①哭无时：哭无定时。孔疏：“礼，哭无时有三种：一是初丧未殡之前，哭不绝声；二是殡后除朝夕之外，庐中思忆则哭；三是小祥之后，哀至而哭。”

②使：国君派遣出使。必知其反：返回家一定要设祭禀告双亲的亡灵，就像生前“出必告，反必面”一样。

【译文】

父母的丧事，孝子因哀痛而哭没有一定的时间；国君如果派遣出使，返回后一定要设祭告知双亲，让他们知道自己回家了。

练[①]，练衣黄里、縓缘[②]，葛要绖[③]，绳屦无絇[④]，角瑱[⑤]，鹿裘，衡、长、袪[⑥]。袪，裼之可也[⑦]。

【注释】

①练：小祥祭，因戴练冠，穿练中衣而称为“练”。小祥祭后，丧服可以稍为宽松，中衣可以有点儿颜色，可以稍有一些简朴的装饰品。

②练衣：以练制过的布帛做的中衣。练，将布帛煮熟使之变白、变

柔的工艺。缬(quán):浅赤色。

③要:同“腰”。

④绳屦(jù):麻绳编的鞋子。绚(qú):鞋头的装饰。

⑤瑱(tiàn):挂在耳边的装饰品。

⑥衡:横,指加宽。祛:袖口。

⑦裼:《训纂》引王引之说,“裼”当读为“緆”(xī)。緆,缘,即镶边。

【译文】

小祥祭后,身穿用煮熟过的白布做的中衣,里衬是黄色的,镶浅红色的边,腰系葛布做的丧带,穿用麻绳编的鞋,鞋头上没有饰物,耳边挂角质的装饰品,可穿鹿皮裘,可加宽,加长,袖口可加饰。袖口加饰就是镶边。

有殡,闻远兄弟之丧[①],虽缌必往;非兄弟,虽邻不往。

【注释】

①远兄弟:居于远方的兄弟。郑注:“亲骨肉也。”

【译文】

家里本有丧事,又听说远方兄弟去世,即使是缌麻之服也一定要前往吊丧;如果不是兄弟,即使是邻居去世也不前去吊丧。

所识[①],其兄弟不同居者皆吊[②]。

【注释】

①所识:指相识的朋友。

②吊:去相识的朋友那里吊丧。《曲礼上》:“知生者吊,知死者伤。”

【译文】

所相识的朋友，他没有居住在一起的兄弟去世，都要去朋友那里吊丧。

天子之棺四重[①]，水、兕革棺被之[②]，其厚三寸；杝棺一[③]，梓棺二[④]。四者皆周。棺束缩二衡三[⑤]，衽每束一[⑥]。柏椁以端[⑦]，长六尺。

【注释】

①重（chóng）：层。

②水、兕（sì）革：水牛、兕皮革。兕，兽名。似牛。被：用水牛皮、兕皮覆盖、包裹。

③杝（yí）：古书上指一种像白杨的树。

④梓（zǐ）：梓木。

⑤缩：纵。衡，横。

⑥衽：连接并固定棺盖和棺身的木榫，先在棺盖和棺身分别凿出凹槽，再将木榫楔入。木榫形状两头宽，中央窄，形似深衣之衽，因此得名。

⑦柏椁以端：郑注："以端，题凑也。其方盖一尺。"孔疏："椁材并皆从下垒至上，始为题凑"；"言木之头相向，而作四阿"。此处讲椁的建造，即用柏木截为方一尺的长条形木墩，柏木的端首都朝外，自下而上垒砌如墙围在棺外，称为"题凑"或"黄肠题凑"。北京大葆台汉墓、长沙渔阳王后墓、山东定陶汉墓皆有出土。

【译文】

天子的棺材有四层，最内一层棺木用水牛皮、兕皮覆盖、包裹，它的厚度为三寸；其外一层是杝木棺，再外两层是梓木棺。这四套棺都层层周遭密合。棺用皮条束紧，竖着束两条，横着束三条，为连接固定棺盖与棺身，用一种两头宽、中央窄叫做“衽”的木榫固定棺盖和棺身，在每个束带处用一衽。用柏木做椁，将柏木截为长条形的木墩、端首朝外垒砌排列，柏木方长六尺。

天子之哭诸侯也，爵弁绖[①]，紂衣[②]。或曰：使有司哭之[③]，为之不以乐食。

【注释】

①爵弁(biàn)：赤而微黑的皮帽。

②紂(cái)衣：即缁衣，黑色的帛制的丝衣。

③有司：官吏。古代设官，官吏各有所司，所以称为“有司”。

【译文】

天子为去世的诸侯国君而哭，戴着赤而微黑的皮帽，头缠葛布做的丧带，腰上系着葛布做的丧带，穿黑色的丝衣。也有人说：天子派相关官员去为逝世的国君而哭，自己仅在吃饭时不再奏乐。

天子之殡也，菆涂龙輴以椁[①]，加斧于椁上[②]，毕涂屋[③]，天子之礼也。

【注释】

①菆(cuán)涂：将木材堆积在棺的四周，用泥巴涂抹，使其严密没有缝隙。菆，堆聚。龙輴(chūn)：车辕上画有龙。郑注：“天子殡以輴车，画辕为龙。”

②加斧于椁上：指将绣有斧形纹饰的丝织品覆盖在椁上。

③毕涂屋：孔疏：“毕，尽也。斧覆既竟，又四注为屋，覆上而下，四

面尽涂之也。"

【译文】

天子在殡殓后,将木材堆积在棺的四周,灵柩车的车辕上要画有龙的图案,将绣有斧形纹饰的衾被覆盖在椁上,通体建为屋形,用泥涂抹,使其密封无间隙,这是天子殡葬的礼制。

唯天子之丧,有别姓而哭。

【译文】

只有天子的丧事,才区别同姓、异姓、庶姓诸侯的哭位。

鲁哀公诔孔丘曰①:"天不遗耆老②,莫相予位焉③。呜呼哀哉!尼父④!"

【注释】

①诔(lěi):哀悼死者的文章。据《左传·哀公十六年》记哀公诔孔子曰:"旻天不吊,不憖遗一老,俾屏余一人以在位,茕茕余在疚,呜呼哀哉!尼父!无自律。"与此处所记不同。子赣即批评鲁哀公"生不能用,死而诔之,非礼也"。

②耆老:指孔子。耆,《曲礼上》:"六十曰耆。"

③莫相予位焉:郑注:"言孔子死,无佐助我处位者。"相:助。

④尼父:孔子的字。孔疏:"父且字甫,是丈夫之美称。"

【译文】

鲁哀公对孔子的悼词是:"上天不留下这位老人,没有人能辅助我的君位了。呜呼哀哉!尼父!"

国亡大县邑，公、卿、大夫、士皆厌冠[1]，哭于大庙三日，君不举[2]。或曰：君举而哭于后土[3]。

【注释】

①厌（yā）冠：素冠，与丧冠同。指戴素冠，穿素服，按照丧礼对待。

②举：孙希旦说，杀牲盛食曰“举”。

③后土：郑注：“社也。”即社神。此指社神庙。

【译文】

国家战败丧失大的城邑，公、卿、大夫、士都要头戴丧冠，在太庙哀哭三日，国君不杀牲盛食。有人说：国君可以杀牲盛食，要到社神庙里哀哭。

孔子恶野哭者[1]。

【注释】

①恶（wù）：厌恶。野：前文孔子曾说过“吾哭诸野”，因而这里的“野”不是野外，而是指没有在正确的地方哭。孔疏：“哭非其地谓之野。”

【译文】

孔子厌恶不在正确的位置哭丧。

未仕者不敢税人[1]，如税人，则以父兄之命。

【注释】

①未仕者：没有做官的人。税人：遗（wèi）人，即给予他人财物。《集解》引陈澔曰：“未仕者，身未尊显，故内则不可专家财，外则

不可私恩惠也。"孙希旦说，特指以财物助人丧事，即所谓"赙"。

【译文】

没有做官的人不敢将家中财物给予他人，如果必须赠予他人，就以父兄的名义给予。

士备入而后朝夕踊[①]。

【注释】

①备：尽，全都。国君去世，按照丧礼规定，群臣朝、夕都要去停放灵柩的殡宫哭踊，踊要群臣到齐后才开始。士的地位最低走在最后，等士全都进入，即全员到齐，这时才开始哭踊。踊，跳脚。

【译文】

等士全部都进入殡宫后，就开始早或晚的嚎哭跳脚。

祥而缟[①]，是月禫，徙月乐。

【注释】

①缟（gǎo）：白色生绢做的冠。

【译文】

大祥祭后就可以戴白色生绢做的冠，这个月进行禫祭，下个月就可以奏乐。

君于士有赐帟[①]。

【注释】

①帟（yì）：小型帷幕。郑注："幕之小者，所以承尘，赐之则张于

殡上。”

【译文】

国君对死去的士有赏赐，赐给一块小型帷幕。

檀弓下第四

君之適长殇[1]，车三乘[2]；公之庶长殇[3]，车一乘；大夫之適长殇，车一乘。

【注释】

①適：同“嫡”。下同。长殇：十六至十九岁之间夭亡。

②车：孙希旦说：“此车谓生时所乘，葬时用为魂车者也。”

③公：也是指诸侯。

【译文】

国君的嫡子在十六至十九岁之间夭亡的，用三辆车随葬；国君的庶子在十六至十九岁之间夭亡的，用一辆车随葬；大夫的嫡子在十六至十九岁之间夭亡的，用一辆车随葬。

公之丧[1]，诸达官之长杖[2]。

【注释】

①公：孔疏：“五等诸侯也。”

②达官：孔疏：“谓国之卿大夫、士被君命者也。”孙希旦说，达官之

长，“谓大夫也”。此指由国君直接任命的官员。杖：丧杖。

【译文】

诸侯的丧事，由诸侯直接任命的官员要拄丧杖。

君于大夫，将葬，吊于宫①，及出，命引之②，三步则止。如是者三，君退。朝亦如之③，哀次亦如之④。

【注释】

①宫：殡宫，即灵柩停放之处。

②引：拉。这里指拉柩车。

③朝：郑注：“丧朝庙也。”指灵柩朝祖庙。

④哀次亦如之：郑注：“他日宾客所受大门外舍也。”指柩车到达孝子居丧的舍庐，孝子要哭踊致哀。国君吊唁死者时间、地点不定，或在柩车朝庙时，或在柩车到舍庐时，都像到殡宫吊丧一样行礼。次，指舍庐、垩（è）室，即守丧时，在寝门外临时搭建的简陋的庐舍。

【译文】

国君参与大夫的丧事，死者将要出葬，国君去殡宫吊丧，柩车离开殡宫出门，国君命人手执柩车的绳索拉车，走三步就停止。如此拉三次，国君离开。如果是柩车朝祖庙时国君来吊丧，也是如此行礼；柩车到孝子居丧、哭踊致哀的舍庐时，国君来吊丧，也是如此行礼。

五十无车者，不越疆而吊人①。

【注释】

①“五十”二句：五十岁时气力开始衰弱，前文《曲礼上》有“老者不

以筋力为礼”，正是此意。

【译文】

五十岁而没有车的老人，不须越境去吊唁他人。

季武子寝疾[1]，蟜固不说齐衰而入见[2]，曰：“斯道也，将亡矣。士唯公门说齐衰[3]。”武子曰：“不亦善乎！君子表微[4]。”及其丧也，曾点倚其门而歌[5]。

【注释】

①季武子：郑注：“鲁大夫季孙夙也。”其鲁国大夫季孙夙，把持鲁国朝政，位高权重，国人事之如君。

②蟜(jiǎo)固：鲁国人。说：通“脱”。

③士唯公门说齐衰：按照礼制规定，士只有进入国君之门要脱掉齐衰丧服，进入大夫之门无须脱掉齐衰丧服。这里是说蟜固没有因季武子位高权重就违背礼制，依然穿着齐衰丧服入见。

④表：明。微：小。

⑤曾点：曾参的父亲，字晳。也是孔子的学生。倚其门而歌：按照礼制，只有国君去世才废乐，大夫去世不必废乐，这是说曾点和蟜固一样不因季武子位高权重就不遵循礼制，为他的去世而废乐。据万斯大、阎若璩、毛奇龄等学者考证，季武子去世时孔子年方十七岁，曾点的年龄应在八岁以下，不可能有“倚其门而歌”之事。文中或仅客观记录曾点年少唱歌之事实，与曾点主观上遵循或违背礼仪并不相干。

【译文】

季武子卧病在家，蟜固正为亲人服丧穿着齐衰服，他没有脱下齐衰丧服就进了季武子家门去见他，说：“这样的礼仪，很快要丢失了。士只有进入国君家的大门才脱掉齐衰服的。”武子说：“你做得不也很好嘛！只有君子能够彰显礼仪的细微之处呢！”等到季武子去世了，按照礼制众人不须废乐，因此曾点靠着他家大门唱歌。

大夫吊，当事而至[①]，则辞焉[②]。

【注释】

①当事：指丧主正忙于殡殓等事。大夫地位尊贵，若前来吊丧，主人无事就要立即拜谢，有事则要派人告知。

②辞：告。指向来吊唁者报告丧主正忙于殡殓等事。

【译文】

大夫前来吊丧，如果丧主正忙于殡殓等事，就派人告诉大夫，请他稍等片刻。

吊于人，是日不乐[①]。妇人不越疆而吊人。行吊之日不饮酒食肉焉。

【注释】

①是日不乐（yuè）：郑注：“君子哀、乐不同日。子于是日哭，则不歌。”乐，演奏音乐。

【译文】

为别人吊丧那天，就不演奏音乐。妇人不越境去吊唁他人。吊丧那天，不饮酒不吃肉。

吊于葬者必执引，若从柩，及圹[①]，皆执绋[②]。

【注释】

①圹(kuàng):墓坑。

②绋(fú):引棺下葬所用的绳索。

【译文】

死者下葬当天去吊丧,一定要帮忙拉柩车的绳索,如果跟随着柩车,去到墓穴,就要帮忙牵拉系着棺木下葬的绳索。

丧[①],公吊之[②],必有拜者[③],虽朋友、州里、舍人可也[④]。吊曰:“寡君承事[⑤]。”主人曰:“临。”

【注释】

①丧:孔疏:“丧,谓诸侯臣之丧。”孙希旦说:“此谓在他国而死者也。”指诸侯之臣到他国而死亡的。

②公吊之:孔疏:“公来亲吊,或遣人来吊。”

③必有拜者:一定要有人作为丧主方的代表,拜谢来吊丧的人。

④州里:与死者同州、同里的老乡。舍人:与死者同住在他国馆舍的人。

⑤承事:郑注:“示亦为执事来。”即承办料理丧事。

【译文】

死在他国,如他国的国君前来吊丧,一定要有代表丧主方拜谢的人,即便是朋友、在他国的同州同里的老乡、同在馆舍的旅人都可以。国君吊丧的傧者说:“敝国国君前来帮助料理丧事。”丧主方的代表回答说:“多谢屈尊光临。”

君遇柩于路,必使人吊之。

【译文】

国君如果在路上遇到柩车经过，一定要派人前去吊丧。

大夫之丧，庶子不受吊[①]。

【注释】

①不受吊：不能接受亲朋的吊唁，即不能作为丧主。

【译文】

大夫的丧事，嫡子为丧主，庶子不能接受亲朋的吊唁。

妻之昆弟为父后者死[①]，哭之適室[②]，子为主[③]，袒、免、哭、踊[④]，夫入门右[⑤]，使人立于门外，告来者[⑥]，狎则入哭[⑦]。父在，哭于妻之室[⑧]；非为父后者，哭诸异室。

【注释】

①为父后：为父亲的继承人，即嫡长子。

②適(dí)室：正寝。適，同“嫡”。下同。

③子为主：自己的儿子作为丧主。这是因为夫对妻的兄弟无须服丧，而外甥应为舅服缌麻，所以命儿子作为丧主受吊拜宾。

④免(wèn)：同“绕”，一种吊丧的发式。见《檀弓上》“公仪仲子”节注②。

⑤夫：孔疏：“夫谓此子之父，即哭妻兄弟者也。”

⑥“使人”二句：孔疏：“以门内有哭则乡里闻之必来相吊，故主人所使人出门外告语来吊者，述所哭之由也。”

⑦狎：郑注：“相习知者。”

⑧“父在”二句：如父亲健在，父亲住在正寝，因此要在妻子的寝室

中哭。

【译文】

妻子的兄弟是他父亲的继承人而去世，要在正寝为他哭悼，让自己的儿子作为丧主，袒露左臂、束着绕发、号哭、跳脚，丈夫进入寝室的右侧，派人站在门外，告诉乡里听见哭声而前来吊丧的人死者是谁，亲近熟识的人就进门哭。如果父亲健在，就在妻子的寝室哭；死去的妻弟如果不是其父的继承人，就在别的寝室哭他。

有殡，闻远兄弟之丧①，哭于侧室。无侧室，哭于门内之右。同国，则往哭之。

【注释】

①闻远兄弟之丧：孔疏："谓异国也。"

【译文】

亲人去世殡殓后停柩在堂，又听到在他国的远房兄弟去世的消息，就在寝室之侧的屋子为他哭悼。如果寝室之侧没有屋子，就在门内右侧哭悼。如果去世的远房兄弟和自己同在一个国家，就要亲自前往去哭悼他。

子张死，曾子有母之丧，齐衰而往哭之。或曰："齐衰不以吊①。"曾子曰："我吊也与哉②？"

【注释】

①齐衰不以吊：已经服齐衰之人不可以再去为别的死者吊丧。《杂记下》："三年之丧，虽功衰，不吊。"

②我吊也与哉：曾子解释说，自己与子张有兄弟情谊，他是去哭悼

死者的，并不是吊丧。《杂记下》："如有服而将往哭之，则服其服而往。"

【译文】

子张去世，曾子正为母亲服丧，穿着齐衰就去哭子张。有人说："正在服丧穿着齐衰是不可以为别人去吊丧的。"曾子说："我这是吊丧吗？"

有若之丧，悼公吊焉①，子游摈由左②。

【注释】

①悼公：郑注："鲁哀公之子。"

②摈由左：子游担任傧者，在鲁悼公的左侧辅助悼公行礼。子游的做法是正确的，时人多以为辅助国君行丧礼与为国君传诏辞一样，都要站在国君的右侧。子游是懂礼仪的人，因此站在正确的位置上。摈，通"傧"，郑注："相侑丧礼者。"

【译文】

有若的丧事，鲁悼公前去吊丧，子游站在鲁悼公左侧辅助悼公行礼。

齐谷王姬之丧①，鲁庄公为之大功②。或曰："由鲁嫁，故为之服姊妹之服③。"或曰："外祖母也，故为之服④。"

【注释】

①谷：郑注："当为'告'，声之误也。"王姬：周天子的女儿，齐襄公的夫人。

②鲁庄公：是齐襄公的妹妹文姜之子。

③"由鲁嫁"二句：天子嫁女于异姓诸侯，由同姓诸侯主婚。王姬嫁

给齐襄公时是鲁国主婚，因而认为鲁庄公把王姬当做自己的姐妹，为她服大功。

④“外祖母也”二句：以为王姬是鲁庄公的外祖母，因此庄公要为她服丧的说法是错误的。实际上王姬是庄公的舅母，而外甥对于去世的舅母是无服的。即便王姬是庄公的外祖母，按照礼制也是服小功，因而此说错误。

【译文】

齐国发讣告通知鲁国，齐襄公的夫人王姬去世，鲁庄公为她服大功。之所以服大功，有人说：“因为王姬是由鲁国主婚嫁到齐国的，所以庄公把她看作是自己的姐妹而服大功。”也有人说：“这是因为王姬是庄公的外祖母，所以为她服大功。”

晋献公之丧[①]，秦穆公使人吊公子重耳[②]，且曰：“寡人闻之：亡国恒于斯[③]，得国恒于斯。虽吾子俨然在忧服之中，丧亦不可久也，时亦不可失也。孺子其图之[④]！”以告舅犯[⑤]。舅犯曰：“孺子其辞焉！丧人无宝，仁亲以为宝。父死之谓何？又因以为利，而天下其孰能说之？孺子其辞焉！”公子重耳对客曰：“君惠吊亡臣重耳，身丧父死，不得与于哭泣之哀，以为君忧。父死之谓何？或敢有他志，以辱君义。”稽颡而不拜[⑥]，哭而起，起而不私。子显以致命于穆公[⑦]。穆公曰：“仁夫公子重耳！夫稽颡而不拜，则未为后也[⑧]，故不成拜。哭而起，则爱父也；起而不私，则远利也。”

【注释】

①晋献公：名诡诸，重耳之父。因听信宠姬骊姬谗言，害死公子申生，次子重耳出亡在狄。

②秦穆公:名任好,春秋时期的著名国君,在位39年。能任用贤臣,富国强兵,使秦国成为"春秋五霸"之一。公子重耳:即晋文公,晋献公之子。在其父听信谗言害死申生后,在外流亡长达19年,后得贤臣与秦穆公支持返国为君,为春秋时期的著名国君。

③斯:此,这。指国君去世,新君未立之际。

④孺:郑注:"稚也。"

⑤舅犯:晋国名臣狐突之子狐偃,公子重耳的舅舅,字子犯,故称"舅犯"。

⑥稽颡(sǎng)而不拜:稽颡,是为父丧哀痛。不拜,是不以丧主自居而对宾客的吊唁不予拜谢。

⑦子显:秦穆公的使者公子絷。

⑧后:继承人。

【译文】

晋献公去世治丧,秦穆公派人去狄向公子重耳表示吊唁,使者转告秦穆公的话说:"寡人听说:失去国家常在此时,得到国家也常在此时。即使你严肃地在忧伤的服丧中,但逃亡在外的时间不可以太久,时机也不可以失去。你请考虑一下吧!"公子重耳把这番话告诉舅舅子犯,子犯说:"你还是推辞掉吧!逃亡在外的人没有什么可宝贵的,把热爱自己的亲人当做宝。父亲去世意味着什么啊?如果以此图谋获利返国,这样做天下人谁能帮你开脱罪责?你还是推辞掉吧!"公子重耳于是对使者说:"承蒙贵国之君施惠来吊唁在外流亡的臣子重耳,身在国外而父亲去世,不能回国参与哭悼致哀,让贵国之君为我担忧。父亲去世意味着什么啊?我于悲哀之外怎敢别有图谋,让贵国之君的厚义受到玷辱。"重耳磕头触地但没有向使者行拜礼,哭悼后站起来,起来后不再与使者私下说话。子显回国向秦穆公复命。秦穆公知道公子重耳的举动后说:"公子重耳真是仁人啊!只磕头触地而没有向使者行拜礼,这是没有把自己当做父亲的继承人,所以没有答谢行拜礼。哭着站起来,是爱敬父亲的表现；起身后不再和使者私下说话，是远离谋利。”

帷殡，非古也，自敬姜之哭穆伯始也[①]。

【注释】

①自敬姜之哭穆伯始：穆伯是鲁国的大夫，季悼子之子公甫靖。敬姜是他的妻子。按照丧礼规定，亲人在为死者朝夕哭时要掀开堂上的帷幕，敬姜为避嫌，哭时也不掀开帷幕。

【译文】

停柩在堂，堂上围着帷幕，朝夕哭时不掀起帷幕，这不是古代丧礼的礼制，是从敬姜哭穆伯才开始的。

丧礼，哀戚之至也。节哀，顺变也，君子念始之者也[①]。复，尽爱之道也，有祷祠之心焉[②]。望反诸幽，求诸鬼神之道也。北面，求诸幽之义也[③]。拜稽颡，哀戚之至隐也[④]。稽颡，隐之甚也。饭用米、贝，弗忍虚也。不以食道[⑤]，用美焉尔[⑥]。铭，明旌也，以死者为不可别已，故以其旗识之。爱之，斯录之矣；敬之，斯尽其道焉耳。重[⑦]，主道也。殷主缀重焉，周主重彻焉。奠以素器，以生者有哀素之心也。唯祭祀之礼，主人自尽焉尔，岂知神之所飨，亦以主人有齐敬之心也[⑧]！辟踊[⑨]，哀之至也。有算[⑩]，为之节文也。袒、括发，变也。愠，哀之变也。去饰，去美也。袒、括发，去饰之甚也。有所袒，有所袭，哀之节也。弁绖葛而葬，与神交之道也，有敬心焉。周人弁而葬，殷人冔而葬[⑪]。歠主人、主妇、室老[⑫]，为其病也，君命食之也。反哭升堂[⑬]，反诸其所作也[14]。主妇入于室,反诸其所养也[15]。反哭之吊也,哀之至也。反而亡焉,失之矣,于是为甚。殷既封而吊[16],周反哭而吊。孔子曰:"殷已悫[17],吾从周。"葬于北方[18],北首,三代之达礼也,之幽之故也。既封,主人赠[19],而祝宿虞尸[20]。既反哭,主人与有司视虞牲[21]。有司以几筵舍奠于墓左,反,日中而虞。葬日虞,弗忍一日离也。是日也,以虞易奠[22]。卒哭曰"成事"。是日也,以吉祭易丧祭,明日,祔于祖父[23]。其变而之吉祭也,比至于祔,必于是日也接,不忍一日末有所归也。殷练而祔[24],周卒哭而祔。孔子善殷。

【注释】

①君子念始之者也:因父母生育孩子,如果孝子因悲伤过度而使身体损伤,是对父母的不孝,所以君子要节哀、顺变。

②有祷祠之心:这里是说招魂时要和向神祈祷一样诚信。

③"北面"二句:北面往往是幽暗的地方,鬼神处于幽暗之地,所以向鬼神祈求时要面向北。

④隐:郑注:"痛也。"

⑤食道:孔疏指"饭食之道",即人所造作之饭食。

⑥用美焉尔:孔疏:"必用米、贝者,以食道亵,米、贝美,尊之不敢用亵,故用米、贝。"米、贝以自然天性为美。

⑦重(chóng):郑注:"始死未作主,以重主其神也。"即制作神主之前作为死者灵魂的凭依。其形制是木杠上端用绳穿孔,绳子两端各悬挂一瓦鬲。死者埋葬后,重不必随葬,只就地掩埋。

⑧齐:音 zhāi。

⑨辟踊:捶胸跳脚。

⑩算:郑注:"数也。"此指计算哭丧时踊、跳的次数。据孔疏,每一

踊三跳，三踊九跳，合为一节。士死后至殡，凡三踊。大夫五踊，诸侯七踊。

⑪冔(xǔ)：殷人的祭冠。

⑫歠(chuò)：喝粥。主人：死者之子。主妇：死者之妻。室老：家臣。

⑬反哭：死者葬后，主人返回庙哭。

⑭所作：郑注："亲所行礼之处。"即死者生前祭祀及婚冠之礼行礼处。

⑮所养：郑注："亲所馈食之处。"即死者生前馈食之处。

⑯封：孔疏，殷既不为坟，故知封当为作"窆"。即下棺入墓穴。

⑰悫(què)：直率少文。

⑱北方：北郊。

⑲赠：主人将币帛放入死者圹中。《仪礼·既夕礼》：主人"赠用制币、玄纁束"，即一丈八尺的帛和黑色、浅黄色的五匹布。

⑳祝：负责主持祭祀的神职人员。宿虞尸：邀请虞祭上充当尸的人。宿，动词，邀请。虞，丧礼安神之祭。

㉑有司视虞牲：办事人员要在墓道的左侧设置几案和席子，放好祭品。这是因为亲人葬在这里，主人因而要礼敬这里的神。

㉒以虞易奠：虞祭前没有尸，只在地上摆放为死者准备的祭品。虞祭后就立尸行礼，撤掉祭品。

㉓祔(fù)于祖父：在死者的祖父庙中举行祭礼，使其神灵归附于祖父。祔，祭名。将死者的神主按礼仪移入祖庙附于先辈加以祭祀。祔祭要求昭穆顺序，祖孙位置相同，所以在祖父庙中举行祔祭。

㉔练：小祥祭。

【译文】

父母的丧事，孝子悲哀到了极致。但要节制自己的悲伤，顺着悲伤的情绪由重至轻的变化，因为君子想到父母生育自己，不能使自己的身体有所损伤。招魂，是尽自己可以爱亲人的方式，要有向神祈祷的诚心。希望亲人能从幽暗的地方返回，这是求助于鬼神的方式。招魂时要面向北，这是寻求于幽暗地方的意思。拜谢宾客的吊丧和磕头触地，这是哀伤最悲痛的表现。磕头触地，又是悲痛中最重的表达方式。为死者饭含时要用米和贝，这是不忍让亲人口中空虚。不用熟食作为饭含，而要用自然所产的米、贝。铭，是神明的旌旗，因为死者的形貌已经不能分别了，所以要在旗上写上他的名字作为标记。爱去世的亲人，所以把他的名字记录在旗子上；尊敬去世的亲人，所以旗的规格、尺度要与他的身份、地位相符合。重，和神主的作用相同。殷人在殡礼制作神主后将重与神主相连缀，悬挂在庙中，而周人则撤掉重，埋在门外道路的左侧。供奉死者祭品，要用没有装饰的朴素器具盛放，因为亲人哀伤的心也是朴素无装饰的。只有葬后的祭礼主人自尽敬神之心，才用带有装饰的器具，怎么能知道神灵一定会享用祭品呢，只不过是体现主人庄重恭敬的心而已！捶胸顿足，是哀痛至极的表现。但要按着一定的次数，这是为了节制亲人的哀伤而作的规定。袒露左臂，去掉束发的布帛，仅用麻绳束发髻，这是外表装束上的变化。愤懑，这是哀伤之情的变化。去掉衣服上的装饰，就是去掉华美。袒露左臂、去掉束发的布帛，这是去掉身上装饰最极端的表现。但有时要袒露左臂，有时又要穿好外衣，这是说哀伤还是要有所节制的。要戴着缠有葛经的爵弁去参加葬礼，这是与神明的交往方式，并体现主人有恭敬之心。周人戴着爵弁行葬礼，殷人戴着冔行葬礼。亲人去世后，要让主人、主妇和家臣喝一些粥，因为这三人由于悲伤已经无心饮食，怕他们因此病倒，所以国君命令他们要进食。死者葬后，主人要返回庙中上堂而哭，这是返回死者生前祭祀行礼的地方。主妇进入室内而哭，这是死者生前馈食的地方。返回庙中哭时亲朋要前去吊丧，这时是亲人最悲伤的时候。因为回来时发现亲人已经再也看不见了，永远地失去了，所以说是最悲伤的时刻。殷人在下葬时就去吊丧，周人则在返回庙哭时去吊丧。孔子说："殷人的做法太直接朴素了，我赞成周人的做法。"要埋葬在北郊，头朝北，这是夏、商、周通用的礼节，因为鬼神要到幽暗的地方的缘故。死者下棺后，主人要把币帛送到圹中，祝要先返回去请虞祭中充当尸的人。等到返回庙哭后，主人和相关人员去检查虞祭所用的牺牲。另外办事人员要在墓道的左侧设置几案和席子，放好祭品，礼敬地神，返回家后，正午举行虞祭。下葬的当天就举行虞祭，这是因为不忍和亲人的神灵分开一天的缘故。就在当天，用虞祭的礼节代替奠祭的礼节。卒哭祭时，祝要致辞说"丧祭已经完成了"。卒哭祭这一天，用吉祭的礼节代替丧祭的礼节，卒哭祭的第二天，主人要捧着死者的神主在死者的祖父庙中举行祔祭，使其神灵归附于祖父。丧祭变成吉祭后，紧接着第二天的祔祭，一定要一天接连着一天，这是不忍心亲人的神灵有一天无所归依。殷人在练祭的第二天举行祔祭，周人在卒哭祭的第二天举行祔祭。孔子认为殷人的礼节好。

君临臣丧，以巫、祝、桃、茢、执戈①，恶之也，所以异于生也。

【注释】

①巫、祝、桃、茢(liè)、执戈：孔疏："君往临吊，则以巫执桃，祝执茢，又使小臣执戈。"陪伴国君前往吊丧的巫、祝、小臣，巫拿着桃枝，祝拿着笤帚，小臣拿着戈，这是为了扫除不祥，压住凶邪之气。茢，笤帚。

【译文】

国君亲临臣下的丧事，巫要拿着桃枝，祝要拿着笤帚，小臣拿着戈，这是要扫除不祥，保卫国君，压住凶邪之气，所以对待死者与对待生者的礼节是不同的。

丧有死之道焉[①],先王之所难言也。

【注释】

①死:澌灭,渐渐灭失。

【译文】

丧就是澌灭的意思,只是先王难以直言罢了。

丧之朝也[①],顺死者之孝心也[②]。其哀离其室也,故至于祖、考之庙而后行。殷朝而殡于祖,周朝而遂葬。

【注释】

①丧之朝也:郑注:“朝,谓迁柩于庙。”指出葬前拉着柩车去朝庙。

②顺死者之孝心也:为人子,要“出必告,反必面”,即出门要报告,返回要汇报,柩车朝庙,就像活人出门告亲,是顺应死者的孝心礼节。

【译文】

出葬前要拉着柩车去朝庙,这是顺应死者的孝心。因哀伤要永远离开自己的居室了,所以要到祖庙、父庙辞别后再出行。殷礼朝庙后就停柩在祖庙,周礼朝庙后就去下葬。

孔子谓:为明器者知丧道矣,备物而不可用也。哀哉!死者而用生者之器也,不殆于用殉乎哉[①]!其曰明器,神明之也。涂车、刍灵[②],自古有之,明器之道也。孔子谓为刍灵者善，谓为俑者不仁③，不殆于用人乎哉！

【注释】

①殆（dài）：接近。殉（xùn）：郑注："杀人以卫死者曰'殉'。"即杀死活人为死者陪葬。

②涂车：用泥做的随葬用的车子。刍灵：郑注："束茅为人马。"即用茅草编扎人和马用于陪葬。

③俑：偶人，有土偶、木偶等。

【译文】

孔子说：制作明器的人，懂得丧事的道理，随葬备齐了器物而不可使用。可哀啊！死人而用活人的器物随葬，不是与用人殉葬几乎一样吗！之所以叫做明器，是将死者当作神明看待。泥做的车子，茅草扎束的人和马，自古以来就有的，这就是使用明器的道理。孔子认为，编扎草人、草马的是心地善良的人，认为制作人偶的是没有仁心的人，用人偶不是与用人殉葬几乎一样啊！

穆公问于子思曰："为旧君反服①，古与？"子思曰："古之君子②，进人以礼，退人以礼，故有旧君反服之礼也。今之君子，进人若将加诸膝，退人若将队诸渊③，毋为戎首④，不亦善乎，又何反服之礼之有？"⑤

【注释】

①为旧君反服：为故国的国君服齐衰三月。《仪礼·丧服》记载了为旧君服丧的三种情况：退休的官员为曾侍奉过的国君服丧；大夫离开故国，去往他国，他的妻子和长子为故国国君服丧；将要被放逐出境的大夫为国君服丧。这里说的应是第三种情况。

②君子：指国君。

③队：同“坠”。

④戎首：郑注：“为兵主来攻伐曰‘戎首’。”

⑤郭店楚简中有《鲁穆公问子思》篇，内容与本节不同，或可参考。

【译文】

鲁穆公询问子思说：“为故国的国君服齐衰三月，这是古代的礼节吗？”子思回答说：“古代的国君，提拔进用人遵循礼节，辞退罢免人也遵循礼节，所以以前有为故国国君服齐衰三月的礼节。现在的国君，提拔进用人时好像喜欢得要把他抱在膝上，辞退罢免人时又好像憎恶得要让他坠入深渊，这样被放逐出国的人不为首领军攻打故国，就算是不错了，哪有什么为故国国君服丧的礼节呢？”

悼公之丧，季昭子问于孟敬子曰[①]：“为君何食？”敬子曰：“食粥，天下之达礼也。吾三臣者之不能居公室也[②]，四方莫不闻矣。勉而为瘠[③]，则吾能，毋乃使人疑夫不以情居瘠者乎哉？我则食食。”

【注释】

①季昭子：季康子的曾孙，名强。孟敬子：孟武伯之子，名捷。

②三臣：郑注：“仲(孟)孙、叔孙、季孙也。”为世代专权的鲁国大夫，权倾朝野。不能居公室：不能以臣礼侍奉国君。公室，这里指代鲁君。

③瘠：因吃得少而消瘦。

【译文】

鲁悼公的丧事，季昭子询问孟敬子说：“为国君服丧该吃什么？”孟敬子回答说：“喝粥，这是天下人都通行的礼节。但我们孟孙、叔孙、季孙三家大夫不能以臣礼侍奉国君，四方之人没有不知道的。勉强喝粥饿瘦，我即使能做到，不还是会怀疑我不会以悲伤之情而消瘦吗？我还是正常吃饭吧。”

卫司徒敬子死[①]，子夏吊焉，主人未小敛，绖而往。子游吊焉，主人既小敛，子游出绖，反哭。子夏曰：“闻之也与？”曰：“闻诸夫子：主人未改服[②]，则不绖。”

【注释】

①司徒敬子：卫国公子许的后代。司徒，以官为氏。

②改服：用麻束发，头上缠着麻制的丧带，腰上系着麻制的丧带。

【译文】

卫国的司徒敬子去世，子夏前去吊丧，主人还没有小殓祭之前，子夏头上就缠好麻制的丧带，腰上系好麻制的丧带去吊丧。子游也去吊丧，主人完成小殓祭后，子游出门，头上缠着丧带，腰上系着丧带，返回室内哭悼。子夏问子游：“听说过吊丧的礼仪吗？”子游回答：“听夫子说过：小殓之前主人还没有改服，吊丧的人就不能头上缠着、腰上系着丧带去吊丧。”

曾子曰：“晏子可谓知礼也已[①]，恭敬之有焉。”有子曰：“晏子一狐裘三十年，遣车一乘[②]，及墓而反[③]。国君七个[④]，遣车七乘；大夫五个，遣车五乘。晏子焉知礼？”曾子曰：“国无道，君子耻盈礼焉。国奢则示之以俭，国俭则示之以礼。”

【注释】

①晏子：名婴，字平仲。齐国大夫。以生活节俭、智慧谦恭著称。

②遣车:送葬时载牲体的车子,下葬时连同牲一起入圹。

③及墓而反:这是说晏子赠送的随葬车子仅一辆,也没有参加繁缛的葬礼,到墓地等棺柩下葬就很快返回了。

④个:遣车所载每包牲体的个数。《集解》引贾公彦说:"大夫三牲九体,折分为二十五,苞五个,诸侯苞七个。"

【译文】

曾子说:"晏子可以说是懂礼的人了,知道礼仪要讲恭敬。"有若说:"晏子一件狐皮大衣穿了三十年,亲人去世他赠送的随葬的遣车只有一辆,到墓地很快就结束返回。按礼仪,国君的遣车应载每包七段牲肉,共七辆遣车;大夫的遣车应载每包五段牲肉,共五辆遣车。晏子的葬礼不符合礼节,怎么能算是懂礼呢?"曾子说:"国家无道,君子就以礼节奢侈完备为耻。国人过于奢侈就要向人们展示节俭的重要性,国人过于节俭就要像人们展示什么是正规的礼节。"

国昭子之母死[①],问于子张曰:"葬及墓,男子、妇人安位?"子张曰:"司徒敬子之丧,夫子相[②],男子西乡[③],妇人东乡。"曰:"噫!毋!"曰:"我丧也斯沾[④]。尔专之,宾为宾焉,主为主焉,妇人从男子皆西乡。"

【注释】

①国昭子:郑注:"齐大夫。"

②相:主持辅导礼仪的司仪。《周礼·秋官·司仪》:"司仪掌九仪之宾客摈相之礼。"郑注:"出接宾曰摈,入赞礼曰相。"

③乡:通"向"。下同。

④斯:尽。沾:通"觇"(chān),视。

【译文】

国昭子母亲的丧事,国昭子询问子张说:"出葬到墓地后,男人、妇人的站位应是如何？”子张回答说：“司徒敬子的丧事，夫子担任相，让男人面朝西，妇人面朝东。”国昭子说：“噫！不要！”又说：“我家的丧事，大家都会来看、来学。丧礼就由你负责，让来宾都站在宾位，女宾随男宾面向东；主家都站在主位，主家的妇女随男人面朝西。”

穆伯之丧，敬姜昼哭；文伯之丧[1]，昼夜哭。孔子曰：“知礼矣[2]。”

【注释】

①“穆伯”三句：穆伯，鲁国大夫。敬姜是他的妻子，文伯是穆伯和敬姜的儿子。

②知礼矣：郑注：“丧夫不夜哭，嫌思情性也。”

【译文】

敬姜丈夫穆伯的丧事，敬姜只在白天为他哭；敬姜儿子文伯的丧事，敬姜则白天晚上都哭。孔子说：“敬姜是懂礼的人。”

文伯之丧，敬姜据其床而不哭，曰：“昔者吾有斯子也，吾以将为贤人也，吾未尝以就公室[1]。今及其死也，朋友诸臣未有出涕者，而内人皆行哭失声。斯子也，必多旷于礼矣夫！”[2]

【注释】

①吾未尝以就公室：郑注：“未尝与到公室观其行也。”

②关于这个故事，孔疏引《家语》云：“文伯歜(chù)卒，其妻妾皆行哭失声。敬姜戒之曰：‘吾闻好外者，士死之；好内者，女死之。今吾子早夭，吾恶其好内闻也。二三妇共祭祀者，无加服。’孔子

闻之曰：'女智莫若公父氏之妇，知礼矣。'"可以参看。

【译文】

文伯的丧事，敬姜靠着他的床没有哭泣，说："以前，我有这个孩子的时候，我以为他会是个贤人，我也就没有去过他办公的地方。现在他死了，他的朋友臣子们没有为他流泪的，而他的妻妾们却都痛哭失声。这个孩子啊，一定有许多礼仪疏忽的地方吧！"

季康子之母死①，陈亵衣②。敬姜曰："妇人不饰，不敢见舅姑。将有四方之宾来，亵衣何为陈于斯？"命彻之。

【注释】

①季康子：名肥，谥康。鲁国大夫。敬姜是季康子的堂祖母。

②亵衣：贴身穿的内衣。郑注："亵衣非上服。"则特指下裳。

【译文】

季康子母亲的丧事，陈列小殓所用的衣物时将内衣也陈列了出来。敬姜说："妇人如果不打扮，都不敢见公婆。现在将有四面八方的宾客前来，内衣怎么能陈列出来呢？"于是命人撤掉。

有子与子游立，见孺子慕者①。有子谓子游曰："予壹不知夫丧之踊也②，予欲去之久矣。情在于斯，其是也夫③。"子游曰："礼，有微情者④，有以故兴物者⑤。有直情而径行者，戎狄之道也。礼道则不然。人喜则斯陶⑥，陶斯咏⑦，咏斯犹⑧，犹斯舞⑨，舞斯愠⑩，愠斯戚⑪，戚斯叹，叹斯辟⑫，辟斯踊矣。品节斯，斯之谓礼⑬。人死，斯恶之矣，无能也，斯倍之矣⑭。是故制绞、衾，设蒌、翣⑮，为使人勿恶也。始死，脯、醢之奠，将行，遣而行之，既葬而食之，未有见其飨之者也。自上世以来，未之有舍也，为使人勿倍也。故子之所刺于礼者，亦非礼之訾也⑯。”

【注释】

①孺子慕者：小孩子因找不见父母而思慕号哭。

②壹：专，独。有子是拿小孩子对父母的思慕号哭比喻孝子对去世父母的哀悼。郑注：“丧之踊，犹孺子之号慕。”

③“情在”二句：有子认为，孝子对亲人的感情就应该像孺子一样真情表露，不需节制。

④微：节制。

⑤物：指丧服衰、绖等让人睹物思情的东西。

⑥人喜则斯陶：孙希旦云：“喜者，外境顺心而喜也。陶者，喜心鼓荡于内而欲发也。”

⑦咏：唱歌。孙希旦云：“咏者，喜发于外而为咏歌者也。”

⑧犹：郑注：“犹，当为‘摇’。”摇动身体。

⑨犹斯舞：孙希旦云：“咏歌不已，则至于身体动摇，动摇不已，则至于起舞也。”

⑩舞斯愠（yùn）：孔疏：“凡喜怒相对，哀乐相生。故若舞而无节，形疲厌倦，事与心违，故所以怒生。怒生由于舞极，故云‘舞斯愠’也。”愠，怒。

⑪戚：愤恚。

⑫辟：拊心，按着胸口。从“人喜则斯陶”至“辟斯踊矣”这段内容，也见于郭店楚简《性自命出》：“喜斯慆，慆斯奋，奋斯咏，咏斯犹，犹斯舞。舞，喜之终也。愠斯忧，忧斯戚，戚斯叹，叹斯辟，辟斯通。通，愠之终也。”孙希旦云：“乐极则哀，故舞而遂至于愠也。愠怒不已，则至于悲戚；悲戚不已，则发为叹息，叹息不已，则至

于拊心；拊心不已，则起而跳踊。”这一节文字，孙希旦还指出，此节言哀乐，一一相对，“喜”与“愠”对，“陶”与“戚”对，“咏”与“叹”对，“摇”与“辟”对，“舞”与“踊”对，独“舞斯愠”一句在其中间，猜测其或为衍文。今与郭店楚简相较，的确如此。

⑬“品节斯”二句：孙希旦云：“故先王因人情而立制，为之品而使之有等级，为之节而使之有裁限，故情得其所止而不过，是乃所谓礼也。”品，等级。

⑭倍：通“背”，背离，背弃。

⑮蒌（liǔ）：棺椁的装饰，类似棺罩。翣（shà）：遮挡灵柩的画有花纹的扇形装饰物。详见《檀弓上》“有虞氏瓦棺”节注④。

⑯訾（zǐ）：缺点，弊病。

【译文】

有子与子游一起站着，看到小孩找不到父母而大声号哭。有子对子游说：“我独独不懂丧事中要跳脚而哭这一礼仪，我想要废掉这一仪节很久了。情感的表达就要像小孩这样，要像小孩随心所欲地号哭而没有限制。”子游说：“礼，有要节制感情的，有用外物兴起感情的。有直抒情感宣泄出来的，那是戎狄的方式。礼仪之道不是这样的。人内心喜悦就高兴，高兴了就会唱歌，一唱歌就会随着身体摇动，一摇动身体就会跳舞，跳舞到极致就会心生怒气，心生怒气就会觉得悲愤，一悲愤就会叹息，一叹息就会抚胸捶胸，抚胸捶胸就要跳脚顿足。这种对不同程度的情感的区别，按照等级加以节制，就称作礼。人一死，就会让人厌恶了；人死了就无能了，大家就会背弃他。所以制作包裹尸的布带、覆盖尸的被子，设置装饰灵柩的罩子、遮盖灵柩的翣扇，为的就是不让大家厌恶死者。人刚死，要用肉脯、肉酱供奉他；将要出葬，要设置饮食为他送行；下葬后要返回庙中举行虞祭，献上食品供奉他；没见死者真正享用过祭品。但自古以来，这种做法就一直沿用没有被废弃过，为的就是不让死者被背弃。所以你对丧礼的批评，实际上并不是礼的缺点。”

吴侵陈[1]，斩祀杀厉[2]。师还出竟，陈大宰嚭使于师[3]，夫差谓行人仪曰[4]："是夫也多言，盍尝问焉？师必有名，人之称斯师也者，则谓之何？"大宰嚭曰："古之侵伐者，不斩祀，不杀厉，不获二毛[5]。今斯师也，杀厉与？其不谓之杀厉之师与？"曰："反尔地，归尔子[6]，则谓之何？"曰："君王讨敝邑之罪，又矜而赦之，师与有无名乎？"

【注释】

①吴侵陈：据《左传》记载，此事发生在鲁哀公元年（前494）秋。

②斩祀杀厉：砍伐祠庙的树木，杀掉患有疾病的人。厉，疫病。

③大（tài）宰嚭（pǐ）：《左传》、《国语》等书都记载太宰嚭是吴王夫差的大夫，并不是陈国大夫。历代学者认为，这里的"太宰嚭"应和下文的"行人仪"调换，即陈之行人仪使于吴师，夫差使太宰嚭问之。译文从此。

④夫差：春秋时期吴国末代国君，吴王阖庐之子。行人：官名。负责朝觐聘问等外交事务。

⑤获：郑注："谓系虏之。"二毛：郑注："鬓发斑白。"即老人头发黑白混杂。

⑥子：郑注："谓所获的民臣。"

【译文】

吴国入侵陈国，砍伐陈国祠庙的树木，杀害患有疾病的人。吴军返回离境时，陈国派行人仪为使者到吴军，夫差对太宰嚭说："这个人很会说话，何不趁机试着问问他呢？军队一定要有个名称，别人会怎么称呼这支军队，会叫他什么呢？"行人仪说："古代侵伐别国的军队，不会砍伐祠庙的树木，不会杀害患有疾病的人，不会俘获鬓发斑白的老人。现在这支吴国军队，杀害患有疾病的人了吧？难道不应该叫做杀害患病人的军队吗？”太宰嚭说：“返还你们的土地，放回俘获的臣民，那又该叫做什么呢？”行人仪说：“贵国君王讨伐敝国的罪过，又怜悯而赦免我们，这样的军队能没有好的名声吗？”

颜丁善居丧[①]：始死，皇皇焉如有求而弗得[②]；及殡，望望焉如有从而弗及；既葬，慨焉如不及其反而息[③]。

【注释】

①颜丁：鲁国人。善居丧：指善于处理丧事，办丧事行为举止得体妥善。

②皇皇：孔疏：“犹彷徨，如所求物不得。”

③慨焉：郑注：“惫貌。”即疲惫的样子。古人认为，死者下葬后，精魂还会返回家中休息接受祭祀，因此孝子要赶回去迎接亲人的精魂回家。而孝子此时显得疲惫，像是赶不及亲人的精魂返家而息的速度。此篇与《檀弓上》“始死，充充如有穷”意味相似，可参看。

【译文】

颜丁善于居丧：父母刚死，他显得惶惶然，像有所求却又得不到的样子；停柩时，他恋恋怅望，像有所追随却又跟不上的样子；下葬后，他显得疲惫不堪，像赶不及亲人精魂返家休息的样子。

子张问曰：“《书》云：‘高宗三年不言，言乃讙。’[①]有诸？”仲尼曰：“胡为其不然也？古者天子崩，王世子听于冢宰三年[②]。”

【注释】

①“《书》云”以下二句:《尚书·无逸》篇有:“其在高宗,时旧劳于外,爰暨小人。作其即位,乃或亮阴,三年不言。其惟不言,言乃雍。不敢荒宁,嘉靖殷邦。至于小大,无时或怨。肆高宗之享国,五十年有九年。”高宗,殷高宗武丁。三年不言,三年不说话,指三年不理政事,不发号施令。讙,同“欢”,《无逸》作“雍”,同义。

②王世子:太子。冢宰:即太宰,六卿之首,辅助天子料理国政。

【译文】

子张询问老师孔子说:“《尚书》中说:‘殷高宗为父亲守丧,三年都没有说话,等到服丧期满后才开口说话,大家都非常高兴。’有这回事吗?”孔子回答:“怎么不是这样的呢?古时天子驾崩,世子就把政事交给太宰处理,整整三年。”

知悼子卒①,未葬。平公饮酒②,师旷、李调侍③,鼓钟。杜蒉自外来④,闻钟声,曰:“安在?”曰:“在寝。”杜蒉入寝,历阶而升⑤,酌,曰:“旷饮斯!”又酌,曰:“调饮斯!”又酌,堂上北面坐饮之,降,趋而出。平公呼而进之,曰:“蒉!曩者尔心或开予⑥,是以不与尔言。尔饮旷何也?”曰:“子、卯不乐⑦。知悼子在堂,斯其为子、卯也大矣。旷也,大师也,不以诏⑧,是以饮之也。”“尔饮调何也?”曰:“调也,君之亵臣也⑨,为一饮一食,忘君之疾,是以饮之也。”“尔饮何也?”曰:“蒉也,宰夫也,非刀匕是共⑩,又敢与知、防,是以饮之也。”平公曰:“寡人亦有过焉,酌而饮寡人!”杜蒉洗而扬觯⑪。公谓侍者曰:“如我死,则必毋废斯爵也。”至于今,既毕献,斯扬觯，谓之“杜举”。

【注释】

①知悼子：晋国大夫荀盈。死于鲁昭公九年(前533)。此篇内容也见于《左传·昭公九年》，可参看。

②平公饮酒：晋平公私下自己饮酒。平公，晋平公，名彪。

③师旷：乐师旷。乐师供职宫中，亦为近臣。李调：晋平公身边的嬖臣，《左传》称之为“外嬖嬖叔”。

④杜蒉(kuài)：晋平公的膳宰，负责国君饮食的官员。《左传》作“屠蒯”。

⑤历阶而升：登阶不聚足，即一步一阶。

⑥曩(nǎng)：刚才。

⑦子、卯不乐：郑注：“纣以甲子死，桀以乙卯亡，王者谓之‘疾日’，不以举乐为吉事，所以自戒惧。”

⑧诏：告。指劝谏。

⑨亵臣：近臣，嬖臣。

⑩非刀匕是共：没有为吃喝提供刀、匕等饮食餐具，这是说自己没有做好本职工作。共，通“供”。

⑪扬觯(zhì)：举起酒杯。觯，饮酒器。

【译文】

晋国大夫知悼子去世，还没有下葬。晋平公私下饮酒，师旷、李调在旁陪侍，并击鼓鸣钟奏乐。杜蒉从外面进来，听见钟声，询问说：“国君在哪?”有人回答说：“在正寝。”杜蒉于是进入正寝，一步一阶地上了堂，倒了一杯酒，说：“师旷喝了它!”又倒了一杯酒，说：“李调喝了它!”又倒了一杯酒，自己在堂上面朝北坐下，喝了，然后下堂，快步走出。晋平公叫住他，让他进来，说：“蒉！刚才我以为你有心要开导我什么，所以才没有和你说话。你让师旷喝酒，是什么道理呢?”杜蒉说：“子、卯两日是不能奏乐的。知悼子还停柩在堂,这比在子日、卯日两天违规饮酒还要严重。师旷,身为乐师,没有把这一点告诉你,所以罚他饮酒。”晋平公又问:“你让李调喝酒,是什么道理呢?”杜蒉说:“李调,是国君身边的嬖臣,为贪图吃吃喝喝,忘记规劝国君失礼的错误,所以罚他饮酒。”晋平公又问:“你自己也喝酒,又是为什么呢?”杜蒉说:“蒉,就是一名宰夫,没有做自己的本职工作,不去提供刀、匕等餐饮用具,却敢于参与谏诤逸乐,所以自罚饮酒一杯。”晋平公听后说:“寡人也有过错,倒酒吧,寡人也罚一杯!”杜蒉洗了酒杯,举起觯。晋平公对侍者说:“如果我死了,一定不要扔掉这个酒杯。”直到现在,燕饮时宾主都献酒饮过之后,还要举起觯给国君献酒,这个动作就叫做“杜举”。

公叔文子卒①,其子戍请谥于君曰②:“日月有时③,将葬矣。请所以易其名者④。”君曰:“昔者卫国凶饥,夫子为粥与国之饿者,是不亦惠乎?昔者卫国有难⑤,夫子以其死卫寡人,不亦贞乎?夫子听卫国之政,修其班制,以与四邻交,卫国之社稷不辱,不亦文乎?故谓夫子‘贞惠文子’⑥。”

【注释】

①公叔文子:卫献公之孙,名拔。

②君:卫灵公。

③有时:郑注:“犹言有数也,大夫、士三月而葬。”这里表示时间是有数的。

④名:谥。按丧礼规定,卒哭祭后,要避讳死者的名,用谥来代替。

⑤卫国有难:指鲁昭公二十年(前522)卫国齐豹作乱,杀死卫灵公之兄孟絷,卫灵公逃到死鸟。

⑥贞惠文子:《谥法》:“爱民好与曰惠,外内用情曰贞,道德博文曰

文。”郑注，后来没有叫“贞惠”，是因为“文”就包括了其他各方面的意义。

【译文】

公叔文子去世了，他的儿子戍向卫灵公请求赐予公叔文子谥号，说：“大夫停柩三月就要下葬，日子有限。请赐给代替名字的谥号。”国君说：“以前卫国发生饥荒，夫子做粥给饥饿的人们，这不是可以叫做‘惠’吗！以前卫国发生动乱，夫子拼死保卫寡人，这不是可以叫做‘贞’吗！夫子处理卫国政事，按尊卑等级治理整顿，与四方邻国交往，卫国的社稷尊严没有受到侮辱，这不是可以叫做‘文’吗！因此，夫子的谥号就叫做‘贞惠文子’。”

石骀仲卒①，无適子，有庶子六人，卜所以为后者。曰：“沐浴佩玉则兆②。”五人者皆沐浴佩玉。石祁子曰③：“孰有执亲之丧而沐浴佩玉者乎？”不沐浴佩玉。石祁子兆，卫人以龟为有知也。

【注释】

①石骀（tái）仲：卫国大夫，石碏（què）的族人。

②兆：吉兆。古人烧灼龟甲以其裂纹来占卜吉凶。

③石祁子：石骀仲六个庶子之一。

【译文】

石骀仲去世，他没有嫡子，有六个庶子，因而要通过占卜来决定谁是继承人。占卜者说：“请沐浴并佩玉，这样龟甲才能显出吉兆。”五个庶子都沐浴并佩玉。石祁子却说：“哪有在为亲人居丧时还沐浴佩玉的？”因此既不沐浴也不佩玉。但是石祁子却得到了吉兆，卫国人都认为龟甲很灵验。

陈子车死于卫[①]，其妻与其家大夫谋以殉葬[②]，定而后陈子亢至[③]，以告曰："夫子疾[④]，莫养于下，请以殉葬。"子亢曰："以殉葬，非礼也。虽然，则彼疾当养者，孰若妻与宰？得已，则吾欲已；不得已，则吾欲以二子者之为之也。"于是弗果用。

【注释】

①陈子车：齐国大夫。

②家大夫：即下文的"宰"，大夫家的主管。

③陈子亢：陈子车的弟弟陈亢。孔子的弟子。

④夫子：指陈子车。

【译文】

陈子车死在卫国，他的妻子和家臣谋划用活人殉葬，定下人选后子车的弟弟子亢来了，二人告诉他说："夫子有病，他在地下没人伺候奉养，请求用活人殉葬。"子亢说："用活人殉葬，不符合礼制。虽然是这样，但一定要用活人殉葬，他生病能够照料奉养的，哪有比妻子和家臣更合适的呢？如果能阻止这件事，我愿阻止；如果不能阻止，我想就用二位来为他殉葬吧。"于是就没有用活人殉葬了。

子路曰："伤哉贫也！生无以为养，死无以为礼也。"孔子曰："啜菽饮水[①]，尽其欢，斯之谓孝。敛首足形[②]，还葬而无椁[③]，称其财，斯之谓礼。"

【注释】

①啜菽(shū)：喝豆粥。

②敛首足形：衣衾能够覆盖遮蔽遗体的头、脚、身躯。

③还(xuán):立即,快。郑注:"还,犹疾也。"

【译文】

子路说:"贫穷真是令人伤心啊!父母在世没钱供养他们,父母去世又没钱按规定行礼。"孔子说:"喝豆粥喝白水,但只要让父母高兴,这就叫做孝。父母去世,衣衾能够遮蔽头脚身体,入殓速速下葬,有棺而无椁,但只要和自己的财力相称,这就叫做礼。"

卫献公出奔[①],反于卫,及郊,将班邑于从者而后入[②]。柳庄曰[③]:"如皆守社稷,则孰执羁靮而从[④]?如皆从,则孰守社稷?君反其国而有私也[⑤],毋乃不可乎?"弗果班。

【注释】

①卫献公出奔:卫献公于鲁襄公十四年(前559)被大夫孙文子、宁惠子驱逐到齐,鲁襄公二十六年(前547)返回卫国。详见《左传》。

②班:颁布。邑:采邑,以租赋为大夫供给俸禄的封地。

③柳庄:卫国大夫。下篇记他为卫太史。

④羁:马笼头。靮(dí):马缰绳。

⑤私:偏心。

【译文】

卫献公因内乱逃奔到齐国,后来返回卫国,走到国都郊外,打算先颁赐采邑给跟随他流亡的人以后再入城。柳庄说:"如果您的臣子都留在国内守卫国家,那谁为您拉着马笼头、牵着马缰绳呢?如果臣子都跟随您逃亡,那谁来守卫国家呢?国君刚返回国家就有偏私,恐怕不可以这样吧?"于是就没有颁赐。

卫有大史曰柳庄，寝疾。公曰：“若疾革[①]，虽当祭必告。”公再拜稽首，请于尸曰：“有臣柳庄也者，非寡人之臣，社稷之臣也，闻之死，请往。”不释服而往，遂以襚之[②]。与之邑裘氏与县潘氏，书而纳诸棺，曰：“世世万子孙，毋变也。”

【注释】

①革（jí）：郑注：“急也。”

②襚（suì）：向死者赠送衣服。

【译文】

卫国有太史叫柳庄，病重卧床。卫献公说：“如果他病危，即使我正在主持祭典，也一定要马上告诉我。”柳庄死时献公正在主持祭礼，得知柳庄死讯后，献公向祭礼中充当尸的人拜了两次，磕头触地，请求说：“有个臣子叫柳庄，不只是寡人我一人的臣子，乃是整个国家的臣子，听说他去世了，请让我马上前往吊唁。”没有换掉衣服就直接前往柳庄家，脱下祭衣赠给死者，并赐予他邑裘氏与县潘氏两个邑的土地，把这项封赠写在书券上放进棺中，说：“世世代代的子孙，永不改变。”

陈乾昔寝疾[①]，属其兄弟而命其子尊己曰：“如我死，则必大为我棺，使吾二婢子夹我[②]。”陈乾昔死，其子曰：“以殉葬，非礼也，况又同棺乎！”弗果杀。

【注释】

①陈乾昔：人名。其人不详。

②婢子：郑注：“妾也。”

【译文】

陈乾昔病重卧床，嘱咐他的兄弟，又命令他的儿子尊己，说：“如果我死了，一定要为我准备一副大的棺材，让我的两个妾夹在我的两边陪我。”陈乾昔死后，他的儿子说：“用活人殉葬，不符合礼制，更何况放在同一个棺木中！”结果没有杀那两个妾陪葬。

仲遂卒于垂[①]，壬午犹绎[②]，万入去籥[③]。仲尼曰：“非礼也，卿卒不绎[④]。”

【注释】

①仲遂：鲁国大夫东门襄仲，又称“公子遂”。《春秋·宣公八年》记此事云：“夏六月，公子遂如齐，至黄，乃复。辛巳，有事于大庙，仲遂卒于垂。壬午，犹绎。”垂：春秋时期齐地。鲁宣公八年（前601）夏六月，公子遂出使齐国，因病而返回，在垂地去世。

②绎：祭之次日又祭。鲁宣公已在辛巳日举行禘祭，第二天壬午再次行祭。

③万入去籥（yuè）：“万”和“籥”都是舞名。万，是文舞与武舞的总称。文舞手执籥与翟，或名“籥舞”、“羽舞”；武舞执干（盾）与戚，亦名“干舞”。舞以武舞为重，文舞为轻。籥，古代乐器，形似排箫。万入去籥，是说祭礼采用了万舞（即包括文舞与武舞），万舞的舞队进入祭祀现场，但去掉了吹籥的舞队，表示降低了规格。

④卿卒不绎（yì）：孙希旦云：“绎祭轻于正祭，而公卿，君之股肱，故卿卒则不绎。”这是说绎祭的重要性次于正祭，而公卿是国君的股肱，公卿去世之事为大，国君就不应再举行绎祭了。

【译文】

仲遂死在齐国的垂地，鲁宣公在辛巳日进行过祭祀，得知仲遂死讯后，壬午日仍举行绎祭，只是在万舞中去掉了不重要的籥舞。孔子说：“这样做不合于礼，卿死，就不应该再举行绎祭了。”

季康子之母死，公输若方小[①]，敛，般请以机封[②]，将从之。公肩假曰[③]："不可！夫鲁有初[④]：公室视丰碑[⑤]，三家视桓楹[⑥]。般，尔以人之母尝巧，则岂不得以？其毋以尝巧者乎，则病者乎？噫！"弗果从。

【注释】

①公输若：匠师。

②般：公输般，公输若的族人。也作"公输班"，即鲁班，古代著名的木工巧匠，曾发明多种木制器械。封：同"窆"(biǎn)。

③公肩假：鲁人。

④初：旧例，惯例。

⑤公室：指诸侯。丰碑：用大木制成，形似石碑，树立于圹中椁的前、后、左、右四角，上端凿穿一孔洞，孔洞中安辘轳，棺木放下墓穴时，捆绑棺木的粗绳索通过丰碑孔洞的辘轳慢慢放下。按当时的礼制，"天子六繂(粗绳索)四碑，诸侯四繂二碑，大夫二繂二碑，士二繂无碑"。使用四碑下棺，原是安放天子棺木使用的方式，这时已经被诸侯僭越使用。丰，大。

⑥三家：指孟孙氏、叔孙氏和季孙氏，即"三桓"。鲁桓公的嫡长子为鲁庄公，其余三个庶子即后来鲁国的孟孙氏、叔孙氏和季孙氏，他们位高权重一时。桓楹：用四根大柱子放在椁的四角，用法和丰碑相同。"桓楹"是诸侯的下棺方式。桓，大。

【译文】

季康子母亲死了，匠师公输若年纪还小，将要进行殓葬时，公输若的族人公输般请求用他制造的机械来下棺入墓穴，丧主准备同意。公肩假说："不行！鲁国下棺之法先前有规定：诸侯参照天子用丰碑，三家大夫比照诸侯用桓楹。公输般，你用别人的母亲来试验你的机械，你不这么做难道不行吗？要是没人试用你的机械，你会有病吗？噫！”于是，季康子母亲棺木放入墓穴没有使用公输般的机械。

战于郎[①]，公叔禺人遇负杖入保者息[②]，曰：“使之虽病也，任之虽重也，君子不能为谋也[③]，士弗能死也，不可。我则既言矣。”与其邻重汪踦往[④]，皆死焉。鲁人欲勿殇重汪踦[⑤]，问于仲尼。仲尼曰：“能执干戈以卫社稷，虽欲勿殇也，不亦可乎！”

【注释】

①战于郎：鲁国和齐国战于郎。郎，鲁国国都附近之邑。本文所记亦见于《左传·哀公十一年》，文字略有出入。

②公叔禺(yú)：鲁昭公之子。《左传》作“公叔务人”。负杖：扛着杖的守城人。保：同“堡”。

③君子：卿大夫。

④重：当作“童”，指未成年。汪踦：人名。《左传》作“汪锜”。

⑤勿殇：未成年人死亡安葬之礼，规格低于成年人安葬之礼，因汪踦死于国事，鲁人想提高丧礼的规格，所以不按照未成年人的葬礼办丧事。

【译文】

鲁国和齐国在郎地交战，公叔禺遇见扛着杖的守城人疲惫地进入城堡休息，感叹道：“国家的徭役、赋税虽然已经很繁重了，但卿大夫还是不能好好出谋划策，士还是不能为国家献身，这是不行的。我既然这么说了，就要拿出行动来。”于是和他的邻居、童子汪踦一起前去作战，都战死了。鲁国人想不按未成年人死亡的丧礼安葬汪踦，而提高丧礼规格按照成年人之礼安葬汪踦，询问孔子是否可以。孔子说：“已经能拿着干戈保卫国家了，虽然不按未成年人之礼安葬，而提高丧礼规格、按照成年人丧礼安葬，也是可以的！”

子路去鲁，谓颜渊曰：“何以赠我？”曰：“吾闻之也，去国[①]，则哭于墓而后行；反其国，不哭，展墓而入[②]。”谓子路曰：“何以处我？”子路曰：“吾闻之也，过墓则式，过祀则下[③]。”

【注释】

①去国：出国。这里不是因君命出国，所以要讲孝，哭于祖坟。

②展：省视。

③祀：孔疏：“谓神位有屋、树者。”

【译文】

子路要离开鲁国，对颜渊说：“你有什么话赠送我？”颜渊说：“我听说过，离开自己的国家，要先去祖坟哭泣然后再走；返回国家的时候，不用去祖坟哭，省视墓地后再进城。”又对子路说：“你有什么话可以让我安处于鲁国？”子路说：“我听说过，乘车经过墓地要伏轼行礼，路过有树有屋的神位要下车致敬。”

工尹商阳与陈弃疾追吴师[①]，及之。陈弃疾谓工尹商阳曰：“王事也，子手弓而可。”手弓。“子射诸！”射之，毙一人，韔弓[②]。又及，谓之，又毙二人。每毙一人，掩其目[③]。止其御曰：“朝不坐，燕不与[④]，杀三人，亦足以反命矣。”孔子曰：“杀人之中，又有礼焉。”

【注释】

①工尹:楚官名。掌百工。商阳:人名。陈弃疾:楚公子弃疾,楚共王之子,后来的楚平王。于鲁昭公八年(前534)率师灭陈,因而称为"陈弃疾"。

②韔(chàng)弓:将弓装回弓袋。韔,古代装弓的袋子。

③揜(yǎn)其目:遮住自己的眼睛。不忍看人被杀,遮住自己的眼睛不愿看。揜,同"掩"。

④"朝不坐"二句:朝、燕都在正寝,大夫坐于堂上,士立于堂下。这里说"不坐"、"不与",这是说自己地位低下。燕,通"宴"。

【译文】

工尹商阳与陈弃疾追赶吴国军队,追上了。陈弃疾对工尹商阳说:"这是为君王的事,你可以拿起弓了。"商阳拿起弓。陈弃疾又对他说:"你可以射箭了!"商阳射箭,杀死一人,即把弓装回弓袋里。又追赶到吴军,陈弃疾又对他这么说,商阳又射死两个人。每射死一人,商阳都要遮住眼睛。商阳让驾车的驭手停止追赶,说:"上朝时我没有座位,举行宴飨时我不能参加,已经杀了三个人了,也足以回去交差了。"孔子得知后说:"杀人之中,也是有礼节的。"

诸侯伐秦,曹桓公卒于会①。诸侯请含②,使之袭③。

【注释】

①曹桓公卒于会:《春秋·成公十三年》:夏五月,"(鲁成)公自京师,遂会晋侯、齐侯、宋公、卫侯、郑伯、曹伯、邾人、滕人,伐秦。曹伯卢卒于师"。曹桓公,曹国国君,《左传》作"曹宣公",郑注:"卢谥宣,言桓,声之误。"

②含:行含礼,即为死者口中放置玉。通常由地位比死者高的人为

死者行含礼。

③袭：为死者穿衣。“袭”属于贱者之事，曹国人让诸侯为曹宣公袭，显然是不合礼仪的。

【译文】

诸侯出兵攻打秦国，曹宣公在会合诸侯后去世。诸侯要求给曹宣公行含礼，为他口中含玉，曹国又让诸侯们给曹宣公的尸体穿衣。

襄公朝于荆[1]，康王卒[2]。荆人曰：“必请袭。”鲁人曰：“非礼也。”荆人强之，巫先拂柩[3]，荆人悔之。

【注释】

①襄公：鲁襄公，名午。荆：楚国。与本篇相似的内容也见于《左传·襄公二十九年》。当时鲁国依附楚国，因此鲁襄公去朝见楚王。

②康王：楚康王，名昭。死于鲁襄公二十八年（前545）。

③巫先拂柩：巫先用桃枝拂拭了一下灵柩。郑注：“巫祝桃茢（liè，笤帚），君临臣丧之礼。”“巫先拂柩”是君对臣的礼节，楚国人逼迫鲁襄公为楚康王袭，本想羞辱鲁襄公，没想到反而吃了亏。

【译文】

鲁襄公去楚国朝见楚王，恰逢楚康王去世。楚人说：“请一定为楚王遗体穿衣。”鲁人说：“这不合礼制。”楚人强迫鲁襄公这样做，鲁人用君临臣丧之礼先让巫用桃枝拂扫灵柩，楚人十分后悔。

滕成公之丧[1]，使子叔敬叔吊[2]，进书[3]，子服惠伯为介[4]。及郊，为懿伯之忌[5]，不入。惠伯曰：“政也，不可以叔父之私不将公事。”遂入。

【注释】

①滕成公:滕国国君,死于鲁昭公三年(前539)。与本篇相似的内容也见于《左传·昭公三年》。

②子叔敬叔:鲁国大夫叔弓。

③进书:郑注:“奉君吊书。”即呈送鲁昭公吊唁成公的书信。孙希旦说:“书,谓书方赗物之目也。”按,两项内容并不矛盾,或先致吊唁后列赠物。

④子服惠伯:鲁国大夫公子服椒。介:副手。

⑤懿伯之忌:懿伯是子服惠伯的叔父,此日为懿伯忌日。

【译文】

滕成公的丧事,鲁昭公派子叔敬叔前去吊丧,递交吊唁书信与馈赠的助丧财物清单,子服惠伯作为副手。到达滕国国都的近郊,正好赶上子服惠伯的叔父懿伯的忌日,子叔敬叔就不准备进城了。惠伯说:“我现在办的是公家的政事,不可以叔父的私事耽误公事。”于是就入城了。

哀公使人吊蒉尚[①],遇诸道,辟于路,画宫而受吊焉[②]。曾子曰:“蒉尚不如杞梁之妻之知礼也[③]。齐庄公袭莒于夺[④],杞梁死焉。其妻迎其柩于路而哭之哀。庄公使人吊之。对曰:‘君之臣不免于罪,则将肆诸市朝[⑤],而妻妾执。君之臣免于罪,则有先人之敝庐在,君无所辱命[⑥]。’”

【注释】

①蒉(kuài)尚:鲁哀公臣。事迹不详。

②画宫:郑注:“画地为宫象。”即在地上画出殡宫之位。受吊:接受吊唁。行吊礼于野,这是不合礼仪的。

③杞梁:齐国大夫,名殖。

④莒(jǔ):春秋时期国名。《春秋·襄公二十三年》:“齐侯袭莒。”《传》:“杞殖、华还载甲夜入且于之隧。”此战因莒方施计,齐军大败,杞梁战死。夺:《左传》作“隧”。夺、隧声近。隧,小道。

⑤肆:郑注:“陈尸也。”

⑥“君之臣”三句:《左传·襄公二十三年》:“齐侯归,遇杞梁之妻于郊,使吊之。辞曰:‘殖之有罪,何辱命焉。若免于罪,犹有先人之敝庐在,下妾不得与郊吊。’”杞梁之妻拒绝齐侯在郊外吊唁其夫,认为不合礼仪。

【译文】

蕢尚的亲人去世,鲁哀公派人前去吊丧,在路上遇到蕢尚,蕢尚避让,退到路边,在地上画出殡宫,接受吊唁。曾子得知后说:“蕢尚还不如杞梁之妻懂得礼仪。齐庄公派军队从小路偷袭莒国,杞梁战死。他的妻子在路上迎接杞梁的灵柩,哭得很伤心。齐庄公派人前去吊唁。杞梁的妻子说:‘国君的臣子死了,如果是有罪而死,就应该在市朝上陈尸示众,他的妻妾也应被抓起来;如果可以免于死罪,我们还有先人留下的破房子,可以接待国君的使者,不能不合礼仪地在郊外进行吊唁而侮辱了国君的命令。’”

孺子䵍之丧[①],哀公欲设拨[②],问于有若。有若曰:“其可也,君之三臣犹设之[③]。”颜柳曰[④]:“天子龙輴而椁[⑤],帱[⑥];诸侯輴而设帱,为榆沈[⑦],故设拨。三臣者废輴而设拨,窃礼之不中者也,而君何学焉?”

【注释】

①䵍(tūn):鲁哀公的小儿子。

②拨:郑注:“可拨引輴(chūn)车,所谓绋。”(輴,殡车,灵柩车,则绋

为牵引殡车的绳索。)

③三臣:指孟孙氏、叔孙氏和季孙氏。

④颜柳:颜幸,字子柳。孔子的弟子。

⑤龙辁(chūn):车辕上绘有龙的殡车。椁:《集解》引郑注:"殡以椁覆棺上涂之,所谓'菆涂龙辁以椁'。"参见《檀弓上》"天子之殡也"节。这是说,天子的殡车,外围用木头垒起来,并涂以色彩,像棺外之椁一样。

⑥帱(dào):覆盖在棺上绣有图案的纺织品,也称"棺衣"。

⑦为榆沈:郑注:"以水浇榆白皮之汁,有急以播地,于引辁车滑。"即认为辁车载柩十分笨重,用榆树皮汁给地面加滑,再用拨来控制辁车。《集解》引吴澄说,用榆木制作辁车的轮毂,木性笨重,所载棺柩又重,所以设拨来帮助移动。今从吴说。

【译文】

鲁哀公的小儿子韈的丧事,哀公想在其柩车设置只有天子、诸侯的柩车上才能安置的拨,询问有若是否可以。有若回答说:"那是可以的。国君的三家大臣都设置了。"颜柳说:"天子的殡车,车辕上绘有龙图案,车上的棺木周围堆积着木,像椁一样,再覆盖上棺衣;诸侯的殡车棺木上也覆盖有棺衣,这种殡车是用榆木制作的,本身就很沉重,上面再载上棺木,运行困难,因而要设置拨来帮助运行。三家大臣不敢用天子、诸侯所用的殡车,但却设置了拨,盗用了天子、诸侯之礼却并不中用,国君何必学他们呢?"

悼公之母死①,哀公为之齐衰。有若曰:"为妾齐衰②,礼与?"公曰:"吾得已乎哉!鲁人以妻我。"

【注释】

①悼公之母:鲁悼公的母亲,是鲁哀公的爱妾。悼公,鲁悼公,鲁哀

公之子，名宁，此时尚未为鲁君。

②为妾齐衰：丧礼规定，士为贵妾服缌麻，大夫以上为妾无服，只有为嫡妻才能服齐衰。

【译文】

鲁悼公的母亲去世了，鲁哀公为她穿着齐衰丧服。有若说："为妾穿着齐衰丧服，合于礼吗？"哀公说："我是不得以啊！鲁国人都以为她是我的妻子。"

季子皋葬其妻①，犯人之禾，申祥以告，曰："请庚之②。"子皋曰："孟氏不以是罪予③，朋友不以是弃予，以吾为邑长于斯也。买道而葬，后难继也。"

【注释】

①季子皋（gāo）：即孔子弟子高柴。《左传》和《论语》中作"子羔"。

②庚：偿。

③孟氏：鲁国三臣之一孟孙氏。当时子皋做他城邑的邑宰。

【译文】

季子皋埋葬他的妻子时，踩踏了别人的禾苗，申祥将这件事告诉子皋，说："请赔偿人家的损失。"子皋说："孟氏不因为这件事责备我，朋友不因为这件事抛弃我，因为我在这里做邑长。如果我花钱买路出葬，恐怕以后的人会难以继续照办。"

仕而未有禄者①，君有馈焉曰"献"②，使焉曰"寡君"。违而君薨，弗为服也。

【注释】

①仕而未有禄者：初任官职还没有确定俸禄的人。孙希旦说："仕而未有禄，谓初适他国而未有定位，若孟子在齐是也。"

②君有馈焉曰"献"：郑注："有馈于君。"孔疏："谓臣有物馈献于君，既奉饷君上，故曰'献'。"

【译文】

初任官职还没有领取俸禄的人，有东西馈赠给国君，称作"献"，受命出使，称国君为"寡君"。离开该国了，如果国君去世，不用为他服丧。

虞而立尸，有几筵[①]。

【注释】

①几筵：几案和竹席。这是为死者的神灵设置的。

【译文】

虞祭开始，要安排尸接受享祭，要设置几案和竹席。

卒哭而讳，生事毕而鬼事始已[①]。既卒哭，宰夫执木铎以命于宫曰[②]："舍故而讳新[③]。"自寝门至于库门[④]。

【注释】

①已：语气词。

②宰夫：官名。《周礼·天官·宰夫》："大丧、小丧，掌小官之戒令。"木铎(duó)：以木为舌的铜铃。摇木铎，以引起注意，宣布政教。

③舍故而讳新：郑注："故，谓高祖之父当迁者也。"中国古代宗法制度有毁庙、迁庙之制。诸侯五庙，即祢(父)庙、祖庙、曾祖庙、高

祖庙、太祖庙。太祖是始封之祖，其庙不毁、不迁。高祖庙以下四庙，每有父辈新死者加入，原来的高祖庙就将其牌位迁于太祖庙祔祭，不再避讳其名，其余三庙则依次升位，新死者则居祢庙，避称名讳。这里的“故”就是迁走的高祖父，“新”是新死者。

④自寝门至于库门：诸侯宫室有三门：内有寝门，为正寝之门，是最内里的门，也称为“路门”；中有雉门；外有库门，也称为“外门”，是最外面的门。寝门内叫做“内朝”，寝门外、雉门内，叫做“治朝”，库门外叫做“外朝”。百官上朝通常都在自寝门至库门这一段。

【译文】

卒哭祭后要避讳死者之名，因为以活人对待他的礼节已经结束，以鬼神对待他的礼节开始了。卒哭祭完毕后，宰夫摇着木铎在宫中宣布：“废止旧名讳，开始遵行新名讳。”从正寝之门一直喊到库门。

二名不偏讳。夫子之母名徵在，言“在”不称“徵”，言“徵”不称“在”。

【译文】

死者的名如果是两个字的，不用同时都避讳。如孔子的母亲名叫徵在，说“在”就不说“徵”，说“徵”就不说“在”。

军有忧[①]，则素服哭于库门之外，赴车不载櫜韔[②]。

【注释】

①忧：郑注：“谓为敌所败也。”

②赴车：回国报告战败消息的车。櫜(gāo)：装铠甲的袋子。车上

的铠甲不放进袋子里，弓也不放进袋子里，表示要报仇雪恨，继续战斗。

【译文】

军队战败，国君率群臣着素衣、素裳、素冠在库门外哭泣；回国报告战败消息的车上，铠甲不放进袋子里，弓也不放进袋子里。

有焚其先人之室[①]，则三日哭。故曰："新宫火，亦三日哭。"[②]

【注释】

①先人之室：指宗庙。宗庙被焚，祖宗的神灵便无所依托，为此而哀伤痛哭。

②"新宫火"二句：《春秋·成公三年》："甲子，新宫灾，三日哭。"宗庙被焚则祖宗的神灵无所凭依，所以要哭泣致哀。"人火曰火，天火曰灾。"

【译文】

如果宗庙发生火灾，就要痛哭三天。所以《春秋》记载说："新建的宗庙发生火灾，成公哭了三天。"

孔子过泰山侧，有妇人哭于墓者而哀。夫子式而听之，使子路问之，曰："子之哭也，壹似重有忧者[①]。"而曰："然。昔者吾舅死于虎[②]，吾夫又死焉，今吾子又死焉！"夫子曰："何为不去也？"曰："无苛政[③]。"夫子曰："小子识之[④]，苛政猛于虎也！"

【注释】

①重(zhòng):深重。

②舅:丈夫的父亲。

③苛政:《训纂》引王引之说:"政,读曰'征',谓赋税及徭役也。诛求无已,则曰苛征。"指繁重、凶暴的赋税和徭役。

④识(zhì):记。

【译文】

孔子经过泰山旁,有个妇人哭得很哀伤。孔子伏在车轼倾听,派子路前去询问,说:"听你的哭声,像是有很深重的忧伤。"妇人答道:"是啊。从前我的公公被老虎咬死,后来我的丈夫又被老虎咬死,现在我的儿子也被老虎咬死了!"孔子问:"为什么不离开这里呢?"答道:"这里没有繁重、凶暴的赋税和徭役。"孔子对弟子说:"你们都记住啦!繁重的徭役和赋税比老虎还要凶猛啊!"

鲁人有周丰也者[①],哀公执挚请见之[②],而曰"不可"。公曰:"我其已夫[③]。"使人问焉,曰:"有虞氏未施信于民而民信之[④],夏后氏未施敬于民而民敬之。何施而得斯于民也?"对曰:"墟墓之间,未施哀于民而民哀;社稷宗庙之中,未施敬于民而民敬。殷人作誓而民始畔[⑤],周人作会而民始疑[⑥]。苟无礼义、忠信、诚悫之心以莅之,虽固结之,民其不解乎?"

【注释】

①周丰:鲁人,身份可能是士。

②挚:古代拜访时相赠的礼物。俗作"贽"。

③已:止。

④有虞氏:古部落。首领即舜,受尧禅让,后又禅让给禹。

⑤殷人作誓："誓"是盟誓。此处以"殷人作誓"与下文"周人作会"对举，是一种修辞形式，并非殷人只作誓，周人只作会。《尚书》有《泰誓》、《牧誓》，皆誓辞。畔：通"叛"。

⑥周人作会："会"是盟会，指周代诸侯会盟，共同进行征伐活动等。出土文献《侯马盟书》、《温县盟书》，皆东周时诸侯大夫盟誓之辞。

【译文】

鲁国有个叫周丰的人，鲁哀公要拿着见面礼请求和他见面，周丰说"不敢当"。哀公说："那我就不去了吧。"派人去向他询问，说："有虞氏的国君没有故意做要人们信任的事，但人们却信任他；夏后氏的国君没有故意做要人们敬仰的事，但人们却敬仰他。他们做了什么而使人们能够信任与敬仰呢？"周丰答道："身处于废墟和墓地之中，不用教人悲哀，人们自会悲哀；身处于社稷庙和宗庙之中，不用教人严肃庄重，人们自会严肃庄重。殷代制定了许多的誓词，人们却开始背叛他；周代举行了各种的会盟，人们却开始怀疑他。如果没有礼义、忠信、诚实之心来对待人们，虽然想强行把人们团在一起，人们难道就不会离散了吗？"

丧不虑居，毁不危身。丧不虑居，为无庙也；毁不危身，为无后也。

【译文】

守丧不考虑居处的安逸，悲伤憔悴、容颜改变而不能损坏身体。守丧不考虑居处的安逸，是因为亲人的神灵还未归宗庙、无所凭依；悲伤憔悴、容颜改变而不能损坏身体，是怕断绝了后代。

延陵季子适齐[①]，于其反也，其长子死，葬于嬴、博之间[②]。孔子曰："延陵季子，吴之习于礼者也。"往而观其葬焉。其坎深不至于泉[③]，其敛以时服。既葬而封，广轮揜坎[④]，其高可隐也[⑤]。既封，左袒，右还其封且号者三[⑥]，曰："骨肉归复于土，命也！若魂气则无不之也，无不之也！"而遂行。孔子曰："延陵季子之于礼也，其合矣乎！"

【注释】

①延陵季子：吴国公子季札。"延陵"是他的封邑，因此为号。季札出聘齐国约在鲁昭公二十七年(前515)。

②嬴(yíng)、博：皆为春秋时齐国地名。

③坎：墓圹。

④广：宽度。轮：长度。

⑤隐：郑注："隐，据也，封可手据。"指封土的高度，可以用手扶住。孔疏："人长八尺，低而据之半，为四尺。"约今一米左右。

⑥右还(xuán)：从右向左转，如今之逆时针旋转。还，旋转，回旋。号：郑注："哭且言也。"

【译文】

延陵季子出使到齐国，回国的途中，他的长子去世了，葬在齐国的嬴邑和博邑之间。孔子说："延陵季子，是吴国熟习礼仪的人。"于是前去观看他操办葬礼。那墓圹的深度不到地下泉水的地方，入殓穿的是平时穿的衣服。下葬后积土为坟，封土的宽度和长度正好掩住墓圹，高度是人俯下身子手就可以扶住。坟做好后，季子袒露左臂，从右向左绕着坟跑了三圈，并号哭了三遍，说："我的骨肉啊，又回归于土中了，命啊！而灵魂却无处不在，无所不往啊！"号哭完毕，就走开了。孔子说："延陵季子遵行礼仪，真是非常到位！"

郲娄考公之丧[①]，徐君使容居来吊含[②]，曰："寡君使容居坐含，进侯玉，其使容居以含[③]。"有司曰："诸侯之来辱敝邑者，易则易[④]，于则于[⑤]，易、于杂者，未之有也。"容居对曰："容居闻之：事君不敢忘其君，亦不敢遗其祖。昔我先君驹王[⑥]，西讨济于河，无所不用斯言也。容居，鲁人也，不敢忘其祖。"

【注释】

①郲娄考公：郲娄国国君。郑注："考，或为'定'。"《集解》引顾炎武考证说，郲娄考公时已距春秋甚远，此处应为"定"，后数节有"郲娄定公"。

②徐君使容居来：当时徐国国君僭礼称王，自比天子。容居，徐国国君的大臣。吊含：吊且含，吊唁并为死者行含玉之礼。

③"寡君"三句：按照礼制，行含礼不用贱者，像徐国这样的小国使者不能直接为逝世的郲娄公口中放置含玉，但徐国僭越称王，自比天子，使者容居口气很大，要亲自为逝世的郲娄公口中放置含玉。结果遭到拒绝。

④易：郑注："谓臣礼。"

⑤于：郑注："谓君礼。"

⑥驹王：徐国的先君。僭号称王，容居是他的子孙。

【译文】

郲娄定公的丧事，徐国国君派容居前往吊唁并行含玉之礼，容居说："敝国国君派我容居前来坐行含礼，进献诸侯所用的玉，请让我容居来行含礼。"郲娄的有关官吏说："诸侯屈尊来到敝国，如果是使臣来，我们就用臣礼对待，如果是国君来，我们就用君礼对待，将臣礼和君礼混杂在一起，我们是从来不这么做的。"容居回答说："我容居听说过：事奉国君就不敢忘记国君，也不敢遗忘自己的祖先。从前我的先祖驹王，向西征伐并渡过黄河，无论到哪里都是这么说话的。容居，虽是鲁钝之人，但不敢忘记自己的祖先。”

子思之母死于卫[①]，赴于子思，子思哭于庙。门人至，曰：“庶氏之母死[②]，何为哭于孔氏之庙乎？”子思曰：“吾过矣！吾过矣！”遂哭于他室。

【注释】

①子思之母：子思的母亲在子思的父亲死后改嫁到卫国。可参看《檀弓上》“子思之母死于卫”节。

②庶氏：郑注：子思之母，“嫁母也，姓庶氏”。

【译文】

子思的母亲死于卫国，向子思报了丧，子思在家庙中为母亲哭泣。子思的学生来到，说：“庶氏的母亲死了，为什么要在孔氏的家庙中哭她？”子思说：“是我的错！是我的错！”于是就到别的屋子去哭。

天子崩，三日，祝先服[①]；五日，官长服[②]；七日，国中男女服[③]；三月，天下服[④]。虞人致百祀之木[⑤]，可以为棺椁者斩之。不至者，废其祀，刎其人[⑥]。

【注释】

①祝：太祝、商祝，负责含、殓等丧事事务。服：服杖。按照丧礼制度，与死者亲疏远近不同的人，要穿着不同的丧服，手持不同的杖。

②官长：郑注：“大夫、士。”孙希旦云：“达官之长，谓卿大夫也。”

③国中男女服：国中男女，郑注："庶人。"孔疏："国中男女服者，谓畿内民及庶人在官者。服谓齐衰，三月而除之。必待七日者，天子七日而殡，殡后嗣王成服，故民得成服也。"

④天下：郑注："诸侯之大夫也。"

⑤虞人：掌管山林、川泽的官吏。百祀之木：畿内经过百祀的树木。孙希旦说："为椁必斩百祀之木者，盖社木神之所凭，常时不伐，以其岁久而高大也。"

⑥刎(wěn)：杀。

【译文】

天子去世，三天后，祝先穿着丧服、手持丧杖；五天后，卿大夫穿着丧服、手持丧杖；七天后，畿内的百姓穿着丧服；三个月后，各诸侯国的大夫穿着丧服。虞人要负责输送畿内历经百祀的树木，将可以作为棺椁的树砍伐了。对不给输送木材的，要严加惩处，废掉他的祭祀，杀掉他。

齐大饥，黔敖为食于路[①]，以待饿者而食之。有饿者蒙袂辑屦[②]，贸贸然来[③]。黔敖左奉食，右执饮，曰："嗟[④]，来食！"扬其目而视之，曰："予唯不食嗟来之食，以至于斯也。"从而谢焉，终不食而死。曾子闻之，曰："微与[⑤]！其嗟也可去，其谢也可食。"

【注释】

①黔敖：齐国一富人。为食：做饭，做食物。

②蒙袂：用衣袖遮着脸，是不想给人看见。辑屦：趿拉着鞋。辑，敛。

③贸贸：郑注："目不明之貌。"指两眼昏花、无精打采。

④嗟(jiē):叹词。

⑤微:郑注:"微,犹无也。"朱彬《训纂》说:"微,小也。"指这本是小事。

【译文】

齐国发生了严重的饥荒,黔敖在路边做食物,等待着饥饿的人来吃。有个饥民用衣袖遮着脸,趿拉着鞋子,无精打采地走过来。黔敖左手捧着吃的,右手拿着喝的,说:"喂,来吃!"这个人抬起眼看了看黔敖,说:"我就是不吃这么喊着'喂,来吃'的人给的饭,才落到这个地步的。"黔敖于是向他道歉,但他还是不吃,终于饿死了。曾子听说这事后,说:"这本是小事啊!他喊'喂'的时候可以离去,但他已经道歉了,就可以吃了。"

邾娄定公之时[①],有弑其父者。有司以告,公瞿然失席曰[②]:"是寡人之罪也。"曰:"寡人尝学断斯狱矣:臣弑君,凡在官者杀无赦;子弑父,凡在宫者杀无赦。杀其人,坏其室,洿其宫而猪焉[③]。盖君逾月而后举爵。"

【注释】

①邾娄定公:名貜(jué)且,鲁文公十四年(前613)即位。

②瞿(jù)然:惊骇的样子。

③洿(wū)其宫而猪焉:把屋子的地基挖成坑,注满水。洿,挖掘。猪,通"潴",积聚。

【译文】

邾娄定公在位时,有个人杀死了自己的父亲。有关官员将此事报告给定公,定公惊骇地都偏离了坐席,说:"这是寡人的罪过啊。"又说:"寡人曾学习过判决这种案子:臣子杀害国君,凡是在官府的人,无论贵贱，都可以杀了他，绝不饶恕；儿子杀害父亲，凡是在家中的人，无论尊卑，都可以杀了他，绝不饶恕。不仅要杀了这个人，还要毁掉他的屋子，把他房屋的那块地挖成深坑，灌满水。国君要过一个月才能举杯饮酒。"

晋献文子成室[①]，晋大夫发焉。张老曰[②]："美哉轮焉[③]！美哉奂焉[④]！歌于斯，哭于斯，聚国族于斯[⑤]。"文子曰："武也得歌于斯，哭于斯，聚国族于斯，是全要领以从先大夫于九京也[⑥]。"北面再拜稽首。君子谓之善颂、善祷[⑦]。

【注释】

①晋献文子：晋国卿赵武，"献"、"文"都是谥。

②张老：晋国大夫。

③轮：郑注："轮囷，言高大。"指屋宇高大。

④奂：郑注："言众多。"《训纂》引王引之说，"奂"古"焕"字，指有文饰且明亮。

⑤聚国族：孙希旦说："谓与国中僚友及宗族聚会饮食也。"

⑥全要领：保全腰与颈，即免于腰斩与斩首之刑。要，同"腰"。领，颈。九京：郑注："晋卿大夫之墓地在九原，'京'盖字之误，当为'原'。"阜阳双古堆汉简《说类杂事》之一九有"晋平公过于九京而叹"句，传世文献中"九原"、"九京"混淆之例甚多，似难以断定"京"必为"原"之误。

⑦颂：指张老的贺词。祷：指赵武的回答。

【译文】

晋献文子的新居落成，晋国的大夫都发出祝贺之辞。张老说："建筑多么高大美丽，装饰多么繁丽漂亮，真是美轮美奂！可以在这里奏乐祭祀，可以在这里居丧哭泣，可以在这里与朋友、族人宴饮聚会。”文子说：“我赵武能够在这里奏乐祭祀，能够在这里居丧哭泣，能够在这里与朋友、族人宴饮聚会，是说明我能够免于腰斩和斩首之刑，能够随从先人、归葬于九京。”于是，面朝北再次跪拜磕头行礼。君子说，颂贺之辞说得好，祝祷之辞说得也好。

仲尼之畜狗死[①]，使子贡埋之，曰：“吾闻之也：敝帷不弃，为埋马也；敝盖不弃，为埋狗也。丘也贫，无盖，于其封也[②]，亦予之席，毋使其首陷焉[③]。”路马死[④]，埋之以帷。

【注释】

①畜狗：驯养的狗。

②封：郑注：“当作‘窆’。”

③陷：指埋没于土中。

④路马：郑注：“君所乘者。”

【译文】

孔子养的狗死了，让子贡去埋了它，说：“我听说过：破旧的帷幕不要丢弃，可以用来包裹死马去埋葬；破旧的伞盖不要丢弃，可以用来包裹死狗去埋葬。我孔丘贫穷，没有伞盖，但是埋葬死狗到墓坑，也要裹上一张席子，不能让它的头埋没在土里。”国君乘的马死了，要用帷幕包裹好再埋葬。

季孙之母死，哀公吊焉，曾子与子贡吊焉，阍人为君在[①]，弗内也[②]。曾子与子贡入于其厩而修容焉。子贡先入，阍人曰：“乡者已告矣[③]。”曾子后入，阍人辟之。涉内霤[④]，卿大夫皆辟位，公降一等而揖之。君子言之曰：“尽饰之道，斯其行者远矣。”

【注释】

①阍(hūn)人：守门人。

②内：同“纳”。

③乡(xiàng)：通“向”，刚才。

④内霤(liù)：大门之内屋檐滴水处。

【译文】

季孙的母亲去世，鲁哀公前去吊丧，曾子和子贡也前去吊丧，守门人因国君在屋内，没有让他们进去。曾子和子贡便到季孙家的马厩中又修整了一下仪容。然后子贡先进门，守门人说：“刚才已经通报过了。”曾子后进门，守门人避让。二人走到门内滴水的屋檐下，卿大夫们都从席位上避开表示致意，鲁哀公见二位到来，从堂上降下一阶，向二人作揖。君子讲起这件事时说：“尽心修整仪容的道理，会流传得很久远。”

阳门之介夫死[①]，司城子罕入而哭之哀[②]。晋人之觇宋者[③]，反报于晋侯曰：“阳门之介夫死，而子罕哭之哀，而民说，殆不可伐也。”孔子闻之曰：“善哉觇国乎！《诗》云：‘凡民有丧，扶服救之。’[④]虽微晋而已[⑤]，天下其孰能当之？”

【注释】

①阳门：宋国国都城门名。介夫：披着铠甲的卫士。

②司城子罕：司城，即司空，掌营建城郭等工程事务，实为主政官。宋国因宋武公名司空，为避讳而称“司城”。子罕，宋戴公之子乐甫术的后人乐喜。

③觇(chān):窥视,侦探。

④"《诗》云"以下二句:出自《诗经·邶风·谷风》。扶服,《诗经》作"匍匐",尽力之意。

⑤微:郑注:"犹非也。"

【译文】

宋国阳门一位披甲的卫士死了,司城子罕去了他家并哭得很哀伤。在宋国侦察情报的晋国人把这件事报告给晋侯说:"阳门的披甲卫士死了,子罕去他家哭得很哀伤,百姓因此心悦,恐怕现在还不能侵伐宋国。"孔子听说这件事后,说:"好啊,这人真会侦探国情啊!《诗经》上说:'凡是百姓有丧事,我都要尽力去救助帮忙。'不能侵伐宋国,不仅仅是晋国而已,天下有哪个国家能去侵伐呢?"

鲁庄公之丧①,既葬②,而绖不入库门③。士、大夫既卒哭,麻不入④。

【注释】

①鲁庄公之丧:据《左传》记载,鲁庄公在位三十二年而死,太子般即位,庄公的庶兄庆父作乱,派人杀死子般,闵公被立为君,闵公年仅八岁,国家动荡混乱,鲁庄公去世后未能及时下葬,闵公也未能按正常的礼仪居丧、行丧礼。闵公二年(前660)八月,庆父又指使人杀掉了闵公。

②既葬:庄公去世,历十一月始葬。

③绖(dié)不入库门:郑注:"时子般弑,庆父作乱,闵公不敢居丧,葬已,吉服而反,正君臣,欲以防遏之。"绖,本指孝服中扎在头上或腰间的粗麻布带,此处指代丧服。库门,诸侯三门,库门是宫室最外面的一道门。这是说,作为丧主的闵公没有按照礼制规定,

按部就班地完成丧仪。

④麻:本指扎在头上或腰间的粗麻布带,或指粗麻制作的孝服,此处亦指代丧服,与“绖”用法相同。

【译文】

鲁庄公的丧事,下葬后,鲁闵公就换上了吉服,没有穿着丧服进入库门。鲁国的士、大夫在卒哭祭之后就除丧了,也没有穿着丧服进入库门。

孔子之故人曰原壤,其母死,夫子助之沐椁。原壤登木曰[①]:“久矣予之不托于音也。”歌曰:“狸首之斑然,执女手之卷然[②]。”夫子为弗闻也者而过之。从者曰:“子未可以已乎?”夫子曰:“丘闻之:亲者毋失其为亲也,故者毋失其为故也。”

【注释】

①登木:郑注:“谓叩木以作音。”即击木作伴音。

②卷然:光滑细腻之状。

【译文】

孔子的老朋友叫原壤,他的母亲去世了,孔子去帮忙修治椁木。原壤击叩椁木说道:“很久很久啦,我没把自己的感情寄托在音乐中了。”于是唱道:“椁木的木纹那么美,好像狸猫的头一样斑斓绚丽;握着你的手,卷卷然是如此柔弱滑腻。”孔子好像没听见一样走过。孔子的随从说:“原壤居丧时歌唱,如此无礼,您为什么不和他断绝往来呢?”孔子说:“我听过:亲人虽有过失,但不能抛弃亲人;老友虽有过失,但不能抛弃老友。”

赵文子与叔誉观乎九原①。文子曰："死者如可作也②，吾谁与归？"叔誉曰："其阳处父乎③？"文子曰："行并植于晋国④，不没其身，其知不足称也。""其舅犯乎⑤？"文子曰："见利不顾其君，其仁不足称也。我则随武子乎⑥！利其君不忘其身，谋其身不遗其友。"晋人谓文子知人。文子其中退然如不胜衣⑦，其言呐呐然如不出诸其口⑧。所举于晋国管库之士七十有余家⑨，生不交利，死不属其子焉。

【注释】

①赵文子：即前文提到的晋献文子，晋国卿赵武。叔誉：即叔向，晋羊舍大夫之孙，名肸（xī）。九原：晋国卿大夫之墓地所在，在今山西新绛北。参见本篇"晋献文子成室"节注⑥。此事亦见于《国语·晋语八》，文字略有出入。

②作：起。指复活。

③阳处父（fǔ）：晋国大夫，晋襄公的太傅。性格刚直却无谋，后被狐射姑所杀。

④并植：《国语》作"廉直"。韦昭注："廉直，刚而无谋。"郑注："并犹专也，谓刚而专己。"植，直。

⑤舅犯：公子重耳的舅舅狐偃，字子犯。狐偃随重耳出亡，返回晋国渡过黄河时，将重耳赠他的玉璧交还给重耳，说是将从此亡去，重耳投璧于河中，发誓要和舅氏同心。文子认为，舅犯这是在要挟重耳。详见《国语·晋语四》和《左传·僖公二十四年》。

⑥随武子：晋国中军将、太傅士会（kuài）。名会，谥武，因被封于随、范二邑，又称为"范会"、"随会"。

⑦中：郑注："身也。"退：郑注："柔和貌。"

⑧呐呐然：讲话迟钝或口吃，好像有物在口内存留。

⑨管库之士：郑注："管，键也。"《训纂》引王引之说："管键所以启闭库也"；"今案管者，典也，主也。管库之士，谓主此库者耳"。

【译文】

赵文子和叔向到九原参观。文子说："死去的人如果能够复活，我应该和谁一道回去呢？"叔向说："是阳处父吗？"文子说："阳处父刚直无谋，在晋国独断专权，不能保全自身，他的智慧不足以称道。"叔向说："那是舅犯吗？"文子说："舅犯为自己的利益不顾国君，他的仁义不足以称道。我选择随武子！为国君谋利，又不忘自身；为自身谋利，又不忘记朋友。"晋国人因而认为文子很知人。文子的身体非常柔弱，好像连衣服的重量都承受不了，说话木讷迟钝，好像有话却说不出口。他为晋国推举的人，光是负责管理仓库的士就有七十多人，他活着的时候从不与自己推举的人有利益的交往，去世的时候也没有把自己的儿子嘱托给他们。

叔仲皮学子柳①。叔仲皮死，其妻鲁人也②，衣衰而缪绖③。叔仲衍以告④，请缌衰而环绖⑤，曰："昔者吾丧姑、姊妹亦如斯，末吾禁也⑥。"退，使其妻缌衰而环绖。

【注释】

①叔仲皮：鲁国叔孙氏之族。学(xiào)：郑注："教也。"子柳：叔仲皮之子。

②鲁：鲁钝。

③衣衰：服齐衰。缪绖：用一条麻绳从额头向后交结于颈项。缪，郑注当作"樛"(jiū)，结。

④叔仲衍：叔仲皮的弟弟。

⑤缌(suì)衰：介于大功和小功之间的丧服。缌，较精细而疏的麻布。环绖：用麻绳绕成环形，系在头上。因缌衰、环绖轻细方便，

当时妇人服丧喜欢穿着此服，实际上是不合礼仪的。

⑥末：郑注："无也，言无禁我，欲其言行。"即无人禁止我这样做。

【译文】

叔仲皮教子柳学习。叔仲皮去世了，子柳的妻子虽是鲁钝之人，也知道为公公服齐衰并头戴缠于后颈打好结的丧带。叔仲衍却告诉子柳，让他的妻子服缌衰、头戴单环丧带即可，并说："以前我为去世的姑姑和姊妹都是这么穿的，没人禁止我。"子柳回家后，就让他的妻子服缌衰，头戴单环丧带。

成人有其兄死而不为衰者[①]，闻子皋将为成宰，遂为衰。成人曰："蚕则绩而蟹有匡[②]，范则冠而蝉有緌[③]，兄则死而子皋为之衰。"

【注释】

①成：鲁邑名。

②蚕则绩而蟹有匡：蚕吐丝作茧，但蟹却有筐。蚕吐丝作茧，本来需要筐却没有筐，蟹壳却似筐。匡，同"筐"。

③范则冠而蝉有緌(ruí)：蜂的头上有物像冠，但蝉的口下却有冠带。范，蜂。緌，冠下的带饰。孔疏："緌，谓蝉喙长在口下似冠之緌也。"蜂头上像冠，需要有冠带却没有冠带；蝉不需要冠带，它口下却长有冠带。这里是对不为兄服丧之人的讽刺，蚕本应有筐，蜂本应有緌，它们却都没有，毫不相干的蟹和蝉却拥有。就像此人，不是为了去世的兄弟穿上丧服，而是惧怕子皋来做成邑宰要批评处罚才穿。

【译文】

鲁国成邑有个人，他的兄长死了他却不为兄长服丧，听说子皋将做成邑的邑宰，于是才穿上丧服服丧。成邑的人讽刺他说："本该蚕吐丝织茧，但蟹却做了个筐；本该蜂的头上有冠，但蝉的口下却做了个冠带，兄长去世他本该服丧而不服，却因为子皋要来作宰，赶紧穿上丧服。"

乐正子春之母死[①]，五日而不食[②]。曰："吾悔之。自吾母而不得吾情，吾恶乎用吾情[③]！"

【注释】

①乐正子春：曾子的弟子。

②五日而不食：按照礼制，只需三天不食。

③"自吾母"二句：这是说乐正子春并不是出于对母亲的悲伤之情才五天不食，而是故意逾越礼制来展现自己，因而后悔责备自己。恶乎，郑注："犹于何也。"在哪里。

【译文】

乐正子春的母亲去世了，他五天没吃东西。后来他说："我后悔了。我自己的母亲都得不到我的真情，我又能在哪里表达我的真情呢！"

岁旱，穆公召县子而问然[①]，曰："天则不雨，吾欲暴尪而奚若[②]？"曰："天则不雨，而暴人之疾子，虐，毋乃不可与！""然则吾欲暴巫而奚若[③]？"曰："天则不雨，而望之愚妇人，于以求之，毋乃已疏乎[④]！""徙市则奚若[⑤]？"曰："天子崩，巷市七日[⑥]；诸侯薨，巷市三日。为之徙市，不亦可乎！"

【注释】

①县（xuán）子：即县子琐，鲁国大夫。见《檀弓上》"陈庄子死"节。

②暴（pù）：晒。尪（wāng）：一种胸前突、面朝天的残疾。这是希冀上

天看到残疾人被暴晒怜悯他们而降雨。奚若：郑注："何如也。"

③巫：郑注："《春秋传》说巫曰：'在女曰巫，在男曰觋。'"

④毋乃已疏乎：郑注："已，犹甚也。巫主接神，亦觊天哀而雨之。"疏，疏远了求雨的道理。

⑤徙市：搬迁市场，即关闭集市。郑注："徙市者，庶人之丧礼。今徙市是忧戚于旱，若丧。"

⑥巷市：里巷中的小市场。关闭集市，徙市于里巷。

【译文】

鲁国遭遇干旱，鲁穆公召来县子询问他，说："老天很久不下雨了，我想把有尪疾的人放在露天曝晒，怎么样？"县子答："天不下雨，把有尪疾的人放在露天曝晒，这太残虐了，恐怕不可以吧！"鲁穆公说："那我想把女巫放在露天曝晒，怎么样？"县子答："天不下雨，寄希望于愚昧的妇人，用这种方式来求雨，怕是离求雨的道理过于疏远了！"鲁穆公又说："那关闭集市怎么样？"县子答："天子去世，关闭集市、巷市七天；诸侯去世，关闭集市、巷市三天。为求雨而关闭集市，不也是可以的吗！"

孔子曰："卫人之祔也①，离之②；鲁人之祔也，合之。善夫③！"

【注释】

①祔(fù)：合葬。

②离：二人并立。

③善夫：郑注："善鲁人也。"

【译文】

孔子说："卫国人的合葬方式，是两个墓坑并排安葬；鲁国人的合葬方式，是两人共用一个墓坑安葬。还是鲁人的方式好！"

王制第五

【题解】

郑玄《礼记目录》云："名曰'王制'者，以其记先王班爵、授禄、祭祀、养老之法度。"

"王制"之题，取自篇首"王者之制禄爵"一句。此章内容主要是记载古代帝王治理天下的各种制度，任铭善《礼记目录后案》认为，这应该是因革损益虞、夏、商、周四代的制度所定，未必在当时实际执行过。关于制度的种类，郑玄《礼记目录》提出有班爵、授禄、祭祀、养老四类。任铭善提出十类：班爵，禄田，任官，巡狩，朝聘，教学，养老，国用，丧祭，职方。通观《王制》全篇，应以任氏分类较能涵括内容。

《王制》写成的时代，历来其说不一。清人廖平、康有为等以为是孔子遗书；东汉卢植以为是汉文帝命博士诸生所作，因《史记·封禅书》载汉文帝"使博士诸生刺《六经》中作《王制》"；郑玄以为应作于孟子之后；孔颖达以为在秦、汉之际；任铭善认为作于战国之末纪。目前尚无确切的定论。

王者之制禄爵，公、侯、伯、子、男，凡五等。诸侯之上大夫卿、下大夫、上士、中士、下士①，凡五等。

【注释】

①上大夫卿:郑注:“上大夫曰卿。”

【译文】

君王制定俸禄、爵位等级,分为公、侯、伯、子、男,一共五等。诸侯国的上大夫即卿、下大夫、上士、中士、下士,一共也是五等。

天子之田方千里,公、侯田方百里,伯七十里,子、男五十里。不能五十里者,不合于天子,附于诸侯,曰“附庸”①。天子之三公之田视公、侯②,天子之卿视伯,天子之大夫视子、男,天子之元士视附庸③。

【注释】

①“不能”四句:《孟子·万章下》有类似记载:“不能五十里,不达于天子,附于诸侯,曰‘附庸’。”不合,不朝会。附庸,孔疏:“庸,城也,谓小国之城,不能自通,以其国事附于大国。”即附属于诸侯国的小国。

②三公:指天子的三位最重要的大臣:太师、太傅、太保。或说为司马、司徒、司空。视:郑注:“犹比也。”即比照。

③元士:上士。

【译文】

天子的田有一千平方里,公爵、侯爵的田有一百平方里,伯爵的田有七十平方里,子爵、男爵的田有五十平方里。有田不足五十平方里的,不能朝会于天子,附属于诸侯国,称作“附庸”。天子的三公所占的田地,比照公爵、侯爵,天子的卿所占的田地比照伯爵,天子的大夫所占的田地比照子爵、男爵,天子的上士所占的田地比照附庸。

制:农田百亩。百亩之分[1],上农夫食九人[2],其次食八人,其次食七人,其次食六人,下农夫食五人。庶人在官者[3],其禄以是为差也。

【注释】

①分(fèn):分类,即按土地的肥瘠。

②上农夫:耕种上等田的农夫,指所耕百亩之田肥沃而收获丰厚。食(sì):供养,给人吃。

③庶人在官者:指在官府服务的庶人。他们是由官吏自行选用的,因不是正式的命官,仍是庶人身份,所以称为"庶人在官"。

【译文】

制度规定:一个农夫受田百亩。百亩田地依肥瘠不同区分等级,上等的百亩农田一个农夫可供养九人,其次一等的可供养八人,再其次一等的可供养七人,再其次一等的可供养六人,下等的百亩农田一个农夫可供养五人。在官府服务的庶人,其俸禄也是依此为等差的。

诸侯之下士视上农夫,禄足以代其耕也。中士倍下士,上士倍中士,下大夫倍上士,卿四大夫禄。君十卿禄。次国之卿,三大夫禄,君十卿禄。小国之卿,倍大夫禄,君十卿禄。

【译文】

诸侯的下士比照上农夫,他们的俸禄足以替代他们务农耕田所获。中士的俸禄比下士多一倍,上士的俸禄比中士多一倍,下大夫的俸禄比上士多一倍,卿的俸禄是大夫的四倍。国君的俸禄是卿的十倍。次一等诸侯国之卿的俸禄,是大夫的三倍,国君的俸禄,是卿的十倍。小国之卿的俸禄,比大夫多一倍,国君的俸禄,是卿的十倍。

次国之上卿,位当大国之中,中当其下,下当其上大夫。小国之上卿,位当大国之下卿,中当其上大夫,下当其下大夫。其有中士、下士者,数各居其上之三分[①]。

【注释】

①“其有”二句:《集解》引徐师曾说,此处错简,此二句应在后文“大国三卿”一节“上士二十七人”之下。今译文调动于后文处。

【译文】

次国的上卿,地位相当于大国的中卿,次国中卿的地位相当于大国的下卿,次国下卿的地位相当于大国的上大夫。小国的上卿,地位相当于大国的下卿,小国中卿的地位相当于大国的上大夫,小国下卿的地位相当于大国的下大夫。

凡四海之内九州。州方千里,州建百里之国三十,七十里之国六十,五十里之国百有二十,凡二百一十国。名山大泽不以封[①],其余以为附庸、间田[②]。八州[③],州二百一十国。天子之县内[④],方百里之国九,七十里之国二十有一,五十里之国六十有三,凡九十三国。名山、大泽不以朌[⑤]。其余以禄士,以为间田。凡九州,千七百七十三国,天子之元士、诸侯之附庸,不与[⑥]。

【注释】

①名山大泽不以封:名山大泽不分封的原因,郑注,“与民同财,不

得障管，亦赋税之而已”。孙希旦说，“一则恐其专财利而不与民同，一则恐其据险阻而易于负固也”。

②附庸、间(xián)田：指分封二百一十国之外的其余土地。若已分封给人，附属于大国，称为“附庸”；若没有分封给人，称为“间田”。间，通“闲”。

③八州：这里指九州中天子直辖一州外的八州，天子直辖的为畿内，制度不同。见下文。

④县内：郑注：“夏时天子所居州界名也。殷曰畿……周亦曰畿。”

⑤肦(bān)：颁赐。

⑥不与：郑注：“不在数中也。”

【译文】

四海之内共有九州。每州一千平方里，九州中的八州，每州建立一百平方里的国家三十个，七十平方里的国家六十个，五十平方里的国家一百二十个，共计二百一十国。各州著名的山川、湖泽不分封，分封后剩余的土地为附庸小国及闲田。这样的州有八个，每州有二百一十国。天子所管辖的王畿之内，一百平方里的国家有九个，七十平方里的国家有二十一个，五十平方里的国家有六十三个，总共九十三国。王畿内的名山大泽不颁赐给臣子。分封剩下的土地作为士的俸禄田，或作为闲田。天下九州共有一千七百七十三国，天子上士的封地及诸侯的附庸，不计算在内。

天子百里之内以共官[①]，千里之内以为御[②]。

【注释】

①共(gōng)：通“供”，供给。郑注：“谓此地之田税所给也。”官：郑注：“谓其文书财用也。”

②御：指天子所用的膳食、服饰、车马等各种开销。

【译文】

天子都城百里之内的赋税用来供给王朝官员的办公开销，千里之内的赋税则作为天子所用之膳食、服饰、车马等开销。

千里之外设方伯[1]。五国以为属，属有长；十国以为连，连有帅；三十国以为卒，卒有正；二百一十国以为州，州有伯[2]。八州八伯，五十六正，百六十八帅，三百三十六长。八伯各以其属属于天子之老二人[3]，分天下以为左、右，曰“二伯”。

【注释】

①方伯：州牧，管理一州的最高行政长官。

②“五国”八句：孔疏：“属是系属，连是连接，卒是卒伍，州是聚居。”这是不同行政区域的不同名称。

③天子之老：指上公。又，《周礼·春官·典命》郑注，“上公”是特指天子之“三公”中有德者。

【译文】

王畿千里之外设置方伯。以五国为一属，每属设有一属长；十国为一连，每连设一帅；三十国为一卒，每卒设一正；二百一十国为一州，每州设一伯。八州，有八个伯，五十六个正，一百六十八个帅，三百三十六个长。八伯各以他们统领的部属归属于天子之老二人，将天下分为左、右两部分，由二老掌管，称为“二伯”。

千里之内曰“甸”[1]，千里之外曰“采”、曰“流”[2]。

【注释】

①甸：出赋税供天子开销的地方。

②采：郑注："九州之内地，取其美物，以当谷税。"流：九州之外夷狄的居处。

【译文】

王畿千里之内称"甸"，王畿千里之外称"采"、称"流"。

天子三公、九卿、二十七大夫、八十一元士。

【译文】

天子的属官有三公、九卿、二十七大夫、八十一上士。

大国三卿，皆命于天子，下大夫五人，上士二十七人。次国三卿，二卿命于天子，一卿命于其君，下大夫五人，上士二十七人[①]。小国二卿[②]，皆命于其君，下大夫五人，上士二十七人。

【注释】

①上士二十七人：后应连接"其有中士、下士者，数各居其上之三分"二句，自前文移此。详见上文"次国之上卿"节注①。

②小国二卿：郑注："小国亦三卿，一卿命于天子，二卿命于其君，此文似误脱耳。"因前文有："小国之上卿，位当大国之下卿，中当其上大夫，下当其下大夫。"

【译文】

诸侯大国设三卿，都由天子任命，另设下大夫五人，上士二十七人。次一等的诸侯国设三卿，其中二卿由天子任命，一卿由国君任命，另设下大夫五人，上士二十七人。其中中士、下士，数量各居同级的三分。诸侯小国设二卿，都由国君任命，另设下大夫五人，上士二十七人。

天子使其大夫为三监，监于方伯之国，国三人。

【译文】

天子派遣他的大夫担任三监，监察各方伯之国，每国派三人。

天子之县内诸侯，禄也[①]；外诸侯，嗣也[②]。

【注释】

①禄：王畿内的诸侯所分得田地，是以其租税作为俸禄的，但子孙不能继承。

②嗣：王畿外的诸侯所分得的田地，子孙可以继承。

【译文】

天子王畿内的诸侯所分得的田地，以租税为俸禄，不能世袭继承；王畿外的诸侯所分得的田地，可以世袭继承。

制：三公一命卷[①]，若有加，则赐也，不过九命[②]；次国之君不过七命，小国之君不过五命。大国之卿不过三命，下卿再命；小国之卿与下大夫一命。

【注释】

①三公一命卷(gǔn)："三公"本为八命之官，服鷩(bì)冕即再加一命，就是最高的九命，可以服衮冕。衮冕，即九章之服，上衣有

龙、山、华虫、火、宗彝五章花纹，下裳有藻、粉米、黼、黻四章花纹。命，等级，位级。卷，通“衮”。

②“若有加”三句：九命之上如再有所加，即衮衣外再加余服，只能是王之特赐，并非常制，命数是不能提高的。

【译文】

制度规定：三公再加一命可穿衮服，如果还有加衣，只能是特别的恩赐，等级不能超过九命；次国的国君不超过七命，小国的国君不超过五命。大国的上卿不能超过三命，下卿不能超过二命；小国的卿和下大夫都是一命。

凡官民材，必先论之①，论辨然后使之②，任事然后爵之，位定然后禄之。

【注释】

①论：郑注：“谓考其德行道艺。”

②辨：郑注：“谓考问得其定也。”指通过考核确定德行能力的高下。

【译文】

凡从庶民中选拔人才任官，一定要先考核其才能德行，考定其德行能力高下后委任工作，胜任工作后授予爵位，爵位确定后发给俸禄。

爵人于朝，与士共之；刑人于市，与众弃之。是故公家不畜刑人①，大夫弗养，士遇之涂②，弗与言也。屏之四方③，唯其所之，不及以政④，亦弗故生也⑤。

【注释】

①畜：养。与下文之“养”为互文。

②涂：同“途”。

③屏(bǐng)：郑注：“犹放去也。”即流放。

④政：指政教之事，即赋税徭役等事。

⑤亦弗故生也：也不想他们活下去。王引之《经义述闻·礼记上》说，“亦弗故生也”条指出，据孔疏“非但不使，意在亦不欲使生”，《通典·刑四》引《大戴礼》作“不及以政，不欲生之故也”，《孔子家语·刑政》作“不及与政，弗欲生之也”等，可知“故”字当为“欲”字之误。

【译文】

授人爵位要在朝廷上，让众官员共同参与；处决犯人要在市集上，和众人一起抛弃罪犯。所以公家不收养受刑之人，大夫也不收养，士在路上遇到不跟他们说话。把受刑之人流放到四方，随他们去哪儿，不让他们参与赋税徭役等政务，就是不想让他们生存。

诸侯之于天子也，比年一小聘[①]，三年一大聘[②]，五年一朝。

【注释】

①比年：每年。小聘：古代聘问之礼。诸侯派遣大夫朝见天子。

②大聘：古代聘问之礼。诸侯派遣卿朝见天子。

【译文】

诸侯对天子，每年派大夫去聘问一次，每三年派卿去聘问一次，每五年诸侯亲自去朝见一次。

天子五年一巡守[①]。岁二月，东巡守，至于岱宗[②]，柴而望祀山川[③]，觐诸侯[④]，问百年者就见之。命大师陈诗[⑤]，以观民风。命市纳贾[⑥]，以观民之所好恶，志淫好辟[⑦]。命典礼考时、月[⑧]，定日，同律、礼、乐、制度、衣服，正之。山川神祇有不举者为不敬[⑨]，不敬者君削以地；宗庙有不顺者为不孝[⑩]，不孝者君绌以爵；变礼易乐者为不从，不从者君流；革制度衣服者为畔[⑪]，畔者君讨。有功德于民者，加地进律[⑫]。五月，南巡守，至于南岳，如东巡守之礼。八月，西巡守，至于西岳，如南巡守之礼。十有一月，北巡守，至于北岳，如西巡守之礼。归假于祖祢[⑬]，用特[⑭]。

【注释】

①巡守：天子巡视天下。郑注："五年者，虞、夏之制也，周则十二岁一巡守。"

②岱宗：东岳泰山。

③柴：祭名。积柴燔烧，上加祭牲，以燔烟、气味祭祀上天，也称"禋祀"。望祀山川：以"望"的方式祭祀，即遥望山川的方向祭拜祷祠。古代帝王对九州名山大川、五岳四渎等，常以望祭祷祠。

④觐：古代觐见之礼。诸侯朝见天子曰"觐"。

⑤大师：太师，掌乐之官。

⑥市：掌管市场买卖的官吏。贾(jià)：同"价"。指物价贵贱。

⑦辟(pì)：偏邪不正。

⑧典礼：掌管典礼的官员。孔疏认为指太史。

⑨举：祭。

⑩不顺：指宗庙昭穆排列不当或祭祝不依时序。

⑪畔：通"叛"。

⑫进律：犹晋爵。陈澔《集说》引应氏："律者，爵命之等。"

⑬假(gé)于祖祢(nǐ)：到祖庙、祢庙告归。假，至也。祖，祖庙。指

太祖、高祖、曾祖、祖父庙。祢,父庙。

⑭特:特牲,特选一头供祭之牛。

【译文】

天子每五年巡视天下一次。在巡视当年的二月出发,先巡视东方,到东岳泰山,举行柴祭上天之礼,并望祀东方的山川,接见东方各国诸侯,慰问当地百岁的老人,登门造访会见。命掌管音乐的太师进陈采集的诗歌民谣,以观察当地的风俗民情。命掌管市场买卖的官员汇报物价,以观察人们的好恶,民心是否淫邪不正,所喜所好是否偏邪。命令掌管礼仪的官员考正四时、月份,排定日历,统一法律、礼仪、乐律、制度、衣服,有不合规矩的都加以订正。对当地山川神祇有不祭祀的就是不敬,有不敬的国君就要削减他的封地;对宗庙有不顺的就是不孝,有不孝的国君就要贬削他的爵位;擅自改易礼乐的就是不从,有不从的国君就要将他流放;任意改革制度和衣服就是叛逆,有叛逆的国君就要加以讨伐。对人们有功德者,要加封土地或晋升爵位。五月,巡视南方,到南岳衡山,如同巡视东方的礼仪。八月,巡视西方,到西岳华山,如同巡视南方的礼仪。十一月,巡视北方,到北岳恒山,如同巡视西方的礼仪。天子巡视后回到京城,要到祖庙、祢庙禀报巡视归来,用特牲一牛进行祭祀。

天子将出,类乎上帝,宜乎社,造乎祢①。诸侯将出,宜乎社,造乎祢。

【注释】

①类、宜、造:据郑注,三者都是祭名,具体的礼节、仪式已不可考。

【译文】

天子将要外出,要类祭上帝,宜祭社稷,造祭祢庙。诸侯将要外出,要宜祭社稷，造祭祢庙。

天子无事与诸侯相见曰“朝”①，考礼、正刑、一德，以尊于天子。天子赐诸侯乐，则以柷将之②；赐伯、子、男乐，则以鼗将之③。诸侯赐弓矢，然后征；赐铁钺④，然后杀；赐圭瓒⑤，然后为鬯⑥。未赐圭瓒，则资鬯于天子。

【注释】

①无事：指没有战争死丧之事。

②柷（zhù）：一种木制打击乐器，形如方漆桶，其中有椎，以椎击底有声，奏乐前先击之，用以节制音乐。将：持。据《注疏》，送人礼物，大件物品摆放于地，交接小件的物品表示赠送给予。

③鼗（táo）：长柄小鼓，两旁有耳坠，形状类似今之拨浪鼓，在乐曲结束时摇以止乐。

④铁：通“斧”。钺（yuè）：似斧而较大的兵器。斧钺，古代常作为行刑的器具。

⑤圭瓒（zàn）：一种长柄似圭的酒勺，用以从樽中舀酒。

⑥鬯（chàng）：祭祀用的酒，以黑黍酿制，气味芳香。

【译文】

天子在没有战争死丧之事的情况下与诸侯相见称为“朝”。会朝时要考订礼仪、订正刑法、规范道德，使诸侯都尊崇天子。天子赐给公爵或侯爵的乐器，以柷作为代表物；赐给伯爵、子爵、男爵的乐器，以鼗作为代表物。诸侯要由天子赏赐弓矢之后，才有出征的权力；由天子赏赐斧钺之后，才有诛杀的权力；由天子赏赐圭瓒之后，才有自行酿造鬯酒的权力。未获赏赐圭瓒的，就由天子赐给鬯酒。

天子命之教，然后为学。小学在公宫南之左，大学在郊。天子曰“辟廱”①，诸侯曰“頖宫”②。

【注释】

①辟廱(yōng)：周天子为世子及贵族子弟设立的大学，其形四方环水，形如璧，故称“辟廱”。辟，通“璧”。廱，通“壅”，今作“雍”。

②頖(pàn)宫：又作“泮宫”，诸侯为世子及贵族子弟设立的大学，东、西两门以南有水相环而通。

【译文】

天子下令开办教育，然后设立学校。小学设在国君宫廷之南的左侧，大学设在国都郊区。天子所设的大学称“辟雍”，诸侯所设的大学称“頖宫”。

天子将出征，类乎上帝，宜乎社，造乎祢，禡于所征之地①。受命于祖，受成于学②。出征执有罪，反，释奠于学③，以讯馘告④。

【注释】

①禡(mà)：一种军祭，具体礼典、仪式已不可考。

②成：作战计划。

③释奠：设置酒食以奠祭先圣、先师。

④讯：活捉的俘虏。馘(guó)：原指杀死敌军后取其左耳以计军功，这里指所杀之敌。《诗经·鲁颂·泮水》：“在泮献馘。”

【译文】

天子即将出征之前，要类祭上帝，宜祭社稷，造祭祢庙，并在开战的地方举行禡祭。出征前在祖庙占卜并祭拜先祖表示受命出征，并在大学里决定作战计划。出兵征伐，擒获有罪的人，归返后，在大学中设奠拜祭先圣、先师，以禀告所获俘虏与杀死敌人的数目。

天子、诸侯无事，则岁三田[①]：一为干豆[②]，二为宾客，三为充君之庖[③]。无事而不田曰“不敬”[④]，田不以礼曰“暴天物”[⑤]。天子不合围，诸侯不掩群。天子杀则下大绥[⑥]，诸侯杀则下小绥，大夫杀则止佐车[⑦]，佐车止，则百姓田猎。獭祭鱼[⑧]，然后虞人入泽梁[⑨]；豺祭兽[⑩]，然后田猎；鸠化为鹰[⑪]，然后设罻罗[⑫]；草木零落[⑬]，然后入山林。昆虫未蛰[⑭]，不以火田[⑮]。不麛[⑯]，不卵，不杀胎，不殀夭[⑰]，不覆巢。

【注释】

①岁三田：每年举行三次狩猎。据《左传》、《周礼》记载，天子、诸侯一年有四次狩猎，即春蒐(sōu)、夏苗、秋狝(xiǎn)、冬狩。这里说一年三次，可能是没有夏季的田猎。

②干豆：将捕获的动物制成干肉，盛放于豆等祭器以供祭祀。

③庖(páo)：厨房。

④无事而不田曰“不敬”：据郑注，没有大事而不依时节田猎，则会简慢祭祀、忽略宾客，所以说“不敬”。

⑤田不以礼曰“暴天物”：孔疏：“若田猎不以其礼，杀伤过多，是暴害天之所生之物。”礼，指的就是下文的种种礼节。

⑥下：放倒。大绥：天子打猎时田车上竖立的大旗。

⑦佐车：协助驱赶野兽的车辆。

⑧獭(tǎ)祭鱼：水獭以鱼为食，每将捕获的鱼陈列于水边，犹如祭祀时陈列供品，故称“獭祭鱼”。据《月令》，“獭祭鱼”在孟春正月，此后，就可以入湖泽开始捕鱼。

⑨虞人：掌管山林湖泽的官员。

⑩豺祭兽：豺是生性凶猛的犬科动物，将捕获的兽陈列在地上仿佛献祭，故称“豺祭兽”。据《月令》，“豺祭兽”在秋九月。

⑪鸠化为鹰：古人以为鸠与鹰是可以互相变化的，据《月令》，仲春二月，“鹰化为鸠”；又，孔疏“八月鸠化为鹰”。其实，这是古人缺乏科学知识造成的错误，鸠、鹰是不能互相变化的。

⑫罻（wèi）：捕鸟的小网。湖北云梦睡虎地秦墓竹简《秦律十八种·田律》：“不夏月，毋敢夜草为灰，取生荔、麛䴢（卵）鷇，毋□□□□□□毒鱼鳖，置穽罔（网），到七月而纵之。”与此文意类似。

⑬草木零落：据《月令》，季秋九月，“草木黄落”，孔疏，“零落芟折”则在十月。

⑭蛰（zhé）：动物冬眠。

⑮火田：放火焚烧山林，将野兽逐出加以围捕。孙希旦说：“自‘天子、诸侯无事，则岁三田’至此，明田猎之礼。”有人以为“田”是“放火烧草肥田”，显然错误。

⑯麛（mí）：又作“麑”，幼鹿。泛指幼兽。此处指捕捉幼兽。

⑰殀（yǎo）：断杀。夭：未成年的禽兽。

【译文】

天子、诸侯在平常无战争或凶丧之事时，每年要狩猎三次：一是为了祭祀准备供品，二是为了招待宾客准备菜肴，三是为了充实天子、诸侯的厨房膳食。平常无战争或凶丧之事却不狩猎就是“不敬”，狩猎而不依循相关的礼仪规定就是“杀害上天所生之物”。为了避免物种灭尽，天子狩猎不采取四面合围的方式，诸侯狩猎不杀尽成群的野兽。天子打到猎物后就放倒田车上竖立的大旗，诸侯打到猎物后就放倒田车上竖立的小旗，大夫打到猎物后就让驱逐野兽的佐车停止，佐车停止后百姓就可以田猎。水獭将捕获的鱼陈列在水边仿佛献祭，然后管理川泽的虞人可以进入湖泽开始捕鱼；豺将捕获的兽陈列在地上仿佛献祭，然后才能开始狩猎。鸠化为鹰以后，才能设罗网捕飞鸟；草木凋零后，才能进入山林砍伐树木。昆虫还未冬眠蛰居时，不能放火烧林以围猎捕兽。不捕取幼兽，不掏取鸟卵，不杀怀胎的母兽，不杀小兽，不毁坏掀覆鸟巢。

家宰制国用[①]，必于岁之杪[②]。五谷皆入，然后制国用。用地小大，视年之丰耗，以三十年之通制国用[③]，量入以为出。祭用数之仂[④]。丧[⑤]，三年不祭，唯祭天地社稷，为越绋而行事[⑥]。丧用三年之仂。丧祭，用不足曰“暴”，有余曰“浩”。祭，丰年不奢，凶年不俭。国无九年之蓄曰不足，无六年之蓄曰急，无三年之蓄曰国非其国也。三年耕，必有一年之食[⑦]；九年耕，必有三年之食。以三十年之通，虽有凶旱水溢，民无菜色[⑧]，然后天子食，日举以乐。

【注释】

①家宰：全国最高行政长官。《周礼·天官》：“乃立天官冢宰，使帅其属而掌邦治，以佐王均邦国。”

②杪(miǎo)：本义为树枝末梢，引申为年岁之末。

③以三十年之通制国用：以三十年的收入按年岁丰凶通融考量，取其平均数值以制定国用，均衡安排，更加妥善合理。

④仂(lè)：十分之一。

⑤丧：国君为父母服丧。

⑥绋(fú)：本指牵引棺柩车往墓穴的绳索，这里代指丧事。祭祀天地社稷不受丧事的限制，所以称“越绋”。

⑦食：余食。指积蓄的余粮。

⑧菜色：只吃菜的饥饿的面色。

【译文】

冢宰制定国家的财政开支计划，一定要在每年年末时进行。等到五谷入仓了，然后再制定国家的财政开支。国家财政计划要根据国土的大小，年成的丰歉，以三十年的国家收入平均数来规划财政，根据收入多少来确定支出。用于祭祀的经费占国家财政支出的十分之一。如果国君正为父母服丧，就三年不举行祭祀活动，只有祭祀天地社稷不受丧事的限制，这叫做越过牵拉棺车的绳索而行祭事。办丧事的费用占国家财用开支的十分之一。办丧事和祭祀，财用不足叫做“暴”，有剩余叫做“浩”。祭祀，丰收的年成也不能奢侈浪费，歉收的年成也不能过于简陋。国家没有九年的财物储备，那是不足，没有六年的财物储备那是危急，没有三年的财务储备，那就是国家不像个国家了。耕种三年，一定要有可供一年食用的余粮；耕种九年，一定要有可供三年食用的余粮。以三十年国家收入的平均数来制定国用，即使国家发生旱涝灾害，百姓也不会有那种只吃菜的饥饿的面色，这样天子才能安心吃饭，每日餐饮时演奏着音乐。

天子七日而殡①，七月而葬；诸侯五日而殡，五月而葬；大夫、士、庶人三日而殡，三月而葬。三年之丧，自天子达。庶人县封②，葬不为雨止，不封不树③。丧不贰事，自天子达于庶人。丧从死者，祭从生者。支子不祭。

【注释】

①殡(bìn)：死者入殓后停放灵柩等待入葬。

②县(xuán)封：郑注以为当作“县窆”。庶人卑贱，不能用绋牵引将棺木放入墓坑，只能用悬吊的办法将棺木放进墓穴。县，同“悬”。

③不封不树：据考证，我国在春秋以前，埋葬死者的墓穴上不起封土堆，也不种植树木。

【译文】

天子死后第七天入殓，停柩在堂，第七个月下葬；诸侯死后第五天入殓，第五个月下葬；大夫、士、庶人死后第三天入殓，第三个月下葬。为父母服三年之丧，从天子至庶人都是一样的。庶人的棺以悬吊的方式下葬，棺柩入葬不因下雨而停止，墓圹上不积土成坟也不种树。治丧要专一，不从事其他活动，从天子到庶人都一样。丧礼的规格要依照死者生前的身份地位而定，祭礼则依照主祭者的身份地位而定。嫡长子以外的诸子不能主持祭祀。

天子七庙，三昭三穆[①]，与大祖之庙而七[②]。诸侯五庙，二昭二穆，与大祖之庙而五。大夫三庙，一昭一穆，与大祖之庙而三。士一庙。庶人祭于寝[③]。

【注释】

①三昭三穆：指父、祖、曾祖、高祖、高祖之父以及高祖之祖的宗庙排列次序，若子为昭、则父为穆，祖为昭、曾祖为穆，依次递推。昭、穆，周代祖先宗庙排列之次序，左为昭庙，右为穆庙。

②大祖：即太祖，指始封之祖。周天子以后稷为太祖，诸侯、大夫则以始封之君为太祖。

③庶人祭于寝：庶人无庙，所以在正寝中祭祀祖先。

【译文】

天子设立七庙，三座昭庙，三座穆庙，加上太祖庙共七庙。诸侯设立五庙，两座昭庙，两座穆庙，加上太祖庙共五庙。大夫设立三庙，一座昭庙，一座穆庙，加上太祖庙共三庙。士设立一庙。庶人不设庙，就在正寝中祭祀祖先。

天子、诸侯宗庙之祭，春曰“礿”，夏曰“禘”，秋曰“尝”，冬曰“烝”①。

【注释】

①“春曰‘礿’(yuè)”四句：据郑注，礿、禘、尝、烝为夏、殷的祭名，周代则改春曰“祠”、夏曰“礿”。孔疏引皇氏云：“礿，薄也。春物未成，其祭品鲜薄也。”“禘者，次第也。夏时物虽未成，宜依时次第而祭之。”“尝者，《白虎通》云：‘新谷熟而尝之。’”“烝者，众也。冬之时物成者众。”

【译文】

天子、诸侯四时的宗庙祭祀，春祭称为“礿”，夏祭称为“禘”，秋祭称为“尝”，冬祭称为“烝”。

天子祭天地，诸侯祭社稷，大夫祭五祀①。天子祭天下名山大川，五岳视三公②，四渎视诸侯③。诸侯祭名山大川之在其地者。天子、诸侯祭因国之在其地而无主后者④。

【注释】

①五祀：指祭户、灶、中霤、门、行五种神。

②视三公：指祭祀的规格，即所用祭牲、祭器等比照祭祀“三公”。

③四渎：《尔雅·释水》：“江、河、淮、济为四渎。”

④因国之在其地而无主后者：据郑注，指世代承袭之故国，其先王先公有功德本应世世代代受祀，却无后嗣为之主祭者。因，承袭。

【译文】

天子祭祀天地,诸侯祭祀社稷,大夫祭祀户、灶、中霤、门、行五神。天子祭祀天下的名山大川,祭祀五岳比照祭祀三公的祭牲与祭器规格,祭祀四渎比照诸侯的祭牲与祭器规格。诸侯祭祀自己领土境内的名山大川。天子、诸侯祭祀辖境内没有后嗣为之祭祀的故国之主。

天子犆礿[1],祫禘[2],祫尝,祫烝。诸侯礿则不禘,禘则不尝,尝则不烝,烝则不礿[3]。诸侯礿犆,禘一犆一祫[4],尝祫,烝祫。

【注释】

①犆(tè):同"特"。

②祫(xiá):合祭。指将其他各庙的神主都聚集在太祖庙中合祭。

③"诸侯"四句:指诸侯因为要去朝见天子,所以只能废去一时之祭。

④禘一犆一祫:诸侯的禘祭,一年为犆祭,即在特定的庙中举行,一年为祫祭,即将各庙神主聚合在太庙中祭祀,这也是为了表示比天子的祭祀规格等级要低。

【译文】

天子春天的礿祭是在特定的庙中举行,夏天的禘祭,秋天的尝祭,冬天的烝祭都将各庙神主聚合在太庙中祫祭。诸侯如果举行礿祭就不举行禘祭,举行禘祭就不举行尝祭,举行尝祭就不举行烝祭,举行烝祭就不举行礿祭。诸侯的礿祭是在特定的庙中举行,禘祭则一年为犆祭,即在特定的庙中举行;一年为祫祭,即将各庙神主聚合在太庙中祭祀,尝祭和烝祭都是将各庙神主聚合在太庙中举行祭祀。

天子社稷皆大牢[①],诸侯社稷皆少牢[②]。大夫、士宗庙之祭,有田则祭,无田则荐[③]。庶人春荐韭,夏荐麦,秋荐黍,冬荐稻。韭以卵,麦以鱼,黍以豚,稻以雁[④]。祭天地之牛角茧栗[⑤],宗庙之牛角握[⑥],宾客之牛角尺。诸侯无故不杀牛[⑦],大夫无故不杀羊,士无故不杀犬豕,庶人无故不食珍[⑧]。庶羞不逾牲[⑨],燕衣不逾祭服[⑩],寝不逾庙。

【注释】

①大牢:祭祀供品并用牛、羊、豕(shǐ)三牲。大,同"太"。

②少牢:祭祀供品用羊、豕二牲。

③荐:指荐新,即祭祀时按季节献上新熟的五谷和应时的瓜果等物。

④雁:鹅。

⑤茧栗:指牛角初长出,样子好像蚕茧、栗子。

⑥握:四指的长度。

⑦故:祭祀和宴飨。

⑧珍:珍馐美味。

⑨庶羞不逾牲:孙希旦云:"庶羞,谓生人常食之羞馔。"此指一般人平时吃的东西不能超过祭祀所用之牲。羞,同"馐"。

⑩燕衣:平时居处时所穿的衣服。

【译文】

天子祭祀社神和谷神用牛、羊、猪三牲,诸侯祭祀社神和谷神用羊、猪二牲。大夫、士的宗庙祭祀,有田地的就举行祭祀,没有田地的就行荐献之礼。庶人春天献韭菜,夏天献麦子,秋天献黍子,冬天献稻子。韭菜配蛋,麦子配干鱼,黍子配小猪,稻子配鹅。天子祭祀天地用的牛,要用刚长角的,角像蚕茧、栗子一样大小;祭祀宗庙所用的牛,要用角长四指的;招待宾客所用的牛,要用角长一尺的。诸侯没有祭祀或宴飨等事就不杀牛,大夫没有祭祀或宴飨等事就不杀羊,士没有祭祀或宴飨等事就不杀狗和猪,庶人没有祭祀或招待客人等事不吃美味的食物。一般人平常所吃的美食不能超过祭祀用牲,平时所穿的衣服不能超过祭祀所穿礼服,平日居处的房屋建筑不能超过祭祖的宗庙。

古者公田藉而不税[①],市廛而不税[②],关讥而不征[③]。林、麓、川、泽以时入而不禁,夫圭田无征[④]。用民之力,岁不过三日。田里不粥[⑤],墓地不请。

【注释】

①公田藉而不税:公田征借民力耕种,可以抵税。藉,借。

②市廛(chán)而不税:集市将公家建造的店铺出租给商家做买卖,只收房租,而不另外征收商业税。廛,集市上由公家建造的给商贩做生意的店铺。

③讥:郑注,指稽查、辨识往来的异言、异服之人。

④夫:发语词。圭田:卿、大夫、士用以供奉祭祀的田。

⑤粥(yù):同"鬻",卖。

【译文】

古时候协助耕种公田的人,就不征收田税;在市集租借公家店铺做生意的人,只收店租而不征收商业税;各大小关卡,负责稽查、辨识往来的异言异服之人而不征收关税。森林、山麓、河川、沼泽如果能按照季节时令伐木、渔猎,就不加禁止,用于供奉祭祀用品的田地不征收租税。公家征用民众服劳役,一年不超过三天。公家配给的田地、邑里不得出卖,丧葬用公家划定的墓地,不得另外请求他处。

司空执度[①],度地居民[②],山川沮泽,时四时[③],量地远近[④],兴事任力。凡使民,任老者之事[⑤],食壮者之食。

【注释】

①司空:郑注:“冬官卿,掌邦事者。”度(dù):度量用的器具。

②度(duó):动词,丈量。

③时四时:第一个“时”为动词,观察四季的气候变化。四时,指春、夏、秋、冬。

④量地远近:丈量土地的远近,这是为了确定城邑和水井的位置。

⑤任老者之事:按老年人的工作量安排劳动,即规定的劳动强度、定额要宽松。

【译文】

司空拿着度量工具,丈量土地,安置百姓,测量山川沼泽的地势,观察四季的气候变化;丈量土地的远近,然后任用民力兴建工程。凡使用民力,按照老年人的工作量安排劳动,而供给壮年人饭食。

凡居民材,必因天地寒煖燥湿[①],广谷大川异制。民生其间者异俗。刚柔、轻重、迟速异齐[②],五味异和,器械异制,衣服异宜。修其教,不易其俗;齐其政,不易其宜。

【注释】

①“凡居民材”二句:郑注说“使其材艺堪地气也”,是说人的材质、材艺皆与各地的寒暖、燥湿等条件相匹配。材,材艺、材质。煖(nuǎn),同“暖”。

②齐(jì):同“剂”,分量。

【译文】

凡各地居民的秉性材艺，必会与当地的寒暖、燥湿相匹配，因广阔的山谷、大河等差异而有不同的体制。人们生活在不同的环境条件下而有不同的风俗民情。性格刚柔、轻重、快慢各不相同，对五味的偏好各不相同，使用的器械形制规格各不相同，衣服的材质样式各不相同。国家要施行礼法教化各地的人们，而不改变他们原有的风俗；统一政令，而不改变适宜于各地的习俗。

中国戎夷五方之民①，皆有性也，不可推移。东方曰"夷"，被发文身②，有不火食者矣。南方曰"蛮"，雕题交趾③，有不火食者矣。西方曰"戎"，被发衣皮，有不粒食者矣④。北方曰"狄"，衣羽毛穴居，有不粒食者矣。中国、夷、蛮、戎、狄，皆有安居、和味、宜服、利用、备器。五方之民，言语不通，嗜欲不同。达其志，通其欲：东方曰"寄"⑤，南方曰"象"，西方曰"狄鞮"，北方曰"译"。

【注释】

①五方之民：即中国与蛮、夷、戎、狄。前文说"戎夷"是省称。

②被(pī)：披。

③雕题：在额头上刺青。雕，刻镂。题，额头。交趾：两足足趾向内相交。

④不粒食：不吃粮食。这是因为当地气候寒冷，少五谷。粒，谷物。

⑤寄：与以下"象"、"狄鞮"(dī)、"译"都是四方各地对于翻译的称呼。

【译文】

中国与四方之戎、蛮、夷、狄，都有各自的习性，不可勉强改变。东方民族称为“夷”，披头散发，身上绘着纹饰，有的人不生火烧饭吃熟食。南方民族称为“蛮”，额头刺着花纹，左右两脚相交错，有的人不生火烧饭吃熟食。西方民族称为“戎”，披头散发，穿着兽皮衣服，有的人不吃五谷食粮而吃禽兽之肉。北方民族称为“狄”，穿着鸟羽、毛皮衣服，住在洞穴，有的人不吃五谷食粮而吃禽兽之肉。中国、东夷、南蛮、西戎、北狄各地，各自都有舒适的住所、可口的味道、适当的衣饰、便利的用品、周备的器具。五方的人们，语言不相通，嗜好与需求也不相同。为了传达思想意志，了解彼此的需求，有人负责沟通翻译：东方称为“寄”，南方称为“象”，西方称为“狄鞮”，北方称为“译”。

凡居民，量地以制邑，度地以居民。地、邑、民居，必参相得也。无旷土，无游民，食节事时，民咸安其居，乐事劝功，尊君亲上，然后兴学。

【译文】

凡安置民众，要根据地形高低广狭兴建城邑，度量土地面积的宽窄来安置民众。地理形势、城邑规模、居民数量，三者一定要匹配得当。没有荒废的土地，没有无业的游民，饮食讲究节制，动用民力都遵循时节，人们都安心地居住，快乐地工作，富于成效，尊敬君王，亲爱长辈与上级，然后兴办学校。

司徒修六礼以节民性①，明七教以兴民德②，齐八政以防淫③，一道德以同俗；养耆老以致孝，恤孤独以逮不足，上贤以崇德，简不肖以绌恶④。

【注释】

①司徒:郑注:“地官卿,掌邦教者。”即掌管教化。六礼:指古代的冠礼、婚礼、丧礼、祭礼、乡饮酒礼和乡射礼、相见礼。

②七教:指父子、兄弟、夫妇、君臣、长幼、朋友、宾客等七种人际关系。

③八政:指饮食、衣服、百工技艺、各类用器、长度单位、容量单位、计数单位、布帛规格等八方面的规定。

④简:挑选,选择。绌(chù):去除。

【译文】

司徒修习六礼以节制人们的习性,阐明七教以兴发人们的德性,整齐八政以防止放肆淫邪,统一道德规范以形成共同的社会风俗;赡养老人以示提倡孝道,抚恤孤独的人以引导人们接济困乏,尊重贤人以示崇尚道德,挑出那些不肖小人以示罢斥邪恶。

命乡简不帅教者以告[①],耆老皆朝于庠[②],元日习射上功[③],习乡上齿[④],大司徒帅国之俊士与执事焉[⑤]。不变,命国之右乡简不帅教者移之左,命国之左乡简不帅教者移之右,如初礼。不变,移之郊[⑥],如初礼。不变,移之遂[⑦],如初礼。不变,屏之远方,终身不齿[⑧]。

【注释】

①乡:基层行政单位。不帅教:郑注:“帅,循也。不循教,谓敖很不孝弟者。”帅,即遵循、遵守。

②耆老:指退休官员及乡中的前辈贤人。朝:会。庠(xiáng):古代的学校,特指乡学。

③元日:选定的吉日。习:演习。射:乡射礼。上功:指演习乡射礼

由射中者居上位。

④乡：指乡饮酒礼。上齿：指演习乡饮酒礼，老者居上位。齿，年纪。

⑤俊士：俊杰之士。指从乡学择优选拔进入大学的人。

⑥郊：乡界以外的区域。

⑦遂：郊以外的区域。

⑧齿：录用，收纳。

【译文】

命各乡挑出不服管教的人上报，请高龄老人在学校聚会，选定吉日演习乡射礼，以射中者居上位，行乡饮酒之礼，以老者居上位，大司徒率领国家选拔的俊杰之士参与演习礼仪之事。若不服管教的人仍不悔改，就命右乡挑出不服从管教的人，将他们迁到左乡；命左乡挑出不服从管教的人，将他们迁到右乡，在异乡，按照前面说过的各种礼仪教化他们。如果再不悔改，就把他们迁到郊区，按照前面说过的各种礼仪教化他们。如果仍不悔改，就把他们迁到远郊的遂，按照前面说过的各种礼仪教化他们。最后如果依旧不悔改，就把他们驱逐到远方，终身不录用。

命乡论秀士①，升之司徒，曰“选士”。司徒论选士之秀者而升之学，曰“俊士”。升于司徒者不征于乡，升于学者不征于司徒，曰“造士”。乐正崇四术②，立四教③，顺先王《诗》、《书》、《礼》、《乐》以造士：春、秋教以《礼》、《乐》，冬、夏教以《诗》、《书》。王大子、王子、群后之大子、卿大夫元士之適子④，国之俊、选，皆造焉。凡入学以齿。

【注释】

①论：考评。

②乐正：乐官之长，掌管贵族子弟的教务。四术：指《诗》、《书》、《礼》、《乐》。孔疏说："术者，是道路之名。《诗》、《书》、《礼》、《乐》，是先王之道路，谓之术。"

③四教：即以《诗》、《书》、《礼》、《乐》为本的教化。

④群后：郑注："公及诸侯。"

【译文】

命各乡考评优秀人才，推荐到司徒那里，称为"选士"。司徒考核选士中优秀的人推荐到大学，称为"俊士"。推荐到司徒那里的人免服乡中的徭役；推荐到大学的人免服国家的徭役，称为"造士"。乐正推崇《诗》、《书》、《礼》、《乐》四种学术，将这四门课确立为教程，遵循先王传下来的《诗》、《书》、《礼》、《乐》来造就人才：春、秋二季教《礼》、《乐》，冬、夏二季教《诗》、《书》。王太子、王子、诸侯各国的太子、卿大夫及上士的嫡子，国中的俊士、选士，都来就学。凡入学，要依照年龄长幼安排学习，不论身份尊卑。

将出学①，小胥、大胥、小乐正简不帅教者②，以告于大乐正，大乐正以告于王。王命三公、九卿、大夫、元士皆入学。不变③，王亲视学。不变，王三日不举④，屏之远方⑤，西方曰"棘"，东方曰"寄"，终身不齿。

【注释】

①出学：郑注："谓九年大成，学止也。"

②小胥：掌管学生政令。大胥：掌管学生学籍。小乐正：为大乐正副手。三者皆大乐正的部属。

③不变：指不悔改。

④不举：指食不举乐。表示自责。

⑤屏(bǐng):摒。

【译文】

即将学成时,小胥、大胥、小乐正要挑选出不服从管教的人报告大乐正,大乐正再报告天子。天子于是命三公、九卿、大夫、上士都到大学,演习各种礼仪,为不服管教的子弟示范。如果不悔改,天子就亲自去大学视察。如果还不悔改,天子一连三天用膳时不举乐,并将不服管教的子弟驱逐到远方,到西方的称为“棘”,到东方的称为“寄”,终身不再录用。

大乐正论造士之秀者以告于王,而升诸司马[①],曰“进士”。司马辨论官材[②],论进士之贤者,以告于王,而定其论。论定然后官之,任官然后爵之,位定然后禄之。

【注释】

①司马:掌管政务的官员。

②辨论官材:郑注:“辨其论,官其材,观其所长。”官材,指评估其为官的才能及胜任何种职位。

【译文】

大乐正考核学有所成的造士,选拔优秀的人才报告天子,并推荐给司马,称为“进士”。司马辨析这些进士的言论,考评他们的为官能力,评选出进士中的优秀人才报告天子,由天子进行最后的裁定。天子论定后就委任官职,出任官职后再颁授爵位,爵位确定后再发给俸禄。

大夫废其事,终身不仕,死以士礼葬之。

【译文】

大夫如果荒废政事，则终身不再委任，死后也只能以士的礼仪安葬。

有发[①]，则命大司徒教士以车甲。

【注释】

①发：指发兵，有军事行动。

【译文】

国家有战事要征发兵卒时，就命大司徒教士子学习驾兵车、披甲胄等征战之事。

凡执技论力[①]，适四方，臝股肱[②]，决射御。凡执技以事上者，祝、史、射、御、医、卜及百工。凡执技以事上者，不贰事，不移官，出乡不与士齿；仕于家者，出乡不与士齿[③]。

【注释】

①执技：指凭技艺为生者，即下句所说从事祝、史、射、御、医、卜、百工等工作的人。

②臝（luǒ）：同“裸”。此指裸露腿和臂。

③不与士齿：郑注：“贱也。于其乡中则齿，亲亲也。”指执技者地位低贱，容许他们在乡里可与士并列按年齿排序，是同族相亲的原因。

【译文】

凡凭技艺为生者，考较他们的能力，派他们到各地，裸露大腿手臂，比赛射箭和驾车。凡凭技艺为生事奉君王的人，有祝、史、射、御、医、卜及百工。凡以一技之长事奉君王的人，不能兼职，不能改行，出了乡不能与士按长幼年龄排序；在卿大夫家任职的，离开本乡，也不能与士按长幼年龄排序。

司寇正刑明辟[①]，以听狱讼，必三刺[②]。有旨无简[③]，不听。附从轻[④]，赦从重。凡制五刑[⑤]，必即天论[⑥]，邮罚丽于事[⑦]。凡听五刑之讼，必原父子之亲，立君臣之义，以权之；意论轻重之序，慎测浅深之量，以别之；悉其聪明，致其忠爱以尽之。疑狱，泛与众共之；众疑赦之。必察小大之比以成之[⑧]。

【注释】

①司寇：掌管刑法的官员。辟(pì)：罪。

②三刺：《周礼·秋官·小司寇》："以三刺断庶民狱讼之中：一曰讯群臣，二曰讯群吏，三曰讯万民。"指经过反复地调查讯问，以弄清罪案，确定是非与罪责。刺，侦讯，讯问。

③旨：内在的意念。指犯罪意图。简：郑注："诚也。有其意，无其诚者，不论以为罪。"指犯罪事实。

④附：郑注："施刑也。"即判刑。

⑤五刑：指墨(在脸部刺字)、劓(yì，割鼻)、剕(fèi，断足)、宫(割除或破坏生殖器)、大辟(死刑)五种刑罚。

⑥必即天论(lún)：郑注："言与天意合。"论，通"伦"，伦理。

⑦邮：郑注："过也。"指断人罪过。丽(lí)：附。

⑧比：以前的案例。

【译文】

司寇负责审定刑法、明辨刑罪，以审理狱讼、审理罪案时，一定要再三地侦讯案情。对于有犯罪意图而无犯罪事实的人，不予起诉。定刑时，凡刑罚可轻可重的，则从轻；刑罚可赦免时，按照可以赦免的重罪予以赦免。凡终审要判处五刑的，一定要合乎天意、考虑伦理，使断案刑罚与犯罪事实相符。凡审理要判处五刑的诉讼，一定要考虑父子的亲情，确定君臣之义，以权衡刑罚；依据犯罪情节认真思量刑罚的轻重，审慎考虑罪行的深浅程度，以判定刑罚的差别；充分发挥耳之聪、目之明，秉持忠恕仁爱的原则，使犯罪之人得以尽情表述，使案情能真正清楚。有疑问的狱案，要广泛地听取众人的意见；若众人也疑而不决，就先赦免当事人。一定要考察罪行的大小，比照以前发生过的案例，完成审理。

成狱辞①，史以狱成告于正②，正听之。正以狱成告于大司寇，大司寇听之棘木之下③。大司寇以狱之成告于王，王命三公参听之。三公以狱之成告于王，王三又④，然后制刑。凡作刑罚，轻无赦。刑者侀也⑤，侀者成也。一成而不可变，故君子尽心焉。

【注释】

①成狱辞：即完成定罪之辞。

②史：负责记录狱讼文字及判词的史官。正：长，官长。

③棘木：指天子外朝左右有九棵棘木，用以标示众朝臣之位。

④三又：即“三宥”。《周礼·秋官·司刺》：三宥，“一宥曰不识，再宥曰过失，三宥曰遗忘”。《周礼》郑注引郑司农曰：“不识，谓愚民无所识而宥之”。“过失，若举刃欲斫伐而轶中人者”。“遗忘，若间帷薄，忘有在焉，而以兵矢投射之”。又，通“宥”，宽宥。

⑤侀(xíng)：成形。

【译文】

拟定判词之后,文书官就将案件审判结果上报给负责司法的正,正进行审核。审核之后,再将审判结果上报大司寇,大司寇在天子外朝的棘木下审理案件。大司寇将审理结果上报天子,天子先命三公一起参与审理。三公审理后把结果上报天子,天子斟酌案情,看是否属于“三宥”,即三种应予宽宥的情形,然后判定刑罚。凡制定刑罚,罪行轻的不予赦免。刑,就是“侀”,侀,是成形、定型的意思。形体既成而不可改变,人体一旦受刑,也不可改变,所以君子审理刑案一定要尽心尽责。

析言破律①,乱名改作②,执左道以乱政③,杀。作淫声、异服、奇技、奇器以疑众,杀。行伪而坚,言伪而辩,学非而博,顺非而泽④,以疑众,杀。假于鬼神、时日、卜筮以疑众,杀。此四诛者,不以听。凡执禁以齐众⑤,不赦过。

【注释】

①析言破律:指巧言玩弄辞藻以曲解法律。

②乱名改作:改变官与物的名称,更造法度。

③左道:歪门邪道。古代左卑右尊,所以右道是正道,左道为邪道。

④泽:原指化妆用的膏脂,引申为文饰光泽而掩盖过失。

⑤禁:禁令。孙希旦说,即《周礼·秋官·士师》之“国有五禁之法”,乃宫禁、官禁、国禁、野禁、军禁等。

【译文】

凡是诡辩巧言、玩弄辞藻以曲解法律,混乱名分,更造法度,搞歪门邪道来干扰国政的,杀。制作淫邪的音乐、奇装异服、诡异的技术、怪诞的器物来迷惑大众的,杀。行为虚伪而貌似坚贞,言语虚伪而诡辩其辞,学非正道而貌似广博,道理乖谬而文过饰非,以此迷惑大众的,杀。

假借鬼神、时日吉凶、卜筮祸福以迷惑大众的，杀。这四种该杀的人，都不必再审理。凡是执行禁令、要求众人一律遵守时，不赦免犯禁者。

有圭璧金璋不粥于市[①]，命服、命车不粥于市，宗庙之器不粥于市，牺牲不粥于市，戎器不粥于市。用器不中度[②]，不粥于市；兵车不中度，不粥于市；布帛精粗不中数，幅广狭不中量，不粥于市；奸色乱正色[③]，不粥于市；锦文、珠玉成器不粥于市；衣服饮食不粥于市；五谷不时，果实未孰[④]，不粥于市；木不中伐，不粥于市；禽兽鱼鳖不中杀，不粥于市。关执禁以讥[⑤]，禁异服，识异言。

【注释】

①金：王引之《经义述闻·礼记上》"圭璧金璋"条说，"金"当是"宗"之误，"宗"是"琮"的假借。圭、璧、琮、璋，《聘礼》称为"四器"，文献多见，王说应可信。粥（yù）：同"鬻"，卖。下同。

②不中（zhòng）度：不合标准。

③奸色：不正之色。古代以青、赤、白、黑、黄五色为正色，其余非正色。

④孰：同"熟"。

⑤讥：稽查辨识。

【译文】

有圭、璧、琮、璋等贵重器物，不得在市场买卖；国君赏赐的衣物、车辆，不得在市场买卖；宗庙祭祀用具，不得在市场买卖；祭祀用的牺牲，不得在市场买卖；军队用的武器，不得在市场买卖；生活用具不合标准规格的，不得在市场买卖；兵车不合标准规格的，不得在市场买卖；布帛的经纬线精粗不合标准规格的，门幅宽度不合尺寸规格的，不得在市场买卖；不正之色淆乱正色、压过正色的，不得在市场买卖；用锦纹、珠玉制成的器物，不得在市场买卖；日常的衣服饮食，不得在市场买卖；五谷未到成熟季节，果实尚未成熟的，不得在市场买卖；树木过小、不合砍伐标准的，不得在市场买卖；禽兽鱼鳖过小、不合捕捉标准的，不得在市场买卖。各关卡依照禁令稽查往来人员，禁止奇装异服，对不同的语言加以甄别辨识。

大史典礼，执简记[①]，奉讳恶[②]，天子齐戒受谏[③]。

【注释】

①简记：郑注："策书也。"单枚的简编连成册，称为"册书"。

②奉：进奉。讳：先王的名讳。恶：忌日及凶、灾与国之大忧之类。

③齐：同"斋"。本节及下节"齐"字皆同此。

【译文】

太史掌管礼仪，手持简册文书，向天子进奉报告应避讳的先王名字、忌日及国家凶、灾、忧患事件，天子斋戒后以接受太史的谏议。

司会以岁之成质于天子[①]，冢宰齐戒受质。大乐正、大司寇、市[②]，三官以其成从质于天子，大司徒、大司马、大司空齐戒受质。百官各以其成质于三官，大司徒、大司马、大司空以百官之成质于天子，百官齐戒受质。然后，休老劳农[③]，成岁事，制国用。

【注释】

①司会(kuài)：冢宰的属下，主管财政以及考察群臣业绩。成：统计的簿书。质：评断，评定。

②市：司市，司徒的属官，主管市场。

③劳：慰问，犒劳。

【译文】

司会将一年来的行政业绩统计簿书呈报给天子评断，冢宰斋戒接受天子的评定。大乐正、大司寇、司市，三位官员随从司会将各自的行政业绩统计簿书呈报给天子评断，大司徒、大司马、大司空斋戒接受天子的评定。百官各以其行政业绩统计簿书呈报给三大官员评断，大司徒、大司马、大司空再将百官的行政业绩统计簿书呈报天子评断，百官斋戒接受天子的评定。然后，使老年人休养，慰劳农夫，完成一年应办理的事，即可制定国家下一年的财政预算。

凡养老[①]：有虞氏以燕礼[②]，夏后氏以飨礼[③]，殷人以食礼[④]，周人修而兼用之。五十养于乡，六十养于国，七十养于学。达于诸侯。

【注释】

①养老：指养老礼。古代以养老之礼以倡导尊老、敬老。

②燕礼：古代饮食之礼有三，即飨礼、食礼、燕礼，其中燕礼礼节为三者中最轻，设宴于正寝且仪式比较轻松。其具体礼仪见下文《燕义》篇。

③飨(xiǎng)礼：饮食之礼中最隆重的礼节，设宴于朝，有饭食及酒，多番献酒，以醉为度。

④食(sì)礼：孔疏："食礼者，有饭有殽，虽设酒而不饮。其礼以饭为主，故曰'食'也。"

【译文】

凡养老之礼各朝皆不同：有虞氏用燕礼，夏后氏用飨礼，殷人用食礼，周人斟酌去取而兼用这三种礼。对五十岁以上老人，在乡中行养老礼；对六十岁以上老人，在国都行养老礼；对七十岁以上老人，在大学行养老礼。此例天子、诸侯通用。

八十拜君命，一坐再至[①]，瞽亦如之。九十使人受。五十异粻[②]，六十宿肉[③]，七十贰膳[④]，八十常珍，九十饮食不离寝，膳饮从于游可也。六十岁制[⑤]，七十时制，八十月制，九十日修。唯绞、紟、衾、冒[⑥]，死而后制[⑦]。五十始衰，六十非肉不饱，七十非帛不煖，八十非人不煖，九十虽得人不煖矣。五十杖于家[⑧]，六十杖于乡，七十杖于国，八十杖于朝，九十者，天子欲有问焉，则就其室，以珍从。七十不俟朝[⑨]，八十月告存[⑩]，九十日有秩[⑪]。五十不从力政，六十不与服戎，七十不与宾客之事，八十齐丧之事弗及也。五十而爵，六十不亲学，七十致政，唯衰麻为丧。

【注释】

①一坐再至：君王有所赏赐时，本应行隆重的拜谢礼，但念及老年人身体衰弱不胜劳顿，只须以坐姿两次俯首至地行礼即可。坐，古代席地而坐，与后代的跪相似。至，指俯首至地。

②粻(zhāng)：粮食。

③六十宿肉：孔疏："转老，故恒宿肉在帐下，不使求而不得也。"即随时备有肉食，保障老人有肉可吃。

④贰膳：孔疏："恒令善食有储副，不使有阙也。"指存有储备，以保证老人正餐之外对食物的不时之需。贰，副，佐。

⑤制：指制作棺材。

⑥绞：包束尸体殓衣的布带。紟(jīn)：单被，大殓时用。衾(qīn)：被

子，大、小殓均用。冒：包裹尸体的最外层布套。此四者皆是人死后殓尸所用的物品。

⑦死而后制：人死后才开始制作。据《檀弓上》："丧具，君子耻具，一日二日而可为也者，君子弗为也。"是说君子若着急准备丧具，则有速弃其亲之嫌，故上述用以收殓尸体的物品，只要在死后第二天小殓、第三天大殓前赶制即可。

⑧杖：拄杖。以下可以拄杖的场所，随着老者年龄增长而愈来愈大，表示对老年人的体恤。在汉代，由皇帝向高龄老人颁授王杖，成为养老、敬老的象征。详见《曲礼上》"大夫七十而致事"节注③。

⑨不俟(sì)朝：指年老的大夫、士上朝见君王，作揖行礼后即可退朝离去，不必等朝毕。

⑩告存：问候。告，问。

⑪九十日有秩：孔疏："以至年老方极。秩，常也。君则日使人以常膳致之。"

【译文】

年过八十岁的人拜谢君王赏赐，以跪坐两次俯首至地行礼即可，双目失明的人也如此。年过九十岁的老人可以请人代为接受君王赏赐。关于用餐，年过五十岁的老人，可以享用较精细的粮食；年过六十岁的老人，要保证每天都有肉吃；年过七十岁的老人，正餐之外要保证随时可以有吃的；年过八十岁的老人，可以时常吃到珍贵美食；年过九十岁的老人，饮食也不离开寝室，如果出游则膳食饮料同时跟随以保障供给。关于丧具的制作，年过六十岁的老人，每年都要准备丧具；年过七十岁的老人，每个季节都要准备丧具；年过八十岁的老人，每个月都要准备丧具；年过九十岁的老人，则每天都要准备丧具。只有绞、紟、衾、冒等，是人死后才置办的。人五十岁开始衰老，年过六十岁的老人没有肉就吃不饱，年过七十岁的老人没有丝绵衣服就不暖和，年过八十岁的老人不依傍他人的身体就睡不暖和，年过九十岁的老人虽有人依傍也睡不暖和了。年过五十岁的老人可在家拄杖，年过六十岁的老人可在乡中拄杖，年过七十岁的老人可在国都中拄杖，年过八十岁的老人可在朝廷中拄杖，年过九十岁的老人，天子若有事咨问，就要到老人家中去，带着珍贵礼物前往。年过七十岁的老人朝见君王，行礼后即可离去，不必等朝毕才退朝；年过八十岁的老人，君王每个月要派人去问候；年过九十岁的老人，君王每天要派人致送常吃的膳食。年过五十岁的老人不服劳役，年过六十岁的老人不参与军事活动，年过七十岁的老人不参与会见宾客，年过八十岁的老人可以不参与祭礼及丧礼。大夫五十岁封爵位，年过六十岁不亲自到学校学习，年过七十岁退休辞官，遇到丧事只须穿着丧服，不必参与丧礼的仪式。

有虞氏养国老于上庠①，养庶老于下庠②；夏后氏养国老于东序，养庶老于西序；殷人养国老于右学，养庶老于左学；周人养国老于东胶，养庶老于虞庠。虞庠在国之西郊。

【注释】

①国老：退休的卿大夫。上庠（xiáng）：及下文的“下庠”、“东序”、“西序”、“右学”、“左学”、“东胶”、“虞庠”，都是古代学校，虞、夏、殷、周四代名称不同。上庠、东序、右学、东胶是大学；下庠、西序、左学、虞庠是小学。

②庶老：退休的士及庶人。

【译文】

有虞氏在上庠为退休的卿大夫举行养老礼，在下庠为退休的士和庶人举行养老礼；夏人在东序为退休的卿大夫举行养老礼，在西序为退休的士和庶人举行养老礼；殷人在右学为退休的卿大夫举行养老礼，在左学为退休的士和庶人举行养老礼;周人在东胶为退休的卿大夫举行养老礼,在虞庠为退休的士和庶人举行养老礼。虞庠在国都的西郊。

有虞氏皇而祭[①],深衣而养老[②];夏后氏收而祭,燕衣而养老[③];殷人冔而祭,缟衣而养老[④];周人冕而祭[⑤],玄衣而养老[⑥]。

【注释】

①皇:参加祭礼戴的冠。下文的"收"、"冔"(xǔ)、"冕"也都是祭冠。"皇"、"收"、"冔"三者形制已不可考。

②深衣:衣、裳相连,属于吉、凶之间的着装。

③燕衣:平时居处所穿之衣。又称"玄端"。

④缟(gǎo)衣:白绢所制的深衣。

⑤冕:周代冠。其形制,上有长方形木板叫做"綖",綖下有冠圈叫做"武",綖前挂着玉珠叫做"旒"。

⑥玄衣:朝服,黑衣素裳。

【译文】

有虞氏的人头戴皇举行祭祀,穿着深衣举行养老礼;夏人头戴收举行祭祀,穿着燕衣举行养老礼;殷人头戴冔举行祭祀,穿着缟衣举行养老礼;周人头戴冕举行祭祀,穿着玄衣举行养老礼。

凡三王养老,皆引年[①]。八十者,一子不从政;九十者,其家不从政[②]。废疾非人不养者,一人不从政。父母之丧,三年不从政;齐衰、大功之丧,三月不从政。将徙于诸侯,三月不从政;自诸侯来徙家,期不从政[③]。

【注释】

①引年：郑注："已而引户校年，当行复除也。"即根据户籍核定年龄，确定免除赋税徭役的对象。

②政(zhēng)：通"征"，征召徭役。

③期(jī)：满一年。

【译文】

凡夏、商、周三代行养老礼都根据户籍来核定年龄，以确定免除赋税徭役的对象。家有八十岁以上的老人，可有一个儿子不服徭役；家有九十岁以上的老人，全家都不服徭役。家有残疾病人生活不能自理的，可有一人不服徭役。为父母守丧，可以三年不服徭役；服齐衰或大功之丧的，可以三月不服徭役。即将迁居到其他诸侯国的，可以三月不服徭役；从其他诸侯国迁来定居的，可以一年不服徭役。

少而无父者谓之"孤"，老而无子者谓之"独"，老而无妻者谓之"矜"[①]，老而无夫者谓之"寡"。此四者，天民之穷而无告者也，皆有常饩[②]。

【注释】

①矜(guān)：亦作"鳏"。

②饩(xì)：郑注："廪也。"即发给口粮。

【译文】

年幼而没有父亲的人叫作"孤"，年老而没有儿子的人叫作"独"，年老而没有妻子的人叫作"矜"，年老而没有丈夫的人叫作"寡"。这四种人，是人们中困乏而无处投诉的人，都要定期供应粮食。

瘖、聋、跛、躃、断者、侏儒[①]，百工各以其器食之[②]。

【注释】

①瘖(yīn):口不能言,即哑巴。躃(bì):亦作“躄”,足不能行。

②百工各以其器食之:孔疏:“此等既非老无告,不可特与常饩,既有疾病,不可不养,以其病尚轻,不可虚费官物,故各以其器食之。器,能也。因其各有所能,供官役使,以廪饩食之。”

【译文】

哑巴、聋子、瘸子、不能行走的人、四肢断残的人、天生特别矮小的人,各尽所能从事百工杂役,让他们能够自食其力。

道路,男子由右,妇人由左,车从中央。父之齿随行,兄之齿雁行,朋友不相逾。轻任并[①],重任分,斑白者不提挈[②]。君子耆老不徒行[③],庶人耆老不徒食。

【注释】

①任:指有担负的人。

②斑白者:指头发斑白的老人。挈:提。

③君子:与下文的“庶人”相对。孙希旦认为是指大夫与士。

【译文】

在道路上行走时,男子靠右边走,妇女靠左边走,车辆从中间行驶。与父亲年龄相当的人同行,应跟随在他后方;与兄长年龄相当的人同行,应该如雁行一样并行而稍后;与朋友同行,并肩而走不抢先或超越。两个担负物品的人同行,如果两人担负都较轻,就合在一起由年轻人担负;如果两人担负都较重,则分开来担负,由年轻人担重的,年长者担轻的;头发斑白的老人不提着东西走路。年老的大夫、士不徒步走路,年老的庶人吃饭要有肉。

大夫祭器不假。祭器未成，不造燕器[①]。

【注释】

①燕器：日常生活用器。

【译文】

大夫应自备祭祀用器而不向他人借用。祭器未制成之前，不制造生活用器。

方一里者[①]，为田九百亩；方十里者，为方一里者百，为田九万亩；方百里者，为方十里者百，为田九十亿亩[②]；方千里者，为方百里者百，为田九万亿亩[③]。

【注释】

①方一里：指面积边长为一里。

②亿：郑注："今十万。"即一亿为汉代的十万。

③万亿：郑注："今万万也。"孔疏，此处的"万亿"是错乱，"此云万亿者，即今之万万也"。

【译文】

一里见方的土地，可造田九百亩；十里见方的土地，是一里见方的一百倍，可造田九万亩；一百里见方的土地，是十里见方的百倍，可造田九百万亩；一千里见方的土地，是一百里见方的百倍，可造田九万万亩。

自恒山至于南河[①]，千里而近[②]；自南河至于江[③]，千里而近；自江至于衡山[④]，千里而遥[⑤]；自东河至于东海[⑥]，千里而遥；自东河至于西河[⑦]，千里而近；自西河至于流沙[⑧]，千里而遥。西不尽流沙，南不尽衡山，东不尽东海，北不尽恒山，凡四海之内，断长补短，方三千里，为田八十万亿一万亿亩[⑨]。方百里者，为田九十亿亩，山陵、林麓、川泽、沟渎、城郭、宫室、涂巷[⑩]，三分去一，其余六十亿亩。

【注释】

①自恒山至于南河：据郑注，此为冀州区域。恒山，又称“北岳”，在今山西大同浑源。南河，河南西部的黄河段。

②千里而近：距离不足千里。

③自南河至于江：据郑注，为豫州区域。江，长江。

④自江至于衡山：据郑注，此为荆州区域。衡山，又称“南岳”，在今湖南衡阳南岳。

⑤千里而遥：距离千里有余。

⑥自东河至于东海：据郑注，此为徐州区域。东河，黄河在河南东部略呈南北流向的一段。

⑦自东河至于西河：据郑注，此为冀州区域。西河，黄河在山西和陕西之间自北向南流向的一段。

⑧自西河至于流沙：据郑注，此为雍州区域。流沙，沙漠。

⑨为田八十万亿一万亿亩：“八十”后的“万亿”二字为衍文。

⑩沟渎(dú)：田间水道，即沟洫。涂巷：道路街巷。

【译文】

从恒山到南河，这段距离不足千里；从南河到长江，这段距离不足千里；从长江到衡山，这段距离比千里远一点儿；从东河到东海，这段距离比千里远一点儿；从东河到西河，这段距离不足千里；从西河到沙漠，这段距离比千里远一点儿。向西沙漠不是尽头，向南衡山不是尽头，向东东海不是尽头，向北恒山不是尽头，凡是四海之内，取长补短，方圆三千里,可造农田八十一万亿亩。方圆百里之地,可造农田九十亿亩,其中山陵、森林、川流、水道、城郭、宫室、道路街巷,占去三分之一,还剩余田地六十亿亩。

古者以周尺八尺为步,今以周尺六尺四寸为步[①]。古者百亩,当今东田百四十六亩三十步。古者百里,当今百二十一里六十步四尺二寸二分。

【注释】

①今:指汉代。下同。

【译文】

古时候以周尺的八尺为一步,如今则是以周尺的六尺四寸为一步。古时候田地百亩,相当于现今东方齐鲁一带田地的一百四十六亩三十步。古时候的一百里,相当于现今一百二十一里六十步四尺二寸二分。

方千里者,为方百里者百,封方百里者三十国,其余方百里者七十。又封方七十里者六十,为方百里者二十九,方十里者四十,其余方百里者四十,方十里者六十。又封方五十里者百二十,为方百里者三十,其余方百里者十,方十里者六十。名山大泽不以封,其余以为附庸闲田。诸侯之有功者,取于闲田以禄之。其有削地者,归之闲田。

【译文】

一千里见方的土地,是一百个百里见方,分封三十个百里见方的国家,还剩余七十个百里见方。又分封六十个七十里见方的国家,划分为二十九个百里见方，四十个十里见方，还剩余四十个百里见方，六十个十里见方。又分封一百二十个五十里见方的国家，划分成三十个百里见方，还剩余十个百里见方，六十个十里见方。名山大川不分封，其余的土地作为诸侯国的附庸小国和闲田。诸侯有功，就从闲田中拿出土地来赏赐给他们。诸侯有罪而削减土地的，将削减下来的土地归并到闲田中。

天子之县内，方千里者，为方百里者百。封方百里者九，其余方百里者九十一。又封方七十里者二十一，为方百里者十，方十里者二十九，其余方百里者八十，方十里者七十一。又封方五十里者六十三，为方百里者十五，方十里者七十五，其余方百里者六十四，方十里者九十六。

【译文】

在天子的王畿内，千里见方的土地，有一百个百里见方。分封百里见方的国家九个，剩余九十一个百里见方。又分封七十里见方的国家二十一个，即为十个百里见方，二十九个十里见方，剩余八十个百里见方，七十一个十里见方。又有分封五十里见方的国家六十三个，即为十五个百里见方，七十五个十里见方，剩余六十四个百里见方，及九十六个十里见方。

诸侯之下士禄食九人①，中士食十八人，上士食三十六人。下大夫食七十二人，卿食二百八十八人。君食二千八百八十人。次国之卿食二百一十六人，君食二千一百六十人。小国之卿食百四十四人，君食千四百四十人。次国之卿命于其君者，如小国之卿。

【注释】

①食（sì）：养活，供养。

【译文】

诸侯下士的俸禄可以养活九人，中士的俸禄可以养活十八人，上士的俸禄可以养活三十六人。下大夫的俸禄可以养活七十二人，卿的俸禄可以养活八十八人。国君的俸禄可以养活两千八百八十人。次国之卿的俸禄可以养活二百一十六人，次国国君的俸禄可以养活两千一百六十人。小国之卿的俸禄可以养活一百四十四人，小国国君的俸禄可以养活四百四十人。次国的卿由国君直接任命的，俸禄相当于小国之卿。

天子之大夫为三监，监于诸侯之国者，其禄视诸侯之卿，其爵视次国之君，其禄取之于方伯之地。方伯为朝天子，皆有汤沐之邑于天子之县内[①]，视元士。

【注释】

①汤沐之邑：汤沐邑，周代供诸侯朝天子时住宿并沐浴斋戒的封地。

【译文】

天子的大夫任三监，监察各诸侯国的，俸禄参照诸侯之卿，爵位参照次国的国君，俸禄从所在的方伯地方取得。为方便方伯朝见天子，都在天子的王畿内设有供诸侯斋戒沐浴的汤沐邑，其大小规模比照天子上卿的采邑。

诸侯世子世国，大夫不世爵。使以德，爵以功。未赐爵，视天子之元士，以君其国。诸侯之大夫，不世爵禄。

【译文】

诸侯的世子可以世袭继承国家,但大夫的儿子不能世袭继承爵位。有德者才能任命为大夫,有功者可以继承爵位。诸侯之子还未得到天子赐爵之前,身份如同天子的上卿,以此统治他的国家。诸侯的大夫,不能世袭爵位和俸禄。

六礼:冠、昏、丧、祭、乡、相见[1]。七教:父子、兄弟、夫妇、君臣、长幼、朋友、宾客。八政:饮食、衣服、事为、异别、度、量、数、制[2]。

【注释】

①乡:包括乡饮酒礼及乡射礼,举行乡射礼时,都要先行乡饮酒礼。

②异别:指五方用器各不相同。度:丈尺等长度单位。量:斗斛等容量单位。数:百十等计数单位。

【译文】

六礼是:冠礼、婚礼、丧礼、祭礼、乡饮酒礼及乡射礼、相见礼等六种礼仪。七教是:父子、兄弟、夫妇、君臣、长幼、朋友、宾客等七种人际关系的教育。八政是:饮食、衣服、百工技艺、各类用器、长度单位、容量单位、计数单位、布帛规格等八方面的规定。

月令第六

【题解】

郑玄《礼记目录》云："名曰'月令'者，以其纪十二月政之所行也。"

本篇记述了十二个月的气候与生物、农作物的生长变化，制定了相应保护、管理生产的各种政策措施，并规定天子每月应办的大事。与《月令》内容相同或相近的还包括《吕氏春秋·十二月纪》、《逸周书·时训解》、《淮南子·时则训》。关于《月令》的成书时代和作者，历代学者有不同看法，影响较大者有四：

第一种观点认为《月令》是周公所作，或云作于周代，此说以东汉贾逵、马融、鲁恭、蔡邕，唐孔颖达以及清戴震、孙星衍、黄以周等为代表。

第二种观点认为《月令》抄《吕氏春秋》，作者为吕不韦。以东汉郑玄、卢植、高诱，清梁玉绳、万斯大、王引之等为代表，这种观点影响最大。郑玄说："名曰'月令'者，以其纪十二月政之所行也。本《吕氏春秋·十二月纪》之首章也，以礼家好事抄合之。……其中官名、时事，多不合周法。"

第三种观点认为《月令》成书于周、秦之间。孙希旦曰："是篇虽祖述先王之遗，其中多杂秦制，又博采战国杂家之说，不可尽以三代之制通之。然其上察天时，下授民事，有唐、虞钦若之遗意。马融辈以为周公所作者固非，而柳子厚以为瞽史之语者亦过也。"

第四种观点认为《月令》是战国时期晋人之作，由杨宽先生提出。杨宽先生认为，吕不韦宾客割裂《月令》十二月之文，以为《吕氏春秋·十二月纪》之首章。《月令》是战国后期阴阳五行家为即将出现的统一王朝制定的行政月历。

敦煌悬泉置汉代遗址出土一块泥墙题记《使者和中所督察诏书四时月令五十条》，为元始五年(5)王莽以太皇太后名义所颁实施《月令》的诏书，并将《月令》内容归纳为五十条，其中春：孟春十一条，仲春五条，季春四条，共二十条；夏：孟夏六条，仲夏五条，季夏一条，共十二条；秋：孟秋三条，仲秋三条，季秋二条，共八条；冬：孟冬四条，仲冬五条，季冬一条，共十条。这一文物的发现可以说明，在当时的中国《月令》具有怎样的意义。老百姓是否遵从《月令》的规定不得而知，但在封建官僚的督察与考评机制中，它显然具有举足轻重的作用。

孟春之月①，日在营室②，昏参中③，旦尾中④。其日甲、乙⑤。其帝大皞⑥，其神句芒⑦。其虫鳞⑧。其音角⑨，律中大蔟⑩。其数八⑪。其味酸⑫，其臭膻⑬。其祀户⑭，祭先脾⑮。

【注释】

①孟春：即春季的首月。春季三月，第一月为孟春，第二月为仲春，第三月为季春。以孟、仲、季排序，夏季、秋季、冬季也如此。

②营室：星名。即室宿，“二十八宿”之一。有今飞马座二星。二十八星宿是古人为观测日、月、五星运行而划分的二十八个星区，用来说明日、月、五星运行所到的位置，每宿包含若干颗恒星。古代还把黄赤道带天区自西向东划分为十二部分，叫做“十二次”。并依次命名为星纪、玄枵(xiāo)、娵訾(jū zī)、降娄、大梁、实沈、鹑首、鹑火、鹑尾、寿星、大火、析木。以冬至时所在的次为

始，室宿在第三次娵訾之次。

③参(shēn)：星名。“二十八宿”之一。有今猎户座七星。中：傍晚在南方天空正中，也就是现在所说的子午线。

④尾：星名。“二十八宿”之一。有今天蝎座九星。

⑤甲、乙：在中国古代的历法中，甲、乙、丙、丁、戊、己、庚、辛、壬、癸被称为“十天干”。十天干又分属五行：甲、乙同属木，甲为阳木，属栋梁之木；乙为阴木，属花草之木。丙、丁同属火，丙为阳火，属太阳之火；丁为阴火，属灯烛之火。戊、己同属土，戊为阳土，属城墙之土；己为阴土，属田园之土。庚、辛同属金，庚为阳金，属斧钺之金；辛为阴金，属首饰之金。壬、癸同属水，壬为阳水，属江河之水；癸为阴水，属雨露之水。

⑥大皞(tài hào)：传说中的上古帝王，即伏羲氏。死后为东方之帝，五行则为木帝，主春。

⑦句(gōu)芒：中国古代神话中的木神(春神)，主管树木的发芽生长，少昊的后代，名重，为伏羲臣。

⑧鳞：“五虫”之一。据《大戴礼记·易本命》，古人把动物分为五类，即羽虫(飞禽)、毛虫(走兽)、甲虫(有甲壳的虫)、鳞虫(鱼及蜥蜴、蛇等具鳞的动物)、倮虫(也作“蠃虫”，“倮”通“裸”，指人类及蛙、蚯蚓等)，合称“五虫”。五虫与五行相配，鳞虫配木，属于春虫。

⑨角(jué)：“五音”之一。宫、商、角、徵、羽为“五音”，五音分属五行，角音属木，为春音。

⑩律中大蔟(cù)：律，是古代调节音准的铜管，或用竹制。郑注：“律，候气之管，以铜为之。中，犹应也。”大蔟，太蔟，“十二律”之一。“十二律”又分为阴、阳两类：黄钟、太蔟、姑洗、蕤宾、夷则、无射六阳律；大吕、夹钟、中吕、林钟、南吕、应钟六阴律。由于音律与一年中的月份恰好都是十二个，于是人们便把十二律和十

二月联系起来，太蔟配孟春之月。大，同“太”。

⑪数八：古人五行的排列顺序为：一是水，二是火，三是木，四是金，五是土。剩余的六、七、八、九、十也是六水、七火、八木、九金、十土。古人又将一至十按奇、偶分属天地，即天一，地二，天三，地四，天五，地六，天七，地八，天九，地十。这样天一生水，地二生火，天三生木，地四生金，天五生土，这称为“生数”。剩余地六成水，天七成火，地八成木，天九成金，地十成土，这称为“成数”。木为天三地八，这里只说它的成数为八。

⑫酸：“五味”之一。古人将五行配属五味，酸属木，苦属火，甘属土，辛属金，咸属水。

⑬臭（xiù）：气味。膻：“五臭”之一。“五臭”指膻、焦、香、腥、朽。古人将五行配属五臭，春为膻。

⑭户：“五祀”之一。“五祀”指户、灶、门、行、中霤。春天，人从户出，所以春天要祭祀户神。

⑮脾：“五脏”之一。“五脏”指心、肝、脾、肺、肾。五脏与五行相配，脾配土，肾配水，肺配金，肝配木，心配火。

【译文】

孟春正月，太阳的位置在营室，黄昏时参星在南方天空的正中，早晨尾星在南方天空的正中。春季属木，天干吉日是甲日和乙日。尊奉的天帝是太皞，神是句芒。与孟春相配的虫是五虫中的鳞虫。相配的音是五音中的角音，相配的律是十二律中的太蔟。孟春的成数是八。孟春的味道是五味中的酸味，孟春的气味是五臭中的膻味。孟春要祭祀户神，五脏祭品以脾脏为先。

东风解冻，蛰虫始振①。鱼上冰，獭祭鱼②，鸿雁来。

【注释】

①振：动。

②獭（tǎ）祭鱼：水獭将捕猎的鱼摆放在岸边，像祭祀陈列祭品一样。

【译文】

东风吹来冰雪解冻，蛰伏的昆虫开始活动。鱼从水深处游到近冰处，水獭将捕获的鱼像祭祀一样陈列在岸边，鸿雁从南方飞来。

天子居青阳左个①，乘鸾路②，驾仓龙③，载青旂④，衣青衣，服仓玉，食麦与羊，其器疏以达⑤。

【注释】

①青阳左个：明堂东向的左侧室。明堂是天子施行宗教、政事、教化等多项功能的建筑。明堂大致为四方、多角、中央建堂的构造，东方叫“青阳”，南方叫“明堂”，西方叫“总章”，北方叫“玄堂”，中央叫“太庙”。除太庙外其余四堂皆有左、右侧室，称为“个”。左个，左侧室。今西安附近保存有西汉末年王莽所建的明堂遗址。

②鸾路：郑注：“有虞氏之车，有鸾和之节，而饰之以青，取其名耳。”鸾，铜铃，车铃。路，车。

③仓：通“苍”，青色。龙：马八尺以上称作龙。

④旂（qí）：古代画有两龙并在竿头悬铃的旗。

⑤器疏以达：器物加以刻镂，花纹直而通达，象征春天万物舒发。

【译文】

天子居处在明堂东向的左室，乘坐饰有鸾铃的车子，驾着青色的大马，车上插着青色的旗帜，穿着青色的衣服，佩戴青色的玉，吃麦子和羊肉，用的器物刻镂纹饰，直而通达。

是月也，以立春。先立春三日，大史谒之天子曰[①]："某日立春，盛德在木。"天子乃齐[②]。立春之日，天子亲帅三公、九卿、诸侯、大夫以迎春于东郊。还反，赏公、卿、诸侯、大夫于朝[③]。命相布德和令[④]，行庆施惠[⑤]，下及兆民[⑥]。庆赐遂行，毋有不当。乃命大史守典奉法，司天日月星辰之行[⑦]，宿离不贷[⑧]，毋失经纪[⑨]，以初为常[⑩]。

【注释】

①谒：告。

②齐：同"斋"。

③朝：天子有三朝，一是燕朝，在路寝之内；二是治朝，在路门外，应门之内；三是外朝，在库门之外。此处指治朝。

④和：宣布。令：禁令。

⑤庆：奖励。

⑥兆民：极言民众人数之多。万亿曰"兆"。

⑦司：主管。

⑧宿：太阳运行的位置。离：月亮经过的位置。贷：通"忒"(tè)，差错。

⑨经纪：郑注："谓天文进退度数。"孔疏："言当推勘考校，使得其中，应进则言进，应退则言退。若其推步不明，算历失所，迟疾不依其度，进退或失其常，是失经纪。"

⑩初：旧。

【译文】

这个月确定立春。立春的前三天，太史向天子报告说："某日立春，盛德处在木位。"天子于是斋戒，准备迎春。立春那天，天子亲自率领三公、九卿、诸侯、大夫到东郊去举行迎春的祭祀。回来后在朝廷上赏赐公、卿、诸侯和大夫。天子命令三公宣布国家的禁令，奖赏有功，施惠贫困，下及亿万民众。奖励与赏赐于是推行，没有不得当的。命令太史谨守典籍和法令，主管天上日、月、星辰的运行，太阳运行的位置，月亮经历的地方，都不能有差错。对天文星辰运行轨道计算的度数不出差错，要遵循传统方法观测计算，常行不变。

是月也，天子乃以元日祈谷于上帝①。乃择元辰②，天子亲载耒耜③，措之于参保介之御间④，帅三公、九卿、诸侯、大夫躬耕帝藉⑤。天子三推⑥，三公五推，卿、诸侯九推。反，执爵于大寝⑦，三公、九卿、诸侯、大夫皆御，命曰“劳酒”。

【注释】

①元日：上辛日。一个月有三个“辛”日，分上、中、下，第一个辛日就是上辛日。一般在正月的初一到初十之间。上帝：昊天上帝。

②元辰：正月第一个亥日。甲、乙、丙、丁等十天干称作“日”，子、丑、寅、卯等十二地支称作“辰”。所以祭天用“元日”，耕地用“元辰”。

③耒(lěi)耜(sì)：古代耕地翻土的农具。“耒”是柄，“耜”是下端用于翻土的部分。

④措：置。参：参乘。保介：即车右。保，穿。介，甲。御：驾车者。

⑤帝藉：郑注：“为天神借民力所治之田也。”《说文·耒部》：“藉，帝藉千亩也。古者使民如借，故谓之‘藉’。”是为祭祀上帝天神提供粮食的田地，天子象征性地亲自耕种，然后借助民力完成作业。

⑥推：用耒耜推土。

⑦大寝：路寝，即正寝。诸侯有三寝：正寝一，燕寝二。正寝又叫

"大寝",是处理政事的地方;燕寝又叫"小寝",是平常燕居休息的地方。

【译文】

这个月,天子在上辛日祭祀昊天上帝,祈求五谷丰收。选择这月的第一个亥日,天子亲自拿着耒耜,处在穿着盔甲的车右和驾车驭手之间,率领三公、九卿、诸侯、大夫亲自在供给祭祀天帝粮食的藉田中耕作。天子三次推土,三公五次推土,卿、诸侯九次推土。耕田返回后,天子拿着爵在大寝中饮酒,三公、九卿、大夫都要参加,这次饮酒就叫做"劳酒"。

是月也,天气下降,地气上腾①,天地和同,草木萌动。王命布农事,命田舍东郊②,皆修封疆,审端径术③。善相丘陵、阪险、原隰④,土地所宜,五谷所殖,以教道民⑤,必躬亲之。田事既饬,先定准直⑥,农乃不惑。

【注释】

①"天气"二句:天气,阴气。地气,阳气。郑注:"此阳气蒸达,可耕之候也。"

②田:郑注:"谓田畯,主农之官也。"

③径:田间小路。术:郑玄认为当作"遂",小沟。

④阪(bǎn)险:斜坡与高山。原隰(xí):平原与低湿之地。

⑤道(dǎo):引导。

⑥准直:指公平划界,即划定农田的疆界,勘定田间的界路、沟渠的广狭要准、要直。

【译文】

这个月,阴气下降,阳气上升,天地之气中和,草木开始萌芽。王命令布置农事，命令田官居住到东郊，修整农田的封界和地标，审看维修田间的小路、小沟。好好地考察丘陵、斜坡、高山、平原和低湿地等各种土地所适宜种植的作物，五谷应在哪里种植，将这些教给百姓，一定要亲自做这些事。农事已经完成，划定农田的疆界，勘定田间的界路、沟渠的广狭要准、要直，农民才不会感到疑惑。

是月也，命乐正入学习舞。乃修祭典，命祀山林川泽，牺牲毋用牝[①]。禁止伐木。毋覆巢，毋杀孩虫、胎、夭、飞鸟[②]。毋靡[③]，毋卵。毋聚大众，毋置城郭[④]。掩骼埋胔[⑤]。

【注释】

①牝(pìn)：雌兽。

②孩虫：幼虫。胎、夭、飞鸟：孔疏："胎，谓在腹中未出；夭，为生而已死者。……飞鸟，谓初飞之鸟。"

③麛(mí)：幼鹿。这里泛指幼兽。湖北云梦睡虎地秦墓竹简《秦律十八种·田律》："不夏月，毋敢夜草为灰，取生荔、麛𪔁(卵)鷇，毋□□□□□□□毒鱼鳖，置穽罔(网)，到七月而纵之。"与此文意类似。

④"毋聚大众"二句：这是担心妨碍百姓的农事。置，立。

⑤掩骼埋胔(zì)：郑注："骨枯曰骼，肉腐曰胔。"指尸骸的枯骨及腐肉。

【译文】

这个月，天子命令乐正到太学教习国子舞蹈。修订祭祀的法典，命令祭祀山林川泽，祭祀用的牺牲不能是雌兽。禁止砍伐树木。不要折毁鸟窝，不要杀害幼虫、怀孕的母兽、刚出生的幼兽、刚会飞的小鸟。不要猎取幼兽，不要掏取鸟蛋。不要聚集民众，不要修建城郭。要掩埋枯骨和腐肉。

是月也，不可以称兵①，称兵必天殃。兵戎不起，不可从我始②。毋变天之道，毋绝地之理，毋乱人之纪。

【注释】

①不可以称兵：孙希旦说："春之德为阳、为柔、为仁，兵之事为阴、为刚、为义。以正月而称兵，则以阴而干阳，是变天之道也；以刚而逆柔，是绝地之理也；以义而反仁，是乱人之纪也。"

②始：挑起。

【译文】

这个月不可以兴兵作战，兴兵一定会遭天灾。若战争不可避免，不可从我方起始。不要改变立天之道，不要断绝地生之理，不要打乱人伦道德纲纪。

孟春行夏令，则风雨不时，草木蚤落①，国时有恐；行秋令，则其民大疫，猋风暴雨总至②，藜、莠、蓬、蒿并兴③；行冬令，则水潦为败④，雪霜大挚⑤，首种不入⑥。

【注释】

①蚤：通"早"。

②猋(biāo)：旋风，暴风。

③藜(lí)、莠(yǒu)、蓬、蒿：这四者都是野草。

④水潦(lǎo)：雨水过多。

⑤挚(zhì)：至，到。

⑥首种：指稷，百谷中稷最先下种。

【译文】

如果在孟春施行夏季的时令，那么雨水就会不及时，草木早落，国家经常有恐怖的事情发生；如果施行秋季的时令，那么百姓中就会流行疾役，狂风暴雨集中到来，藜草、莠草、蓬草、蒿草一起生长；如果施行冬季的时令，那么雨水太多泛滥成灾，雪霜大降，早春应首先播种的稷无法种下地。

仲春之月，日在奎①，昏弧中②，旦建星中③。其日甲、乙。其帝大皞，其神句芒。其虫鳞。其音角，律中夹钟④。其数八。其味酸，其臭膻。其祀户，祭先脾。

【注释】

①奎(kuí)："二十八宿"之一。有今仙女座九星及双鱼座九星及双鱼七星。

②弧：星名。或称"弧矢"、"天矢"，共九星，因形似弓矢而得名。在"二十八宿"之井宿附近。

③建星：星名。郑注："建星在斗上。"属"二十八宿"之斗宿，今人马座内。

④夹钟："十二律"之一。

【译文】

仲春二月，太阳的位置在奎宿，黄昏时弧星在南方天空的正中，早晨建星在南方天空的正中。春季属木，天干吉日是甲日和乙日。尊奉的天帝是太皞，神是句芒。与仲春相配的虫是五虫中的鳞虫。相配的音是五音中的角音，相配的律是十二律中的夹钟。仲春的成数是八。仲春的味道是五味中的酸味，仲春的气味是五臭中的膻味。仲春要祭祀户神，五脏祭品以脾脏为先。

始雨水，桃始华，仓庚鸣①，鹰化为鸠②。

【注释】

①仓庚：黄鹂。

②鹰化为鸠：古人认为，鸠在秋季化为鹰，鹰在春季再复化为鸠。后文中也有类似的记载。化，指改变旧形。鸠，布谷鸟。

【译文】

这个月开始下雨，桃树开始开花，黄鹂开始鸣叫，鹰变化成布谷鸟。

天子居青阳大庙①，乘鸾路，驾仓龙，载青旂，衣青衣，服仓玉，食麦与羊，其器疏以达。

【注释】

①青阳大庙：明堂东向房的中室。大庙，即太庙。

【译文】

天子居处在明堂东向的中室，乘坐饰有鸾铃的车子，驾着青色大马，车上插着青色的旗帜，穿着青色的衣服，佩戴青色的玉，吃麦子和羊肉，用的器物刻镂纹饰，直而通达。

是月也，安萌芽，养幼少，存诸孤①。择元日，命民社②。命有司省囹圄③，去桎梏④，毋肆掠⑤，止狱讼。

【注释】

①存：抚恤。

②社：郑注："后土也。"即土地神。

③省:减。囹圄(líng yǔ):牢狱。

④桎梏(zhì gù):刑具,即脚镣手铐。铐住两脚的叫做“桎”,铐住两手的叫做“梏”。

⑤肆:肆意。掠:笞打。

【译文】

这个月,要使植物的萌芽安稳生长,养育幼小,抚恤孤儿。选择吉日,命令百姓祭祀土地神。命令有关官员减少牢狱中的罪犯,去掉犯人的脚镣手铐,不得肆意笞打犯人,停止受理诉讼案件。

是月也,玄鸟至①。至之日,以大牢祠于高禖②,天子亲往,后妃帅九嫔御③。乃礼天子所御④,带以弓韣,授以弓矢⑤,于高禖之前。

【注释】

①玄鸟:燕子。

②大牢:同时使用牛、羊、豕(shǐ)三牲祭祀,牺牲规格最高。大,同“太”。高禖(méi):管理婚姻和生育之神。孙希旦说:“禖者,禖神,谓先帝始制为嫁娶之礼者,盖伏羲也。”高禖之礼是天子在南郊祀天时,以禖神配祭。王引之说:“高者,‘郊’之借字。古声‘高’与‘郊’同,故借‘高’为‘郊’。”即在郊祭禖神,“高禖”又称“郊禖”。

③御:陪侍。

④天子所御:后妃九嫔中怀孕的人。

⑤“带以弓韣(dú)”二句:这是祈求生男孩,因弓韣、弓矢都是男人所用。韣,弓袋。

【译文】

这个月,燕子飞来。燕子飞到的那一天,要用牛、羊、猪三牲到南郊祭祀高禖，天子亲自前往，后妃率领九嫔陪侍。用酒礼招待怀孕的妃嫔，给她们带上弓袋，授给她们弓箭，这些都在高禖神前进行。

是月也，日夜分[①]，雷乃发声，始电，蛰虫咸动，启户始出[②]。先雷三日，奋木铎以令兆民曰[③]："雷将发声，有不戒其容止者[④]，生子不备，必有凶灾。"日夜分，则同度、量[⑤]，钧衡、石[⑥]，角斗、甬[⑦]，正权、概[⑧]。

【注释】

①日夜分：昼夜时间等分，即春分。

②户：穴。

③木铎(duó)：以木为舌的铜铃。摇木铎以引起人们的注意。

④不戒其容止：孔疏："言此时夫妇交接，生子支(肢)节性情必不备，其父母必有灾也。"

⑤同：与下文的"钧"、"角"、"正"都是平、正、等同、统一之意。度、量：郑注："丈尺曰度，斗斛曰量。"

⑥钧：通"均"。衡：秤杆。石：重量单位。一石等于一百二十斤。

⑦斗：量器名。十斗等于一斛。甬(tǒng)：通"桶"，斛。

⑧权：秤锤。概：平斗、斛用的小木板。

【译文】

这个月，昼夜时间等分，雷声开始出现，开始有闪电，冬蛰的动物开始活动，打开洞穴开始出来。打雷的前三天，要振动木铎以警示万民说："马上就要打雷了，有行为不警戒而胡乱交接的，生出来的孩子会有残疾，一定会有凶灾。"春分这天，白昼与夜晚等分，就要统一长度和容量单位，使容器衡与石大小准确无误，让量器斗与斛的大小合乎标准，检测秤锤与刮斗斛的木板符合规制。

是月也，耕者少舍[①]。乃修阖扇[②]，寝、庙毕备[③]。毋作大事[④]，以妨农之事。

【注释】

①少舍：暂时休息。少，稍。舍，止。

②阖扇：门户。郑注："用木曰'阖'，用竹苇曰'扇'。"

③寝：居室。庙：宗庙。

④大事：战争或其他聚众的劳役。

【译文】

这个月，农耕的人可以稍稍得到休息。修理门户，居处和宗庙都要修理好。不要兴发兵役或其他的劳役，以免妨碍农事。

是月也，毋竭川泽，毋漉陂池[①]，毋焚山林。天子乃鲜羔开冰[②]，先荐寝庙[③]。上丁[④]，命乐正习舞，释菜[⑤]。天子乃帅三公、九卿、诸侯、大夫亲往视之。仲丁[⑥]，又命乐正入学、习乐。是月也，祀不用牺牲，用圭璧，更皮币[⑦]。

【注释】

①漉（lù）：干涸。陂（bēi）：蓄水池。池：池塘。

②鲜羔开冰：古人在冬天将冰块藏入冰窖，要祭祀司寒。来年春天要开窖取冰，也要献羊羔祭祀司寒。司寒，有学者认为是"玄冥之神"。鲜，郑注："当为'献'，声之误也。"

③寝庙：指宗庙。古代宗庙正殿称"庙"，后殿称"寝"，合称"寝庙"。

④上丁：上旬的丁日。

⑤释菜：将菜蔬置放在先圣、先师的神位前进行祭祀的仪式。

⑥仲丁：中旬的丁日。

⑦“祀不用”三句：孔疏：“应祀之时，圭璧更易此牺牲，非但用圭璧更易，又用皮币以更之。……谓祈祷小祀也，不用牺牲若大祀，则依常法，故上云‘以大牢祠高禖’是也。”更，代替。皮币，《吕氏春秋》高诱注：“鹿皮、玄纁束帛也。”

【译文】

这个月，不要使川泽枯竭，不要使水池、池塘干涸，不要焚烧山林。天子要献羊羔给司寒，然后打开冰窖取冰，先把冰供给宗庙。上旬的丁日，令乐正教习国子舞蹈，陈设蔬菜行祭祀先圣、先师之礼。天子率领三公、九卿、诸侯、大夫亲自前往观看。中旬的丁日，又令乐正到学校教习国子音乐。这个月，小的祭祀不用牺牲，而更换为圭璧和皮币。

仲春行秋令，则其国大水，寒气总至，寇戎来征；行冬令，则阳气不胜，麦乃不孰，民多相掠；行夏令，则国乃大旱，煖气早来，虫螟为害①。

【注释】

①螟(míng)：螟蛾的幼虫。有许多种，对农作物危害很大。

【译文】

如果在仲春施行秋季的时令，那么国家就会发大水，寒气聚合而来，敌寇会来侵伐；如果施行冬季的时令，那么阳气就会不敌阴气，麦子不会成熟，百姓多有抢掠；如果施行夏季的时令，那么国家就会发生大旱，暖气提早到来，庄稼会发生螟虫的灾害。

季春之月，日在胃①，昏七星中②，旦牵牛中③。其日甲、乙。其帝大皞，其神句芒。其虫鳞。其音角，律中姑洗④。其数八。其味酸，其臭膻。其祀户，祭先脾。

【注释】

①胃:“二十八宿”之一。有今白羊座三星。

②七星:“二十八宿”之一,又称“星宿”。有今长蛇座七星。

③牵牛:“二十八宿”之一。有今摩羯座六星。

④姑洗(xiǎn):“十二律”之一。

【译文】

季春三月,太阳的位置在胃宿,黄昏时七星在南方天空的正中,早晨牵牛星在南方天空的正中。春季属木,天干吉日是甲日和乙日,尊奉的天帝是太皞,神是句芒。与季春相配的虫是五虫中的鳞虫。相配的音是五音中的角音,相配的律是十二律中的姑洗。季春的成数是八。季春的味道是五味中的酸味,季春的气味是五臭中的膻味。季春要祭祀户神,五脏祭品以脾脏为先。

桐始华,田鼠化为鴽①,虹始见②,蓱始生③。

【注释】

①鴽(rú):鹌鹑类的小鸟。

②见:同“现”。

③蓱:同“萍”。

【译文】

梧桐树开始开花,田鼠变化为鴽,天空开始出现彩虹,水中开始出现浮萍。

天子居青阳右个①,乘鸾路,驾仓龙,载青旂,衣青衣,服仓玉,食麦与羊,其器疏以达。

【注释】

①青阳右个：明堂东向的右室。

【译文】

天子居处在明堂东向的右室，乘坐饰有鸾铃的车子，驾着青色大马，车上插着青色的旗帜，穿着青色的衣服，佩戴青色的玉，吃麦子和羊肉，用的器物刻镂纹饰，直而通达。

是月也，天子乃荐鞠衣于先帝①。命舟牧覆舟②，五覆五反，乃告舟备具于天子焉，天子始乘舟。荐鲔于寝庙③，乃为麦祈实。

【注释】

①鞠衣：郑注："黄桑服也。"孔疏："象桑叶始生。"指像刚长出的桑叶一样的黄色礼服，这是为了祈求春蚕之事顺利。先帝：郑注："太皞之属。"孙希旦认为是轩辕氏，即黄帝，"蚕事始于轩辕氏之妃西陵氏，后之功统于帝，故祈蚕之祀主于先帝"。

②舟牧：主舟之官。覆舟：将船只倒过来检查其底部是否有开裂破漏。

③鲔（wěi）：鱼名。日本称"金枪鱼"。

【译文】

这个月，天子向黄帝进献黄色的礼服。命令舟牧将船底翻过来，检查船底是否有开裂破漏，翻来覆去检查五次，才报告天子船已准备好，天子才开始乘船。向宗庙进献鲔鱼，为小麦丰收而祈祷。

是月也，生气方盛①，阳气发泄，句者毕出②，萌者尽达③。不可以内④。天子布德行惠，命有司发仓廪⑤，赐贫穷,振乏绝[⑥],开府库[⑦],出币帛,周天下[⑧]。勉诸侯[⑨],聘名士,礼贤者。

【注释】

①生气:生发万物之气。

②句(gōu)者:勾曲的嫩芽。

③萌者:直立的嫩芽。萌,芒而直。

④内:同“纳”。

⑤仓廪(lǐn):贮藏谷米的仓库。孔疏引蔡氏曰:“谷藏曰‘仓’,米藏曰‘廪’。”

⑥振:救。乏绝:孔疏引蔡氏曰:“暂无曰‘乏’,不续曰‘绝’。”又,引皇氏曰:“长无谓之‘贫穷’,暂无谓之‘乏绝’。”即生活资料匮乏短缺。

⑦府库:藏币帛的仓库。

⑧周:郑注:“谓给不足也。”

⑨勉:进,劝。

【译文】

这个月,生气正旺盛,阳气正宣泄,勾曲的嫩芽冒出,直立的嫩芽也上达地表。这个月不可以收敛财货。天子宣布德政,施行恩惠,命令有关官员打开粮仓,发给贫穷的人,救济匮乏短缺的人,打开府库,发放币帛,给予天下百姓。劝勉诸侯,慰问名士,礼遇贤者。

是月也,命司空曰:“时雨将降,下水上腾,循行国邑,周视原野,修利堤防,道达沟渎[①],开通道路,毋有障塞。田猎罝罘、罗罔、毕、翳、馁兽之药毋出九门[②]。”

【注释】

①道(dǎo):引导,疏通。

②罝罘(jū fú):捕兽的网。罗罔(wǎng):捕鸟的网。罔,网。毕:长柄的小网。翳(yì):射猎者用于隐蔽自己的帐幕。餧:同“喂”。九门:指国都四方的城门,据说是南门三,东门、西门、北门各二。

【译文】

这个月,命令司空说:“雨季就要到来,地下水将要上升,在国都和城邑巡逻,遍视原野,修筑堤防,疏导沟洫,开通道路,不要有任何障碍阻塞。田猎所用的捕兽的网、捕鸟的网、长柄的小网、掩蔽自己的帐幕、喂给野兽的毒药,一律不许带出九门。”

是月也,命野虞毋伐桑柘①。鸣鸠拂其羽②,戴胜降于桑③,具曲、植、籧、筐④。后妃齐戒,亲东乡躬桑⑤。禁妇女毋观⑥,省妇使⑦,以劝蚕事。蚕事既登⑧,分茧称丝效功⑨,以共郊庙之服⑩,毋有敢惰。

【注释】

①野虞:主管山野、林木的官。柘(zhè):柘树。叶呈卵形。桑、柘皆可喂蚕。

②鸣鸠:斑鸠。

③戴胜:鸟名。有羽冠。郭璞《尔雅》注谓“鵀即头上胜”,“呼为戴胜”。

④曲:竹编的平底养蚕器具,称“蚕箔”或“蚕薄”。植:摆放蚕箔的木架。籧(qú)、筐:皆为盛桑叶的竹编器具。方曰“筐”,圆曰“籧(筥)”。

⑤乡:通“向”。

⑥毋观:郑注:“去容饰也。”即不加装饰。

⑦妇使:缝线针织一类妇人干的杂活。

⑧登:成。

⑨分茧:将蚕茧分给妇人,让其缫丝。称丝:称量缫丝的轻重。效功:考课妇人缫丝的成绩。

⑩共:通“供”。郊:祭名。在郊外祭天。

【译文】

这个月,命令野虞不要砍伐桑树和柘树。斑鸠振动翅膀,戴胜飞落到桑树,就要准备好养蚕用的蚕箔,摆放蚕箔的木架,采摘桑叶用的圆筐、方筐。后妃斋戒后,亲自到东郊采桑。妇女不要打扮化妆,妇女也减少做缝纫针织等杂活,要劝导她们勤于蚕桑之事。蚕桑之事完成后,就将蚕茧分给妇人,让其缫丝,并称量缫丝的轻重多少,考核她们的绩效,用这些蚕丝织制祭天和祭庙的礼服,不敢怠惰偷懒。

是月也,命工师令百工审五库之量①,金、铁②,皮、革、筋③,角、齿,羽、箭、干④,脂、胶、丹、漆⑤,毋或不良。百工咸理⑥,监工日号,毋悖于时,毋或作为淫巧⑦,以荡上心⑧。

【注释】

①工师:司空的属下,百工之长。五库:藏储物资的五个库房。孔疏引熊氏说,金、铁为一库,皮、革、筋为一库,角、齿为一库,羽、箭、盾为一库,脂、胶、丹、漆为一库。量:物资的好坏质量。

②金:铜、锡。

③革:皮去毛叫做“革”。

④干:弓干。

⑤丹:孙希旦说即朱砂。据出土资料,黑漆为“漆”,红漆为“丹”。

⑥咸：皆。

⑦淫巧：伪饰不合规定。

⑧以荡上心：使得君王之心摇荡，追逐奢靡。

【译文】

这个月，让工师命令百工审查五库物资的质量，金、铁，皮、革、筋，角、齿，羽毛、箭、盾，油脂、胶、红漆、黑漆这些物资，绝不允许品质不良。工匠们都从事制作，对工匠要加以监管并每天发出号令，让他们制作器物不要违背时序，不要制作奢侈超标奇巧的器物，使得君王心旌摇荡，追求奢靡。

是月之末，择吉日，大合乐[①]，天子乃帅三公、九卿、诸侯、大夫亲往视之。

【注释】

①大合乐：音乐和舞蹈的联合演出。这是国子学习音乐和舞蹈的成果演出。

【译文】

这个月，选择吉日，举行音乐和舞蹈的联合演出，天子率领三公、九卿、诸侯、大夫亲自前往观看。

是月也，乃合累牛、腾马[①]，游牝于牧。牺牲、驹、犊，举书其数。命国难[②]，九门磔攘[③]，以毕春气[④]。

【注释】

①合：交配。累牛、腾马：孔疏："累牛，谓相累之牛；腾马，相腾逐之马。"指相交合之牛马。

②难(nuó):同“傩”,驱除疫鬼的仪式,类似后世跳大神,由扮演大神者歌唱呼喊,伴以锣鼓,驱逐魑魅魍魉。

③磔(zhé):割裂牲体。攘:攘除凶灾疫鬼。

④毕:止。春气:此处指春时的不正之气。

【译文】

这个月,在牧场中游牧公牛、公马,让它们和母牛、母马交配。用于祭祀的牺牲以及小马、小牛,都要登记数量。命令举行驱除疫鬼的傩祭,在九个城门分别杀牲、分割牲体,攘除疫鬼凶灾,以阻止春时的不正之气。

季春行冬令,则寒气时发,草木皆肃[①],国有大恐;行夏令,则民多疾疫,时雨不降,山林不收[②];行秋令,则天多沉阴,淫雨蚤降[③],兵革并起。

【注释】

①肃:郑注:“谓枝叶缩栗。”

②山林不收:山林,孔疏引此句作“山陵”,郑注:“高者暵于热也。”又,《吕氏春秋》亦作“山陵”,可知“林”应为“陵”之误。收,收成。

③淫雨蚤降:旧注以为,雨三日以上即为“淫雨”。蚤,通“早”。

【译文】

如果在季春施行冬季的时令,那么寒气就会经常到来,草木枝叶都会枯萎,国家就会发生令人大恐慌的事件;如果施行夏季的时令,那么百姓就多有疾病疫情,及时雨不能降落,高地山丘会没有收成;如果施行秋季的时令,那么天气就多为阴沉,淫雨季节会提早到来,到处都会发生战争。

孟夏之月，日在毕[①]，昏翼中[②]，旦婺女中[③]。其日丙、丁[④]。其帝炎帝[⑤]，其神祝融[⑥]。其虫羽[⑦]。其音徵[⑧]，律中中吕[⑨]。其数七[⑩]。其味苦，其臭焦。其祀灶，祭先肺。

【注释】

①毕："二十八宿"之一。有今金牛座八星。

②翼："二十八宿"之一。有今巨爵座、长蛇座二十二星。

③婺(wù)女："二十八宿"之一，或称"女"、"须女"。有今宝瓶座四星。

④丙、丁：夏季属五行中的火。丙、丁同属火，丙为阳火，属太阳之火；丁为阴火，属灯烛之火。详见本篇"孟春之月"节注⑤。

⑤炎帝：传说中的上古帝王，即神农氏。死后为南方之帝，因以火德王，五行则为火帝，主夏。

⑥祝融：上古帝王，本名重黎，以火施化，号赤帝，后尊为火神。

⑦羽：五虫中的羽虫(飞禽)。羽虫配火，属于夏虫。

⑧徵(zhǐ)："五音"之一。徵音属火，为夏音。

⑨中吕："十二律"之一。

⑩七：火为地二天七，"七"是火的成数。

【译文】

孟夏四月，太阳的位置在毕宿，黄昏时翼星在南方天空的正中，早晨婺女星在南方天空的正中。夏季属火，天干吉日是丙日和丁日。尊奉的天帝是炎帝，神是祝融。与孟夏相配的虫是五虫中的羽虫。相配的音是五音中的徵音，相配的律是十二律中的中吕。孟夏的成数是七。孟夏的味道是五味中的苦味，孟夏的气味是五臭中的焦味。孟夏要祭祀灶神，五脏祭品以肺为先。

蝼蝈鸣[①],蚯蚓出,王瓜生[②],苦菜秀[③]。

【注释】

①蝼(lóu)蝈:郑注:“蛙也。”

②王瓜:郑注:“萆挈也。”或本作“王萯”,是一种葫芦科植物。孙希旦引归有光说,即今之黄瓜。

③秀:开花。

【译文】

蝼蝈鸣叫,蚯蚓出洞,王瓜结实,苦菜开花。

天子居明堂左个[①],乘朱路,驾赤骝[②],载赤旂,衣朱衣,服赤玉,食菽与鸡[③],其器高以粗[④]。

【注释】

①明堂左个:明堂南向的左室。

②赤骝(liú):赤身黑鬃的马。夏季属火,色调是红色,所以天子所用的都是红色的器物。骝,同“骝”。

③菽(shū):豆类。

④粗:粗大。象征夏气盛大。

【译文】

天子居处在明堂南向的左室,乘坐红色的车,驾着赤身黑鬃的马,车上插着红色的旗帜,穿着红色的衣服,佩戴红色的玉,吃豆类食品和鸡肉,用的器物高而粗大。

是月也,以立夏。先立夏三日,大史谒之天子曰:“某日立夏,盛德在火。”天子乃齐。立夏之日,天子亲帅三公、九卿、大夫以迎夏于南郊。还反，行赏，封诸侯。庆赐遂行，无不欣说[①]。乃命乐师习合礼乐[②]。命大尉赞桀俊[③]，遂贤良[④]，举长大[⑤]，行爵出禄，必当其位。

【注释】

①说（yuè）：同“悦”。

②乐师：乐正的副职。

③大尉：太尉，掌管军政的官。赞：助。桀俊：才能出众的人。桀，杰出的人才。

④遂：进。

⑤长大：高大有力之人。

【译文】

这个月，确定立夏。在立夏的前三天，太史向天子报告说：“某日立夏，盛德处在火位。”天子于是斋戒，准备迎夏。立夏那天，天子亲自率领三公、九卿、诸侯、大夫到南郊去举行迎夏的祭祀。回来后在朝廷上赏赐公卿，分封诸侯。实行奖励赏赐，没有不欢欣喜悦的。令乐师教习国子将礼仪与音乐配合起来。令太尉选拔俊杰，推荐贤良，推举高大有力的壮士，赐予爵位和俸禄，一定与其职位相称。

是月也，继长增高[①]，毋有坏堕[②]，毋起土功，毋发大众，毋伐大树。

【注释】

①继长增高：指草木继续生长增高。

②坏堕（huī）：毁坏。孙希旦说，如坏城郭、废宫室之类。堕，同“隳”，毁坏。

【译文】

这个月，草木继续生长增高，不要有毁坏城郭、宫室的行为，不要兴建土木工程，不要征发大批劳役，不要砍伐大树。

是月也，天子始絺[①]。命野虞出行田原，为天子劳农劝民，毋或失时。命司徒循行县、鄙[②]，命农勉作，毋休于都。

【注释】

①始絺（chī）：初服夏季的衣服。絺，细葛布做的衣服。

②司徒：负责民政的官员。县、鄙：两千五百家为“县”，五百家为“鄙”。

【译文】

这个月，天子开始穿细葛布做的衣服。命令野虞出巡田地原野，以天子的名义慰劳和劝导农民，不要失掉务农的时机。命令司徒巡视县、鄙，命令农民勤勉耕作，不要在城邑中休息。

是月也，驱兽毋害五谷，毋大田猎。农乃登麦[①]，天子乃以彘尝麦[②]，先荐寝庙。

【注释】

①登：进献。

②以彘（zhì）尝麦：郑注：“麦之新，气尤盛，以彘食之，散其热也。”彘，猪。

【译文】

这个月，驱除野兽不让它们伤害五谷作物，不要举行大规模的田猎。农民进献小麦，天子就和猪肉配搭着吃新麦，先供奉宗庙。

是月也，聚畜百药。靡草死[①]，麦秋至[②]。断薄刑，决小罪，出轻系[③]。蚕事毕，后妃献茧。乃收茧税，以桑为均，贵贱长幼如一，以给郊庙之服。

【注释】

①靡草：草名。荠菜之类的草。陈澔曰："靡草，草之枝叶靡细者，阴类，阳盛则死。"

②麦秋：麦子成熟。

③出：释放。

【译文】

这个月，要聚集积蓄各种药材。靡草枯死，麦子成熟的时节到来。可以审理较轻刑罚的案件，判决较小的罪行，释放一些轻罪的犯人。养蚕的工作结束后，后妃们向天子进献蚕茧。于是征收蚕税，以桑树的多少来征收，养蚕的妇女不论贵贱长幼要统一收取蚕税，作为供给祭天和祭庙的礼服。

是月也，天子饮酎[①]，用礼乐。

【注释】

①酎(zhòu)：郑注："酎之言醇也，谓重酿之酒也。"

【译文】

这个月，天子饮醇酒，按照礼仪的规定演奏音乐。

孟夏行秋令，则苦雨数来[①]，五谷不滋，四鄙入保[②]；行冬令，则草木蚤枯，后乃大水，败其城郭；行春令，则蝗虫为灾，暴风来格[3],秀草不实[4]。

【注释】

①苦雨:秋天的寒雨。

②鄙:边界上的小邑。保:同“堡”。小城曰“堡”。

③格:至。

④秀草不实:草木不结果实。

【译文】

如果在孟夏施行秋季的时令,那么寒雨会时常到来,五谷不能滋长,边境的人们都会躲进堡垒避难;如果施行冬季的时令,那么草木就会提早枯萎,然后又发大水,毁坏城郭;如果施行春季的时令,那么就会蝗虫成灾,暴风来到,草木不结果实。

仲夏之月,日在东井[1],昏亢中[2],旦危中[3]。其日丙、丁。其帝炎帝,其神祝融。其虫羽。其音徵,律中蕤宾[4]。其数七。其味苦,其臭焦。其祀灶,祭先肺。

【注释】

①东井:“二十八宿”之一,或称“井”。有今双子座八星。

②亢:“二十八宿”之一。有今室女座四星。

③危:“二十八宿”之一。有今宝瓶座、飞马座三星。

④蕤(ruí)宾:“十二律”之一。

【译文】

仲夏五月,太阳的位置在东井星宿,黄昏时亢星在南方天空的正中,早晨危星在南方天空的正中。夏季属火,天干吉日是丙日和丁日。尊奉的天帝是炎帝,神是祝融。与仲夏相配的虫是五虫中的羽虫。相配的音是五音中的徵音，相配的律是十二律中的蕤宾。仲夏的成数是七。仲夏的味道是五味中的苦味，仲夏的气味是五臭中的焦味。仲夏要祭祀灶神，五脏祭品以肺为先。

小暑至，螳螂生，䴗始鸣[①]，反舌无声[②]。

【注释】

①䴗（jú）：伯劳鸟。

②反舌：郑注："百舌鸟。"又称"乌鸫"（dōng）。

【译文】

小暑到来，螳螂出生，伯劳鸟开始鸣叫，百舌鸟却不再出声。

天子居明堂大庙，乘朱路，驾赤骝，载赤旂，衣朱衣，服赤玉，食菽与鸡，其器高以粗。养壮佼[①]。

【注释】

①壮佼：《训纂》引王念孙说："《吕氏春秋·仲夏纪》'佼'作'狡'。高诱注曰：'壮狡，多力之士。'""《广雅》曰：'狡，健也。'壮狡，犹言壮健。作'佼'者，假借字耳。"

【译文】

天子居处在明堂南向的中室，乘坐红色的车，驾着赤身黑鬃的马，车上插着红色的旗帜，穿着红色的衣服，佩戴红色的玉，吃豆类食品和鸡肉，用的器物高而粗大。培养健壮的人。

是月也，命乐师修鞀、鞞、鼓[①]，均琴、瑟、管、箫，执干、戚、戈、羽[②]，调竽、笙、篪、簧[③]，饬钟、磬、柷、敔[④]。命有司为民祈祀山川百源,大雩帝[5],用盛乐[6]。乃命百县雩祀百辟卿士有益于民者[7],以祈谷实。农乃登黍。

【注释】

①鞀(táo):同"鼗",有柄的小摇鼓,如今之拨浪鼓。鞞(pí):同"鼙",一种小鼓。

②干:盾。戚:斧。戈:用青铜或铁制成的横刃兵器。羽:野鸡毛。

③竽:管乐器名。有三十六簧。笙:管乐器名。有十三簧。篪(chí):同"箎",用竹管制成类似笛子的一种吹奏乐器。簧:金属或其他材料制成的在乐器中发声的薄片。

④钟:打击乐器。编钟。磬:打击乐器。用玉、石金属制成的曲尺形,可悬挂打击。柷(zhù):打击乐器。方形,以木棒击打奏鸣。敔(yǔ):打击乐器。形如伏虎,以竹条刮摩奏鸣。

⑤雩(yú):求雨的祭祀。

⑥盛乐:即上文所说的所有乐器共同演奏。

⑦百辟(bì)卿士:对百姓有功的先代国君和卿士。辟,君主。

【译文】

这个月,命令乐师修治鞀、鞞、鼓,调节琴、瑟、管、箫,检查舞队使用的干、戚、戈、羽等器具,调理竽、笙、篪、簧等吹奏乐器,整顿钟、磬、柷、敔等打击乐器。命令有关官员,为百姓向名山大川和河流的源头祭祀祈祷,举行大型的雩祭向天帝求雨,各种乐器要一起演奏。命令百县的官长举行向先代有功于人们的君主和卿士的求雨祭祀,以祈求谷物丰收。农民进献收获的新黍。

是月也,天子乃以雏尝黍[1],羞以含桃[2],先荐寝庙。令民毋艾蓝以染[3],毋烧灰,毋暴布[4]。门闾毋闭,关市毋索。

挺重囚[⑤],益其食。游牝别群,则絷腾驹[⑥],班马政。

【注释】

①雏:小鸡。

②羞:进献。含桃:樱桃。

③艾(yì):通“刈”,刀割采收。蓝:蓝草,古代用以制作靛青染料的植物。

④“毋烧灰”二句:烧灰是为了湅(liàn)布,此月阳气大盛,如果曝晒在阳光下,恐脆伤其布。暴(pù),曝晒。

⑤挺:宽缓。

⑥“游牝(pìn)”二句:此月母马已怀孕,因而要别群另放,恐马驹踢伤怀孕的母马,因而要拴住马驹。腾驹,已长大可以腾跃的马驹。

【译文】

这个月,天子吃小鸡并配新黍,吃之前要先和樱桃一起进献给宗庙。命令百姓不要割蓝草来染布,不要烧灰湅布,不要曝晒布。家门巷门不要关闭,不要搜索关卡和市场。宽缓重刑的犯人,增加他们的饮食。怀孕的母马要和公马分群放牧,要拴住可以腾跃的马驹,颁布养马的政令。

是月也,日长至,阴阳争,死生分[①]。君子齐戒,处必掩身,毋躁。止声色,毋或进[②]。薄滋味,毋致和[③]。节耆欲[④],定心气。百官静事毋刑[⑤],以定晏阴之所成[⑥]。

【注释】

①“日长至”三句:此月是白天最长的时候,阳气达到鼎盛,阴气也

欲起，因此阴、阳开始纷争。阳气生物，阴气杀物，死、生的分界因而开始。

②进：进御侍寝。

③和：五味的调和。

④耆：同“嗜”。

⑤百官静事毋刑：郑注：“罪罚之事，不可以闻。”按，王念孙说，“百官”指“百体”，此句承上而言，节嗜欲，定心气，推而至于百体莫不安静，做事审慎精详。亦通。本文不用王说。

⑥晏：安，静。

【译文】

这个月，白天的时间最长，阴气、阳气纷争，死、生的分界开始。君子要斋戒，居处时掩盖着身子，不要躁动。禁止听靡靡之音和接近女色，不要进献女色侍寝。饮食滋味要清淡，不要讲求五味的调和。节制自己的嗜好和欲望，平心静气。百官要安安静静地料理事务，不要动用刑罚，以安定阴气使其正常产生。

鹿角解，蝉始鸣。半夏生[①]，木堇荣[②]。

【注释】

①半夏：药草名。

②木堇：即木槿，落叶灌木。荣：开花。

【译文】

鹿角在这月脱落，蝉开始鸣叫。半夏生长，木槿花开。

是月也，毋用火南方[①]。可以居高明[②]，可以远眺望，可以升山陵，可以处台榭[③]。

【注释】

①南方：南方属火，此月阳气至盛，如果还在南方用火，那就会火气过盛。

②高明：高且宽敞明亮之处。

③台榭：地面上的夯土高墩称为“台”，台上的木构建筑称为“榭”，两者合称为“台榭”。

【译文】

这个月，不要在南方用火。可以居处在高而宽敞明亮的地方，可以向远处眺望，可以攀登山陵，可以呆在台榭上。

仲夏行冬令，则雹冻伤谷，道路不通，暴兵来至；行春令，则五谷晚孰，百螣时起[①]，其国乃饥；行秋令，则草木零落，果实早成，民殃于疫。

【注释】

①螣（tè）：蝗类害虫。

【译文】

如果在仲夏施行冬季的时令，那就会有冰雹和霜冻伤害谷物，道路不通，盗贼攻掠；如果施行春季的时令，那么五谷就会晚熟，蝗虫之类的灾害时常发生，国家就会发生饥荒；如果施行秋季的时令，那么草木会凋零，果实提前成熟，疾疫流行，百姓遭殃。

季夏之月，日在柳[①]，昏火中[②]，旦奎中[③]。其日丙、丁。其帝炎帝，其神祝融。其虫羽。其音徵，律中林钟[④]。其数七。其味苦，其臭焦。其祀灶，祭先肺。

【注释】

①柳:“二十八宿”之一。有今长蛇座八星。

②火:“二十八宿”之一,或称“大火”、“心”、“商星”。有今天蝎座三星。

③奎:“二十八宿”之一,或称“天豕”、“封豕”。有今仙女座九星、双鱼座七星。

④林钟:“十二律”之一。

【译文】

季夏之月,太阳的位置在柳星星宿,黄昏时火星在南方天空的正中,早晨奎星在南方天空的正中。夏季属火,天干吉日是丙日和丁日。尊奉的天帝是炎帝,神是祝融。与季夏相配的虫是五虫中的羽虫。相配的音是五音中的徵音,相配的律是十二律中的林钟。季夏的成数是七。季夏的味道是五味中的苦味,季夏的气味是五臭中的焦味。季夏要祭祀灶神,五脏祭品以肺为先。

温风始至,蟋蟀居壁,鹰乃学习,腐草为萤[①]。

【注释】

①萤:萤火虫。

【译文】

温风开始吹来,蟋蟀居处在墙壁上,小鹰开始学习飞翔与猎食,腐草化为萤火虫。

天子居明堂右个,乘朱路,驾赤骝,载赤旂,衣朱衣,服赤玉,食菽与鸡,其器高以粗。

【译文】

天子居处在明堂南向的右室，乘坐红色的车，驾着赤身黑鬃的马，车上插着红色的旗帜，穿着红色的衣服，佩戴红色的玉，吃豆类食品和鸡肉，用的器物高而粗大。

命渔师伐蛟、取鼍、登龟、取鼋①。命泽人纳材苇②。

【注释】

①鼍(tuó)：鳄鱼。鼋(yuán)：大鳖。

②泽人：泽虞，掌管湖泊的官员。

【译文】

命令渔师伐蛟、取鼍、捕龟、捉鼋。命令泽虞收取蒲苇。

是月也，命四监大合百县之秩刍①，以养牺牲。令民无不咸出其力，以共皇天上帝②，名山大川，四方之神，以祠宗庙、社稷之灵，以为民祈福。

【注释】

①四监：主管山林川泽的官员。秩：常。

②共：通“供”。

【译文】

这个月，命令四监将各县应缴纳的草料按常规定额集中征收上来，以喂养祭祀用的牺牲。命令百姓都共同出力，以供奉皇天上帝，名山大川，四方的神祇，以祭祀宗庙、社稷的神灵，为百姓祈福。

是月也，命妇官染采[①]，黼、黻、文、章必以法故[②]，无或差贷[③]，黑、黄、仓、赤莫不质良，毋敢诈伪，以给郊庙祭祀之服，以为旗章[④]，以别贵贱等给之度[⑤]。

【注释】

①妇官：主管女工的官员。郑注："染人也。"即负责纺织品染色的小吏。

②黼（fǔ）、黻（fú）、文、章：《考工记》："青与赤谓之文，赤与白谓之章，白与黑谓之黼，黑与青谓之黻。"

③贷：通"忒"，差错。

④旗章：郑注："旌旗及章识也。"

⑤等给：等级。

【译文】

这个月，命令妇官给丝织品染色，黼、黻、文、章一定要遵照旧有的规定制作，不得有任何差错，黑、黄、青、红各种色彩都要品质优良，不得诈伪虚假，用以供给制作郊祀和宗庙祭祀的礼服，用以制作旗帜徽标，以区分贵贱等级的差别。

是月也，树木方盛，乃命虞人入山行木[①]，毋有斩伐。不可以兴土功，不可以合诸侯，不可以起兵动众，毋举大事以摇养气[②]。毋发令而待，以妨神农之事也[③]。水潦盛昌，神农将持功，举大事则有天殃。

【注释】

①行木：巡行山林，监察砍伐禁令的执行情形。

②大事：即前文的"兴土功"、"合诸侯"、"起兵动众"。摇养气：动摇

长养之气。

③神农之事：神农为农业的发明者，故以“神农之事”指农耕等生产活动。

【译文】

这个月，树木正茂盛，于是命令虞人进入山林内巡查，不许砍伐树木。不可以兴建土木工程，不可以聚合诸侯，不可以发起战争劳动民众，不要有兴师动众的事动摇生长养育之气。不要发布命令让百姓等待召集，以妨碍农耕。此月正是雨水旺盛的时候，神农氏将完成养育万物的功业，如果兴师动众会遭到上天的惩罚降下祸殃。

是月也，土润溽暑[①]，大雨时行。烧薙行水[②]，利以杀草，如以热汤。可以粪田畴，可以美土彊[③]。

【注释】

①溽(rù)：湿润。

②烧薙(tì)行水：孔疏：“五月夏至，芟杀暴之，至六月合烧之，故云‘烧薙’也。‘行水’者，其时也，大雨时行，行于所烧田中，仍壅遏蓄之，以渍烧薙，故云‘行水’也。”薙，除草。

③土彊(qiáng)：坚硬而难以耕作的土地。彊，同“强”。

【译文】

这个月，土地湿润，天气闷热，大雨时常降落。铲除野草曝晒，加以焚烧，雨水浸泡，高温复加浸泡，最利除灭杂草，如同用热水浇烂草。可以为田地增肥，可以美化改变坚硬而难以耕作的土地。

季夏行春令，则谷实鲜落，国多风欬[①]，民乃迁徙；行秋令，则丘隰水潦，禾稼不熟，乃多女灾[②]；行冬令，则风寒不时，鹰隼蚤鸷[③]，四鄙入保。

【注释】

①欬（kài）：咳嗽。

②女灾：妇女有流产、不孕等灾祸。

③隼（sǔn）：鸟名。一种猛禽。鸷（zhì）：本指一种凶狠的鸟，这里是动词，搏击。

【译文】

如果在季夏施行春季的时令，那么谷物就鲜少丰收，国内人们患风寒咳嗽，百姓迁移他地；如果施行秋季的时令，那么丘陵和湿地都遭到水患，庄稼不成熟，妇女有流产等灾祸；如果施行冬季的时令，那么风寒会时常袭来，鹰和隼会提早凶猛搏斗，四境边界的百姓因战乱而躲进城堡。

中央土[①]。其日戊、己[②]。其帝黄帝[③]，其神后土[④]。其虫倮[⑤]。其音宫[⑥]，律中黄钟之宫[⑦]。其数五[⑧]。其味甘，其臭香。其祀中霤，祭先心。

【注释】

①中央土：中央，四时的中间。春为木，夏为火，秋为金，冬为水，火生土，土生金，所以土在火、金之间，其气也在季夏之末，居于四时的中央。

②戊、己：戊、己同属土，戊为阳土，属城墙之土；己为阴土，属田园之土。

③黄帝：传说中的上古帝王，即轩辕氏。以土德王天下，尊为中央之帝。

④后土：共工氏之子，名句龙。为土正。

⑤倮：同“裸”，“五虫”之一。孔疏引《大戴礼记》及《乐纬》云：“倮虫三百六十，圣人为之长。”

⑥宫：“五音”之一。

⑦黄钟之宫：用黄钟律定的宫音。

⑧五：这是土的生数，因土以生为本。

【译文】

四时的中央属土，天干吉日是戊日和己日，尊奉的天帝是黄帝，神是后土。于此时相配的虫是五虫中的裸虫。相配的音是五音中的宫音，相配的律是十二律中的黄钟。此时的生数是五。相配的味道是五味中的甘味，相配的气味是五臭中的香味。此时要祭祀中霤神，五脏祭品以心为先。

天子居大庙大室①，乘大路，驾黄骊，载黄旂，衣黄衣，服黄玉，食稷与牛，其器圜以闳②。

【注释】

①大庙大室：明堂中央的太室。

②圜以闳(hóng)：圆而宏大。

【译文】

天子居处在明堂中央的太室，乘坐黄色的大路，驾着黄色的马，车上插着黄色的旗帜，穿着黄色的衣服，佩戴黄色的玉，吃稷米和牛肉，用的器物圆而宏大。

孟秋之月，日在翼，昏建星中，旦毕中。其日庚、辛。其帝少皞①，其神蓐收②。其虫毛。其音商，律中夷则。其数九。其味辛，其臭腥。其祀门，祭先肝。

【注释】

①少皞(hào)：金天氏，又称“少昊”。死后为西方之帝，于五行为金帝，主秋。

②蓐(rù)收：少皞氏之子，名该。孔疏：“言秋时万物摧蓐而收敛。”

【译文】

孟秋七月，太阳的位置在翼星星宿，黄昏时建星在南方天空的正中，早晨毕星在南方天空的正中。秋季属金，天干吉日是庚日和辛日。尊奉的天帝是少皞，神是蓐收。与孟秋相配的虫是五虫中的毛虫。相配的音是五音中的商音，相配的律是十二律中的夷则。孟秋的成数是九。孟秋的味道是五味中的辛味，孟秋的气味是五臭中的腥味。孟秋要祭祀门神，五脏祭品以肝为先。

凉风至，白露降[①]，寒蝉鸣[②]，鹰乃祭鸟[③]，用始行戮。

【注释】

①白露：阴气盛而露重，故色白。

②寒蝉：又称“寒蜩”，蝉的一种。较一般蝉小，青赤色。

③鹰乃祭鸟：鹰捕捉小鸟，先四面陈列于地而不食，与人祭祀相似，故称“祭鸟”。

【译文】

凉风到来，露水降在叶子上，寒蝉鸣叫，鹰捕捉小鸟，先四面陈列于地而不食，如人之祭祀，这时开始处决犯人。

天子居总章左个[①]，乘戎路，驾白骆[②]，载白旂，衣白衣，服白玉，食麻与犬，其器廉以深③。

【注释】

①总章左个：明堂西向的左室。

②骆：白马黑鬃尾。

③廉以深：外有棱角而内部深邃。

【译文】

天子居处在明堂西向的左室，乘坐白色的车，驾着白色黑鬃尾的马，车上插着白色的旗帜，穿着白色的衣服，佩戴白色的玉，吃麻子和狗肉，用的器物外有棱角而内部深邃。

是月也，以立秋。先立秋三日，大史谒之天子曰："某日立秋，盛德在金。"天子乃齐。立秋之日，天子亲帅三公、九卿、诸侯、大夫，以迎秋于西郊。还反，赏军帅、武人于朝①。天子乃命将帅选士厉兵②，简练桀俊③，专任有功，以征不义；诘诛暴慢④，以明好恶，顺彼远方⑤。

【注释】

①武人：军士之有勇力的人。

②厉兵：磨砺兵器。

③简练：选拔并训练。

④诘：郑注："谓问其罪，穷治之也。"诛：讨伐。暴：暴于民。慢：对上不敬。

⑤顺：服。

【译文】

这个月，确定立秋。在立秋的前三天，太史向天子报告说："某日立秋，盛德处在金位。”天子于是斋戒，准备迎秋。立秋那天，天子亲自率领三公、九卿、诸侯、大夫到西郊去举行迎秋的祭祀。回来后在朝廷上赏赐将帅和勇武之士。天子于是命令将帅选拔兵士并磨砺兵器，挑选优秀的士兵并加以训练，特别任用有功的将领，去征伐不义的国家；诘问讨伐暴虐傲慢的国家，以表明天子的好恶，使远方的国家都顺从驯服。

是月也，命有司修法制，缮囹圄[①]，具桎梏，禁止奸，慎罪邪，务搏执[②]。命理瞻伤、察创、视折、审断[③]，决狱讼必端平，戮有罪，严断刑。天地始肃，不可以赢[④]。

【注释】

①缮：修理。

②搏执：搏击而拘禁。

③理：治狱之官。瞻伤、察创、视折、审断：《训纂》记吴幼清《纂言》引蔡邕曰：“皮曰伤，肉曰创，骨曰折，骨肉皆绝曰断。”

④赢：郑注：“犹解也。”指政教松懈、政令松弛。

【译文】

这个月，命令有关官员修订法制，修缮牢狱，准备脚镣手铐，禁止奸邪之人，警惕罪恶之人，对这些人一定要严加打击并拘禁。命令治狱之官亲自查看受轻伤、重创、骨折、骨肉皆绝者的案情，判决案件一定要公平公正，处决重罪之人，严正判处刑罚。天地间开始有肃杀之气，要顺应节气，政教政令不可松懈宽缓。

是月也，农乃登谷[①]，天子尝新，先荐寝庙。命百官始收敛，完堤防，谨壅塞，以备水潦，修宫室，坏墙垣[②]，补城郭。

【注释】

①谷：郑注："黍稷之属，于是始孰(熟)。"

②坏(péi)：通"培"。上古墙垣为夯土建筑，故需定期添土、垒土、夯筑维修、加固。

【译文】

这个月，农民要献新黍稷，天子品尝新成熟的谷物，尝新之前要先用以祭祀宗庙。命令百官开始秋收，完善堤防，防止堵塞，以防备水灾，修缮宫室，培土夯筑墙垣，修补城郭。

是月也，毋以封诸侯，立大官，毋以割地[①]，行大使，出大币[②]。

【注释】

①割地：指给有功之臣分封土地。

②大币：《吕氏春秋》作"重币"。

【译文】

这个月，不要分封诸侯，不要设立大官，不要奖赏土地，不要派出大使，不要付出大量的钱财。

孟秋行冬令，则阴气大胜，介虫败谷[①]，戎兵乃来；行春令，则其国乃旱，阳气复还，五谷无实；行夏令，则国多火灾，寒热不节，民多疟疾。

【注释】

①介虫：即甲虫。介，郑注："甲也。"

【译文】

如果在孟秋施行冬季的时令，那么就会阴气大胜，甲虫毁坏庄稼，兵寇前来攻伐；如果施行春季的时令，那么国家就会干旱，阳气又重新回来，五谷不能结实；如果施行夏季的时令，那么国家就多有火灾，天气时冷时热，百姓多患疟疾。

仲秋之月，日在角[①]，昏牵牛中，旦觜觿中[②]。其日庚、辛。其帝少皞，其神蓐收。其虫毛。其音商，律中南吕。其数九。其味辛，其臭腥。其祀门，祭先肝。

【注释】

①角："二十八宿"之一。有今室女座二星。

②觜觿(zī xī)："二十八宿"之一，或称"觜"。有今猎户座三星。

【译文】

仲秋八月，太阳的位置在角宿，黄昏时牵牛星在南方天空的正中，早晨觜觿星在南方天空的正中。秋季属金，天干吉日是庚日和辛日。尊奉的天帝是少皞，神是蓐收。与孟秋相配的虫是五虫中的毛虫。相配的音是五音中的商音，相配的律是十二律中的南吕。孟秋的成数是九。孟秋的味道是五味中的辛味，孟秋的气味是五臭中的腥味。孟秋要祭祀门神，五脏祭品以肝为先。

盲风至[①]，鸿雁来，玄鸟归，群鸟养羞[②]。

【注释】

①盲风：郑注："疾风也。"

②羞：食物。

【译文】

疾风吹起，鸿雁飞来，玄鸟南归，群鸟开始储备食物。

天子居揔章大庙，乘戎路，驾白骆，载白旂，衣白衣，服白玉，食麻与犬，其器廉以深。

【译文】

天子居处在明堂西向的中室，乘坐白色的车，驾着白色黑鬃尾的马，车上插着白色的旗帜，穿着白色的衣服，佩戴白色的玉，吃麻制的食品和狗肉，用的器物外有棱角、内部深邃。

是月也，养衰老，授几杖[①]，行糜粥饮食[②]。乃命司服具饬衣裳[③]，文绣有恒，制有小大，度有长短，衣服有量[④]，必循其故，冠带有常。乃命有司申严百刑，斩杀必当，毋或枉桡[⑤]。枉桡不当，反受其殃。

【注释】

①几杖：详见《曲礼上》“大夫七十而致事”节注③。

②行：赐。糜（mí）粥：粥。

③司服：主管服制的官。

④衣服：朝服、燕服等服装。量：长短、大小等规定。

⑤枉：凌弱，应轻刑却重判。桡（náo）：畏强，应重刑却轻判。孔疏：“枉，谓违法曲断。桡，谓有理不申。应重乃轻，应轻更重，是其不当也。”

【译文】

这个月，要注意供养衰弱的老人，授予他们几和手杖，赐予粥作为饮食。命令司服准备整治衣裳,花纹彩绣要有常规,衣服的大小有一定的制度,长短也有一定的标准,朝服、燕服等其他衣服有一定的规定,一定要遵循旧制,帽子和带子也有常制。命令有关官员,重申严肃地施行各种刑罚,斩杀等刑罚一定要得当,不能轻罪重判或重罪轻判。如果刑罚不当,执法人员就要反受处罚。

是月也,乃命宰、祝循行:牺牲,视全具①;案刍豢②,瞻肥瘠;察物色③,必比类④;量小大,视长短⑤,皆中度⑥。五者备当,上帝其飨。天子乃难⑦,以达秋气。以犬尝麻,先荐寝庙。

【注释】

①全具:牺牲的身体是否完备。

②刍豢(huàn):孔疏:“食草曰‘刍’,食谷曰‘豢’。”即给牺牲喂草料的叫“刍”,喂谷物的叫“豢”。

③物色:牺牲的毛色。

④比:比照。类:祭祀的种类。

⑤长短:祭祀天地所用牛角的长短。

⑥中度:符合规定。

⑦难:同“傩”(nuó),驱疫鬼的仪式。见本篇“是月也,乃合累牛、腾马”节注②。

【译文】

这个月,命令太宰、太祝巡视:牺牲,要察看牲体是否完备;考察吃草的牺牲和吃谷的牺牲,看看它们的肥瘦如何;检查牺牲的毛色,一定要比照不同的祭祀类别;测量牺牲的大小,察看牛角的长短,都要按着规定。牲体完备、肥瘦、毛色、大小、长短五项都准备妥当,上帝才能享用牺牲。天子于是进行驱疫的祭祀仪式，以通达秋气。天子用狗肉来配麻子，吃之前要先进献给宗庙。

是月也，可以筑城郭，建都邑，穿窦窖①，修囷仓②。乃命有司趣民收敛③，务畜菜，多积聚。乃劝种麦，毋或失时。其有失时，行罪无疑。

【注释】

①窦(dòu)窖：郑注："入地隋(椭)曰'窦'，方曰'窖'。"即藏谷物的地窖。椭圆形的叫"窦"，方形的叫"窖"。

②囷(qūn)仓：粮仓。《吕氏春秋》高诱注："圆曰'囷'，方曰'仓'。"

③趣(cù)：催促，督促。

【译文】

这个月，可以修筑城郭，建造城邑，挖凿地窖，修建粮仓。命令有关官员督促百姓储存粮食，储蓄蔬菜，尽量多堆积多集聚。劝导百姓种麦，不要错失农时。有错失农时的，一定处罚，没有迟疑。

是月也，日夜分①，雷始收声。蛰虫坏户②，杀气浸盛③，阳气日衰，水始涸。日夜分，则同度、量，平权、衡，正钧、石，角斗、甬。

【注释】

①日夜分：昼夜等分，即秋分。

②坏(péi)户：在洞穴四周积土，使洞口变小，准备过冬。坏，通"培"。户，穴。

③杀气：肃杀之气。浸：渐渐。

【译文】

这个月，进入秋分，白昼与夜晚等分，雷声停止。蛰伏的昆虫开始在洞穴四周培土，肃杀之气逐渐强盛，阳气日渐衰落，湖水开始干涸。秋分之时，白昼与夜晚等分，就要统一长度和容量单位，检测称重的天平、秤锤符合规制，使容器钧与石大小准确无误，让量器斗与斛的大小合乎标准。

是月也，易关市[①]，来商旅，纳货贿，以便民事。四方来集，远乡皆至，则财不匮，上无乏用，百事乃遂[②]。凡举大事，毋逆大数[③]，必顺其时，慎因其类。

【注释】

①易：减轻税收。

②遂：成。

③大数：天数，天道。

【译文】

这个月，减轻关卡和市场的税收，这样商人和旅客都会来到，接受他们的财货，以方便百姓的生活之事。四方的人都聚集于此，远乡的人也都来到，那么财用就不会匮乏，上级官府不缺乏财用，那么各种事务都能办成。凡是有兴兵劳役等大事，不要忤逆天道，要谨慎地因循不同季节的类别来办。

仲秋行春令，则秋雨不降，草木生荣[①]，国乃有恐；行夏令，则其国乃旱，蛰虫不藏，五谷复生；行冬令，则风灾数起，收雷先行，草木蚤死。

【注释】

①荣:开花。

【译文】

如果在仲秋施行春季的时令,那么秋雨就不降落,草木又会开花,国家有令人恐惧的事发生;如果施行夏季的时令,那么国家就会发生旱灾,该蛰伏的昆虫不藏起来,五谷又重新生长;如果施行冬季的时令,那么就会时常发生风灾,雷声提前停止,草木提早枯死。

季秋之月,日在房[①],昏虚中[②],旦柳中。其日庚、辛。其帝少皞,其神蓐收。其虫毛。其音商,律中无射[③]。其数九。其味辛,其臭腥。其祀门,祭先肝。

【注释】

①房:"二十八宿"之一,或称"天驷"。有今天蝎座四星。

②虚:"二十八宿"之一。有今宝瓶座、小马座两星。

③无射:"十二律"之一。

【译文】

季秋九月,太阳的位置在房宿,黄昏时虚星在南方天空的正中,早晨柳星在南方天空的正中。秋季属金,天干吉日是庚日和辛日。尊奉的天帝是少皞,神是蓐收。与季秋相配的虫是五虫中的毛虫。相配的音是五音中的商音,相配的律是十二律中的无射。季秋的成数是九。季秋的味道是五味中的辛味,季秋的气味是五臭中的腥味。季秋要祭祀门神,五脏祭品以肝为先。

鸿雁来宾[①],爵入大水为蛤[②],鞠有黄华[③],豺乃祭兽戮禽[④]。

【注释】

①鸿雁来宾：郑注："来宾，言其客止未去也。"指鸿雁北飞途经中原，如宾客到来没有离去。

②爵：通"雀"。大水：海。

③鞠：通"菊"。

④豺乃祭兽：豺在捕兽时将猎物陈列在地上，好像人类祭祀一样。

【译文】

鸿雁飞来，雀进入海变成蛤蜊，菊开出了黄花，豺捕猎小兽与禽，像人的祭祀一样摆放陈列在地上，然后再吃掉。

天子居总章右个，乘戎路，驾白骆，载白旆[①]，衣白衣，服白玉，食麻与犬，其器廉以深。

【注释】

①旆(pèi)：旗。

【译文】

天子居处在明堂西向的右室，乘坐白色的车，驾着白色黑鬃尾的马，车上插着白色的旗帜，穿着白色的衣服，佩戴白色的玉，吃麻制的食品和狗肉，用的器物外有棱角、内部深邃。

是月也，申严号令，命百官贵贱无不务内[①]，以会天地之藏，无有宣出。乃命冢宰农事备收，举五谷之要[②]，藏帝藉之收于神仓[③]，祇敬必饬[④]。

【注释】

①贵：卿大夫。贱：士。内：同"纳"，收敛。

②要：统计之簿籍。

③神仓：储存藉田收获的、祭祀所用谷物的仓库。

④祗(zhī)：敬。饬：谨慎。

【译文】

这个月，严申号令，命卿大夫和士都要从事收敛物资的工作，以配合天地藏物的时机，不要有宣泄的行为。命太宰将农作物全部收敛后，要将谷物的数量记录在簿籍上，把天子藉田的谷物藏入神仓，一定要恭敬谨慎。

是月也，霜始降，则百工休。乃命有司曰："寒气总至，民力不堪，其皆入室①。"上丁，命乐正入学习吹。

【注释】

①入室：指从野外农田旁的庐舍回到都邑居住。

【译文】

这个月，开始霜降，百工都停工休息。命有关官员："寒气一起到来，民力无法承受，让大家都从庐舍回到都邑。"上旬的丁日，命乐正教习国子吹奏乐器。

是月也，大飨帝①，尝②，牺牲告备于天子。合诸侯，制百县③，为来岁受朔日④，与诸侯所税于民轻重之法，贡职之数⑤，以远近土地所宜为度，以给郊庙之事，无有所私。

【注释】

①大飨(xiǎng)帝：在明堂以大飨礼祭祀五帝。大飨，为报答天帝与神灵的佑护，要遍祭五帝及群神。

②尝：秋祭宗庙。

③百县：畿内各县的官员。

④来岁：秦以十月为岁首，季秋九月就是年终，所以此处说来岁。朔日：每月初一。每年年终，天子要向诸侯颁告来年十二个月的朔日，诸侯受朔后要藏在祖庙中，每月行告朔之礼。

⑤贡职：贡赋。

【译文】

这个月，在明堂举行祭祀五帝的大飨祭，在宗庙举行秋祭，报告天子祭祀用的牺牲已经准备好。天子会合畿外诸侯，畿内各县官员，颁布来年的十二个月的朔日日期，以及诸侯向百姓征税轻重的规定，贡赋的数量，这些都要按照距离王都远近及其土地物产情形来确定，用以供给祭祀天帝和宗庙的大事，要按着有关规定，没有任何私心。

是月也，天子乃教于田猎①，以习五戎②，班马政。命仆及七驺咸驾③，载旌、旐④，授车以级，整设于屏外⑤，司徒搢扑⑥，北面誓之。天子乃厉饰⑦，执弓挟矢以猎，命主祠祭禽于四方⑦。

【注释】

①教于田猎：教导百姓田猎的礼法，进而教习百姓战法。

②五戎：郑注："谓五兵：弓矢、殳、矛、戈、戟也。"

③仆：指戎仆，即驾驭戎车的御夫。七驺（zōu）：天子马六种，每种都有御人，又有总管之人，所以称"七驺"。

④旐（zhào）：一种画有龟、蛇的旗。

⑤整：正列。设：陈列。这是指将参加天子田猎活动的车子与士卒整好排好。屏：田猎场外的屏障。

⑥搢(jìn):插于腰带间。扑:敲打不服从管教者的器具,类似今之警棍、大头棒。司徒负责维持秩序,因此携带有执法的器具。

⑦厉饰:郑注:"谓戎服,尚威武也。"

⑧主祠:主管祭祀的官员。

【译文】

这个月,天子教习百姓田猎,学习五种兵器,颁布养马用马的政令。命令戎车驭手和七位车夫都要驾车,载着旌旗和旐旗,按照官位等级颁授车辆,在田猎场屏障外陈设排列参加田猎的车子与士卒,负责维持秩序的司徒把扑插在腰带间,面向北誓师,要对犯令违法者加以惩处。天子便换上戎装,拿着弓和箭去参加田猎,命令主管祭祀的官员用猎获的禽兽祭祀四方之神。

是月也,草木黄落,乃伐薪为炭。蛰虫咸俯在内[①],皆墐其户[②]。乃趣狱刑,毋留有罪。收禄秩之不当、供养之不宜者。

【注释】

①在内:《吕氏春秋·季秋纪》作"在穴",《训纂》引王念孙曰:"'内'当作'穴'",甚是。二字形近,故致讹误。

②墐(jìn):用泥涂塞。

【译文】

这个月,草木枯黄掉落,于是伐木为炭。蛰伏的昆虫都藏身在洞穴,用泥土涂塞洞口。于是督促官员审理案件,定罪判刑,不要留下罪案不加审理。将不得当的俸禄秩位、不合理不适宜的供养支出都收回。

是月也,天子乃以犬尝稻,先荐寝庙。

【译文】

这个月，天子用狗肉配着稻米吃，吃之前要先进献宗庙。

季秋行夏令，则其国大水，冬藏殃败，民多鼽嚏[1]；行冬令，则国多盗贼，边竟不宁[2]，土地分裂；行春令，则煖风来至[3]，民气解惰[4]，师兴不居[5]。

【注释】

①鼽(qiú)：鼻塞不通。嚏(tì)：喷嚏。

②竟：通"境"。

③煖(nuǎn)：同"暖"。

④解：通"懈"。

⑤不居：不休。

【译文】

如果在季秋施行夏季的时令，那么国家就会发大水，为过冬储藏的食物就会坏败，百姓多有鼻塞不通，打喷嚏；如果施行冬季的时令，那么国家就多有盗贼，边境不安宁，土地分裂；如果施行春季的时令，那么暖风就会吹来，百姓精神懈怠萎靡，战争兴起不能休止。

孟冬之月，日在尾，昏危中，旦七星中。其日壬、癸。其帝颛顼[1]，其神玄冥[2]。其虫介。其音羽，律中应钟。其数六。其味咸，其臭朽[3]。其祀行，祭先肾。

【注释】

①颛顼(zhuān xū)：传说中的上古帝王，高阳氏。以水德王，尊为水德之帝。

②玄冥：少皞氏之子，为水官。

③朽：郑注："气若有若无为'朽'。"

【译文】

孟冬十月，太阳的位置在尾宿，黄昏时危宿在南方天空的正中，早晨七星在南方天空的正中。冬季属水，天干吉日是壬日和癸日。尊奉的天帝是颛顼，神是玄冥。与孟冬相配的虫是五虫中的介虫。相配的音是五音中的羽音，相配的律是十二律中的应钟。孟冬的成数是六。孟冬的味道是五味中的咸味，孟冬的气味是五臭中的朽味。孟冬要祭祀行神，五脏祭品以肾为先。

水始冰，地始冻，雉入大水为蜃[①]，虹藏不见。

【注释】

①大水：指淮河。蜃：大的蛤蜊。

【译文】

水开始结冰，大地开始上冻，野鸡进入淮水变为大蛤蜊，空中的虹隐藏不见。

天子居玄堂左个[①]，乘玄路，驾铁骊[②]，载玄旂，衣黑衣，服玄玉，食黍与彘，其器闳以奄[③]。

【注释】

①玄堂左个：明堂北向的左室。

②铁骊：马的毛色为铁一样的深黑色。

③器闳以奄：器皿腹内宏大而口小。

【译文】

天子居处在明堂北向的左室，乘坐黑色的车，驾着黑色的马，车上插着黑色的旗帜，穿着黑色的衣服，佩戴黑色的玉，吃黍子和猪肉，用的器物腹内宏大而口小。

是月也，以立冬。先立冬三日，大史谒之天子曰："某日立冬，盛德在水。"天子乃齐。立冬之日，天子亲帅三公、九卿、大夫以迎冬于北郊。还反，赏死事[①]，恤孤寡。

【注释】

①死事：为国事而死的人。

【译文】

这个月，确定立冬。在立冬的前三天，太史向天子报告说："某日立冬，盛德处在水位。"天子于是斋戒，准备迎冬。立冬那天，天子亲自率领三公、九卿、大夫到北郊去举行迎冬的祭祀。回来后在朝廷上赏赐为国牺牲的人，抚恤死者的寡妻与孤子。

是月也，命大史衅龟、筴[①]，占兆，审卦，吉凶是察，阿党则罪[②]，无有掩蔽。

【注释】

①大史：此处应是"大卜"。大，同"太"。衅：用牲血涂器物。筴(cè)：蓍草，用于占筮。

②阿(ē)：阿谀上级。党：私附于下。

【译文】

这个月，命太卜用牲血涂在用于占卜的龟甲和蓍草上，占视龟甲的裂纹，审查蓍草的卦象，查看是吉是凶，阿谀上级和徇私下级的都有罪，罪行都不能掩蔽。

是月也，天子始裘。命有司曰："天气上腾，地气下降，天地不通，闭塞而成冬。"命百官谨盖藏。命司徒循行积聚①，无有不敛。坏城郭，戒门闾，修键闭②，慎管籥③，固封疆，备边竟，完要塞，谨关梁，塞徯径。饬丧纪，辨衣裳，审棺椁之薄厚，茔丘垄之大小、高卑、厚薄之度④，贵贱之等级。

【注释】

①循行积聚：巡视露天堆放的禾稼。

②键闭：门闩。

③管籥：钥匙。

④茔（yíng）：《吕氏春秋·孟冬纪》作"营"。《训纂》引王引之说，"茔"应从《吕氏春秋》作"营"。

【译文】

这个月，天子开始穿裘衣。命令有关官员说："天气上升，地气下降，天地互不通气，闭塞而成冬。"命令百官谨慎地盖藏物资。命令司徒巡视露天堆积的刍禾，不要有没有收敛就储藏好的。巩固城郭，戒备城门和里门，修理门闩，谨慎地保管钥匙，加固疆界，防备边境，完善要塞，谨慎地看管关卡和桥梁，堵塞狭细小路。整饬丧事的规定，辨别袭、殓时应穿的丧服，审定棺椁的厚薄，营造坟墓封土的大小、高低、厚薄都有规定，一定要符合贵贱等级。

是月也，命工师效功①，陈祭器，案度程②，毋或作为淫巧，以荡上心，必功致为上。物勒工名③，以考其诚。功有不当[4]，必行其罪，以穷其情。

【注释】

①效功：考核政绩。

②度：规格大小。程：器物的容量。

③勒：刻。

④功有不当：制作器物不精良不合格。

【译文】

这个月，命工师考核报告百工的业绩，陈列制作的祭器，检验产品是否合乎大小和容量标准，不要制造奇巧的器物及做超规的修饰，以免摇荡君王之心令其奢靡，必须做工精致方为上等。器物要刻上制作工匠的名字，以检查他的工作态度是否诚恳。制作器物不精良不合格，一定要追究罪行，彻查原因。

是月也，大饮烝[1]。天子乃祈来年于天宗[2]，大割祠于公社及门闾[3]。腊先祖、五祀[4]，劳农以休息之。天子乃命将帅讲武，习射、御、角力。

【注释】

①大饮：十月农事完毕，天子与群臣饮酒宴会于太学，称为“大饮”。烝：冬祭宗庙。

②天宗：日、月、星辰。

③大割：郑注：“大杀群牲割之也。”公社：孔疏：“以上公配祭，故云‘公社’。”此指高级别祭祀社神的典礼。

④腊：祭名。用田猎所获的禽兽来祭祀。五祀：门、户、中霤、灶、行五种祭祀。

【译文】

这个月，天子和群臣要在太学宴会饮酒，并祭宗庙。天子向日、月、星辰祈祷来年丰收，宰杀并割裂牲体祭祀土地神以及城门和里门。用田猎所获的禽兽进行门、户、中霤、灶、行五祀的祭祀，慰劳农民让他们休息。天子命令将帅讲习武事，教导士卒射箭、驾车、摔跤格斗。

是月也，乃命水虞、渔师收水泉池泽之赋①，毋或敢侵削众庶兆民，以为天子取怨于下。其有若此者，行罪无赦。

【注释】

①水虞、渔师：掌管水泉池泽并征收赋税的官员。

【译文】

这个月，命令水虞、渔师征收水泉池泽的赋税，不要侵夺剥削百姓，使得百姓在下面埋怨天子。如有侵夺剥削百姓、引起民怨的，一定要追究罪行，不予赦免。

孟冬行春令，则冻闭不密，地气上泄，民多流亡；行夏令，则国多暴风，方冬不寒，蛰虫复出；行秋令，则雪霜不时，小兵时起，土地侵削。

【译文】

如果在孟冬施行春季的时令，那么就会封冻不严密，地气上泄，百姓多有流亡；如果施行夏季的时令，那么国家多有暴风，正值冬天却不寒冷，蛰伏的昆虫从洞穴中复出；如果施行秋季的时令，那么雪霜不会按时降下，小的战争时常发生，土地遭侵被占。

仲冬之月，日在斗，昏东辟中[①]，旦轸中[②]。其日壬、癸。其帝颛顼，其神玄冥。其虫介。其音羽，律中黄钟。其数六。其味咸，其臭朽。其祀行，祭先肾。

【注释】

①东辟："二十八宿"之一，或称"壁"、"东壁"。有今飞马座、仙女座二星。

②轸(zhěn)："二十八宿"之一。有今乌鸦座四星。

【译文】

仲冬十一月，太阳的位置在斗宿，黄昏时东辟星在南方天空的正中，早晨轸星在南方天空的正中。冬季属水，天干吉日是壬日和癸日。尊奉的天帝是颛顼，神是玄冥。与仲冬相配的虫是五虫中的介虫。相配的音是五音中的羽音，相配的律是十二律中的黄钟。仲冬的成数是六。仲冬的味道是五味中的咸味，仲冬的气味是五臭中的朽味。仲冬要祭祀行神，五脏祭品以肾为先。

冰益壮，地始坼[①]，鹖旦不鸣[②]，虎始交。

【注释】

①坼(chè)：冻裂。

②鹖(hé)旦：山鸟。郑注："求旦之鸟。"

【译文】

冰冻得越来越硬，大地开始冻裂，山鸟不再鸣叫，老虎开始交配。

天子居玄堂大庙，乘玄路，驾铁骊，载玄旂，衣黑衣，服玄玉，食黍与彘，其器闳以奄。

【译文】

天子居处在明堂北向的中室，乘坐黑色的车，驾着黑色的马，车上插着黑色的旗帜，穿着黑色的衣服，佩戴黑色的玉，吃黍子和猪肉，用的器物腹内宏大而口小。

饬死事[①]。命有司曰："土事毋作，慎毋发盖，毋发室屋及起大众，以固而闭。地气沮泄[②]，是谓发天地之房，诸蛰则死，民必疾疫，又随以丧，命之曰'畅月'[③]。"

【注释】

①饬（chì）：命令、告诫将士要有战死的决心。

②沮：当作"且"。

③畅月：此月地气本应闭藏，如果使其倾泻，就是畅达，是逆天时，所以称为"畅"。畅，达。

【译文】

告诫将士在战争中要有必死的决心。命令有关官员说："不要兴办动土的工程，不要打开覆盖着的东西，不要进行掀开屋顶的施工，不要征调大众，要牢固地封闭地气。地气如果泄漏，那就掀开了天地的房屋，蛰伏的昆虫都会死亡，百姓一定会染上瘟疫疾病，随之死去，这样的月份就叫做'畅月'。"

是月也，命奄尹申宫令[①]，审门闾[②]，谨房室，必重闭，省妇事，毋得淫[③]。虽有贵戚近习[④]，毋有不禁。乃命大酋秫稻必齐[⑤]，麹蘖必时[⑥]，湛炽必洁[⑦]，水泉必香[⑧]，陶器必良，火齐必得[⑨]。兼用六物[⑩]，大酋监之，毋有差贷。天子命有司祈祀四海、大川、名源、渊泽、井泉[⑪]。

【注释】

①奄尹：主管阉人之官。奄，同“阉”。

②门闾：指宫中的宫门、巷门。

③淫：郑注：“谓女工奢伪怪好物也。”

④贵戚：天子的姐妹和姑姑。近习：指天子所亲幸者。

⑤大酋：酒官之长。秫(shú)：黍、稷、粱之黏者。齐：指秫、稻一起成熟。

⑥麴(qū)蘖(niè)：酿酒所用的曲。麴，同“曲”。

⑦湛：渍。炽：炊。

⑧香：甘洌。

⑨火齐(jì)：指火候的调剂，烹饪时生熟要恰到好处。齐，同“剂”。

⑩六物：上述“秫稻必齐”等六事。

⑪名源：大川的源头。

【译文】

这个月，命阉尹申明宫中的禁令，检查宫门、巷门，小心门室，一定要关闭严密，减少妇女的劳作，不要制作奢侈怪巧的器物。即使是贵戚或天子所亲幸的人，也无不加以禁止。命令大酋要让酿酒所用的秫米和稻米必须是同时成熟的，酒曲必须掌握好发酵的时间，浸泡炊蒸必须洁净，泉水必须甘洌，盛酒的陶器必须做工精良，蒸煮火候必须适当。要兼顾这六个方面，大酋要负责监察督促，不得有任何差错。天子命有关官员祭祀四海、大川、大河源头、湖泽、井泉。

是月也，农有不收藏积聚者，马牛畜兽有放佚者[①]，取之不诘。山林薮泽[②]，有能取蔬食、田猎禽兽者[③]，野虞教道之[④]。其有相侵夺者，罪之不赦。

【注释】

①放佚：散失。

②薮(sǒu)泽：沼泽湖泊。高诱《吕氏春秋》注："无水曰'薮'，有水曰'泽'。"

③蔬食：草木的果实。

④道(dǎo)：引导。

【译文】

这个月，农民有不收藏储存粮食草料的，有将马牛家畜散放在外的，即使别人拿走了也不追究。山林沼泽中，有能采摘蔬果、田猎捕兽的，野虞负责引导指教。如有相互侵占掠夺的，追究罪责，不能赦免。

是月也，日短至，阴阳争，诸生荡①。君子齐戒，处必掩身，身欲宁，去声色，禁耆欲，安形性，事欲静，以待阴阳之所定。芸始生②，荔挺出③，蚯蚓结④，麋角解，水泉动。日短至，则伐木，取竹箭⑤。

【注释】

①荡：物动，将要萌芽。

②芸：香草。

③荔挺：马薤草。

④结：屈。

⑤竹箭：也是一种竹，较小，可做箭杆。

【译文】

这个月，白天最短，阴阳开始相争，万物萌动。君子要斋戒，居处一定要掩盖身子，身体要安宁，去除声色之欲，禁止嗜好，安身定性，做事情要冷静，以待阴阳斗争的安定。香草生出，马薤草长出，蚯蚓屈身，麋鹿角脱落，泉水流动。白天最短，可以伐木，割竹箭。

是月也，可以罢官之无事，去器之无用者。涂阙廷、门闾[①]，筑囹圄，此所以助天地之闭藏也。

【注释】

①涂阙廷、门闾：《集解》引吴澄曰："阙廷，畚土以补其凹陷；门闾，埏埴以塞其罅隙。"

【译文】

这个月，可以罢免无事的官吏，废去无用的器物。涂宫廷的门阙、门闾，修筑监狱，以此来辅助天地关闭收藏。

仲冬行夏令，则其国乃旱，氛雾冥冥，雷乃发声；行秋令，则天时雨汁[①]，瓜瓠不成，国有大兵；行春令，则蝗虫为败，水泉咸竭，民多疥疠[②]

【注释】

①雨汁：郑注："水雪杂下也。"

②疥疠：恶疮。

【译文】

如果在仲冬施行夏季的时令，那么国家就会发生旱灾，雾气濛濛，雷声发作；如果施行秋季的时令，那么雨雪就会夹杂而下，瓜瓠不成形，国家有大的战争；如果施行春季的时令，那么蝗虫会败坏庄稼，泉水枯竭，百姓多生恶疮。

季冬之月，日在婺女，昏娄中[①]，旦氐中[②]。其日壬、癸。其帝颛顼，其神玄冥。其虫介。其音羽，律中大吕。其数六。其味咸,其臭朽。其祀行,祭先肾。

【注释】

①娄:"二十八宿"之一。有今白羊座三星。

②氐(dī):"二十八宿"之一,或称"天根"。有今天秤座四星。

【译文】

季冬十二月,太阳的位置在婺女宿,黄昏时娄星在南方天空的正中,早晨氐星在南方天空的正中。冬季属水,天干吉日是壬日和癸日。尊奉的天帝是颛顼,神是玄冥。与季冬相配的虫是五虫中的介虫。相配的音是五音中的羽音,相配的律是十二律中的大吕。季冬的成数是六。季冬的味道是五味中的咸味,季冬的气味是五臭中的朽味。季冬要祭祀行神,五脏祭品以肾为先。

雁北乡,鹊始巢,雉雊[1],鸡乳[2]。

【注释】

①雊(gòu):鸣叫。

②乳:下蛋。

【译文】

大雁开始北飞,喜鹊开始筑巢,野鸡开始鸣叫,母鸡开始下蛋。

天子居玄堂右个,乘玄路,驾铁骊,载玄旂,衣黑衣,服玄玉,食黍与彘,其器闳以奄。

【译文】

天子居处在明堂北向的右室,乘坐黑色的车,驾着黑色的马,车上插着黑色的旗帜，穿着黑色的衣服，佩戴黑色的玉，吃黍子和猪肉，用的器物腹内宏大而口小。

命有司大难[①]，旁磔[②]，出土牛[③]，以送寒气。征鸟厉疾[④]。乃毕山川之祀，及帝之大臣、天之神祇[⑤]。

【注释】

①难（nuó）：同“傩”，驱逐疫鬼的仪式。见本篇“是月也，乃合累牛、腾马”节注②。

②磔（zhé）：分裂牲体。

③出土牛：春节后在国都东门外用土堆建耕牛造型，表示即将开始春耕，寓意劝耕。

④征鸟：鹰隼。厉疾：凶猛迅捷。

⑤帝之大臣、天之神祇：郑注：“帝之大臣，句芒之属。天之神祇，司中、司命、风师、雨师。高注《吕氏春秋》曰：‘帝之大臣，功施于民，若益、稷之属。天曰神，地曰祇。是月岁终，报功，载祀典，诸神毕祀之也。’”

【译文】

命令有关官员举行大型驱除疫鬼的傩祭，在国门旁分割牲体，制作土牛，送走寒气。鹰隼搏击凶猛速捷。于是完成年内对山川的全部祭祀，以及对天帝的大臣和天神地祇的全部祭祀。

是月也，命渔师始渔。天子亲往，乃尝鱼，先荐寝庙。冰方盛，水泽腹坚，命取冰，冰以入。令告民出五种[①]，命农计耦耕事[②]，修耒耜，具田器。命乐师大合吹而罢[③]。乃命四监收秩薪柴，以共郊庙及百祀之薪燎[④]。

【注释】

①五种:五谷之种。

②耦耕:古时耕地要二人共同操作,所以称作“耦耕”。

③罢:一年的学乐之事到此结束。

④薪燎:高诱注《吕氏春秋》曰:“薪燎,聚薪与柴,置璧与牲于上而燎之,升其烟气,故曰‘以供寝庙及百祀之薪燎’也。”

【译文】

这个月,命令渔师开始捕鱼。天子亲自前去,尝鱼之前,先进献给宗庙。这时候冰冻得最结实,河湖冻得又厚又坚实,命令取冰块,放入冰窖收藏。命令农民选出五谷的良种,命令农民计划耦耕之事,修理耒耜,准备农田器具。命令乐师举行各种乐器的大合奏演出,结束乐事的学习。命令四监按常规征收薪柴,用来供给郊祀祭天、祭宗庙及各种祭祀要烧焚璧玉与牺牲进行燎祭的所需。

是月也,日穷于次,月穷于纪,星回于天①,数将几终②,岁且更始,专而农民,毋有所使。天子乃与公、卿、大夫共饬国典,论时令,以待来岁之宜。乃命大史次诸侯之列③,赋之牺牲,以共皇天、上帝、社稷之飨。乃命同姓之邦共寝庙之刍豢。命宰历卿、大夫至于庶民土田之数④,而赋牺牲,以共山林名川之祀。凡在天下九州之民者,无不咸献其力,以共皇天、上帝、社稷、寝庙、山林、名川之祀。

【注释】

①“日穷于次”三句:去年的季冬之月,日次于玄枵,日、月会于玄枵,现在已运行一年,又重新会合在玄枵。星,二十八星宿也经历了一周,从下月开始,又为“昏参中,旦尾中”。纪,会合。

②几：近。

③次：排列。列：大小等级。

④历：排次。

【译文】

这个月，太阳运行到最后的位置，月亮运行到最后和太阳会合的位置，星宿在天上也绕了一圈，一年的日子将终了，新的一年就要开始，让农民专心农耕之事，不要支使他们干他事。天子与诸侯、卿、大夫共同制定国家典章，讨论与四时相谐和的政令，准备安排来年更为妥帖相宜的政事。命令太史排列大小诸侯的位次，征收祭祀用的牺牲，用来供给皇天、上帝、社稷之神灵享用。命令同姓的诸侯国提供祭祀宗庙的牺牲。命令小宰按顺序排列从诸侯、大夫到百姓的土地数量，据此分别征收牺牲，供给山林和名川的祭祀。凡是天下九州的百姓，无不都贡献出自己的力量，来供给皇天、上帝、社稷、宗庙、山林、名川的祭祀。

季冬行秋令，则白露蚤降，介虫为妖，四鄙入保；行春令，则胎夭多伤，国多固疾，命之曰“逆”；行夏令，则水潦败国，时雪不降，冰冻消释。

【译文】

如果在季冬施行秋季的时令，那么白露就会早降，甲虫成灾，四面边境的百姓进入城堡躲避战乱；如果施行春季的时令，那么怀孕的母兽、刚出生的幼兽多会受伤，百姓多有顽疾，这叫做“逆”；如果施行夏季的时令，那么就有水灾害国，下雪不能及时，冰冻消融。

曾子问第七

【题解】

郑玄《礼记目录》:“名为‘曾子问’者,以其记所问多明于礼,故著姓名以显之。”

本篇以孔子与曾子问答的方式,记述吉、凶、冠、婚礼中的特殊事例。其中包含子游问一条,子夏问一条,其余都是曾子问孔子答之。也有不说“曾子问”,直接就说“孔子曰”的,孙希旦《集解》认为这是“或记者文略,或孔子自为曾子言之,不待其问也”。曾子,孔子弟子曾参。

曾子问曰:“君薨而世子生,如之何?”孔子曰:“卿、大夫、士从摄主①,北面于西阶南。大祝裨冕②,执束帛③,升自西阶,尽等④,不升堂,命毋哭。祝声三⑤,告曰:‘某之子生⑥,敢告。’升,奠币于殡东几上⑦,哭降。众主人、卿、大夫、士、房中皆哭⑧,不踊,尽一哀,反位⑨,遂朝奠。小宰升,举币⑩。三日,众主人、卿、大夫、士如初位⑪,北面,大宰、大宗、大祝皆裨冕⑫,少师奉子以衰⑬,祝先,子从,宰、宗人从,入门,哭者止。子升自西阶,殡前北面,祝立于殡东南隅。祝声三,曰:‘某之子某⑭,从执事敢见。’子拜稽颡,哭,祝、宰、宗人、众主人、卿、大夫、士哭，踊三者三[15]，降，东反位，皆袒。子踊，房中亦踊，三者三，袭，衰，杖[16]，奠出。大宰命祝、史以名遍告于五祀、山川。”

【注释】

①摄主：郑注：“上卿代君听国政。”孙希旦说，“谓摄为丧主者”。这里应当是庶子或兄弟之子代替世子作为丧主主持丧事。

②大祝：祭祀时主接神、主赞词者。大，同“太”。裨冕：穿裨衣，戴冕冠。裨，裨衣，是天子六服中等级最低的礼服。

③束帛：帛十端为束，一束五匹。

④等：阶。

⑤声三：发声告诉神三次，提示神灵。

⑥某：夫人之氏。

⑦奠币于殡东几上：把币帛放在灵柩东边的几案上。孙希旦说：“殡无几筵，此特设几以奠币，盖横设于殡东，与寻常设几之法异也。”

⑧众主人：死去国君的父兄辈亲人。房中：妇人们。

⑨反位：返朝夕哭之位。反，同“返”。

⑩小宰升，举币：郑注：“举而下，埋之阶间。”即小宰将几上的币帛举而下堂，埋在堂下两阶之间。孔疏：“币是小宰所主，故云所主也，故《周礼·小宰职》云‘凡祭祀，赞玉、币、爵之事，丧荒受其含襚币玉之事’是也。”

⑪初位：郑注：“初告生时。”这时应立在西阶南侧之位。

⑫大宰：教令之官。大宗：主宗庙之官。大，同“太”。

⑬少师：主教养太子之官。

⑭子某：子之名。

⑮踊三者三：跳脚三次为一节，连跳三节而礼成。

⑯袭，衰，杖：郑注："踊，袭，衰，杖，成子礼也。"《训纂》引江永说："按袭，衰，杖，每字为句。袭者，诸臣袭。衰者，为子着衰。杖者，少师代子执杖也。"按，世子初生，此"袭，衰，杖"，皆诸臣代世子所为。"袭"指在原来袒露的身上套上衣服。

【译文】

曾子问："国君去世后，在停柩期间，世子才出生，要怎么办？"孔子回答："卿、大夫、士跟从着代替世子的丧主，面朝北在殡宫西阶的南边站立。太祝穿裨衣，戴冕冠，手拿束帛，从西阶上到台阶的尽头，不登上堂，命令大家不许哭。太祝对灵柩喊三声，报告说：'夫人某生了儿子，特来向您禀告。'然后升到堂上，把币帛放在灵柩东边的几案上，哭着下阶。国君的父兄辈亲人、卿、大夫、士、妇人都哭泣，但不跳脚，表达自己的哀伤后，回到自己朝夕哭丧的位置上，于是举行朝奠祭。小宰升堂，举着币帛下堂，埋在东、西两阶之间。第三天，国君的父兄辈亲人、卿、大夫、士仍立在西阶的南边，面朝北，太宰、太宗、太祝都穿裨衣，戴冕冠，少师捧着用丧服包裹的世子，太祝走在前面，少师抱着世子走在中间，太宰、太宗跟在后面，进入殡宫大门，东边的人停止哭泣。少师抱着世子从西侧台阶而上，面朝北站立在灵柩前，太祝站立在殡宫的东南角。太祝喊三声，说：'夫人某的儿子某，跟从有关官员前来拜见。'少师抱着世子跪地磕头，哭泣，太祝、太宰、宗人、国君的父兄辈亲人、卿、大夫、士边哭边跳脚，跳脚三次为一节，一共跳三节，降阶，返回朝夕奠时的位置，都袒露左臂。少师抱着世子跳脚，妇人也要跳脚，也是以三次为一节，一共跳三节，穿好衣服，套上丧服，拄着丧杖，举行朝奠祭后才离开殡宫。太宰命令太祝、太史将世子的名字遍告于五祀和山川。"

曾子问曰："如已葬而世子生，则如之何？"孔子曰："大宰、大宗从大祝而告于祢①。三月，乃名于祢，以名遍告，及社稷、宗庙、山川。"

【注释】

①祢(nǐ):父庙。

【译文】

曾子又问:“如果国君已经下葬,而后世子出生,那要怎么办?”孔子说:“太宰、太宗跟从太祝去父庙向神主禀告。三个月后,在父庙中为世子命名禀告神主,然后将世子的名字遍告社稷、宗庙和山川。”

孔子曰:“诸侯适天子,必告于祖,奠于祢,冕而出视朝[①]。命祝、史告于社稷、宗庙、山川,乃命国家五官而后行[②],道而出[③]。告者五日而遍,过是非礼也。凡告用牲、币[④],反亦如之。

“诸侯相见,必告于祢,朝服而出视朝[⑤]。命祝、史告于五庙、所过山川[⑥],亦命国家五官道而出。反必亲告于祖、祢,乃命祝、史告至于前所告者,而后听朝而入。”

【注释】

①冕:指穿衮衣、戴冕冠。视朝:上朝听政,即处理政事。

②五官:负责国事的五大夫。《曲礼下》:“天子之五官,曰司徒、司马、司空、司士、司寇,典司五众。”

③道:祖道,祭行道之神,即軷(bá)祭。在国都城外,筑土为坛,以棘、柏作为神主,或设酒脯牺牲,然后驾车辗过土坛,以祈告出行无险阻。

④币:即上文的束帛。

⑤朝服:玄冠、缁衣、素裳,冕弁。

⑥五庙:即祢庙、祖庙、曾祖庙、高祖庙、太祖庙。

【译文】

孔子说："诸侯去朝见天子，一定要祭告祖庙，在祢庙中设置祭品，穿着裨衣，戴着冕冠，上朝去处理国政。命令太祝、太史祭告社稷、宗庙、山川之神，命令五大夫管理国事然后出行，在城外行祭道礼然后出发。祭告的官员要在五天内全部祭告完毕，超过五天就不合于礼。凡是祭告要用牺牲、束帛，返回时也是一样。

"诸侯之间相见，一定要祭告祢庙，穿着朝服去处理国政。命令太祝、太史祭告五庙和途经的山川，也要命令五大夫管理国事，行祭道礼然后出发。返回时一定要祭告祖庙、祢庙，命令太祝、太史向出发前祭告的神灵报告归来，然后入朝处理国政。"

曾子问曰："并有丧①，如之何？何先何后？"孔子曰："葬，先轻而后重；其奠也，先重而后轻②，礼也。自启及葬不奠③，行葬不哀次④，反葬奠，而后辞于殡⑤，遂修葬事。其虞也⑥，先重而后轻，礼也。"

【注释】

①并：郑注："谓父母若亲同者同月死。"孔疏："亲同者，祖父母及世叔兄弟。"

②"葬，先轻而后重"四句：孔疏引皇氏曰："葬是夺情，故从轻者为首；奠是奉养，故令重者居先也。"轻、重，是指亲情的情分、情意的不同程度，如父母同月去世，那么父为情分较重者，母为情分较轻者。

③自：从。启：启殡，死者大殓后，用泥草封棺，出葬前再打开，称作"启殡"。不奠：不为重者设朝夕奠，因正忙于轻者的葬礼。

④不哀次：原本出殡的灵柩到达孝子居丧之处，孝子要哭踊致哀。

此时因情分更重者仍在殡，故不得为情分较轻者在此致哀。次，孝子居丧所住的舍庐、垩室。

⑤辞于殡：郑注："殡，当为'宾'，声之误也。辞于宾，谓告将葬启期也。"即告诉宾客启殡下葬的日期。

⑥虞：虞祭，下葬后在正午举行的祭祀，意在安魂。

【译文】

曾子问："父母或两位近亲在同月去世，应该怎么办？谁先葬谁后葬？"孔子回答："下葬，情分轻的先葬，情分重的后葬；祭奠，情分重的先祭奠，情分轻的后祭奠，这就是礼。情分轻的先安葬，从启殡到下葬这段时间里，不再为情分重的安排朝夕奠，先出殡的灵柩也不在孝子居丧的地方停留，等待孝子哭踊致哀；情分轻的下葬后返回要为情分重的设置祭奠，然后告诉宾客启殡的日期，于是处理情分重的死者的殡葬事。葬后的虞祭，要先祭情分重的后祭情分轻的，这就是礼。"

孔子曰："宗子虽七十，无无主妇[1]；非宗子，虽无主妇可也。"

【注释】

①"宗子"二句：宗子负责主持宗庙祭祀，祭祀需主妇陪同主持，宗族中的妇女，也需主妇管理，故必须有主妇。宗子，嫡长子。主妇，宗子之妻。

【译文】

孔子说："嫡长子即使已经七十岁了，也不能没有主妇；如果不是嫡长子，没有主妇也是可以的。"

曾子问曰："将冠子，冠者至[1]，揖让而入[2]，闻齐衰、大功之丧，如之何？”孔子曰：“内丧则废[③]。外丧则冠而不醴[④]，彻馔而扫[⑤]，即位而哭。如冠者未至，则废。如将冠子而未及期日，而有齐衰、大功、小功之丧，则因丧服而冠[⑥]。”

“除丧不改冠乎？”孔子曰：“天子赐诸侯、大夫冕、弁服于大庙，归设奠[⑦]，服赐服[⑧]，于斯乎有冠醮[⑨]，无冠醴。父没而冠，则已冠扫地而祭于祢，已祭而见伯父、叔父[⑩]，而后飨冠者。”

【注释】

①冠者：为被冠者加冠的宾客与助手。

②入：进入宗庙。

③内丧：同姓亲属之丧。废：加冠在宗庙内举行，为同姓亲属服丧也在宗庙内举行，吉事、凶事不可同在一处，所以要“废”。

④外丧：异姓亲属之丧。醴（lǐ）：本意为甜酒，这里指冠礼上的仪式，宾要为冠者斟醴酒，主人也要用醴酒款待宾。

⑤馔（zhuàn）：盛放着醴酒、脯、醢的器具。据《士冠礼》有甒醴、勺、觯、角柶、脯、醢等。

⑥因丧服而冠：冠礼本应穿吉服、戴吉冠，但凶礼重于吉礼，发生丧事必须穿丧服，因而也戴相应的丧冠。

⑦设奠：在祖庙设奠祭告。

⑧服赐服：穿所赐之服告庙。

⑨冠醮（jiào）：冠礼的仪式，冠礼或醴或醮，醴较重，醮较轻。醴用高档的醴，三次加冠后饮醴表示庆贺。醮用酒，加冠一次饮酒一次，没有酬酢。孔子的意思是，因丧而冠者用醮不用醴，除丧后不再复行冠礼。

⑩见伯父、叔父：这是以成人之礼相见，表示自己已经是成人。

【译文】

曾子问:"将要为儿子加冠,加冠的宾客与助手都到了,揖让进入宗庙,这时听说主人家有服齐衰、大功的丧事,要怎么办?"孔子说:"如果是同姓亲属的丧事,就将冠礼废止了。如果是异姓亲属的丧事就还是举行冠礼,但不行冠礼中的醴礼,撤除盛放醴酒的器具,清扫宗庙,回到各自的位置为死者行哭丧。如果加冠的宾客与助手没有到,而听说亲属去世,就废止冠礼。如果将要为儿子行冠礼,但没到规定日期,就听说有服齐衰、大功、小功的丧事,那么就按照丧服等级直接戴上丧冠。"

曾子又问:"除丧后不再改行冠礼了吗?"孔子回答:"天子在太庙赐诸侯、大夫冕冠和弁服,被赐者回家后,在祖庙设置祭品,穿着所赐之服向祖先报告,也只是依冠礼行醮礼,不再依冠礼行醴礼。父亲去世后才行冠礼,就在加冠后清扫宗庙而在祢庙祭告,祭告后去拜见伯父、叔父,然后宴请为自己加冠的宾客和助手。"

曾子问曰:"祭如之何则不行旅酬之事矣[①]?"孔子曰:"闻之,小祥者,主人练祭而不旅[②],奠酬于宾,宾弗举[③],礼也。昔者鲁昭公练而举酬行旅,非礼也;孝公大祥[④],奠酬弗举,亦非礼也。"

【注释】

①旅酬:主人和客人之间按尊卑长幼的顺序相互敬酒。旅,众。酬,宴礼中,主人第一次献酒于宾,宾回敬主人,主人饮毕后再自饮一杯,再次酌酒敬宾,称为"酬"。凡主人先饮以劝宾之酒谓之"酬"。

②"小祥者"二句:小祥,三年之丧,服丧一年时的祭祀。又称"练祭",丧主服练冠而祭。旅酬是主、宾互相敬酒饮酒,而此时大家

对亲人的离去还很悲伤，所以不行旅酬。大祥祭在两年后，服丧已基本完成，大家除去丧服，可以行旅酬。下文说昭公“练而举酬行旅”，在练祭时旅酬；孝公“大祥，奠酬弗举”，都是“非礼”的。

③“奠酬”二句：主人第二次敬宾客酒，宾客将酒杯接过但不饮酒，放在席子前，不再举杯。

④孝公：鲁孝公，鲁隐公的祖父。

【译文】

曾子问：“服丧祭奠，什么情况下不举行旅酬的仪式？”孔子说：“听说，小祥祭，主人练祭时不举行旅酬，主人向宾客二次敬酒后，宾客即将酒杯放下，不再举杯，这是合乎礼仪的。以前，鲁昭公在小祥祭时不应该举行旅酬却举行了旅酬，这是不合礼仪的；鲁孝公在大祥祭时，应该举行旅酬却仍不举行旅酬，这也是不合礼仪的。”

曾子问曰：“大功之丧，可以与于馈奠之事乎[①]？”孔子曰：“岂大功耳，自斩衰以下皆可，礼也。”[②]曾子曰：“不以轻服而重相为乎[③]？”孔子曰：“非此之谓也。天子、诸侯之丧，斩衰者奠；大夫齐衰者奠，士则朋友奠[④]。不足则取于大功以下者[⑤]，不足则反之[⑥]。”

曾子问曰：“小功可以与于祭乎[⑦]？”孔子曰：“何必小功耳，自斩衰以下与祭，礼也。”曾子曰：“不以轻丧而重祭乎？”孔子曰：“天子、诸侯之丧祭也，不斩衰者不与祭。大夫齐衰者与祭。士祭不足，则取于兄弟大功以下者。”

曾子问曰：“相识，有丧服可以与于祭乎？”孔子曰：“缌不祭，又何助于人？”

曾子问曰：“废丧服，可以与于馈奠之事乎？”孔子曰：

"说衰与奠[8],非礼也。以摈相可也[9]。"

【注释】

①馈奠:殡棺之时行馈食奠祭之礼。

②"孔子曰"以下三句:曾子问的是自己有大功之丧在身,是否还可以参与别家的奠祭之事,但孔子所答,讲的是服丧者可以参与自家的奠祭之事,师生对此进行反复讨论。下一节曾子与孔子的问答也是如此。

③相:助。

④"天子、诸侯"四句:凡丧礼,主人皆不亲奠。孙希旦说:"天子、诸侯之丧,为君服者皆斩衰也。大夫之臣为大夫,亦斩衰。不奠者,避天子、诸侯之礼。朋友,谓僚属。士卑,不嫌与君同,故使其属奠。"即大夫、士为了避上级之礼,都降一级行奠祭。

⑤不足:指人手不足。

⑥反:同"返"。让执事者重复做。

⑦祭:指虞祭、祔祭、大小祥祭。

⑧说:通"脱"。

⑨摈:通"傧"。

【译文】

曾子问:"有大功之丧,可以参与馈食祭奠之事吗?"孔子说"岂止是大功,从斩衰以下都是可以的,这是礼仪。"曾子说:"那不是轻待自己的服丧而重视帮助别人办丧事吗?"孔子说:"我说的不是这意思。天子、诸侯的丧事,由服斩衰的臣下为其行奠祭;大夫的丧事由服齐衰的臣下行奠祭,士的丧事由朋友为其行奠祭。人手不足的话就让服大功以下的人参加奠祭,若人手还不够就一人重复两次。"

曾子问:"服小功的人可以参与祭奠之事吗?"孔子回答:"何止是服小功的人,从服斩衰以下的人都可以参与,这是礼仪。"曾子说:"那不是轻慢了自家的丧事而重视别家的祭礼吗?"孔子说:"天子、诸侯的丧事祭礼,不是服斩衰的人是不能参与的。大夫的丧事祭礼,只有服齐衰的人才能参与。士的丧事祭礼,如果人数不足,就找大功以下的兄弟。"

曾子问说:"相识人的丧祭,如果自己有丧服在身,可以去参与吗?"孔子说:"穿着缌服都不应参加自家的宗庙祭祀,又何况去帮助别人呢?"

曾子问:"已经脱掉丧服,可以参与别家的奠祭之事吗?"孔子回答说:"刚脱下丧服就参与别家的奠祭,这不合乎礼仪,做傧相还可以。"

曾子问曰:"昏礼既纳币①,有吉日,女之父母死,则如之何?"孔子曰:"婿使人吊。如婿之父母死,则女之家亦使人吊。父丧称父,母丧称母。父母不在,则称伯父世母。婿已葬,婿之伯父致命女氏曰:'某之子有父母之丧,不得嗣为兄弟②,使某致命③。'女氏许诺而弗敢嫁,礼也。婿免丧,女之父母使人请,婿弗取而后嫁之④,礼也。女之父母死,婿亦如之。"

【注释】

①昏:同"婚"。纳币:即纳征,古代婚礼制度中的"六礼"之一。"六礼"指纳采、问名、纳吉、纳币、请期、亲迎。纳币是男方向女方送聘礼,标志双方的婚姻关系基本确立。后文的"有吉日"即请期,确定迎娶的日期。

②嗣为兄弟:代指婚姻,即结为夫妇。

③使某致命:郑注:"必致命者,不敢以累年之丧,使人失嘉会之时。"因服丧要三年,所以要特地报告。

④取:同"娶"。

【译文】

曾子问："婚礼已经纳币，迎亲的吉日也选定，女方的父母在这时去世了，应该怎么办？"孔子答说："男方家应派人去吊丧。如果是男方的父母去世了，那么女方家也要派人去吊丧。若是对方的父亲去世，就以己方父亲的名义去吊丧；若是对方的母亲去世，就以己方母亲的名义去吊丧。如果自己的父母已不在了，就以伯父、伯母的名义去吊丧。男方埋葬亲人后，他的伯父到女方家来致歉说：'某子因有父母的丧事，不能与你结为夫妇，派我来报告致歉。'女方答应后不敢另嫁他人，这是礼仪的规定。男方除丧后，女方的父母派人请求结婚，男方如果不娶，女方就可以改嫁他人，这也是礼仪的规定。如果是女方的父母去世，男方也要这样做。"

曾子问曰："亲迎[①]，女在涂[②]，而婿之父母死，如之何？"孔子曰："女改服，布深衣，缟总[③]，以趋丧。女在涂，而女之父母死，则女反。"

"如婿亲迎，女未至，而有齐衰、大功之丧，则如之何？"孔子曰："男不入，改服于外次[④]，女入，改服于内次[⑤]，然后即位而哭。"曾子问曰："除丧则不复昏礼乎？"孔子曰："祭，过时不祭，礼也。又何反于初？"

【注释】

①亲迎：我国婚礼制度中的"六礼"之一，即新郎亲自到新娘家迎娶新娘。

②涂：同"途"。

③缟(gǎo)：白绢。总：束发。

④外次：门外之次。次，临时搭建的棚子帷屋。

⑤内次：门内之次。

【译文】

曾子问："亲迎那天，女方已经在路上，男方的父母此时去世，要怎么办？"孔子回答说："女方改穿布制的深衣，用白绢束发，和男方一起去奔丧。如果是女方已经在路上，女方的父母去世了，那么女方要返回家奔丧。"

曾子又问："如果男方去亲迎，女方还没到男方家，男方就有服齐衰、大功的丧事，那要怎么办？"孔子说："男方不进入家门，在家门外临时搭建的棚子帷屋换上深衣，女方进入家门，在家里的帷屋中换上深衣，然后到丧位上哭悼。"曾子问："除丧后还需要重新举办婚礼吗？"孔子说："祭祀，过了日期就不祭了，这是礼仪的规定。祭礼重于婚礼，祭礼都不补，婚礼又何须补办呢？"

孔子曰："嫁女之家，三夜不息烛，思相离也。取妇之家，三日不举乐，思嗣亲也[①]。三月而庙见，称'来妇'也[②]。择日而祭于祢，成妇之义也。"

【注释】

①思嗣亲：孔疏："思念己之取妻嗣续其亲，则是亲之代谢，所以悲哀感伤。"

②"三月而庙见"二句：孔疏："此谓舅姑亡者，妇入三月之后，而于庙中以礼见于舅姑，其祝辞告神，称'来妇'也。"

【译文】

孔子说："嫁女的人家，连续三夜不熄灭火烛，这是思念亲人离开了家。娶妻的人家，连续三天不奏乐，这是想到了婚娶嗣亲表示前辈的代谢。公婆如果已经去世，结婚满三月新妇到宗庙拜见公婆神主，称为

‘来妇’。选择吉日祭祀祢庙，表示已成为夫家认可的妇人。”

曾子问曰：“女未庙见而死，则如之何？”孔子曰：“不迁于祖①，不祔于皇姑②，婿不杖、不菲、不次③，归葬于女氏之党，示未成妇也。”

曾子问曰：“取女，有吉日而女死，如之何？”孔子曰：“婿齐衰而吊，既葬而除之。夫死亦如之。”

【注释】

①迁：朝庙，死者下葬前灵柩要到宗庙朝见。

②皇姑：男方的祖母。

③菲：菲屦，草编的丧鞋。

【译文】

曾子问：“新妇还没有到宗庙告祭就去世了，要怎么办？”孔子回答说：“灵柩不能到男方的祖庙朝见，神主也不能祔在男方祖母的神主后，男方不拄丧杖、不穿丧鞋、不住在庐舍中，将灵柩归送到女方家埋葬，表示她还没有成为家族认可的妇人。”

曾子问：“迎娶女方，已经选定了吉日，而女方在此时去世，要怎么办？”孔子答说：“男方穿齐衰去吊丧，安葬后就除丧。如果此时男方去世，女方也是这样做。”

曾子问曰：“丧有二孤①，庙有二主②，礼与？”孔子曰：“天无二日，土无二王。尝、禘、郊、社，尊无二上③，未知其为礼也。昔者齐桓公亟举兵④，作伪主以行⑤，及反，藏诸祖庙。庙有二主，自桓公始也。丧之二孤，则昔者卫灵公适鲁⑥，遭季桓子之丧，卫君请吊，哀公辞，不得命。公为主[⑦]，客入吊，康子立于门右[⑧]，北面。公揖让，升自东阶，西乡，客升自西阶，吊。公拜，兴，哭，康子拜稽颡于位[⑨]。有司弗辩也。今之二孤，自季康子之过也。”

【注释】

①孤：丧主。

②主：神主。

③“尝、禘、郊、社”二句：尝、禘、郊、社，皆祭祀名。尝、禘祭，合祭诸父神主，但以祭太祖为主。郊祭，合祭上天诸神，但以祭上帝为主。社祭，兼祭四方众神，但以祭后土为主。以上各种祭祀，各有主祭者，并兼祭诸神，因此说“尊无二上”。

④亟(qì)：数次。

⑤作伪主以行：古代天子、诸侯出征按礼制要将新迁入祖庙的神主载在车上，随军出行，返回时要奉还神主，礼仪繁复。齐桓公屡次举兵，制作假的神主车载出行。伪，假。

⑥卫灵公：郑注：“灵公先桓子以鲁哀公二年夏卒，桓子以三年秋卒，是出公也。”据郑注，此处的灵公应当是出公。

⑦公为主：鲁公做丧主。《丧服小记》：“诸侯吊于异国之臣，则其君为主。”

⑧康子：季康子，季桓子之子。

⑨康子拜稽颡于位：按丧礼规定，只有丧主能拜宾，这里鲁哀公为丧主，季康子就不应再拜。

【译文】

曾子问：“丧事有两个丧主，庙中有两个神主，这合于礼吗？”孔子回答说：“天上没有两个太阳，地上没有两个王。尝祭、禘祭、郊祭、社祭，尊的神都只有一个，没有听过两个丧主、两个神主的礼仪。以前，齐桓公屡屡出兵作战，制作了假的神主出行，等到返回国家，把它藏在祖庙中。祖庙中有两个神主，是从齐桓公开始的。丧事有两个丧主，以前卫出公到鲁国，正遇到季桓子的丧事，卫出公请求前去吊唁，鲁哀公推辞，但卫出公不同意不去吊唁。鲁哀公自己作为丧主，客人入门吊丧，季康子立在门内右侧，面朝北。鲁哀公揖让，从东侧的阶梯升堂，面向西站立，客人从西侧台阶升堂吊丧。鲁哀公拜谢宾客，站起来，哭泣，季康子也在丧位上叩头行礼致谢。掌管礼仪的官员也没有纠正。现在出现丧事两个丧主的情况，是从季康子那次错误开始的。”

曾子问曰：“古者师行，必以迁庙主行乎①？”孔子曰：“天子巡守，以迁庙主行，载于齐车②，言必有尊也。今也取七庙之主以行，则失之矣。当七庙、五庙无虚主。虚主者，唯天子崩，诸侯薨，与去其国，与祫祭于祖③，为无主耳。吾闻诸老聃曰④：‘天子崩，国君薨，则祝取群庙之主而藏诸祖庙，礼也。卒哭成事，而后主各反其庙。君去其国，大宰取群庙之主以从，礼也。祫祭于祖，则祝迎四庙之主，主出庙入庙⑤，必跸⑥。’老聃云。”

曾子问曰：“古者师行无迁主，则何主？”孔子曰：“主命。”问曰：“何谓也？”孔子曰：“天子、诸侯将出，必以币、帛、皮、圭告于祖、祢，遂奉以出，载于齐车以行。每舍，奠焉而后就舍。反必告，设奠，卒，敛币、玉，藏诸两阶之间，乃出。盖贵命也⑦。”

【注释】

①迁庙主：新迁进太祖庙的神主。中国古代宗法制度有迁庙之制。

天子七庙,诸侯五庙,太祖庙不迁,如果有新死者加入,即将原来高祖庙的神主(牌位)迁入太祖庙,其他各庙神主依次递升。

②齐(zhāi)车:即斋车,金路,有金饰之车。天子在朝、觐、会同时所乘之车。齐,同“斋”。

③祫(xiá)祭:合祭。此指在太庙中集合祭祀列祖列宗。

④老聃(dān):老子。姓李,名耳,字聃。道家学派创始人。

⑤出庙:离开己庙进入太祖庙。入庙:从太祖庙回到己庙。

⑥跸(bì):清道戒严。

⑦贵:尊。

【译文】

曾子问:“古代天子、诸侯随军出行,一定要载着新迁入太祖庙的神主出行吗?”孔子回答说:“天子巡守,载着新迁入太祖庙的神主,载于天子的金路上,表示一定有所尊敬。现在将七座庙里的神主都载上一道出行,就是失礼了。天子七庙、诸侯五庙,庙里都不能没有神主。庙里没有神主的情况,只有天子驾崩,国君去世,逃离自己的国家,以及在太祖庙中合祭列祖列宗时,才可以让庙里没有神主。我听老聃说过:‘天子驾崩,国君去世,那么太祝取出群庙的神主保存到太祖庙里,这是礼仪的规定。卒哭祭后,再将各庙的神主放回到所在的庙里。国君逃离自己的国家,太宰取出群庙的神主随行,这是礼仪的规定。诸侯合祭群庙的神主时,太祝迎接高祖庙、曾祖庙、祖庙、父庙四座庙里的神主,神主出庙回庙,一定要清道戒严。’这是老聃说的。”

曾子又问:“古代天子、诸侯率军出行不载新迁入太祖庙的神主,那用什么作为主呢?”孔子回答说:“以神主之命为主。”曾子问:“这是什么意思?”孔子说:“天子、诸侯将要出行,一定要用币、帛、兽皮、玉圭祭告于祖庙、父庙,然后带着它们出发,载在斋车上出行。每到驻地,都要将币、帛、兽皮、玉圭祭奠一番然后才住下。返回时一定要到宗庙报告,设置祭奠,祭奠后,收好币、帛、兽皮、玉圭,埋藏在东、西两阶之间,然后出庙。这样做就是为了尊重祖先的命令。”

子游问曰：“丧慈母如母[①]，礼与？”孔子曰：“非礼也。古者男子外有傅，内有慈母，君命所使教子也，何服之有？昔者，鲁昭公少丧其母[②]，有慈母良，及其死也，公弗忍也，欲丧之。有司以闻曰：‘古之礼，慈母无服。今也君为之服，是逆古之礼而乱国法也。若终行之，则有司将书之，以遗后世，无乃不可乎！’公曰：‘古者天子练冠以燕居[③]。’公弗忍也，遂练冠以丧慈母。丧慈母，自鲁昭公始也。”

【注释】

①慈母：孙希旦说，所谓“慈母”有两种，一是某妾无子，某子无母，父命二人为母子，这种情况待慈母如生母，如去世按慈母如母服丧；二是诸侯之子从诸母中挑选出慈惠、温良者看护、教育孩子的，如后世之保姆。这里指的是后者。

②鲁昭公少丧其母：据郑注：“昭公年三十乃丧齐归，……此非昭公明矣，未知何公也。”孔颖达说，《孔子家语》中有“孝公有慈母良”，此“鲁公”当是孝公。

③练冠：小祥之冠，用白绢制成。

【译文】

子游问：“国君的慈母去世，要像生母一样为她服丧，这是礼仪的规定吗？”孔子回答说：“这不合礼仪的规定。古代男子在外有师傅，在内有慈母，这是国君命令他们管教儿子，为什么要为他们服丧呢？从前，鲁昭公年少时他的母亲就去世了，他有个慈母很善良，到他的慈母去世时，昭公很不忍心，想要为她服丧。主管礼仪的官员告诉昭公说：‘按照古代的礼仪，对慈母是不该服丧的。现在国君要为她服丧，这是违反古礼而扰乱国家的法律。如若最终这么做了,那么有关官员将记下这件事,流传给后世,这样恐怕是不可以的吧!'昭公说:'古代天子居丧,在家时头戴练冠。'鲁昭公还是不忍心,于是头戴练冠为慈母服丧。给慈母服丧,就是从鲁昭公开始的。"

曾子问曰:"诸侯旅见天子①,入门不得终礼②,废者几?"孔子曰:"四。"请问之。曰:"大庙火③,日食,后之丧,雨沾服失容,则废。如诸侯皆在而日食,则从天子救日,各以其方色与其兵④。大庙火,则从天子救火,不以方色与兵。"

曾子问曰:"诸侯相见,揖让入门,不得终礼,废者几?"孔子曰:"六。"请问之。曰:"天子崩,大庙火,日食,后、夫人之丧,雨沾服失容,则废。"

【注释】

①旅:郑注:"众也。"

②终礼:朝见礼不能进行完毕。

③大庙:始祖庙。大,同"太"。

④各以其方色与其兵:按照仪礼规定,东方诸侯衣青,持戟;南方诸侯衣赤,持矛;西方诸侯衣白,持弩;北方诸侯衣黑,持盾;中央诸侯衣黄,持鼓。

【译文】

曾子问:"诸侯一起朝见天子,进了宫门却不能将朝见礼终结,出现这种半途而废的情况有几种?"孔子答道:"有四种。"曾子问是哪四种。孔子说:"太庙失火,发生日食,王后去世,雨水淋湿了礼服而使仪容失态,出现这几种情况就要废止朝见礼仪式。如果诸侯都在而发生日食,那么就要跟从天子救日,各方的诸侯应穿着对应各方颜色的衣服,拿着对应各方的兵器。太庙失火,那么就跟从天子救火,不用管各方的服色和所用兵器。”

曾子又问:“诸侯之间相见,已经揖让进了宫门,却不能将相见礼终结,出现这种半途而废的情况有几种?”孔子答道:“有六种。”曾子问是哪六种。孔子说:“天子驾崩,太庙失火,发生日食,王后或国君夫人去世,雨水淋湿了礼服而使仪容失态,出现这几种情况就要废止相见礼仪式。”

曾子问曰:“天子尝、禘、郊、社、五祀之祭,簠、簋既陈[①],天子崩,后之丧,如之何?”孔子曰:“废。”

曾子问曰:“当祭而日食,大庙火,其祭也如之何?”孔子曰:“接祭而已矣[②]。如牲至未杀,则废[③]。天子崩,未殡,五祀之祭不行,既殡而祭。其祭也,尸入,三饭,不侑[④],酳不酢而已矣[⑤]。自启至于反哭[⑥],五祀之祭不行,已葬而祭,祝毕献而已[⑦]。”

【注释】

①簠(fǔ)、簋(guǐ):都是盛放黍、稷、稻、粱等饭食的礼器。簠是方的,簋是圆的。既陈:郑注:“谓夙兴陈馔牲器时也。”祭祀之日要一大早起身陈放礼器与祭品。

②接祭:快速地施行祭礼,简化礼节,不举行迎尸祭尸活动。接,捷,速。

③“如牲至”二句:祭祀之牲已杀代表神已降临,因而不可废祭。

④尸入,三饭,不侑(yòu):尸入门后就位坐下,祝献上饭食,尸吃三口饭,祝即不再劝食。据孔疏引礼书,天子侑尸十五饭,诸侯侑尸十三饭,大夫侑尸十一饭,士侑尸九饭,此时因有天子之丧而

杀减礼节，只用三饭。饭，指黍、稷等饭食。

⑤酳（yìn）：食毕以酒漱口。酢：尸食毕，主人为其酌酒漱口，按照礼仪，尸应再酌酒回敬主人，称为“酢”。

⑥启：启殡。反哭：棺柩下葬后，丧主返回到宗庙和停柩的殡宫哭祭。

⑦祝毕献而已：按礼，主人为尸酌酒漱口，尸酌酒回敬主人，然后主人酌酒献祝，祝饮毕，主人再酌酒献佐食。现在则进行到为祝献酒后就结束。

【译文】

曾子问：“天子举行秋天的尝祭、夏天的禘祭、冬天的郊祭、春天的社祭和五祀之祭，簠、簋已经陈设，这时天子突然去世，或王后突然去世，要怎么办？”孔子说：“祭祀废止。”

曾子又问：“正当祭祀而发生日食，或是太庙失火，祭祀该怎么办？”孔子说：“那就快速地进行祭祀。如果祭祀用的牺牲还没有宰杀，那就废止祭祀。天子驾崩，还没有入棺停殡，五祀之祭不举行，已经入棺停殡可以举行五祀之祭。祭祀的时候，尸入室就位，只吃三次饭，祝不再劝尸继续吃饭，尸饮酒漱口后也不回敬主人饮酒。从启殡到下葬返回宗庙哭祭，这段时间不举行五祀之祭，下葬后可以举行五祀之祭，但礼节也要简化，祭礼到献酒给祝，祝饮毕就结束。”

曾子问曰：“诸侯之祭社稷，俎、豆既陈[①]，闻天子崩、后之丧，君薨、夫人之丧，如之何？”孔子曰：“废。自薨比至于殡[②]，自启至于反哭，奉帅天子。”

【注释】

①俎（zǔ）、豆：祭祀时用来盛放食物的礼器。俎，用来盛放牲体。

豆,用来盛放肉酱。

②比至:及至,到。

【译文】

曾子问:"诸侯祭祀土地神和谷神,俎、豆已经陈设,这时听说天子驾崩或是王后去世,国君或是国君夫人去世,要怎么办?"孔子说:"废除祭祀。从刚死到入棺停殡,从启殡到下葬返哭,遵循天子的做法。"

曾子问曰:"大夫之祭[①],鼎、俎既陈[②],笾、豆既设[③],不得成礼,废者几?"孔子曰:"九。"请问之。曰:"天子崩,后之丧,君薨,夫人之丧,君之大庙火,日食,三年之丧,齐衰,大功[④],皆废。外丧自齐衰以下行也[⑤]。其齐衰之祭也,尸入,三饭,不侑,酳不酢而已矣。大功,酢而已矣。小功、缌,室中之事而已矣[⑥]。士之所以异者,缌不祭,所祭,于死者无服,则祭。"

【注释】

①大夫之祭:孔疏:"谓祭宗庙。"

②鼎:盛放牲体的食器,亦用为祭祀时的礼器。《说文·鼎部》:"鼎,三足两耳,和五味之宝器也。"

③笾(biān):竹制食器。形状如豆,祭祀宴享时用来盛果实。

④"三年之丧"三句:这里都指一同生活的亲人去世,即"内丧",与下文"外丧"相对。

⑤外丧:不在一起生活的人。

⑥室中之事:据《仪礼·少牢馈食礼》,主人、主妇、宾长献尸皆在室中,然后要在堂中举行宾尸礼,即像宾客一样招待尸,现在仅在室中行祭礼而没有宾尸之礼。

【译文】

曾子问："大夫的祭祀，鼎和俎已经陈设好，笾和豆已经设置好，却不能完成礼仪，出现这种半途而废的情况有几种？"孔子说："有九种。"曾子问是哪九种。孔子说："天子驾崩，王后去世，国君去世，国君夫人去世，国君的太庙失火，发生日食，有服三年之丧，有齐衰之丧和有大功之丧九种情况，都要废除祭祀。不在一起生活的亲人有齐衰以下的丧事，祭祀照常举行，仪式简化。不在一起生活的亲属有服齐衰之丧而参加祭祀的，举行时，尸进入门内，只吃三次饭，祝不再劝尸吃饭，尸饮酒漱口后不再向主人敬酒。有服大功之丧而参加祭祀的，尸饮酒漱口后要向主人敬酒。有服小功、缌麻之丧而参加祭祀的，主人、主妇、宾长只在室中献尸，堂中的宾尸礼不举行。士与大夫不同的是，即使是有服缌麻之丧的也不举行祭祀，所祭的对象如果和士没有服丧的关系，才可以照常举行祭祀。"

曾子问曰："三年之丧，吊乎？"孔子曰："三年之丧，练不群立①，不旅行。君子礼以饰情②，三年之丧而吊哭，不亦虚乎③？"

【注释】

①练：小祥祭。

②礼以饰情：孔疏："凡行吉凶之礼，必使外、内相副，用外之物，以饰内情。故云'衰以饰在内之情'。故冠冕文彩以饰至敬之情，粗衰以饰哀痛之情。"饰，展示，表达。

③"三年之丧"二句：孔子的意思是，自己父母去世，悲哀都已无暇顾及，去吊哭他人不会是出于真实的情感，只是为了礼节而虚伪地装装样子而已。

【译文】

曾子问："自己有三年之丧，可以去吊唁别人吗？"孔子说："有三年之丧，小祥祭时，不与众人站在一起，不与众人一起出行。君子通过礼仪来展示自己的情感，自己有三年之丧的哀痛却去吊哭他人，这不是虚伪吗？"

曾子问曰："大夫、士有私丧，可以除之矣[①]，而有君服焉，其除之也如之何？"孔子曰："有君丧，服于身，不敢私服，又何除焉？于是乎有过时而弗除也。君之丧服除而后殷祭[②]，礼也。"

【注释】

①可以除之矣：小祥祭后，大祥祭之前。

②殷祭：指小祥、大祥二祭。

【译文】

曾子问："大夫、士为自己的亲属服丧，已经到了可以脱掉丧服的时候，这时国君去世，该为国君服丧，本该脱掉的丧服怎么办呢？"孔子说："国君去世，为国君服丧，就不敢再穿为自己亲属服丧的孝服，又有什么脱掉丧服的问题呢？所以大夫和士有过了服丧时间却没有脱掉丧服的情况。为国君服丧的丧服脱掉后才能举行自家亲人的小祥祭和大祥祭，这是礼仪的规定。"

曾子问曰："父母之丧弗除，可乎[①]？"孔子曰："先王制礼，过时弗举，礼也。非弗能勿除也，患其过于制也。故君子过时不祭，礼也。"

【注释】

①“父母之丧”二句：曾子问的是，为父母服丧期限未到，而遇到国君去世，在为国君服丧完毕后，是否还要补回为父母服丧的日子。

【译文】

曾子问：“为父母服丧期限未到，而遇到国君去世而服丧，服丧完毕后，还要继续为父母服丧，补回应服丧的日子，可以吗？”孔子说：“古代先王制定礼仪，过了行礼的日期就不再举行，这是礼仪的规定。并不是不能脱掉丧服，而是害怕这样做超过了礼仪的规定。所以君子过了行礼的日期就不再举行祭祀了，这是合乎礼仪的。”

曾子问曰：“君薨既殡，而臣有父母之丧，则如之何？”孔子曰：“归居于家[①]，有殷事则之君所[②]，朝夕否。”

曰：“君既启而臣有父母之丧，则如之何？”孔子曰：“归哭而反送君[③]。”

曰：“君未殡，而臣有父母之丧，则如之何？”孔子曰：“归殡，反于君所，有殷事则归，朝夕否。大夫，室老行事[④]，士则子孙行事。大夫内子[⑤]，有殷事，亦之君所，朝夕否。”

【注释】

①居：办理丧事。

②殷事：郑注：“朔月、月半荐新之奠也。”即初一、十五为死者献上新收获的食品的祭奠。

③归哭而反送君：穿着为君服丧的丧服而归家哭祭父母，再返回为国君送葬。

④室老：家臣。

⑤大夫内子：大夫的嫡妻。据《仪礼·丧服小记》，大夫的嫡妻也要为国君服齐衰之服。

【译文】

曾子问："国君去世已经入棺停殡，这时臣子的父母突然去世，要怎么办？"孔子说："回家办理丧事，每月的初一、十五为国君举行贡献新获食物的祭奠时到国君的殡宫，早晚的祭奠就不用去了。"

曾子又问："国君已经启殡而臣子的父母在这时去世，要怎么办？"孔子说："先归家哭祭父母，再返回为国君送葬。"

曾子说："国君还没有入棺停殡，臣子的父母在这时去世，要怎么办？"孔子说："先回家为父母下棺，停殡后再返回宫中处理国君的丧事，每月初一、十五为父母举行贡献新获食物的祭奠时就回家，早晚的祭奠不用回去了。大夫，他的家臣负责处理丧事事务，士则子孙来处理丧事事务。大夫的嫡妻，每月初一、十五为国君举行贡献新获食物的祭奠时，也要到国君的殡宫，早晚的祭奠就不用去了。"

贱不诔贵[①]，幼不诔长，礼也。唯天子称天以诔之。诸侯相诔，非礼也[②]。

【注释】

①诔：郑注："累也，累列生时行迹，读之以作谥。"

②"诸侯相诔"二句：诸侯的诔文，应请于天子，天子使太史赐之谥。

【译文】

地位低贱的不能为地位尊贵的人作诔文，年幼的不能为长辈作诔文，这是礼制规定。只有天子能用上天的名义为其作诔文。诸侯之间相互作诔文，不符合礼仪的规定。

曾子问曰："君出疆，以三年之戒①，以椑从②。君薨，其入如之何？"孔子曰："共殡服③，则子麻弁绖、疏衰、菲、杖④，入自阙⑤，升自西阶。如小敛，则子免而从柩⑥，入自门，升自阼阶⑦。君、大夫、士一节也。"

【注释】

①三年之戒：指丧事的准备。臣下为国君的服丧期是三年，所以称"三年之戒"。

②椑（bì）：内棺。

③共殡服：提供大殓至殡时所穿之服。共，通"供"。

④麻弁绖：麻布弁上缠上麻绳圈。疏衰：即齐衰。疏，粗。菲：丧履。

⑤入自阙：即毁宗，拆毁殡宫的西墙，灵柩从此处进入。

⑥免（wèn）：同"绕"，服丧时一种以布带束发的头饰。见《檀弓上》"公仪仲子之丧"节注②。

⑦"入自门"二句：据郑注，因去世的国君遗体尚未入棺，所以仍然按照生前的礼仪从大门进入，从主阶升堂。

【译文】

曾子问："国君出国，都要为自己的丧事作准备，带着棺材出行。如果国君真的突然去世，回国进入国都要怎么办？"孔子答："如果提供了从大殓至停殡期间的衣服，那么国君之子就戴麻布弁，并系上麻绳带子，穿齐衰丧服，穿草鞋，持丧杖，拆掉西侧的宫墙，从西阶上堂。如果去世的国君在国外只是小殓即回国，那么国君之子头上戴着绕跟着棺柩，从宫门进入，从主阶升堂。国君、大夫、士在出国途中去世，礼节大体相同。"

曾子问曰："君之丧既引[①]，闻父母之丧，如之何？"孔子曰："遂[②]。既封而归[③]，不俟子[④]。"

曾子问曰："父母之丧既引及涂，闻君薨，如之何？"孔子曰："遂。既封，改服而往[⑤]。"

【注释】

①引：牵引柩车，即开始出殡。

②遂：郑注："送君也。"即为国君送葬。

③封：郑注："亦当为'窆'。"下棺入穴。下同。

④俟（sì）：等待。

⑤改服：为国君送葬，不能穿私丧之服，据郑注，要括发、赤足步行，换上深衣，把上衣前摆塞进腰间。

【译文】

曾子问："国君的灵柩车已经拉动开始出殡了，这时听说父母去世，要怎么办？"孔子说："先为国君送葬。等棺柩入穴后即回家处理丧事，不用等国君之子完成全部葬礼。"

曾子又问："父母的灵柩车已经拉动开始出殡了，这时听说国君去世，要怎么办？"孔子说："先为父母送葬。等到父母的棺柩下葬后，改换丧服前去奔丧。"

曾子问曰："宗子为士[①]，庶子为大夫，其祭也如之何？"孔子曰："以上牲祭于宗子之家[②]。祝曰：'孝子某[③]，为介子某荐其常事[④]。'若宗子有罪居于他国，庶子为大夫，其祭也，祝曰：'孝子某，使介子某执其常事。'摄主不厌祭[⑤]，不旅，不假[⑥]，不绥祭[⑦]，不配[⑧]，布奠于宾[⑨]，宾奠而不举[⑩]，不归肉[⑪]。其辞于宾曰：'宗兄、宗弟、宗子在他国，使某辞。'"

【注释】

①宗子:嫡长子。始祖之嫡系长子为"大宗",嫡系长子以外支子为"小宗",各小宗的嫡长子也是宗子。孔疏,这里的宗子指小宗。

②上牲:大夫祭祀礼用上牲为少牢,即一羊一猪。按,虽庶子禄位高于宗子,但宗庙在宗子之家,宗子负责主持宗庙之祭,故庶子要到宗子之家祭祖。

③孝子:宗子。某:宗子的名。

④介子:指庶子。"庶"有贬义,称"介"较中性。介,副贰。某:庶子的名。荐其常事:岁时的祭祀。

⑤摄主:暂代主祭,指庶子。厌(yàn)祭:孙希旦曰:"无尸而以饮食饫神之名。"即不用尸,用食品直接供奉神。"厌祭"分为阴厌和阳厌,详见下文。

⑥假:通"嘏"(gǔ),祝福之辞。尸要向主人致辞,表示神明的祝福。

⑦绥祭:佐食者从俎、豆祭器中取菹、醢及黍、稷等饭食给尸与主人献祭。

⑧配:祝在祝辞中有"以某妃配某氏"之辞。"不配"是不说"以某妃配某氏"之辞。

⑨布奠:主人酬宾,将酒杯放置在笾、豆的北面。

⑩宾奠而不举:宾客将酒杯放置在笾、豆的南侧,不再举杯。

⑪归(kuì)肉:祭祀设有俎,俎上盛肉,祭祀完毕主人要将剩下的肉送给尸和宾客。归,通"馈"。

【译文】

曾子问:"宗子为士,庶子却为大夫,庶子的祭祀要怎么做?"孔子回答说:"用一羊一猪的少牢在宗子家祭祀。祝要以宗子的名义说:'孝子某,为介子某献上岁时的祭祀。'如果宗子因有罪居住在他国,庶子为大夫,在祭祀时,祝要以宗子的名义说:'孝子某,派介子某来主持通常的祭事。'代替宗子的庶子不厌祭,不旅酬,不致嘏辞,不绥祭,不在致辞中说以父祖之妻配祀的话，主人酬宾后将酒杯放置在笾、豆的北面，宾客将酒杯放置在笾、豆的南侧，不再举杯，主人不向宾客和尸馈赠牲肉。代替宗子的庶子向宾客致辞时要说：‘宗兄、宗弟、宗子在他国，派某来主持祭事。’”

曾子问曰：“宗子去在他国，庶子无爵而居者，可以祭乎？”孔子曰：“祭哉！”“请问其祭如之何？”孔子曰：“望墓而为坛，以时祭①。若宗子死，告于墓，而后祭于家。宗子死，称名不言‘孝’②，身没而已③。子游之徒④，有庶子祭者，以此，若义也⑤。今之祭者，不首其义⑥，故诬于祭也。”

【注释】

①以：用。

②称名不言“孝”：郑注：“孝，宗子之称。”即只有宗子能够称“孝子”，庶子只称名，前面不冠“孝”字。

③身没而已：指一直到庶子去世为止。庶子去世，庶子的嫡长子在祭祀其父时可以称“孝子”。

④子游：姓言名偃。孔子的弟子。以文学见长。

⑤若：顺。

⑥首：本。

【译文】

曾子问：“宗子有罪逃到他国，庶子没有爵位但居住在本国，庶子可以举行祭祀吗？”孔子回答说：“可以祭祀的！”曾子问：“请问要怎样祭祀？”孔子说：“望着祖先的坟墓，筑土为坛，按着岁时祭祀。如果宗子去世，庶子要报告给祖先的坟墓，然后在家中举行祭祀。宗子如果去世，祝在致辞时不能称‘孝’，一直到庶子去世为止。子游那帮人，有以庶子的身份举行祭祀的，就是顺应这个义理的。现在庶子举行祭祀，不按着这个礼节，所以就是妄自祭祀了。”

曾子问曰：“祭必有尸乎？若厌祭，亦可乎？”孔子曰：“祭成丧者必有尸[①]，尸必以孙，孙幼则使人抱之，无孙则取于同姓可也。祭殇必厌[②]，盖弗成也。祭成丧而无尸，是殇之也。”

孔子曰：“有阴厌，有阳厌[③]。”曾子问曰：“殇不祔祭[④]，何谓阴厌、阳厌？”孔子曰：“宗子为殇而死，庶子弗为后也。其吉祭特牲[⑤]，祭殇不举肺，无肵俎，无玄酒，不告利成[⑥]，是谓阴厌。凡殇与无后者，祭于宗子之家，当室之白[⑦]，尊于东房[⑧]，是谓阳厌。”

【注释】

①成丧：成人之丧。

②祭殇必厌：殇，指未成年而去世。因殇无子孙，所以必定无尸。

③阴厌：祭祀之初，尸未入时，在室内的西南角设奠飨神。阳厌：祭祀将结束，尸已起身，即在室内的西北角设馔飨神。

④不祔祭：不得附于宗庙四时之祭。此句是说，宗庙四时之祭是有尸的，而殇未成年人既然不附于宗庙四时之祭，就没有阴厌、阳厌的问题了。

⑤吉祭特牲：凡丧祭，卒哭祭后凶礼就结束，此后的祭祀都是吉祭。殇没有卒哭祭，只有祔与除服二祭。这里的吉祭指的便是祔祭。特牲，一头牛，这本是祭祀成人所用，祭殇本应用一头猪，但因为是宗子，便提高了礼仪的规格。

⑥“祭殇”四句：都是有尸时应举行的礼仪节目。肵(qí)俎，盛放祭

牲心、舌的俎，敬献给尸。肵，敬。玄酒，清水。利成，尸退归时祝面朝东禀告主人，供养尸之礼已成。利，供养。

⑦当室之白：室的西北角开有窗户之处，是室中明亮处。

⑧尊：酒樽。也作“樽”。

【译文】

曾子问：“祭祀一定要有尸吗？如果是厌祭，不也可以没有神吗？”孔子回答说：“祭祀成人之丧一定要有尸，尸一定要由死者的孙子来担当，孙子如果年幼就由人抱着，没有孙子的就选同姓的孙辈也是可以的。祭殇一定要厌祭，因为死者没有成年，所以也没有子孙。祭祀成人之丧而没有尸，就是把死者当做未成年人了。”

孔子接着说：“厌祭分为阴厌和阳厌。”曾子问：“祭殇不附于宗庙四时之祭，哪里还有阴厌、阳厌呢？”孔子说：“宗子未成年而死，庶子不能作为后嗣。为他举行祔祭时用特牲一牛，祭殇时因为没有尸，所以佐食者不举肺，俎上的肉食不用敬献给尸，没有玄酒，祝不用向主人报告供养尸的礼仪完成，这就叫做阴厌。凡是未成年去世以及没有后嗣的死者，在宗子的家里祭祀，祭品放在室内西北角明亮处，酒樽放在东房，这就叫做阳厌。”

曾子问曰：“葬引至于堩①，日有食之，则有变乎？且不乎？”孔子曰：“昔者吾从老聃助葬于巷党②，及堩，日有食之，老聃曰：‘丘！止柩就道右③，止哭以听变。’既明反，而后行，曰：‘礼也。’反葬而丘问之曰：‘夫柩不可以反者也。日有食之，不知其已之迟数④，则岂如行哉？’老聃曰：‘诸侯朝天子，见日而行，逮日而舍奠⑤。大夫使，见日而行，逮日而舍。夫柩不蚤出，不莫宿⑥。见星而行者，唯罪人与奔父母之丧者乎！日有食之，安知其不见星也？且君子行礼，不以人之亲痁患⑦。’吾闻诸老聃云。”

【注释】

①堩(gèng):郑注:“道也。”《训纂》引王念孙曰:“葬引至于堩,本作‘葬既引,至于堩’”,“《士丧礼记》注引此正作‘葬既引,至于堩’”。

②巷党:郑注:“党名。”党是古代基层的居民区单位,五家为邻,五邻为里,一万二千五百家为乡,五百家为党。

③道右:郑注:“道路,男子由右,妇人由左,车从中央,柩行专道。今止就道右,以避妇人之所行也。”

④数(sù):读为“速”。

⑤舍奠:到馆舍而奠祭带在路上的神主。

⑥莫:同“暮”。

⑦痁(diàn):病。《训纂》引王引之曰:“痁,读为‘阽’,临也,近也。”这句话的意思是,君子参加别人家的丧礼,也不能对别人的亲人造成祸害。

【译文】

曾子问:“送葬时,柩车已经牵引在道路上,这时发生日食,送葬之事需要变化吗?还是不变呢?”孔子说:“以前我跟随老子在巷党帮助别人送葬,柩车已在路上,突然发生日食,老子对我说:‘丘!把柩车停到道路右侧,停止哭泣等待变化。’等到日食结束恢复光明,然后才前行,老子说:‘这是合于礼仪的。’葬完返回时我问老子:‘柩车不能拉回。出现日食,不知道它结束的是慢还是快,还不如一直前行吧?’老子回答我说:‘诸侯去朝见天子,日出而行,赶日落前入住馆舍,奠祭带在路上的神主。大夫出使,日出而行,赶日落前入住馆舍。柩车也不能过早出行,不能日落才住宿。看见星星还在前行赶路,只有犯罪之人和着急为父母奔丧的人才会这么做吧!发生日食黑了天,怎么知道天上看不到星星？况且君子行礼，是不会让人家的亲人临近祸害的。’我听老子是这么说的。”

曾子问曰：“为君使而卒于舍，礼曰：‘公馆复[①]，私馆不复。’凡所使之国，有司所授舍，则公馆已，何谓私馆不复也？”孔子曰：“善乎问之也！自卿大夫之家曰‘私馆’，公馆与公所为曰‘公馆’[②]。公馆复，此之谓也。”

【注释】

①复：招魂。

②公所为：国君所指定的停客之处。

【译文】

曾子问：“为国君出使国外而死在馆舍中，礼书上说：‘死在公馆就举行招魂祭，死在私馆就不举行招魂祭。’凡是出使国外的使臣，有关官员给安排了馆舍，那就是公馆了，为什么还说私馆不能举行招魂祭呢？”孔子说：“这个问题问得好！使臣如果住在卿大夫的家里就叫做‘私馆’，公家的馆舍和国君指定的住宿之处就叫做‘公馆’。死在公馆就举行招魂祭，指的就是这种情况。”

曾子问曰：“下殇土周葬于园[①]，遂舆机而往[②]，涂迩故也[③]。今墓远，则其葬也如之何？”孔子曰：“吾闻诸老聃曰：‘昔者史佚有子而死[④]，下殇也，墓远。召公谓之曰[⑤]：“何以不棺敛于宫中[⑥]？”史佚曰：“吾敢乎哉！”召公言于周公[⑦]。周公曰：“岂不可？”史佚行之。’下殇用棺衣棺[⑧]，自史佚始也。”

【注释】

①下殇：年龄在八岁至十一岁的夭亡者。土周：郑注："塈（jì）周也。"烧土为"塈"，此指烧土为砖砌在棺的四周，相传是夏代埋葬死者的办法，周人用此法埋葬下殇。见《檀弓上》"有虞氏瓦棺"节。

②舆：盛放，抬。机：停尸之床，木制边框，中央以绳交错编织，类似今之棕绷床而绳编较稀疏。

③涂：同"途"。迩：近。

④史佚（yì）：周成王时太史。

⑤召公：名奭（shì），周文王的庶子，武王弟。辅佐武王灭商后，被封于燕，为燕国的始封君。因其食邑为召（今陕西岐山西南），故称"召公"。

⑥棺敛于宫中：在宫中将遗体放入棺中，这是安葬成人之礼，要用车子运载棺。

⑦周公：即周公旦。见《檀弓上》"季武子成寝"节注④。

⑧用棺衣棺：为死者穿衣再装殓入棺。

【译文】

曾子问："下殇去世的孩子，要用烧制的砖围住棺，埋在园子里，用特制的机抬着前往，这是因为路途很近的缘故。现在墓地很远，要去安葬怎么办呢？"孔子说："我听老子说过：'从前史佚的孩子去世了，就是下殇，墓地很远。召公对他说："为什么不在家中入殓装棺？"史佚说："我怎么敢啊！"召公于是把这件事告诉周公。周公说："为什么不可以啊？"史佚于是就这样做了。'为下殇的孩子穿衣再装殓入棺，是从史佚开始的。"

曾子问曰："卿大夫将为尸于公，受宿矣[①]，而有齐衰内丧，则如之何？"孔子曰："出舍于公馆以待事[②]，礼也。"孔子曰："尸弁冕而出，卿、大夫、士皆下之，尸必式；必有前驱。"

【注释】

①宿：孙希旦曰："谓祭前宿尸也。"即国君祭祀前三天要占卜选定担任尸的人选，选定后要将尸请去独宿，不可更改。

②出舍于公馆：为尸是吉事，有齐衰之丧是凶事，吉、凶不可同处，所以要从家中出来入住公馆，要等祭祀事毕，再归哭齐衰之丧。

【译文】

曾子问："卿大夫将作为国君祭祀的尸，已经说好担任尸的时间要去国君处独宿了，这时家里有了齐衰之丧，怎么办？"孔子答道："不能再呆在家里了，要从家中出来入住公馆等候祭祀的进行，这是礼制规定。"孔子又说："尸戴着弁、冕出门，卿、大夫、士看到尸都要下车致敬，尸也一定要凭轼行礼；尸出行，一定要有人在前面开道。"

子夏问曰："三年之丧卒哭，金革之事无辟也者[①]，礼与？初有司与？"孔子曰："夏后氏三年之丧，既殡而致事[②]，殷人既葬而致事。《记》曰：'君子不夺人之亲，亦不可夺亲也[③]。'此之谓乎？"

子夏曰："金革之事无辟也者，非与？"孔子曰："吾闻诸老聃曰：'昔者鲁公伯禽有为为之也[④]。今以三年之丧，从其利者，吾弗知也。'"

【注释】

①金革之事：指战争、兵役之事。辟(bì)：躲避，避开。

②致事：将职位、职务还于君，即今辞职。

③"君子"二句：人臣有亲人之丧，国君要答应臣子的辞职，这是不

夺人丧亲的悲伤之心，孝子也不为求利禄而夺爱亲之心。

④鲁公伯禽：伯禽为周公之子，封于鲁。有为为之：有特别的需要去做而不得不做。指伯禽初封鲁，有徐戎之乱，这时母亲去世，伯禽不得已，不得不在卒哭祭后就出兵作战。

【译文】

子夏问说："为父母服三年之丧，卒哭祭后，出征打仗之事不能逃避，这是礼制规定吗？还是当初有关官员的规定？"孔子说："夏后氏居三年之丧，停殡后就辞职守丧，殷人下葬后就辞职守丧。《记》中说：'国君不夺人臣丧亲的悲伤之心，孝子也不应夺自己的爱亲之心。'说的就是这种情况吧？"

子夏说："那么战争之事不能躲避，不是不合于礼仪吗？"孔子说："我听老子说过：'从前鲁公伯禽不得以才在居三年之丧时出兵打仗。现在有人应服三年之丧，却为了贪图利益去出兵作战，我搞不懂这个礼了。'"

文王世子第八

【题解】

郑玄《目录》云:“名曰‘文王世子’者,以其记文王为世子时之法。”本篇实则乃集合多篇而成,原有小篇题。首篇《文王之为世子》,讲文王、武王作为世子以及周公教导成王之事;第二篇《教世子》,讲大学教士之法;第三篇《周公践阼》主要讲夏、商、周三代教导世子的方法以及周公摄政,教导成王;第四、五篇缺小篇题,第四篇讲庶子公族在政事中的各种规定;第五篇讲养老之制;第六篇《世子之记》与第一篇内容类似。本篇中心内容还是对世子的教导。

文王之为世子[①],朝于王季日三[②]。鸡初鸣而衣服,至于寝门外,问内竖之御者曰[③]:“今日安否何如?”内竖曰:“安。”文王乃喜。及日中又至,亦如之;及莫又至,亦如之。其有不安节[④],则内竖以告文王。文王色忧,行不能正履,王季复膳,然后亦复初。食上,必在视寒煖之节[⑤];食下,问所膳[⑥]。命膳宰曰:“末有原[⑦]!”应曰:“诺。”然后退。

武王帅而行之[⑧],不敢有加焉。文王有疾,武王不说冠带而养[⑨],文王一饭亦一饭,文王再饭亦再饭。旬有二日乃间⑩。

【注释】

①文王：姓姬，名昌。周太王之孙，季历之子。商末西方诸侯之长，商纣王时为西伯，亦称“西伯昌”。世子：古代称天子、诸侯的嫡长子或继承王位的儿子，后世称“太子”。

②王季：周文王的父亲，名季历，也称“公季”，至武王时追尊为“王季”。

③内竖：宫内小臣。御：值日，值班。

④节：郑注：“谓居处故事。”指睡眠起居饮食等情况。

⑤在：观察。

⑥问所膳：郑注：“问所食者。”孙希旦引方悫曰：“欲知亲之所好也。”即询问吃饭的情况，了解其饮食的好恶。

⑦末有原：不要把剩饭剩菜再进献给王。末，勿。原，再。

⑧武王：姓姬，名发，西周的开国国君，周文王的儿子。帅：郑注：“循也。”即遵循。

⑨不说冠带而养：郑注：“言常在侧。”说，通“脱”。

⑩间：病愈。

【译文】

周文王为世子时，每天三次朝见父亲王季。早上鸡刚打鸣就穿上衣服，到父亲的寝门外，询问值班的小臣说：“今天父亲是否安适？”小臣回答说：“安适。”文王就非常欢喜。到了中午又到寝门外，又问一遍；等到晚上又过去，也是这样问。如果王季起居饮食有不安适的时候，那么小臣就告诉文王。文王得知后面色忧愁，行走都不能正常迈步，王季饮食回复正常，然后文王也回复正常了。为王季进献食物，文王一定察看冷热的情况；食物撤下去的时候，文王必询问吃的情况。嘱咐膳宰说：“不要再进献剩饭剩菜！”膳宰答应说：“是。”然后文王才离去。

武王遵循着文王的榜样侍奉文王，不敢有所增加。文王生病，武王不摘帽不解衣带在旁伺候，文王吃一口饭武王跟着吃一口饭，文王吃两口饭武王跟着吃两口饭。这样过了十二天，文王的病痊愈了。

文王谓武王曰："女何梦矣[①]？"武王对曰："梦帝与我九龄。"文王曰："女以为何也？"武王曰："西方有九国焉，君王其终抚诸[②]。"文王曰："非也。古者谓年龄，齿亦龄也[③]。我百，尔九十。吾与尔三焉。"文王九十七乃终，武王九十三而终。

【注释】

①女：通"汝"。下同。

②抚：郑注："犹有也。"诸：之。

③"古者"二句：年，郑注："天气也。"齿，郑注："人寿之数也。"此句的大意是，自然界一年年地度过是"龄"，人的寿数一年年地度过也是"龄"。

【译文】

文王对武王说："你做了什么梦？"武王回答说："我梦见上帝给我九龄。"文王说："你认为是什么意思呢？"武王说："西方有九国，父王最终会占有他们。"文王说："不是这样。古时候说年是龄，齿也是龄。我的寿数是百岁，你的寿数是九十。我分给你三年的寿龄吧。"后来，文王九十七岁而寿终，武王九十三岁而寿终。

成王幼[①]，不能莅阼[②]，周公相，践阼而治[③]。抗世子法于伯禽[④]，欲令成王之知父子、君臣、长幼之道也。成王有过，则挞伯禽，所以示成王世子之道也。

《文王之为世子》也[⑤]

【注释】

①成王：姓姬，名诵。周武王之子，谥号成王。

②莅：临。阼：堂上阼阶上的位子，是主人之位。

③践阼：本意是天子即位，这里指周公摄王位，治天下。践，履。

④抗：郑注："犹举也。谓举以世子之法，使与成王居而学之。"伯禽：周公旦的儿子。

⑤《文王之为世子》：郑注："题上事。"这是上面几节的篇题名。

【译文】

成王年幼，不能亲临阼阶管理国家，周公辅助成王，摄位治理天下。举用给世子的礼规，让儿子伯禽照着做，这是要成王知道父子、君臣、长幼的伦理之道。成王有过错，周公就打伯禽，以此向成王示知作为世子的规矩。

以上为《文王之为世子》

凡学世子及学士①，必时。春、夏学干戈②，秋、冬学羽籥③，皆于东序④。小乐正学干⑤，大胥赞之⑥；籥师学戈，籥师丞赞之。胥鼓南⑦。春诵夏弦，大师诏之⑧；瞽宗秋学礼，执礼者诏之；冬读书，典书者诏之。礼在瞽宗，书在上庠。

【注释】

①学(xiào)世子：教育世子。学，教。下文"小乐正学干"、"籥师学戈"同。学士：大学里学生。

②干戈：本指兵器，这里是以干戈为道具跳舞。手持干戈跳舞，即武舞。

③羽籥(yuè)：雉羽和籥，为舞蹈时所用的两种道具。手持这两种道具跳舞，即文舞。籥，形制似笛的乐器。《周礼·籥师》："掌教

国子舞羽、吹籥。”

④东序：夏后氏的大学，又叫“东胶”。周立四代之学，有虞氏的上庠，夏后氏的东序，殷代的瞽宗，周代的辟雍。

⑤小乐正：乐师。与后文的“大胥”、“籥师”、“籥师丞”都是乐官。

⑥赞：助。

⑦南：郑注：“南夷之乐也。”

⑧大师：乐官之长。大，同“太”。诏：教导。

【译文】

凡是教导世子和学士，一定要按四时进行。春、夏教他们拿着干戈学习武舞，秋、冬教他们拿着雉羽和籥学习文舞，都在东序学习。小乐正教习干舞，大胥协助；籥师教习戈舞，籥师丞协助。大胥击鼓教奏南夷之乐。春季诵读诗歌，夏季用弦乐演奏诗歌，都由大师教授；秋季在瞽宗学礼，由掌管礼的官员教授；冬季读书，由掌管典籍的官员教授。学礼在瞽宗，学书在上庠。

凡祭与养老乞言、合语之礼[①]，皆小乐正诏之于东序。大乐正学舞干戚[②]。语说，命乞言，皆大乐正授数[③]，大司成论说在东序[④]。凡侍坐于大司成者，远近间三席[⑤]，可以问，终则负墙，列事未尽，不问。

【注释】

①养老乞言：郑注：“养老人之贤者，因从乞善言可行者也。”指世子以养老礼款待德高望重的老人时，向他们求教善言。合语：郑注：“谓乡射、乡饮酒、大射、燕射之属也。”按照礼仪规定，在乡射、乡饮酒、大射、燕射礼进行到旅酬（相互敬酒饮酒）之时，可以交谈议论。以上是说，在祭祀、养老乞言及合语等三项礼仪活动

中的仪态仪容。

②干戚:盾与斧,也是武舞所持的道具。

③数:指所教授的篇数。

④大司成:在大学专门讲说义理的人。孙希旦说,大司成无定人,无专职,必其位望尊重而道德充盛者乃得为之。论说:郑注:“课其义之深浅、才能优劣。”孔疏说,这是说大司成之官对世子、学士的义理深浅、才能优劣加以考核评说。

⑤三席:孔疏:“席制广三尺三寸三分寸之一,三席则函一丈,可以指画而问也。”

【译文】

凡是祭祀与养老礼中向老人求教善言、旅酬时交谈议论的仪态仪容,都由小乐正在东序教授。大乐正教授手持干戚的武舞。旅酬时交谈议论的言辞,向老人求教善言时的言辞,都由大乐正按篇数教授,大司成在东序对世子及学士的言辞和表现予以考课讲评。凡是侍坐在大司成旁,和大司成的远近要保持三张席子的距离,可以向大司成发问,问完后就要靠墙站着,大司成论列事情还没有完毕,不可以插话询问。

凡学,春,官释奠于其先师①,秋、冬亦如之。凡始立学者,必释奠于先圣、先师②,及行事,必以币③。凡释奠者,必有合也④。有国故则否⑤。凡大合乐⑥,必遂养老⑦。

【注释】

①官:郑注:“谓《礼》、《乐》、《诗》、《书》之官。”即教授《礼》、《乐》、《诗》、《书》的学官。释奠:设置祭品祭拜先师之礼。先师:先代之师,如伯夷、后夔。

②先圣:先代圣王,如尧、舜、禹、汤、周文王、周武王、周公等。

③币：帛。古代以束帛作为祭祀或馈赠的礼物，因此车马玉帛等各种礼物也通称“币”。《说文·巾部》：“币，帛也。”徐灏笺：“币，本缯帛之名，因车马玉帛同为聘享之礼，故浑言之皆称‘币’。”

④合：合乐。

⑤国故：指国家发生凶丧、疾疫、灾荒、战争等变故。

⑥大合乐：音乐和舞蹈的联合表演。

⑦必遂养老：孙希旦说：“乐不可以无事而空作，故因行养老之礼而合乐。”即同时以音乐舞蹈举行养老礼的仪式。

【译文】

凡是开学，春季由授业学官举行释奠礼设置祭品祭拜先代之师，秋季和冬季也同样举行释奠礼。凡是开始设立学校的，一定要举行释奠礼设置祭品祭拜先代圣王和先代之师，举行释奠礼祭拜时，一定要用币帛。凡是行祭拜先圣、先师之礼，一定要合乐。但国家有凶丧、疾疫、灾荒、战争等变故就不用合乐。凡是合演乐舞时，一定同时举行养老礼。

凡语于郊者[①]，必取贤敛才焉。或以德进，或以事举，或以言扬[②]。曲艺皆誓之[③]，以待又语。三而一有焉，乃进其等，以其序，谓之“郊人”[④]，远之于成均[⑤]，以及取爵于上尊也[⑥]。始立学者，既兴器用币[⑦]，然后释菜[⑧]，不舞不授器。乃退，傧于东序[⑨]，一献[⑩]，无介、语可也[⑪]。

《教世子》[⑫]

【注释】

①语：郑注：“谓论说于郊学。”即对学士进行考核评论。郊：郊学。孙希旦说：“谓六乡之学在四郊者。”

②“或以”三句：孙希旦说：“若孔门之德行、政事、言语之各为一

科也。”

③曲艺:指有小技能的人。誓:戒饬。孙希旦说:“曲艺贱,不得与贤能之士同日而语,故戒饬之,以待后日再考论之也。”

④郊人:指郊学中有小才艺的人,他们选拔至大学,因此不能与大学中的贤能之士同称为俊士、选士,地位较低。

⑤成均:郑注:“董仲舒曰:‘五帝名大学曰成均,则庠序近是也。’”

⑥上尊:设于堂上的酒樽。

⑦既兴器用币:郑注:“‘兴’当为‘衅’(釁),字之误也。礼乐之器成,则衅之。又用币,告先圣、先师以器成。”

⑧释菜:将菜蔬置放在先圣、先师的神位前进行祭祀的典礼。详见《月令》篇“是月也,毋竭川泽,毋漉陂池”节注⑤。

⑨傧(bìn):以礼迎宾。

⑩一献:即一献之礼。主人向宾献酒,宾饮后回敬主人,主人饮后再自酌自饮,然后再斟酒劝宾饮,宾接过酒杯后不再饮酒。

⑪介:辅助行礼的傧相。语:合语。

⑫《教世子》:郑注:“亦题上事。”即本节的小标题。

【译文】

凡在郊区学校中考评学士,一定要选取贤能者,收揽有才能之人。有人因德行而进选,有人因理政通达被推举,有人因善于辞令而显扬。只有小技能的人都要加以告诫劝勉,以等待下一次的考核评选。凡德行、政事、言语三项中有一项专长的,都提升等级加以拔擢,按其能力高低排列次序,而不能升等者仍留郊学,就叫做“郊人”,他们不能进入大学,也不能在乡饮酒礼中充当宾、介,不能酌酒于堂上。刚开始建立学校的时候,要将新制作的礼乐器具涂上牲血,用币帛祭先圣、先师报告礼乐器具做成,然后举行释菜礼祭祀先圣、先师,没有舞蹈,也不用舞具。礼毕,在东序举行一献之礼,没有傧相,不用合语。

《教世子》

凡三王教世子[①]，必以礼乐。乐，所以修内也；礼，所以修外也。礼、乐交错于中，发形于外，是故其成也怿[②]，恭敬而温文。立大傅、少傅以养之[③]，欲其知父子、君臣之道也。大傅审父子、君臣之道以示之，少傅奉世子以观大傅之德行而审喻之[④]。大傅在前，少傅在后，入则有保，出则有师[⑤]，是以教喻而德成也。师也者，教之以事而喻诸德者也；保也者，慎其身以辅翼之而归诸道者也。《记》曰："虞、夏、商、周有师、保，有疑、丞[⑥]，设四辅及三公[⑦]，不必备，唯其人。"语使能也。君子曰德，德成而教尊，教尊而官正，官正而国治。君之谓也。

【注释】

①三王：夏、商、周三代。

②怿(yì)：和顺。

③大傅、少傅：辅佐天子、世子的官员。孙希旦说："盖亦以他官之有道德者充之。"大，同"太"。下同。养：郑注："犹教也。"即培养教育。

④喻：晓。

⑤"大傅"四句："前"、"后"、"入"、"出"是互文，意思是太傅、少傅、保、师四人时时刻刻都在世子身边。保、师，孙希旦说，即《周礼》之保氏、师氏。保氏掌养国子以道，而教以"六艺"、"六容"。师氏掌教国子以"三德"、"三行"。可与本文参看。

⑥疑、丞：也是教养世子的官员。见下条注释。

⑦四辅：疑、丞、辅、弼。据孔疏："《尚书大传》云：'古者天子必有四邻，前曰疑，后曰丞，左曰辅，右曰弼。天子有问无以对，责之疑；可志而不志，责之丞；可正而不正，责之辅；可扬而不扬，责之弼。'"三公：太师、太傅、太保。

【译文】

凡是夏、商、周三代教导世子，一定要用礼乐。乐，从内部陶冶人的性情；礼，从外部规范人的仪态仪容。礼、乐交错作用于心中，展现在外表，因此世子就能成就和顺喜乐之心，恭敬而温文尔雅。设立太傅、少傅来教育世子，是要使世子懂得父子、君臣之道。太傅明辨父子、君臣之道以教育世子，少傅则在旁侍奉世子，让世子观看太傅的德行，向世子讲述、让世子明白。太傅在前，少傅在后，入宫有保，出宫有师，这样教导世子让他明了，世子的德行也就能养成。师，就是通过事实给世子讲授道德；保，就是要审慎地护卫世子的安全，辅佐帮助世子，使世子的言行合乎道德规范。《记》中说："虞、夏、商、周四代的职官都设有师、保，设有疑、丞，设有四辅及三公，这些官职不必全设，有合适的人选时才设置。"这是说一定要让能胜任的人来担任。君子说道德很重要，道德养成后则教导尊严，教导尊严后为官就廉正，为官廉正则国家大治。这是对国君而言的。

仲尼曰："昔者周公摄政，践阼而治，抗世子法于伯禽，所以善成王也。闻之曰：'为人臣者，杀其身有益于君则为之。'况于其身以善其君乎[①]！周公优为之[②]。"是故知为人子，然后可以为人父；知为人臣，然后可以为人君；知事人，然后能使人。成王幼，不能莅阼，以为世子则无为也。是故抗世子法于伯禽，使之与成王居，欲令成王之知父子、君臣、长幼之义也。君之于世子也，亲则父也，尊则君也。有父之亲，有君之尊，然后兼天下而有之。是故养世子不可不慎也。

【注释】

①于：郑注："于，读为'迂'。迂，犹广也、大也。"

②优:《训纂》引黄氏曰:“优者,优胜之义也。”指容易做好。

【译文】

仲尼说:“从前周公摄政,坐在阼阶之上国君的位置治理天下,举用给世子的礼规施于自己的儿子伯禽,让他照着做,是为了教育好成王。我听说:‘作为人臣,如果需要牺牲自己的生命而有益于国君,那也要这么做。’何况只是光大自身而对国君有益呢!周公是很容易做好的。”所以要先知道如何为人子,然后才可以为人父;知道如何为人臣,然后才可以为人君;知道如何为他人做事,然后才能支使他人。成王年幼,不能亲临君王之位,把他作为世子又无法施行父王的礼法。所以周公采用给世子的礼法施行于伯禽,让伯禽和成王一起生活,想要让成王知道父子、君臣、长幼之义。国君对于世子,从亲属关系上说是父亲,从尊卑关系上说是国君。既有为父之亲,又有为君之尊,然后兼有统治天下的权力。所以培养世子不能不慎重。

行一物而三善皆得者①,唯世子而已,其齿于学之谓也②。故世子齿于学,国人观之,曰:“将君我而与我齿让,何也?”曰:“有父在,则礼然。”然而众知父子之道矣。其二曰:“将君我而与我齿让,何也?”曰:“有君在,则礼然。”然而众著于君臣之义也。其三曰:“将君我而与我齿让,何也?”曰:“长长也。”然而众知长幼之节矣。故父在斯为子,君在斯谓之臣,居子与臣之节,所以尊君亲亲也。故学之为父子焉,学之为君臣焉,学之为长幼焉,父子、君臣、长幼之道得而国治。语曰③:“乐正司业④,父师司成⑤,一有元良⑥,万国以贞⑦。”世子之谓也。

《周公践阼》⑧

【注释】

①物:事。

②齿于学:孙希旦曰:“谓入学,而与同学之人以年齿为序也。”即在学校里不论身份地位而只按年龄大小排序。

③语:古语。

④司业:负责课业。业,指《诗》、《书》等课业。

⑤父师:指大司成。司成:负责道德品行的养成。以上二句,孔疏:“司是职司,故为主。谓乐正主太子《诗》、《书》之业,父师主太子成就其德行也。”

⑥一:一人。元:大。良:善。

⑦贞:正。

⑧《周公践阼》:此为上面几节的篇题名。

【译文】

做一件事却能得到三个好结果的,只有世子能做到,就是在学校中行事按照年龄排序。所以世子在学校按照年龄排序,国人看见了,就会问:“世子将要成为我的国君,为什么还要按年龄排序如此谦让呢?”回答说:“因为有父亲在,所以礼当如此。”这样众人就懂得了父子之道了。其二,有人问:“将要成为我的国君,为什么还要按年龄排序如此谦让呢?”回答说:“因为有国君在,所以礼当如此。”这样众人就明白了君臣之义了。其三,有人问:“将要成为我的国君,为什么还要按年龄排序如此谦让呢?”回答说:“这是尊敬年长的人。”然后众人就知道长幼有序的规范了。所以父亲健在就是为子的身份,国君健在就是为臣的身份,处于为子与为臣的地位身份,所以要尊重国君、亲敬父亲。所以要学习怎样为父为子,学习怎样为君为臣,学习怎样为长为幼,得了父子、君臣、长幼之道,国家才能大治。古语说:“乐正负责传授知识课业,大司成负责成就道德品行,一人贤良,天下都能行正道。”说的就是世子啊。

《周公践阼》

庶子之正于公族者[①]，教之以孝弟、睦友、子爱[②]，明父子之义，长幼之序。其朝于公，内朝则东面北上[③]，臣有贵者以齿。庶子治之，虽有三命，不逾父兄[④]。其在外朝[⑤]，则以官，司士为之[⑥]。

【注释】

①庶子：职官名。郑注："庶子，司马之属，掌国子之倅，为政于公族者。"孔疏："《周礼》：'诸子，下大夫二人，属夏官司马，诸侯谓之庶子。'"正：通"政"。公族：王族。

②弟：通"悌"。子：通"慈"。

③内朝：诸侯国君宫廷有三门，外为库门，中为雉门，内为路门，路门内称"内朝"。参见《檀弓下》"卒哭而讳"节注④。

④"庶子"三句：此三句文字，现行版本被移至本节最后"其登馂、献、受爵，则以上嗣"之下，孔疏认为，这是脱简造成的，此三句应接在"臣有贵者以齿"之下，今据以改置此处。三命，周代官员的官位品秩由天子任命，同时颁给礼服并有赏赐，"三命"即赐予车马。这里是说，虽有官位，仍然要按辈分排位次。郑注："一命齿于乡里，再命齿于父族，三命不齿。不齿者，特为位，不在父兄行列中。"

⑤外朝：又称"治朝"。诸侯国君宫廷库门之外的地方。参见《檀弓下》"卒哭而讳"节注④。

⑥司士：司马属官，掌群臣朝仪之位。此节言公族在朝廷之礼。

【译文】

庶子负责处理公族内的事务，教导王族子弟孝悌、睦友、慈爱，阐明父子之义，长幼之序。王族子弟朝见国君，如果在内朝朝见，面向东，以北为上，臣子即使地位尊贵也要按长幼排序。庶子负责安排位序，即使有三命之贵，也不能逾越父兄之上。如果是在外朝朝见国君，就以官位尊卑排序，司士负责排班。

其在宗庙之中，则如外朝之位，宗人授事①，以爵以官。其登馂、献、受爵②，则以上嗣③。

【注释】

①宗人：掌管礼仪及宗庙事务之官。

②登：登堂。馂（jùn）：吃剩下的饭菜。这里指祭祀中尸吃剩的余馔。献：向尸献酒。受爵：接受尸所献之酒。

③上嗣：国君的嫡长子。此节言公族在宗庙之礼。

【译文】

公族在宗庙祭祀中，安排位次和外朝相同，宗人颁授事务，要按着爵位和官位的尊卑。登堂吃尸享用的余馔、向尸献酒、接受尸的献酒，都要由国君的嫡长子去做。

其公大事①，则以其丧服之精粗为序②，虽于公族之丧亦如之，以次主人③。

【注释】

①公大事：国君的丧事。

②精粗为序：国君去世皆服斩衰，但与国君关系较亲者丧服布料较粗糙，关系较疏者丧服布料较精细。

③以次主人：在主人之后按次序排列。此节言丧纪之礼。

【译文】

国君的丧事，就按着丧服所规定的亲疏关系的远近排序，虽然是公族中的丧事也是按照这个原则办，按着亲疏关系远近排列在主人之后。

若公与族燕[①]，则异姓为宾[②]，膳宰为主人[③]，公与父兄齿。族食[④]，世降一等[⑤]。

【注释】

①燕：通“宴”。

②宾：宴饮礼仪中与主人行礼酬酢的宾客。

③膳宰：主饮食之官。宴饮礼中，主、宾相互献酒，因国君地位尊贵，不能献酒，由膳宰代为主人，便于主、宾按照礼仪程式进行。

④族食：与族人一同饮食。

⑤世降一等：国君举行的族食宴会，按亲等不同，依次递减。孔疏：“假令本是齐衰一年四会食，若大功则一年三会食，小功则一年二会食，缌麻则一年一会食，是世降一等也。”此节言公族宴饮之礼。

【译文】

如果国君与族人一同宴饮，那么由异姓充当宾，膳宰充当主人，国君与父兄按长幼排位。国君与族人一同饮食，族人参加国君宴饮的次数，按着亲属关系递减。

其在军，则守于公祢[①]。公若有出疆之政[②]，庶子以公族之无事者守于公宫，正室守大庙[③]，诸父守贵宫、贵室[④]，诸子诸孙守下宫、下室[⑤]。

【注释】

①公祢(nǐ)：郑注：“行主也。”祢，原指奉祀亡父之庙，此处指亡父的

神主，国君出境要车载而同行。

②出疆之政：指须离开国界的朝觐、会同、军旅等活动。

③正室：嫡子。大庙：太祖之庙。

④诸父：父辈。贵宫：四亲庙，指高、曾、祖、父四代之庙。贵室：路寝，古代帝王、国君睡眠休息的正寝。

⑤诸子诸孙：孙辈。下宫：别庙。下室：燕寝，古代帝王、国君睡眠休息除正寝以外的其他宫室。此节言公族在军及在国宿卫的规定。

【译文】

如果随军出行，要守护随行的神主。国君如果有朝觐、会同、军旅等事外出，庶子要率领公族中无公职的人留守王宫，嫡子守护太庙，父辈留守四亲庙与路寝，儿孙辈守护别庙与燕寝。

五庙之孙①，祖庙未毁②，虽为庶人，冠、取妻必告③，死必赴，练、祥则告。族之相为也，宜吊不吊，宜免不免④，有司罚之。至于赗、赙、承、含⑤，皆有正焉。

【注释】

①五庙之孙：太祖庙及高、曾、祖、父四庙，合称“五庙”；五庙之孙，即仍与国君有五服亲属关系。

②祖庙未毁：高、曾、祖、父四庙的祖辈，皆须毁庙而将神主迁入太祖庙中，故祖庙未毁者应是高祖以上的亲属。

③取：同“娶”。

④免(wèn)：同“绕”，吊丧时一种以布带束发的头饰。详见《檀弓上》“公仪仲子之丧”节注②。五世之内的亲属祭吊时应该采用，同时应袒露左臂。

⑤赗(fèng)、赙(fù)、承、含:都是亲友对死者的赠丧之物。赗,赠送车马。赙,赠送币帛。承,当作"襚",赠送衣服。含,赠送珠玉。此节言公族赴吊的规定。

【译文】

公族中太祖以下五庙的子孙,只要他的祖庙还在、没有被迁毁,即使他是庶人,行冠礼、娶妻都一定要告知国君,家有丧事也一定要赴告国君,丧亲周年的练祭及服丧两周年的大祥祭也要告知国君。族人之间相互的礼仪,如果该吊丧的不吊丧,吊丧时该袒露左臂、用白布束发的却不袒臂、不束发,主管官员要处罚他。至于吊丧赠送车马、币帛、衣服、珠玉都按正式的礼仪规定实行。

公族,其有死罪,则磬于甸人①。其刑罪,则纤剸②,亦告于甸人③。公族无宫刑,狱成,有司谳于公④。其死罪,则曰"某之罪在大辟"⑤。其刑罪,则曰"某之罪在小辟"。公曰"宥之"⑥,有司又曰"在辟"⑦。公又曰"宥之",有司又曰"在辟"。及三宥,不对,走出,致刑于甸人。公又使人追之,曰:"虽然,必赦之。"有司对曰:"无及也。"反命于公。公素服⑧,不举⑨,为之变⑩,如其伦之丧⑪,无服,亲哭之⑫。

【注释】

①磬(qìng):郑注:"县(悬)缢杀之曰'磬'。"即将绳索套在头颈吊死。孔疏引皇氏:"如县(悬)乐器之磬也。"甸人:郑注:"掌郊野之官。"

②纤:郑注:"纤,读为'歼'。歼,刺也。"剸(tuán):割。郑注:"宫、割、膑、墨、劓、刖,皆以刀锯刺割人体也。"

③告:郑注:"读为'鞫'(鞠),读书用法曰'鞫'(鞠)。"孔疏:"读书,

读囚人之所犯罪状之书。"即依法追究犯人罪行加以定罪。

④谳(yàn):审判定罪。

⑤大辟(pì):死刑。下文"小辟",指死刑以外的刑罚。

⑥宥(yòu):宽恕,原谅。

⑦在辟:孔疏:"言罪在大辟。"

⑧素服:素衣、素裳、素冠。

⑨不举:不杀牲盛馔。

⑩变:变礼。

⑪伦:指有亲属关系。

⑫亲哭之:孔疏:"乃亲哭之于异姓之庙。"此节言公族刑罚的规定。

【译文】

公族有人犯了死罪,就让甸人去吊死他。犯了要处以肉刑的罪,或刺面或割鼻或膑足,也由甸人追究论定。公族之人没有宫刑,刑罚判定后,有关官员呈报给国君来议罪定罪。如果是死罪,就说"某人的罪是死刑罪"。如果是处以肉刑的罪,就说"某人的罪是一般的刑罪"。呈报判定死罪时国君说"宽恕他吧",有关官员说"死罪不能赦免"。国君又说"宽恕他吧",有关官员又说"死罪不能赦免"。到国君三次要求宽恕罪人,有关官员不再回答,跑出去,将罪犯交给甸人去行刑。国君又派人追上,说:"即使有罪,也一定要赦免他。"有关官员回答说:"已经来不及了。"然后向国君复命。国君穿着素衣、素裳,戴着素冠,不杀牲盛馔,为死者改变日常的礼仪活动,如同自己的亲属有丧事,只是不为死者穿丧服,但亲自前去行哭礼。

公族朝于内朝,内亲也。虽有贵者以齿,明父子也。外朝以官,体异姓也①。宗庙之中,以爵为位,崇德也。宗人授事以官,尊贤也。登馂、受爵以上嗣,尊祖之道也②。丧纪以服之轻重为序[③]，不夺人亲也。公与族燕则以齿，而孝弟之道达矣。其族食，世降一等，亲亲之杀也[④]。战则守于公祢，孝爱之深也。正室守大庙，尊宗室，而君臣之道著矣。诸父诸兄守贵室，子弟守下室，而让道达矣[⑤]。五庙之孙，祖庙未毁，虽及庶人，冠、取妻必告，死必赴，不忘亲也。亲未绝而列于庶人，贱无能也。敬吊、临、赙、赗[⑥]，睦友之道也。古者庶子之官治而邦国有伦，邦国有伦而众乡方矣[⑦]。公族之罪，虽亲，不以犯有司正术也[⑧]，所以体百姓也。刑于隐者[⑨]，不与国人虑兄弟也。弗吊，弗为服，哭于异姓之庙，为忝祖[⑩]，远之也。素服居外，不听乐，私丧之也，骨肉之亲无绝也。公族无宫刑，不翦其类也[⑪]。

【注释】

①体异姓：与异姓为一体。

②"登馂"二句：孔疏："適(嫡)子是先祖之正体，故使受爵于尸，及升馂尸馔，是尊祖之道理也。"上嗣，郑注："祖之正统。"

③丧纪：丧事。

④杀(shài)：郑注："差也。"

⑤让：谦让。

⑥临：哭吊。

⑦乡：通"向"。

⑧术：法。

⑨刑于隐者：指在隐蔽的地方行刑。

⑩忝：辱。

⑪翦：绝。本节是对前面几节文字的解释说明。

【译文】

公族在内朝朝见国君，因为公族是内亲。即使身份尊贵也要按年龄排序，这是表明父子关系的恩情。在外朝朝见国君，则按着官阶排序，这是表明与异姓成为一体。在宗庙中按爵位高低排序，这是表明崇尚德行。宗人按照官职分配祭祀中的事务，是尊敬贤能。让国君的嫡长子登堂吃尸余留的食物、接受尸的献酒，是尊敬祖先之道。丧事中以丧服的轻重，即亲疏关系排序，是不争夺亲情、亲疏不相逾越。国君与族人宴饮按年龄排序，这样孝悌之道就表达出来了。国君与族人宴饮，按着亲疏关系每世递降一等，这样亲情的差别就体现出来了。有战争公族就要守在父庙中，这样孝顺的深情就体现出来了。国君出征，公族的嫡长子守太庙，这是尊敬嫡长子，这样君臣之道就显现出来了。公族的父兄辈留守路寝，孙儿辈留守燕寝，这样谦让之道就显现出来了。五庙的子孙，只要他的祖庙没有迁毁，即使他是庶人，行冠礼、娶妻都一定要告知国君，家人去世也要赴告国君，这是不忘记亲情。与国君没出五服，仍然还有亲属关系，但已被列为庶人，这是表达对无能者的轻视。族人中的丧事，恭敬地前去吊丧、哭泣、赠送币帛、车马，这是表达对同族人关心友好的方式。古时担任官职的庶子如果能治理得当，国家就秩序井然；国家秩序井然，百姓就能朝着正确的方向发展。公族中有人犯罪，即使是亲属，不可以干扰有关官员执法，这是与百姓同为一体。将族人中犯罪的交给甸人在隐蔽的地方行刑，这是不让国人为自己的兄弟忧虑担心。对死刑者不吊丧，不为他穿丧服，只在异姓之庙为他行哭礼，这是因为他侮辱了祖先，所以要远离他。但仍为他穿着素衣、素裳、戴着素冠，不听音乐，这是表示私人的哀伤，毕竟还是骨肉之亲，亲情不能了断。公族的罪犯没有宫刑，这是为了他不断绝子孙后代。

天子视学，大昕鼓征[①]，所以警众也[②]。众至，然后天子至，乃命有司行事，兴秩节[③]，祭先师、先圣焉。有司卒事反命，始之养也[④]。适东序，释奠于先老[⑤]，遂设三老、五更、群老之席位焉[⑥]。适馔省醴[⑦]，养老之珍具[⑧]，遂发咏焉[⑨]。退，修之以孝养也[⑩]。反，登歌《清庙》[⑪]，既歌而语[⑫]，以成之也。言父子、君臣、长幼之道，合德音之致，礼之大者也。下，管《象》[⑬]，舞《大武》[⑭]，大合众以事，达有神，兴有德也。正君臣之位，贵贱之等焉，而上下之义行矣。有司告以乐阕[⑮]，王乃命公、侯、伯、子、男及群吏曰"反，养老幼于东序"，终之以仁也。是故圣人之记事也[⑯]，虑之以大，爱之以敬，行之以礼，修之以孝养，纪之以义，终之以仁。是故古之人一举事而众皆知其德之备也。古之君子，举大事必慎其终始，而众安得不喻焉[⑰]？《兑命》曰[⑱]："念终始典于学[⑲]。"

【注释】

①大昕（xīn）：天亮日将出。鼓征：击鼓召集众人。

②警：起。

③兴：举。秩节：常礼。

④之：适，到。养：行养老礼的地方，即下文的东序。

⑤先老：孙希旦说，指先世的三老、五更。

⑥三老：职名。由三公致仕者担任。五更：职名。由孤卿致仕者担任。群老：大夫、士致仕者。

⑦适、省（xǐng）：检查、省视。馔（zhuàn）：指笾、豆、俎等盛放食品的器具。

⑧珍具：盛放美食的器具。

⑨发咏：奏乐歌咏。

⑩修：治。

⑪《清庙》：《诗经·周颂》中的篇名。

⑫语:合语。郑注:“谈说也。”

⑬管:用管演奏。《象》:乐曲名。周武王伐纣之乐。

⑭《大武》:周代的乐舞。《史记·吴太伯世家》:“见舞《大武》,曰:‘美哉!周之盛也其若此乎!’”

⑮阕(què):郑注:“终也。”

⑯记事:指养老之事。

⑰喻:明了。孔疏:“言众皆晓喻养老之德也。”

⑱《兑命》:伪《古文尚书》篇名,即《说(yuè)命》。《清华大学藏战国竹简》(叁)有《傅说之命》三篇,整理者在“说明”中指出:“《说命》不在汉初伏生所传《今文尚书》之内,《尚书正义》所引郑玄讲的孔壁《古文尚书》多于伏生的十六种二十四篇,也没有《说命》。东晋时梅赜所献孔传本《尚书》则有三篇《说命》,前人已考定为伪书。与清华简《说命》对照,梅氏献出的《说命》,除自秦文献中摘辑的文句外,全然不同。……《文王世子》、《学记》所引《说命》,以及《缁衣》另引的一条佚文,则不见于竹简本,这应该是由于《说命》的传本有异。”(《清华大学藏战国竹简》,李学勤主编,上海中西书局,2012)

⑲念终始典于学:念事之终始常于学。学,礼义之府。此节言天子养老之礼。

【译文】

天子视察大学这一天,天刚亮就敲起集合鼓来,让众学士作好准备。众人到齐,然后天子到场,于是命令有关官员行事,按照规定的礼节举行仪式,祭祀先师、先圣。有关官员祭祀完毕后向天子复命,天子开始准备举行养老礼。到达东序,行释奠礼设置酒食奠祭先老,然后设置三老、五更、群老的席位。天子亲自检查馔具,省视酒醴,以及为养老礼准备的盛放珍馐的器具,于是奏乐歌咏迎接三老、五更及众老。天子退下,给老人献之以醴酒表示孝养。天子再升堂返位,学士们登堂唱

《清庙》，唱完后大家可以谈说议论，以成就天子养老乞言的礼仪。大家说的都是父子、君臣、长幼的道理，正与诗歌中极致的德行之音相合，这是养老礼中最重大的内容。堂下，学士们吹奏表现武王伐纣的《象》乐，跳《大武》舞，大规模地集合学士一起表演，这是表达天神的意志与对周王的佑护，赞美文王、武王有德行。歌舞用以端正君臣之位，明确贵贱之等，这样上下之间的道义就清楚了。有关官员报告音乐已经终了，天子就命公、侯、伯、子、男以及群吏说"回到各自的侯国与封邑，按照东序的礼仪去行养老礼"，这样就以仁义之心结束了养老礼。所以圣人养老之事，是从孝悌大道加以考虑的，用恭敬的心态表达爱心，用礼仪加以推行，用孝养加以修护，用德义加以记录，用仁义之心终结礼仪。所以古代的人只举办一件事众人就知道其德行的完备。古代的君子，举行大事一定会慎重地安排好起始和终结，这样的话大众哪里还会不理解君子的养老之德呢？《说命》说："要始终牢记学校这个礼义之地。"

《世子之记》曰[①]：朝夕至于大寝之门外[②]，问于内竖曰："今日安否何如？"内竖曰："今日安。"世子乃有喜色。其有不安节，则内竖以告世子，世子色忧，不满容[③]。内竖言"复初"，然后亦复初。朝夕之食上，世子必在视寒煖之节；食下，问所膳羞，必知所进[④]，以命膳宰，然后退。若内竖言"疾"，则世子亲齐玄而养[⑤]。膳宰之馔，必敬视之；疾之药，必亲尝之。尝馔善[⑥]，则世子亦能食，尝馔寡，世子亦不能饱，以至于复初，然后亦复初。

【注释】

①《世子之记》：郑注："世子之礼亡，言此存其《记》。"《集解》引金履祥说："称《世子之记》，则古者教世子，其文字、礼节必自有一书，

世所诵习而常行之者也。”

②大寝：路寝，正寝。

③色忧，不满容：孙希旦说：“谓不能充满其容貌。”即表情失常不完整。

④必知所进：郑注：“必知亲所食。”即一定要知道父王吃的食物是什么。

⑤齐：同“斋”，斋戒。玄：玄冠、玄端。“玄端”即缁布衣。

⑥善：郑注：“谓多于前。”与下文的“寡”相对。

【译文】

《世子之记》载：世子早晚都到路寝门外，询问内竖说：“今天父亲是否安适？”内竖回答说：“今天安适。”世子就面有喜色很高兴。如果有不安适的情况，那么内竖就报告世子，世子面色忧愁，表情失常。内竖什么时候报告“恢复如初”，然后世子也才能恢复正常。早晚进上的食物，世子一定要检查冷热情况；食物吃完后，询问都吃了什么，一定要知道父亲吃的食物是什么，给膳宰下令不能将吃过的食物再进献，然后退下。如果内竖说“生病了”，那么世子就穿戴着斋戒时的玄冠、玄端，亲自奉养。膳宰进献的食物，一定要恭敬的检查；治病所吃的药，一定亲自品尝。父亲吃的比之前多了，那世子也能多吃一点儿，吃的比之前少了，世子也没心思吃饱，一直到父亲的病好了，恢复正常了，世子也就好了，恢复正常了。

礼运第九

【题解】

“礼运”即礼之运行。郑玄《礼记目录》曰：“名曰‘礼运’者，以其记五帝、三王相变易，阴阳转旋之道。”

本篇讨论的是礼的源流与运行、运用，以孔子答言偃问的形式，论述三王、五帝的“大同”、“小康”之治，提出礼的起源、发展、演变至完善的过程，探讨圣王制礼的原则，批评周末礼衰、天子诸侯违礼失政，进一步论述礼在治国安民上的重要作用，同时指出人与天地、阴阳、鬼神、五行的密切关系。

昔者仲尼与于蜡宾[①]，事毕，出游于观之上[②]，喟然而叹。仲尼之叹，盖叹鲁也。言偃在侧[③]，曰：“君子何叹？”孔子曰：“大道之行也[④]，与三代之英[⑤]，丘未之逮也，而有志焉[⑥]。

“大道之行也，天下为公。选贤与能[⑦]，讲信修睦，故人不独亲其亲，不独子其子，使老有所终，壮有所用，幼有所长，矜寡孤独废疾者皆有所养[⑧]。男有分[⑨]，女有归[⑩]。货恶其弃于地也，不必藏于己；力恶其不出于身也，不必为己。是故谋闭而不兴，盗窃乱贼而不作，故外户而不闭。是谓大同。

“今大道既隐，天下为家，各亲其亲，各子其子，货力为己，大人世及以为礼[11]。城郭沟池以为固，礼义以为纪；以正君臣，以笃父子，以睦兄弟，以和夫妇，以设制度，以立田里，以贤勇知。以功为己，故谋用是作，而兵由此起。禹、汤、文、武、成王、周公，由此其选也[12]。此六君子者，未有不谨于礼者也。以著其义，以考其信，著有过，刑仁讲让，示民有常。如有不由此者，在埶者去[13]，众以为殃。是谓小康。”

【注释】

①蜡（zhà）宾：蜡祭的助祭之宾。蜡，祭名。据《郊特牲》，蜡祭在每年十二月举行，合祭百神。宾，助祭者。当时孔子在鲁国为官，因而充当助祭者。

②观（guàn）：宫廷门前两侧的楼台式建筑，可登高远眺，或称“阙”，或称“台”。

③言偃：姓言名偃，字子游。孔子的弟子。

④大道之行：指能够遵行广大之道的五帝时代。五帝，历来有不同说法，《史记·五帝本纪》记为轩辕黄帝、颛顼、帝喾、尧、舜。

⑤英：指才德出众的人。“三代之英”即下文所说禹、汤、文、武、成王、周公。

⑥志：识。指记载。

⑦与（jǔ）：通“举”。《大戴礼记·主言》作“选贤举能”。

⑧矜（guān）：亦作“鳏”。

⑨分（fèn）：职分，职业。

⑩归：孔疏：“女谓嫁为归。”

⑪大人：指诸侯。世及：诸侯传位，父子相传为“世”，兄弟相传为

“及”，即世袭制度。

⑫由：用。选：英才。

⑬埶：同“势”。

【译文】

从前，鲁国举行岁末的蜡祭，孔子担任了宾，祭事结束后，他走出宫廷，登于宫外台观之上，不禁长长地叹息。孔子的叹息，大抵是为鲁国而发的。当时言偃在旁，便问道：“老师为什么叹息？”孔子说：“五帝之时是大道施行的时代，三代时的英明的君臣，我都没能赶得上，但古书里是有记载的。

“大道施行的时代，人们公有天下。选拔有德行的贤人、举荐有道德的能人，讲求诚信、修行和睦，所以人们不只是孝敬自己的双亲，不只是慈爱自己的子女，而是使老年人可以颐养天年，使壮年人可以发挥所能，使幼年人能健康地成长，鳏夫或寡妇、孤儿或无后者、残废或生病的人，都可以得到照顾与供养。使男子各有职业，使女子出嫁各有归属。财货，厌恶它被任意抛弃在地上，却不必只是自己想占有收藏；力气，厌恶自己有能力却没有用出来，尽力却不必只是为自己。因此，阴谋被堵住而不能兴起，盗窃、作乱、贼杀都不会发生，所以家家户户的大门可以不关闭。这就叫作大同社会。

“而今大道已衰微不行，天下成了一家所有，人们各自孝敬自己的双亲，各自慈爱自己的子女，财货人力都只为了自己，诸侯世袭相承成为礼制。修筑城郭沟池以防守，将礼义视为纲纪；以此端正君臣关系，以加深父子关系，以和睦兄弟关系，以调和夫妻关系，以设立制度规章，以划分田土宅里，以尊敬勇士与智者。由于成就功业都是为了自己，因此阴谋也就产生了，战争也由此而发生。禹、汤、文、武、成王、周公，都是用礼义来治国的英才。这六君子，没有不是谨慎行礼的人。透过礼制以彰显道义，以成就诚信，以明察过失，以仁为模范且讲求谦让，向人们昭示治国的常法。如果有不遵行礼义的，在位者就会因罪而被黜退，百姓会认为这是祸害。这就叫作小康社会。”

言偃复问曰："如此乎礼之急也?"孔子曰："夫礼，先王以承天之道，以治人之情，故失之者死，得之者生。《诗》曰：'相鼠有体，人而无礼。人而无礼，胡不遄死[1]?'是故夫礼必本于天，殽于地[2]，列于鬼神，达于丧、祭、射、御、冠、昏、朝、聘。故圣人以礼示之，故天下国家可得而正也。”

【注释】

①“相鼠有体”四句：出自《诗经·鄘风·相鼠》。相鼠，即今之黄鼠。遄(chuán)，快，迅速。

②殽(xiào)：通“效”。

【译文】

言偃又问："礼是如此的急需吗?"孔子回答说："礼，是先代圣王用来顺应天道，用来治理人情的，所以失去礼的人就会死，得到礼的人就能生。《诗经》中说：'老鼠还有身体，人怎么能没有礼。如果人没有礼，怎么不快点儿去死?'所以说礼一定是源于上天，效法于大地，与鬼神并列，体现在丧葬、祭祀、射礼、乡饮酒礼、冠礼、婚礼、朝见、聘问的礼仪中。所以圣人用礼向人们展示，所以天下国家可以得到并能正确地治理。”

言偃复问曰："夫子之极言礼也，可得而闻与?"孔子曰："我欲观夏道，是故之杞[1]，而不足征也，吾得《夏时》焉[2]。我欲观殷道，是故之宋[3]，而不足征也，吾得《坤乾》焉[4]。《坤乾》之义，《夏时》之等，吾以是观之。

“夫礼之初，始诸饮食，其燔黍捭豚[5]，污尊而抔饮[6]，蒉桴而土鼓[7]，犹若可以致其敬于鬼神。及其死也，升屋而号，告曰：‘皋某复[8]。’然后饭腥而苴孰[9]，故天望而地藏也[10]。体魄则降，知气在上，故死者北首，生者南乡[11]，皆从其初。

“昔者先王未有宫室，冬则居营窟[12]，夏则居橧巢[13]。未有火化，食草木之实，鸟兽之肉，饮其血，茹其毛；未有麻丝，衣其羽皮。后圣有作，然后修火之利，范金[14]，合土，以为台榭、宫室、牖户；以炮以燔[15]，以亨以炙，以为醴酪[16]；治其麻丝，以为布帛。以养生送死，以事鬼神上帝，皆从其朔。

“故玄酒在室，醴、醆在户[17]，粢醍在堂[18]，澄酒在下[19]。陈其牺牲，备其鼎、俎，列其琴、瑟、管、磬、钟、鼓，修其祝、嘏[20]，以降上神与其先祖，以正君臣，以笃父子，以睦兄弟，以齐上下，夫妇有所。是谓承天之祜[21]。

“作其祝号[22]，玄酒以祭，荐其血、毛，腥其俎，孰其殽。与其越席[23]，疏布以幂[24]，衣其浣帛[25]；醴、醆以献，荐其燔、炙。君与夫人交献[26]，以嘉魂魄[27]。是谓合莫[28]。然后退而合亨[29]，体其犬豕牛羊，实其簠、簋、笾、豆、铏羹[30]，祝以孝告，嘏以慈告[31]。是谓大祥。此礼之大成也。”

【注释】

①杞：周分封夏的后裔的国名。

②《夏时》：夏代的历书。

③宋：周分封殷的后裔的国名。

④《坤乾》：有关阴阳占筮的书。

⑤燔（fán）黍：孔疏：“以水洮释黍米，加于烧石之上以燔之。”即将黍

放在烧热的石头上再烧熟。燔,用火烤。捭(bò)豚:孔疏:“捭析豚肉,加于烧石之上而孰之。”捭,分开,撕裂。

⑥污尊:凿地为尊。污,通“洿(wū)”,掘地。抔(póu)饮:双手捧水而饮。

⑦蒉桴(kuài fú):抟土为土桴。桴,击鼓的鼓槌。鼓:郑注:“筑土为鼓。”

⑧皋:引声之辞。某:死者名。

⑨饭腥:饭含用生米。苴(jū)孰:用草叶包裹熟肉。孰,同“熟”。下同。

⑩天望:望天而招魂。地藏:葬地以藏尸。

⑪“故死者”二句:因北属阴,南属阳,所以死者朝北,生者朝南。

⑫营窟:挖地洞或垒土为洞穴。

⑬橧(zēng)巢:堆积柴薪为巢屋。

⑭范金:烧熔金属,注入模型中,铸作器用。

⑮炮:用泥涂裹食物,然后放置火中烤。

⑯醴:未经过滤糟滓的酒,类似汉代的甜酒。酪(lào):醋浆。

⑰醆(zhǎn):即盎齐,一种葱白色的浊酒。《周礼·天官·酒正》载五齐(jì):“一曰泛齐,二曰醴齐,三曰盎齐,四曰缇齐,五曰沈齐。”盎齐盛之以醆,故曰“醆”。

⑱粢(jì)醍(tǐ):浅红色的清酒。粢,通“齐”(jì)。醍,浅红色的清酒。

⑲澄酒:即沈齐,糟滓下沉的清酒。

⑳祝:代表主人的飨神之辞。嘏(gǔ):尸向主人致辞,以传达神明的祝福。

㉑祜(hù):福。

㉒祝号:祝向鬼神报告祭祀所用牺牲玉帛。号,用来尊神显物的美称。

㉓越(huó)席:用蒲草编织的席。

㉔幂:覆盖酒樽。

㉕浣帛:祭服,练染而成。

㉖交献:孔疏:“第一君献,第二夫人献,第三君献,第四夫人献,是君与夫人交错而献也。”

㉗嘉:郑注:“乐也。”

㉘合莫:孔疏:“莫谓虚无寂寞。言死者精神虚无寂寞,得生者嘉善,而神来歆飨,是生者和合于寂寞。”

㉙合亨:上文言“孰其殽”,牲肉并未完全煮熟,所以再合牲体烹熟。亨,同“烹”。

㉚簠、簋、笾、豆、铏(xíng)羹:都是盛放食品的器具。详见《曾子问》篇。铏,形制如鼎而小,盛装菜汤和肉汤。

㉛祝以孝告,嘏以慈告:孔疏:“此论祭祀祝嘏之辞”,“言祝嘏于时,以神之恩慈而告主人”。

【译文】

言偃又问:“老师极力强调礼,可以详细地说明吗?”孔子说:“我想要了解夏代的礼制,所以到杞国去,但杞国的文献不足,我只得到了一本《夏时》的历法书。我想要了解殷代的礼制,所以到宋国去,但宋国的文献也不足,我只得到了一本《坤乾》的占卜书。通过《坤乾》的含义,《夏时》的等次,我从中来观察礼制。

“礼产生之初,开始用于饮食上,把黍放在烧热的石头上烧熟,把小猪烤熟,凿地为酒樽,双手捧水而饮,抟土为鼓槌,筑土为鼓,即使这样简陋,也可以向鬼神致敬。等到人去世,亲人就登上屋顶哭号,说:‘啊!某回来吧!’然后为死者饭含生米,用草叶包裹熟肉,所以这样望天招魂,葬地藏尸。因为人死后形体降入地下,精气则上升,所以死者头朝北,生者则朝南居住,现在依然实行这些礼仪,都是跟从最初而来的。

“从前先王没有宫室,冬天就住在洞穴中,夏天就住在柴薪搭成的巢屋里。那时候还不懂得用火煮食,生吃草木的果实和鸟兽的肉,喝鸟兽的血,连肉带毛生吞;那时候还不知道丝麻可以织布做衣,就披上鸟羽兽皮当衣服。后来有圣人兴起,才懂得火的作用,于是烧熔金属注入模型中,铸作器皿,用泥土烧制陶器,用来建造台榭、宫室、门窗;又用火来焙、来烧、来煮、来烤,酿造醴酒和醋浆;又缫治丝麻,织成布帛。用来供养活人,送走死者,用来祭祀鬼神和上帝,凡此种种,也都是沿袭上古最初的做法。

“为了表示不忘先人,所以在祭祀时玄酒摆在室内,醴和醆摆在门旁,粢醍摆在堂上,澄酒摆在堂下,同时陈列牺牲,备齐鼎、俎,排列琴、瑟、管、磬、钟、鼓等乐器,精心修制飨神之辞和神佑之辞,用以迎接天神和祖宗的降临,通过祭祀中的各种礼仪,来规范君臣的关系,加深父子的感情,和睦兄弟的情意,使上下均可得到神惠,使夫妇各有自己应处的地位。这样的祭祀就叫承受上天的赐福。

“制作祝辞中的种种美称,设置玄酒以祭神,先进献牲的血、毛,再将生肉载于俎上进献,再将稍煮的半熟的骨肉献上。主人铺上蒲席,用粗布覆盖酒樽,身穿祭服;向尸献上醴酒和醆酒,又献上烤肉和烤肝。国君与夫人向神交替进献,使祖先的灵魂感到愉悦。这就叫子孙和祖先的灵魂在冥冥之中相会。然后退出,把撤下来的肉和刚才半熟的肉一起放在镬里煮熟,然后区别狗猪牛羊的不同部位,放到簠、簋、笾、豆、铏羹等不同的容器里,来招待宾客,祝的祝辞要表达主人对神的孝敬之意,神的保佑之辞要表达对子孙的爱护之心。这就叫大的吉祥。这样祭礼就算完成了。”

孔子曰:“於呼哀哉[①]!吾观周道,幽、厉伤之[②],吾舍鲁何适矣[③]?鲁之郊、禘[④],非礼也。周公其衰矣!杞之郊也,禹也;宋之郊也,契也[⑤]。是天子之事守也。故天子祭天地,诸侯祭社稷。

【注释】

①於(wū):叹词。

②幽、厉:周幽王、周厉王。西周时的两个昏君。伤:破坏。

③吾舍鲁何适矣:鲁国是周公之后,在诸侯国中保存礼制最多,要观周道只能去鲁国,所以孔子说"舍鲁何适"。

④郊:天子在南郊举行的祭天之礼。禘(dì):天子在太庙举行的祭祀始祖之礼。只有天子才能行郊祭和禘祭,鲁是诸侯,却也行郊、禘之礼,所以后文说是"非礼也"。

⑤"杞之郊也"四句:因为杞国和宋国是禹和契(xiè)的后裔,只有他们能够祭拜先圣,所以即使是诸侯也可以行郊祭,这与鲁国是不同的,周与鲁的祖先相同,所以只有周天子可以行郊、禘之祭。

【译文】

孔子说:"哎,真是可悲啊!我考察周代的礼,发现经过幽、厉之乱,已被破坏得差不多了,我不去鲁国的话还能去哪里呢?但是,鲁国却举行郊天禘祖之礼,这不合乎礼的规定。只能说明周礼真是衰败了!杞国国君可以行郊祭,是因为他是禹的后代;宋国国君可以行郊祭,是因为他是契的后代。这是只有天子可以行郊祭。所以天子祭天地,诸侯祭祀自己国土内的土地神与谷物神。

"祝、嘏莫敢易其常古,是谓大假[①]。祝、嘏辞说,藏于宗、祝、巫、史,非礼也。是谓幽国[②]。醆、斝及尸君[③],非礼也。是谓僭君[④]。冕、弁、兵、革藏于私家,非礼也。是谓胁君[⑤]。大夫具官[⑥],祭器不假[⑦],声乐皆具[⑧],非礼也。是谓乱国[⑨]。故仕于公曰'臣',仕于家曰'仆'。三年之丧,与新有昏者,期不使。以衰裳入朝[⑩],与家仆杂居齐齿,非礼也。是谓君与臣同国。故天子有田以处其子孙,诸侯有国以处其子孙，大夫有采以处其子孙[11]。是谓制度。故天子适诸侯，必舍其祖庙，而不以礼籍入[12]，是谓天子坏法乱纪。诸侯非问疾吊丧，而入诸臣之家。是谓君臣为谑。是故礼者，君之大柄也[13]。所以别嫌明微，傧鬼神，考制度，别仁义，所以治政安君也。故政不正则君位危，君位危则大臣倍，小臣窃。刑肃而俗敝，则法无常，法无常而礼无列，礼无列，则士不事也。刑肃而俗敝，则民弗归也。是谓疵国[14]。

【注释】

①假：陈澔说，亦当作"嘏"。嘏，福也。

②幽国：孙希旦曰："言其国之典礼幽暗不明也。"

③醆(zhǎn)：用同"盏"，夏代天子使用的酒器。斝(jiǎ)：殷代天子使用的酒器。醆、斝只有鲁国和杞、宋二国可以使用，其他诸侯使用便是僭越。

④僭君：郑注："僭礼之君也。"

⑤胁君：郑注："劫胁之君也。"孔疏："私藏公物，则见此君恒被臣之劫胁。"

⑥大夫具官：大夫具备官员。只有天子、诸侯能设置多种官员，管理政事。大夫只有宰一人，兼管数事。

⑦祭器不假：这是指庶子为大夫之家。按礼，只有宗子家才可以准备祭器，支子则不可以。支子如有需要，可到宗子家去借。

⑧声乐皆具：八音齐备。八音，即金、石、丝、竹、匏、土、革、木八种乐器。诸侯有时还不能八音皆备，大夫就更加不可以。

⑨乱国：郑注："臣之奢富儗(拟)于国君，败乱之国也。"

⑩以衰裳入朝：穿着丧服进入朝廷。按礼，居丧当归还政事。

⑪采：采地，古代卿大夫的封地。

⑫礼籍：指有关礼典制度的册子。

⑬柄：斧柄。这里指国君治国的工具。

⑭疵国：孔疏："君既危于上，臣又叛于下，刑肃严重，风俗凋敝，皆国之病，故云'疵国'。"

【译文】

"祝辞和嘏辞不敢改变其传统的规定，这就叫大福。祝辞和嘏辞，本当藏于宗庙，现在却藏于宗伯、太祝、巫官和史官的家中，这不合于礼制。这就叫国家的礼制幽暗不明。醆、斝是天子用的酒器，现在诸侯用来献尸，这不合于礼制。这就叫作僭越礼仪的国君。冕、弁是国君的礼服，兵器、甲胄是国君的装备，现在却藏于大夫的家中，这不合于礼制。这就令国君遭劫迫被威胁。大夫具备百官，祭器不用外借，八音齐备，这不合于礼制。这就叫扰乱国家法纪。在国君那里任职叫做'臣'，在大夫家里任职叫做'仆'。臣仆如果遇到要为父母服三年之丧，或是刚结婚，国君和大夫一年内就不要向他们派差使。在居丧期间穿丧服上班，或是和家仆杂居一起，这不合于礼制。这就叫君臣共有国家。天子有土地可以授给子孙为诸侯，诸侯有国家可以授给子孙为大夫，大夫有采地可以授给子孙。这就叫制度。所以天子到诸侯国去，一定要住在诸侯的祖庙，但如果住进时无视礼书的规定。这就叫天子违法乱纪。诸侯如果不是由于探病、吊丧而随随便便到诸臣家里去，那就叫君臣戏闹互谑。所以说，礼是国君治理国家最有力的工具。有了它才能区别混杂，明察微隐，敬事鬼神，订立制度，分别仁义，所以说礼是用来治理国家，安定君权的。因此，国家政事如果不端正就会导致君位动摇，君位动摇就会导致大臣悖逆，小臣偷窃。如果用严刑峻罚就会导致风俗败坏，那么法令就会无常，法令无常又会导致礼仪乱套，礼仪乱套就让士人无法做事。刑罚严峻而又风俗败坏，百姓就不会归附了。这就叫有病的国家。

“故政者，君之所以藏身也。是故夫政必本于天，殽以降命[①]。命降于社之谓殽地[②]，降于祖庙之谓仁义[③]，降于山川之谓兴作[④]，降于五祀之谓制度[⑤]。此圣人所以藏身之固也。故圣人参于天地，并于鬼神[⑥]，以治政也。处其所存，礼之序也；玩其所乐，民之治也。故天生时而地生财，人，其父生而师教之，四者君以正用之，故君者立于无过之地也。

【注释】

①殽：通“效”，效法。孔疏：“言人君法效天气，以降下政教之命；效星辰运转于北极，为昏媾姻亚（娅）；效天之阴阳寒暑，为刑狱赏罚，是‘殽以降命’。”命：政令。

②命：政令。社：土地神。殽地：效地，效法大地。各地的土壤不同，生物也不同，因此政令根据土地条件与需求而下达就叫效法大地。

③降于祖庙之谓仁义：祖庙之中，父庙虽亲而不尊，始祖、高祖之庙虽尊而不亲。亲出于仁，尊出于义，故政教之命出于宗庙体现着仁义。

④降于山川之谓兴作：山川中的自然资源是制作器物的资料，所以政教之命出于山川叫做“兴作”。兴作，生发制作万物。

⑤降于五祀之谓制度：政教之命从五祀而来，以五祀之神的大小形制为法度，据以制定等级制度。五祀，参见《王制》、《月令》篇。

⑥并：郑注：“谓比方之也。”即比较、参照。鬼神：指祖庙、山川、五祀。

【译文】

“所以政令是国君用来安身的法宝。所以政令一定要源于上天，效仿天道而下达。政令根据土地的条件与需求而下达就叫效仿大地，政令根据祖庙亲尊意义而下达就叫仁义,政令根据山川资源而下达就叫兴发制作,政令根据五祀规范而下达就叫制定法规制度。这就是圣人能够稳固地立身的原因。所以圣人是参看了天地,又比照了鬼神,以此来制定政令。圣王能处理所观察到的,使得礼制有次序;能玩味人们所爱好的,使得民众能够被治理。天生四时,地生财货,人由父母所生,由老师所教,这四条,如果国君都能够正确利用,就能够立于不出过错之地。

“故君者所明也[①],非明人者也;君者所养也,非养人者也;君者所事也,非事人者也。故君明人则有过,养人则不足,事人则失位。故百姓则君以自治也,养君以自安也,事君以自显也。故礼达而分定,故人皆爱其死而患其生。故用人之知,去其诈;用人之勇,去其怒;用人之仁,去其贪。故国有患,君死社稷谓之义,大夫死宗庙谓之变。故圣人耐以天下为一家[②],以中国为一人者,非意之也,必知其情,辟于其义,明于其利,达于其患,然后能为之。

【注释】

①明:陈澔认为当作“则”,效法之意。

②耐(néng):即“能”。

【译文】

“因此国君是人们所效法的,而不是效法他人的;是人们所供养的,而不是供养他人的;是人们所服侍的,而不是服侍他人的。所以,如果国君效法他人就会犯有过错,供养他人肯定其力不足,服侍他人就意味着失去了国君之位。所以百姓都是效法国君以达到自我管理,供养国君以达到自我安定,服侍国君以达到显示自己的职业。所以这样的礼制上下都明了，那么上下名分就能确定，所以人人都乐于为合于礼而牺牲，耻于不合于礼却偷生。国君要重用有智慧的人，去掉他的诈伪；任用勇敢的人，去掉他易怒的性格；任用仁义的人，去掉他的贪婪。国家有了外患，国君与国土共存亡，这是正义；大夫为保卫国君宗庙而死，这是职责所在，这是正道。所以圣人能够使天下成为一个家庭，全中国人民像是一个人，并不是凭着主观臆想，而是凭着了解人情，通晓人义，明白人利，熟知人患，然后才做到的。

“何谓人情？喜、怒、哀、惧、爱、恶、欲，七者弗学而能。何谓人义？父慈、子孝、兄良、弟弟、夫义、妇听、长惠、幼顺、君仁、臣忠，十者谓之人义。讲信修睦，谓之人利；争夺相杀，谓之人患。故圣人之所以治人七情，修十义，讲信修睦，尚辞让，去争夺，舍礼何以治之？饮食男女，人之大欲存焉；死亡贫苦，人之大恶存焉。故欲恶者，心之大端也。人藏其心，不可测度也。美恶皆在其心，不见其色也，欲一以穷之，舍礼何以哉？

【译文】

“什么叫做人情？喜、怒、哀、惧、爱、恶、欲，这七种不学就会的感情就是人情。什么叫做人义？父亲慈爱，儿子孝敬，兄长善良，幼弟敬长，丈夫守义，妻子听从，长者施惠，幼者恭顺，君主仁慈，臣子忠诚，这十种伦理关系准则就叫人义。讲究信用，维持和睦，这叫做人利；互相争夺残杀，这叫做人患。所以圣人要治理人的七情，修正十种伦理关系准则，讲究信用，维持和睦，崇尚谦让，避免争夺，除了礼还有更好的办法整治吗？饮食与求偶，是人最大的欲望所在；死亡与贫苦，是人最大的厌恶所在。所以欲望和厌恶，是人心中的两件大事。人人都把心思藏起来,深不可测。美好或丑恶的念头都深藏在心,外表上不表现出来,要想彻底搞清楚,除了礼还能用什么呢?

"故人者,其天地之德,阴阳之交,鬼神之会①,五行之秀气也。故天秉阳,垂日星②;地秉阴,窍于山川。播五行于四时③,和而后月生也。是以三五而盈,三五而阙④。五行之动,迭相竭也⑤。五行、四时、十二月,还相为本也。五声、六律、十二管⑥,还相为宫也⑦。五味、六和、十二食⑧,还相为质也⑨。五色、六章、十二衣⑩,还相为质也。故人者,天地之心也,五行之端也⑪,食味、别声、被色而生者也⑫。

【注释】

①鬼神:孔疏:"鬼谓形体,神谓精气。"

②垂:在上照临下。与下文"窍"相对。

③播五行于四时:把五行与四季相配,即木配春,火配夏,金配秋,水配冬,土配于季夏与孟秋之间。详《月令》篇。播,分散。

④"是以"二句:月亮在一个月的前十五天是从月牙逐渐成为满月,后十五天,又由满月逐渐变成月牙。

⑤迭相竭:指五行交替衰竭。即春为木,夏为火,火旺则木竭。

⑥五声:宫、商、角、徵、羽。六律:见《月令》"孟春之月"节注⑩。十二管:即十二律。见《月令》"孟春之月"节注⑩。

⑦还(xuán)相为宫:意谓十二管依次更迭充当宫声。

⑧五味:郑注:"酸、苦、辛、咸、甘也。"六和:郑注:"和之者,春多酸,夏多苦,秋多辛,冬多咸,皆有滑甘,是为'六和'。"

⑨质:阮元《十三经注疏》说,戴震考证,此"质"当作"滑",唐以前古本作"滑"。甚是。滑为六和之一,犹如上文宫为五音之一。

⑩五色：指服饰的色彩绘画，青、赤、黄、白、黑为五方之色。六章：五色加上天玄（黑）。

⑪五行之端：孔疏："万物悉由五行而生，而人最得其妙气，明仁义礼智信为五行之首也。"

⑫食味：孔疏："五行各有味，人则并食之。"别声：孔疏："五行各有声，人则含之，皆有分别也。"被色：孔疏："五行各有色，人则被之以生。"

【译文】

"所以人是感于天地所载之德，阴阳二气交合，形体和精气结合，吸收五行的精华而生。所以天持阳气，垂示日月星辰的光芒；地持阴气，借助山河的孔穴而通气。分散五行于四季，五行、四季调和后月亮才会出现。所以每月的前十五天，月亮逐渐变成满月，后十五天，又逐渐残缺。五行的运转，交替往来衰竭。五行、四季、十二月，依次交替为本始。五声、六律、十二管，依次交替为宫声。五味、六和、十二食，依次交替为主味。五色、六章、十二衣，依次交替为主色。所以说，人是天地的核心，是五行的端首，知道调和品尝五种不同滋味、辨别五种不同声音、穿着五种不同颜色的衣服而生活的。

"故圣人作则，必以天地为本，以阴阳为端，以四时为柄，以日星为纪，月以为量，鬼神以为徒，五行以为质，礼义以为器，人情以为田，四灵以为畜①。以天地为本，故物可举也；以阴阳为端，故情可睹也；以四时为柄，故事可劝也；以日星为纪，故事可列也。月以为量，故功有艺也；鬼神以为徒，故事有守也；五行以为质，故事可复也；礼义以为器，故事行有考也；人情以为田，故人以为奥也②；四灵以为畜，故饮食有由也。

【注释】

①四灵:见下节文与注。

②奥:郑注:“犹主也。田无主则荒。”

【译文】

“所以圣人制作法则,一定要以天地为万物的根本,以阴阳为启动的开端,以四时为操控的把柄,以日和星为运作的纲纪,以月为区分的衡量,以鬼神为协助的徒属,以五行为运行的主干,以礼义为操作的器具,以人情为耕作的田地,以四灵为禽畜的首领。因为以天地为万物的根本,所以万物都能包罗。以阴阳为启动的开端,所以人情可以察觉。以四时为操控的把柄,所以农事可以劝勉。以日和星为运作的纲纪,所以做事便于排列;以月为区分的衡量,所以事情就有了准则。以鬼神为协助的徒属,所以人人皆有职守。以五行为运行的主干,所以事情可以周而复始。以礼义为操作的器具,所以事事才能办成;以人情为耕作的田地,所以人就是田地的主人。以四灵为禽畜的首领,所以饮食就有了来源。

“何谓四灵?麟、凤、龟、龙①,谓之四灵。故龙以为畜,故鱼鲔不淰②;凤以为畜,故鸟不獝;麟以为畜,故兽不狘;龟以为畜,故人情不失。故先王秉蓍龟,列祭祀,瘗缯③,宣祝嘏辞说,设制度④。故国有礼,官有御,事有职,礼有序。

【注释】

①麟:麒麟,毛虫之长。凤:凤凰,羽虫之长。龟:甲虫之长。龙:鳞虫之长。

②鲔(wěi):鲟鱼。此处泛指鱼类。淰(shěn):惊骇逃散的样子。与下文的“獝”(xù)、“狘”(xuè)意义相同。獝,惊飞。狘,惊走。

③瘗(yì)缯:把帛埋在地下。这是祭地的礼仪。瘗,埋。缯,币帛。

④制度:孔疏:“谓造宫室、城隍、车旗之属也。”

【译文】

“什么叫四灵?麒麟、凤凰、龟、龙,这四种动物叫做四灵。所以龙如果为家畜,那么鱼类就不会惊骇逃走;如果凤凰为家畜,那么鸟类就不会惊骇逃走;如果麒麟为家畜,那么百兽就不会惊骇逃走;如果龟为家畜,那么就可以占卜以预知人情。所以先王秉持蓍草和龟甲,安排祭祀,把币帛埋在地下,宣读祝辞和嘏辞,设立各种宫室、建筑、车旗的制度。于是国家有礼制,百官各自管理各自的事务,事情有分职,礼仪有秩序。

“故先王患礼之不达于下也,故祭帝于郊,所以定天位也;祀社于国,所以列地利也;祖庙,所以本仁也;山川,所以傧鬼神也;五祀,所以本事也。故宗祝在庙[①],三公在朝,三老在学,王前巫而后史,卜筮瞽侑皆在左右[②]。王中心无为也,以守至正。故礼行于郊而百神受职焉,礼行于社而百货可极焉,礼行于祖庙而孝慈服焉,礼行于五祀而正法则焉。故自郊、社、祖庙、山川、五祀,义之修而礼之藏也[③]。

【注释】

①宗祝:宗伯和太祝。天子祭祖庙,宗祝是其助手。

②瞽(gǔ):郑注:“乐人也。”侑:孔疏:“侑是四辅,典于规谏者也。”

③义之修而礼之藏:孔疏:“祭在上诸神,是义之修饰、礼之府藏也。”

【译文】

“先王担心礼教不能普及于下民,所以在南郊祭祀上帝,来确定天的地位是至高无上的;在国内祭祀土地神,来陈列大地为人类所提供的便利;在庙中祭祀祖先,来表达人的仁爱之本;祭祀山川,来表达对鬼神的礼敬之情;举行五祀之祭,来表达各种制度本源于此。所以天子在宗庙中,有宗伯和太祝相助;在朝中,有三公辅佐;在大学中,有三老讲学,天子前有掌管神事的巫,后有负责记录言行的史,负责卜筮的官员、负责奏乐的官员、负责规劝的官员,都在天子的左右。天子心中没有任何杂念,恪守至正之道。所以在南郊祭天,天上的众神就会各司其职;在国中祭祀土地神,地上的资源就可充分利用,在庙中祭祖,孝慈之道就能推行,举行五祀之祭,就能规正各种法则制度。所以祭天、祭地、祭祖、祭山川、祭五祀,都是修治了义又蕴藏了礼。

"是故夫礼,必本于大一①,分而为天地,转而为阴阳,变而为四时,列而为鬼神。其降曰'命',其官于天也。夫礼必本于天,动而之地,列而之事,变而从时,协于分艺。其居人也曰'养',其行之以货、力、辞让、饮食、冠、昏、丧、祭、射、御、朝、聘。

【注释】

①大一:即太一,指天地未分之前混沌状态的元气。郭店楚简《太一生水》:"太一生水,水反辅太一,是以成天。天反辅太一,是以成地。天地复相辅也,是以成神明。神明复相辅也,是以成阴阳。阴阳复相辅也,是以成四时。"大,同"太"。

【译文】

"因此,礼必定以太一为本,太一划分为天和地,天地转化为阴和阳,阴阳又变化为春、夏、秋、冬四季,四季又序列为鬼神。圣人据此而颁降的政令就叫做'命',这都是主法于天的。礼一定以上天为本,动用于大地，分列吉凶等事，根据四季变化，合乎每月行令的准则。礼在人事上叫做‘养’，礼的实行表现在财货、精力、辞让、饮食、冠礼、婚礼、丧礼、祭祀、射礼、驾车、朝见、聘问等事中。

“故礼义也者，人之大端也。所以讲信修睦，而固人肌肤之会，筋骸之束也；所以养生送死，事鬼神之大端也；所以达天道，顺人情之大窦也[①]。故唯圣人为知礼之不可以已也。故坏国、丧家、亡人，必先去其礼。

【注释】

①窦：孔穴。这里指人情出入的渠道。

【译文】

“所以礼义这个东西，是人的头等大事。所以用礼来讲究信用，维持和睦，就像巩固人的肌肤会合、筋骨相连一样；所以礼是养生送死，敬事鬼神的头等大事；所以礼是通达天理、顺应人情的重要渠道。因此只有圣人才知道礼是不可废止的。因此，凡是国坏乱、家丧败、人死亡的，一定是因为先抛弃了礼才会如此。

“故礼之于人也，犹酒之有蘖也[①]，君子以厚，小人以薄。故圣王修义之柄，礼之序，以治人情。故人情者，圣王之田也，修礼以耕之，陈义以种之，讲学以耨之，本仁以聚之，播乐以安之。故礼也者，义之实也。协诸义而协，则礼虽先王未之有，可以义起也。义者，艺之分，仁之节也。协于艺，讲于仁，得之者强。仁者，义之本也，顺之体也，得之者尊。故治国不以礼，犹无耜而耕也；为礼不本于义，犹耕而弗种也；

为义而不讲之以学，犹种而弗耨也；讲之以学而不合之以仁，犹耨而弗获也；合之以仁而不安之以乐，犹获而弗食也；安之以乐而不达于顺，犹食而弗肥也。

【注释】

①蘖(niè)：酿酒的曲。

【译文】

“所以礼对于人来说，好比是酿酒要用的曲，君子礼厚，酿成的酒也便醇厚，小人礼薄，酿成的酒也便味薄。所以圣王操着义这件工具，根据礼的秩序，用来治理人情。所以人情这东西，好像是圣王的田地，圣王修治礼来耕作，陈说义来下种，讲解教导来除草，以仁爱为本来收获，播放音乐使其安逸。所以说礼，是根据义制定的。礼要合于义并将二者协合，这样的礼即使先王没有，也可以根据义来创作。义是区分事理的标准，节度仁爱的尺度。能协和事理，符合仁爱，做到这两条的人就是强者。仁是义的根本，是顺的主体，谁能做到仁谁就受人尊敬。所以治国不用礼，就好比耕作却没有农具；制定礼而不本于义，就好比耕地了却不下种；有了义而不讲解教育，就好比下种了却不除草；有了讲解教育而不和仁爱结合，就好比除草了却不去收获；和仁爱结合了而不用音乐安置，就好比收获了却不让食用；用音乐安置而没有达到自然而然的境界，就好比吃了饭身体却不肥壮。

“四体既正，肤革充盈，人之肥也。父子笃，兄弟睦，夫妇和，家之肥也。大臣法，小臣廉，官职相序，君臣相正，国之肥也。天子以德为车，以乐为御，诸侯以礼相与，大夫以法相序，士以信相考，百姓以睦相守，天下之肥也。是谓大顺。大顺者，所以养生、送死、事鬼神之常也。故事大积焉而不菀，并行而不缪，细行而不失，深而通，茂而有间，连而不相及也，动而不相害也，此顺之至也。故明于顺，然后能守危也。

【译文】

“四肢健全，肌肤丰满，这是个人身体的肥壮。父子情笃，兄弟和睦，夫妇和谐，这是家庭的肥壮。大臣守法，小臣廉洁，百官各守其职而上下有序，君臣相互规正，这是国家的肥壮。天子把道德当作车辆，把音乐当作驾车者，诸侯用礼相互往来，大夫用法排列次序，士用诚信完成事情，百姓用和睦维持关系，这可以看作是整个天下的肥壮。天下的肥壮就叫做大顺。大顺，是用来养生、送死、敬事鬼神的常法。因此，达到了大顺，即使事情积聚也不会滞留，事情同时进行也不会出错，事情虽然细小也没有闪失，事情深奥却可以通达，事情茂密但有间距，事情相互关联却不干扰，事情同时运作却不互相排斥，这便是顺的最高境界。由此看来，明白了顺的重要性，才能安守君位没有危险。

“故礼之不同也，不丰也，不杀也，所以持情而合危也。故圣王所以顺，山者不使居川，不使渚者居中原[①]，而弗敝也。用水、火、金、木、饮食必时[②]，合男女、颁爵位必当年、德，用民必顺。故无水旱昆虫之灾，民无凶饥妖孽之疾[③]。故天不爱其道，地不爱其宝，人不爱其情。故天降膏露，地出醴泉，山出器、车[④]，河出马图[⑤]，凤凰、麒麟皆在郊棷[⑥]，龟、龙在宫沼，其余鸟兽之卵胎，皆可俯而窥也。则是无故，先王能修礼以达义，体信以达顺故。此顺之实也。”

【注释】

①渚(zhǔ):水中小块陆地。

②用水、火、金、木、饮食必时:水、火、金、木等自然资源的利用和饮食,都要根据四时的不同而作不同的规定。详见《月令》篇的记述。

③妖:衣服、歌谣、草木之怪。孽:禽兽、虫蝗之怪。

④器:郑注:"谓若银瓮丹甑也。"车:孔疏:引纬书说,"自然之车"。皆指天降祥瑞之器物。

⑤河出马图:孔疏:"伏羲氏有天下,龙马负图出于河,遂法之画八卦。"《易·系辞上》:"河出图,洛出书,圣人则之。"

⑥棷(sǒu):通"薮",泽。

【译文】

"礼的最大特点在于区别不同,礼制规定的不能增加,也不能减少,只有这样才能维系人情而各安其位。所以圣王顺应人情而制礼,不让居住在山中的人去水旁居住,不让居住在河洲的人去平原居住,这样人们都不会疲敝。使用水、火、金、木和饮食,一定要因时制宜;男婚女嫁,年龄应相当;颁赐爵位,应依据德行;任用百姓要顺应民心,不夺农时。这样就没有水旱蝗螟之灾,百姓就没有凶灾饥荒和怪病。所以天不吝惜道义,地不吝惜宝物,人不吝惜感情。于是天降甘露,地涌甘泉,山中出现宝器和天然形成的车辆,大河中出现龙马负图,凤凰、麒麟都栖息在郊外的沼泽,神龟、蛟龙出现在宫中的水池,其余鸟兽产的卵、怀的胎,人们低头俯身就可以看到。这没有其他的原因,就是由于先王能够修治礼仪而通达各种义理,又通过诚信以达到顺应天理人情的缘故。而这就是天下大顺的结果。"

礼器第十

【题解】

郑玄《礼记目录》云:“名为‘礼器’者,以其记礼使人成器之义也。”

成器,指成德器之美或用器之制。方悫说:“形而上者谓之道,形而下者谓之器。道运而无名,器运而有迹。《礼运》言道之运,《礼器》言器之用。”实则本篇篇名还是因为篇首二字为“礼器”,主要内容为记述礼本于忠信,反本修古、以诚为贵等基本精神和特点。

礼器,是故大备。大备,盛德也。礼释回①,增美质,措则正②,施则行③。其在人也,如竹箭之有筠也④,如松柏之有心也。二者居天下之大端矣⑤,故贯四时而不改柯易叶⑥。故君子有礼,则外谐而内无怨。故物无不怀仁⑦,鬼神飨德。

【注释】

①释:去。回:邪僻。

②措:放置。

③施:用。

④竹箭:大竹、小竹。箭,即筱,细竹。筠(yún):竹子的青皮。

⑤二者：指竹与松柏。居天下之大端：孙希旦云："竹箭有筠，以贞固于其外；松柏有心，以和泽于其内。二物于天下，有此大节，故能贯乎四时，而枝叶无改。"朱彬《训纂》引王懋竑说："竹箭有筠饰于外者，似礼之文。松柏有心主于内者，似礼之本。"端，本，节。

⑥贯：经。柯：草木之茎。

⑦怀仁：归仁。

【译文】

以礼为器，因而能品行大备。品行大备，就是盛德了。礼能够消除邪恶，增加美的品质，放在人身上则能正身，施用在事情上则能实行。礼对于人来说，就好比大竹、小竹外表的篾青，又好比松树、柏树的树心。天下只有竹子和松柏有此大本大节，所以经过四季仍能不改换枝叶。所以说君子有了礼，就能做到与外界和谐相处而内心无怨。所以人们无不归心于他的仁德，鬼神也愿意享用有德者的祭品。

先王之立礼也，有本有文。忠信，礼之本也；义理，礼之文也。无本不立，无文不行。

【译文】

先王所制定的礼，有内在的本质，也有外在的文的形式。忠信，是礼的内在本质；义理，是礼的外在的文的形式。没有内在的本质，礼就不能成立；没有外在的文的形式，礼就不能施行。

礼也者，合于天时，设于地财[①]，顺于鬼神，合于人心，理万物者也。是故天时有生也，地理有宜也，人官有能也[②]，物曲有利也[③]。故天不生，地不养，君子不以为礼，鬼神弗飨也。居山以鱼鳖为礼，居泽以鹿豕为礼，君子谓之不知礼[④]。故必举其定国之数[⑤]，以为礼之大经[⑥]。礼之大伦，以地广狭；礼之薄厚，与年之上下[⑦]。是故年虽大杀[⑧]，众不匡惧[⑨]，则上之制礼也节矣。

【注释】

①设：适合。财：物。

②人官有能：人体器官各有所能，如有残疾亦能加以调整而其能。一说，“官”指职官。

③曲：孔颖达解为“委曲”，孙希旦释为“遍”。

④“居山”三句：居山原本生养鹿豕，即应以鹿豕为礼，居水原本生养鱼鳖，即应以鱼鳖为礼，现在以非其地所生养之物为礼，所以君子认为这是不知礼的表现。

⑤定国：立国。数：指物产之多寡。

⑥经：法。

⑦年之上下：指年成好与坏。上下，犹言丰歉。

⑧杀：指庄稼歉收。

⑨匡惧：恐惧。

【译文】

礼应该是合乎天时，配合地利，顺应鬼神，符合人心，治理协调万物的。所以四时各有所生，大地各有所宜，人的器官各有所能，万物各有所利。所以，不是天生的当季的物产，不是当地的土产，君子就不拿来作为礼物，鬼神也不会享用。居住在山中却以水产鱼鳖作为礼品，居住在水滨却以山野产的鹿豕作为礼品，君子认为这是不懂礼的做法。所以一定要根据本国物产的多少，来确定其行礼的大法。礼品的多少，要看土地的广袤狭小；礼物的厚薄，要看年成的丰歉。所以即使遇到年成不好大减产，民众也不会恐惧，究其原因，就是由于在上者制定礼仪有分寸。

礼，时为大，顺次之，体次之，宜次之，称次之①。尧授舜，舜授禹，汤放桀，武王伐纣，时也。《诗》云："匪革其犹，聿追来孝。"②天地之祭，宗庙之事，父子之道，君臣之义，伦也。社稷山川之事，鬼神之祭，体也。丧祭之用，宾客之交，义也③。羔、豚而祭，百官皆足④，大牢而祭⑤，不必有余，此之谓称也⑥。诸侯以龟为宝，以圭为瑞⑦；家不宝龟⑧，不藏圭，不台门⑨，言有称也。

【注释】

①"礼，时为大"六句：方悫云："天之运谓之'时'，人之伦谓之'顺'，形之辨谓之'体'，事之义谓之'宜'，物之平谓之'称'。"

②"《诗》云"以下二句：意谓并非急于实施谋划，而是追怀祖先的功业。见《诗经·大雅·文王有声》。今本《毛诗》作"匪棘其欲，遹追来孝"。匪，同"非"。革，急。犹，谋。聿（yù），语首助词，无义。来，介词，"于"的意思。

③"丧祭"三句：孔疏："宜，义也。主人有丧祭之事，应须费用，而宾客有赙赗之交，是人道之宜也。"

④"羔、豚"二句：此指卿大夫、士举行的小规模祭祀。羔，小羊。豚，小猪。百官，指助祭者。皆足，牲体足以分给每个助祭者。

⑤大牢：以牛、羊、豕三牲为祭品。大，同"太"。

⑥称：郑注："称牲之大小而为俎。"即祭品要与祭礼的规模相称，要根据祭礼的规模加以安排。

⑦"诸侯"二句：孔疏："诸侯有保土之重，宜须占详吉凶，故得以龟

为宝也";"天子得天之物,谓之瑞。故诸侯受封于天子,天子与之玉,亦谓为瑞也"。

⑧家:指卿大夫。

⑨台门:天子、诸侯的宫殿在门的两旁筑土为台,台上建屋,也叫"观"、"阙"、"象魏"。

【译文】

礼的制定,最重要的是要依运行的天时,其次是伦常的顺序,再其次是主体的分辨,再其次是事情的义理,最后是使用的物品要与身份等级相称。尧将王位传授给舜,舜将王位传授给禹,商汤放逐夏桀,周武王讨伐殷纣王,都是依照天时、天命而为。《诗经》云:"不是急于实施谋划,而是追怀先祖的功业以示孝心。"天地的祭祀,宗庙的祭祀,父子之道,君臣之义,要体现伦常的次序,这就是顺。社稷之祭,山川之祭,鬼神之祭,祭祀的对象不同,祭礼仪式各不相同,这就是体。丧礼祭礼的费用,宾客对丧家的赙赠,都要适宜,这就是义。小祭祀用羊羔或小猪做祭品,牲体也要够分给参加祭祀的人;大祭祀用太牢牛、羊、猪做祭品,牲体分给参加祭祀的人不要有剩余,祭品与祭礼的规模相匹配,这就是称。诸侯以占卜吉凶的龟为宝物,以天子赐予的珪玉为祥瑞;而卿大夫之家不得以占卜吉凶的龟为宝物,不得私藏珪玉,不得像天子、诸侯一样在门的两旁建造高台做成台门,使用的物品要和等级身份相匹配,这就叫称。

礼有以多为贵者:天子七庙,诸侯五,大夫三,士一[①]。天子之豆二十有六[②],诸公十有六,诸侯十有二,上大夫八,下大夫六。诸侯七介、七牢[③],大夫五介、五牢。天子之席五重[④],诸侯之席三重,大夫再重。天子崩,七月而葬,五重八翣[⑤];诸侯五月而葬,三重六翣;大夫三月而葬,再重四翣。

此以多为贵也。

【注释】

①“天子七庙”四句：详见《王制》“天子七庙”节。

②豆：本指盛放菜肴的器皿。据郑注，这里说的豆数是天子每月朔食和诸侯聘问、招待大夫时的豆数。

③介：副使。牢：指太牢，即牛、羊、豕。此指主国送给聘者的饔饩的牢数。“饔”是已宰杀之牲，“饩”是未宰杀之牲。

④重（chóng）：层。指下葬时的抗木与茵的层数。《仪礼·既夕礼》：“抗木横三缩二，加抗席三。加茵，用疏布，缁翦，有幅，亦缩二横三。”抗木，是架在椁上的大木，以三条横放、两条竖放为一重，抗木上再加抗席，再填土封埋。茵，是垫在棺底的粗布，为了不让棺直接落在土上。也是三条横放、两条竖放为一重。

⑤翣（shà）：以木为框架，用白布遮盖，其上画有花纹的扇形装饰物，用来在出葬时遮挡灵柩。见《檀弓上》“有虞氏瓦棺”节注④。

【译文】

有的时候，礼以多为贵，例如：祭祀先人的宗庙，天子是七庙，诸侯是五庙，大夫是三庙，士是一庙。吃饭时盛放菜肴的器具豆，天子有二十六个，诸公十六个，诸侯十二个，上大夫八个，下大夫六个。诸侯的使者出国聘问，带七个副使，主国馈赠七牢；大夫的使者出国聘问，带五个副使，主国馈赠五牢。天子的坐席是五层，诸侯是三层，大夫是两层。天子去世，停殡七个月后再下葬，墓坑中的抗木和茵各五层，翣八个；诸侯去世，停殡五个月后再下葬，抗木和茵各三层，翣六个；大夫去世，停殡三个月后再下葬，抗木和茵各两层，翣四个。这些都是以多为贵的礼节。

有以少为贵者：天子无介[①]，祭天特牲[②]。天子适诸侯，诸侯膳以犊[③]。诸侯相朝，灌用郁鬯[④]，无笾、豆之荐[⑤]。大夫聘，礼以脯、醢。天子一食，诸侯再，大夫、士三，食力无数[⑥]。大路繁缨一就[⑦]，次路繁缨七就[⑧]。圭璋特[⑨]，琥璜爵[⑩]。鬼神之祭单席。诸侯视朝，大夫特，士旅之[⑪]。此以少为贵也。

【注释】

①天子无介：介是宾的随从，天子为天下之主，没有宾礼，所以无介。

②特牲：祭礼只用一头牛。特，一头牛。《郊特牲》孔疏："郊之特牲，亦是犊也，贵此犊，未有牝牡之情。"

③"天子"二句：孔疏："诸侯事天子，如天子事天。天子事天既用一牛，故天子巡守过诸侯境土，诸侯奉膳亦止一牛而已也。"

④灌：郑注："献也。"即祭祀时向祭祀对象献酒、敬酒。郁鬯（chàng）：一种用香草制作的酒。

⑤笾、豆：盛放肉干、肉酱的器皿。荐：献。

⑥"天子一食"四句：天子以德为饱，因而只吃一口即告饱，须劝侑后再食。诸侯德降于天子，所以吃两口再告饱，大夫、士之德更降，故吃三口告饱。食力，指体力劳动者。孔疏："谓工、商、农、庶人之属也，以其无德不仕，无禄代耕，故但陈力就业乃得食，故呼食力也。"

⑦大路：郑注："殷祭天之车也。"繁（pán）缨：古代天子、诸侯所用辂马的带饰。繁，马腹带。缨，即"鞅"，马颈上的革带。一就：一圈。

⑧次路：殷之第二等车，供杂事所用。

⑨圭璋特：朝聘时以圭、璋为礼物，不附加币帛。特，独。孔疏："特，谓不用他物媲之也。诸侯朝王以圭，朝后执璋。"如诸侯相聘，则聘国君以圭，聘国君夫人以璋。旧注说，圭为尖首的长条形玉器，半圭为璋（纵向从中一分为二）。

⑩琥璜（huáng）：玉名。琥璜贱于圭璋，不单独作为礼物送人。在天子向诸侯酬酒或诸侯相互酬酒时，以币帛、琥璜为礼物一起致送。爵：酬爵，即以酒酬谢宾。旧注说，虎形玉器为琥，半璧为璜。

⑪旅：众。

【译文】

有的时候，礼以少为贵，例如：天子出巡，没有副手；天子祭天，只用一头牛。天子到诸侯国中，诸侯也仅用一头牛犊招待。诸侯互访聘问，只用郁鬯献宾，不设盛放肉干、肉酱的笾、豆。而大夫出使诸侯聘问，主国在招待时，有酒，还要准备肉干、肉酱。天子进食，吃一口就说饱了，须劝侑才继续进食；诸侯吃两口就说饱了；大夫和士吃三口就说饱了；劳力者就吃到饱为止。天子祭天所乘的大路车，马腹和马颈只有一圈装饰，而其他活动乘的次路车，马腹和马颈则有七圈装饰。诸侯在朝聘中圭璋作为礼品是单独进献的，而琥璜要在以酒酬宾时作为附带的礼品呈送。天子坐席五层，诸侯三层，但祭祀鬼神时却只用一层席子。诸侯视朝，大夫人数少，国君一一与他们行礼作揖，士人数众多，国君就只作一个揖。这些都是以少为贵的礼节。

有以大为贵者：宫室之量，器皿之度，棺椁之厚，丘封之大①。此以大为贵也。

有以小为贵者：宗庙之祭，贵者献以爵，贱者献以散，尊者举觯，卑者举角②，五献之尊③，门外缶，门内壶，君尊瓦甒④。此以小为贵也。

【注释】

①“宫室”四句：《集解》引方悫曰：“《周官·典命》宫室以命数为节，自上公至子、男，以九、以七、以五为节，此宫室以大为贵也。天子之路谓之大路，弓谓之大弓，斗谓之大斗，俎谓之大房，此器皿以大为贵也。尊者之棺，至于四重，卑者止于一重，椁则周于棺，此棺椁以大为贵也。《周官·冢人》‘以爵等为丘封之度’，此丘封以大为贵也。”丘封，即坟墓的封土堆，大者曰“丘”，小者曰“封”。

②“宗庙”五句：爵、散、觯（zhì）、角都是饮酒的器皿。据郑注，一升曰爵，二升曰觚，三升曰觯，四升曰角，五升曰散。其中爵的容量最小，散的容量最大。献，孙希旦曰：“献尸也。君夫人献尸以爵，诸臣为加爵用散。”即给尸献酒，贵者以爵，贱者以散。

③五献之尊：指子、男爵飨礼的五次献酒。

④“门外缶”三句：缶、壶、瓦甒（wǔ）都是盛酒之器。郑注：“壶大一石，瓦甒五斗，缶大小未闻也。《易》曰：‘尊酒簋贰，用缶。’”孙希旦说，这是诸侯中的子爵、男爵飨礼中的五献之礼，盛放酒醴的容器，缶最大，放在门外，放置给士旅食者（庶人在官者）的酒醴；壶较小，放在门内，放置给卿大夫的酒醴；瓦甒更小，放在堂上，放置君宴飨用的酒醴。

【译文】

有的时候，礼以大为贵，例如：宫室的规模，器皿的容量，棺椁的厚薄，坟头的大小。这些都是以大为贵的礼节。

有的时候，礼以小为贵，例如：宗庙祭祀，贵者献尸用较小的爵，贱者献尸用较大的散；尸尊，尸以觯尝酒，主人卑，举角杯而饮；诸侯中的子爵、男爵飨礼中的五献之礼，盛放酒醴的容器，缶最大，放在门外，放置给士旅食者的酒醴；壶较小，放在门内，放置给卿大夫的酒醴；瓦甒更小，放在堂上，放置君宴飨用的酒醴。这些都是以小为贵的礼节。

有以高为贵者：天子之堂九尺，诸侯七尺，大夫五尺，士三尺。天子、诸侯台门。此以高为贵也。

有以下为贵者：至敬不坛[①]，埽地而祭[②]。天子、诸侯之尊废禁[③]，大夫、士棜禁[④]。此以下为贵也。

【注释】

①至敬：最尊敬的礼仪。指祭天。

②埽：同“扫”。

③禁：古时放置樽、壶、罍等盛酒容器的长方形箱具，据文献记载下有足，足高三寸。

④棜（yù）禁：古时放置樽、壶、罍等盛酒容器的长方形箱具，与禁相似，无足。

【译文】

有的时候，礼以高为贵，例如：天子的堂高九尺，诸侯的高七尺，大夫的高五尺，士的高三尺。只有天子、诸侯可以筑建台门。这些都是以高为贵的礼节。

有的时候，礼以低为贵，例如：天子祭天，并不修筑高坛，而是直接将地面扫除干净举行祭祀。仪式中，天子、诸侯盛酒的器具不放置在禁上，而是直接放在地下，大夫、士盛酒的器具放置在无足的棜禁上。这些都是以低为贵的礼节。

礼有以文为贵者：天子龙衮，诸侯黼，大夫黻，士玄衣纁裳[①]。天子之冕，朱绿藻[②]，十有二旒[③]，诸侯九，上大夫七，下大夫五，士三。此以文为贵也。

有以素为贵者：至敬无文[4]，父党无容[5]。大圭不琢[6]，大羹不和[7]，大路素而越席[8]，牺尊疏布鼏[9]，椫杓[10]。此以素为贵也。

【注释】

①"天子龙衮"四句：天子的祭服有六种，即大裘、衮服、鷩(bì)服、毳(cuì)服、绨服、玄服。此六服都是玄衣纁裳。"六服"的主要区别在于上衣和下裳上面的章数(图案花纹)不同。衮为九命之服，上衣绘有山、龙、华虫、火、宗彝五章花纹，下裳绣有藻、粉米、黼、黻四章花纹，因而又称为"九章之服"。天子在不同场合可穿不同的服。大裘为天子祭天专用皮裘，诸侯和卿大夫可穿其他五服，上公可穿衮服，侯、伯可穿鷩服，子、男可穿毳服，孤卿可穿绨服，大夫可穿玄服。黼(fǔ)，黑白相间的斧纹。黻(fú)，黑青相间的花纹。纁(xūn)，浅红色。

②藻：彩色丝绳，用来穿珠为旒。

③旒：冕前悬垂的玉串。

④至敬无文：孙希旦云："祭天袭大裘而不裼也。衣以裼为文，以袭为质。"意思是大裘加于外，不使文饰外露。

⑤父党无容：孔疏："父之族党是亲，质素，故事之无有折旋揖让之容。"

⑥大圭：圭中最尊贵者，为天子朝日月时所用，长三尺。琢：郑注当为"篆(瑑)"，指雕饰花纹。

⑦大羹：肉汁。不和：不加调味品。

⑧越(huó)席：蒲草编制之席。

⑨牺尊：牛形的尊。疏：粗。鼏(mì)：覆盖酒樽的布巾。孔疏："谓

郊天时，以粗布为巾以覆尊也。”

⑩椫（shàn）杓：用白理木制作的勺子。椫，木名。白理木，质硬纹白。杓，同“勺”。

【译文】

有的时候，礼以文饰繁多为贵，例如：天子穿着绘有龙纹等图案的衮服，诸侯穿着绘有斧纹等图案的礼服，大夫穿着绘有黑青相间花纹的礼服，士穿着玄色上衣、浅红色下裳，没有图案。天子戴的冕悬垂有用朱、绿彩色丝绳穿着的十二条旒，诸侯戴的冕悬垂九条旒，上大夫七条，下大夫五条，士三条。这些都是以文饰繁多为贵的礼节。

有的时候，礼以文饰朴素为贵，例如：祭祀至为崇敬的上天，天子所穿的大裘没有文饰；在父辈面前，不讲究揖让周旋的仪容动作。天子朝祭日月时所用的大圭，不加任何雕饰；祭祀时供奉的肉汁，不加任何调料；祭天乘用的大路，没有繁复的装饰，只铺垫蒲草编织的席子；牛形的樽，用粗布覆盖；用白理木制作的勺子舀酒。这些都是以文饰朴素为贵的礼节。

孔子曰：“礼不可不省也①。礼不同、不丰、不杀②。”此之谓也。盖言称也。

礼之以多为贵者③，以其外心者也。德发扬，诩万物④，大理物博，如此，则得不以多为贵乎？故君子乐其发也。礼之以少为贵者⑤，以其内心者也。德产之致也精微⑥，观天下之物，无可以称其德者，如此，则得不以少为贵乎？是故君子慎其独也⑦。

古之圣人，内之为尊，外之为乐，少之为贵，多之为美。是故先王之制礼也，不可多也，不可寡也，唯其称也。

【注释】

①省(xǐng):察。

②不同:指上文礼的高下、多少、大小、文素之异。不丰:应少不可多。不杀(shài):应多不可少。

③多:包括上文所述的大、高、文。

④诩(xǔ):普遍,遍及。

⑤少:包括上文所述的小、下、素。

⑥德产:即德性。精微:精深微妙。

⑦独:少。

【译文】

孔子说:“礼,不可不注意审察。礼有高下、多少、大小、文素的不同,应减少的不能增加,应增加的也不能减少。”说的就是这种情况,礼要做到礼仪、礼物匹配相称。

礼之所以有以多、大、高、文为贵的,这是为了将内心的德性表现在外。王者发扬内心的仁德,遍及万物,统理天下万事万物,这样的话,能不以多、大、高、文为贵吗?所以君子乐于用礼向外界展现德性。礼之所以有以少、小、下、素为贵的,在于它专注内心之德的诚敬。内心之德达到极致,精深微妙,遍观天下之物没有任何东西可以与之匹配,这样的话,能不以少、小、下、素为贵吗?所以君子审慎地以少少的礼来展现自己的德。

古代的圣人,以内心的敬慎为尊,以外在的礼仪为乐,以少、小、下、素为贵,以多、大、高、文为美。所以先王制定礼仪,应少的不能多,应多的不能少,只求相称。

是故君子大牢而祭谓之礼①,匹士大牢而祭谓之攘②。管仲镂簋、朱纮,山节、藻棁③,君子以为滥矣。晏平仲祀其先人[4]，豚肩不揜豆[5]，浣衣濯冠以朝[6]，君子以为隘矣。是故君子之行礼也，不可不慎也，众之纪也。纪散而众乱。孔子曰："我战则克，祭则受福。"盖得其道矣。

【注释】

①君子：郑注："谓大夫以上。"孔疏："大夫常祭少牢，遣奠及卒哭、祔用大牢。"

②"匹夫"句：匹士，即士。攘，盗窃。孔疏："士常祭特豚，遣奠、卒哭、祔加一等，少牢。若用大牢，则是盗窃用君子之礼也。"

③"管仲"二句：管仲，即管子，名夷吾，字仲，春秋时期齐国上卿，辅佐齐桓公成就霸业。镂（lòu）簋（guǐ），刻有花纹、以玉作装饰的簋。镂，刻。簋，盛黍稷之器。朱纮（hóng），天子系冕、弁的红色丝带。诸侯用青纮，大夫、士用缁纮纁边。山节，刻山形图案于斗拱。节，柱子上的斗拱。藻棁（zhuō），刻水草图案于短柱。棁，梁上的短柱。"镂簋、朱纮，山节、藻棁"都是天子所用的装饰，管仲的行为是僭越。

④晏平仲：即晏子。见《檀弓下》"曾子曰：晏子可谓知礼"节注①。

⑤豚肩：猪腿。不揜（yǎn）豆：指猪腿太小，不能装满盖住豆。孔疏，豚肩本应盛放在俎里，此处说"豆"，是说豚肩之小，连豆都放不满。大夫祭祖本应用少牢，晏子这样做也不合礼仪。揜，同"掩"。

⑥浣、濯：都是洗的意思。

【译文】

所以，大夫以上的用太牢祭祀可以称作礼，士用太牢祭祀就是盗用君子之礼的窃贼了。管仲身为卿大夫，却使用刻镂纹饰的簋，帽子系着红色的丝带，住室斗拱上绘着山形图案，梁上的短柱画着水藻花纹，明礼的君子认为这是逾礼僭越了。晏平仲也是大夫，他祭祀祖先时用的猪蹄髈小到连豆也装不满，穿着洗过的旧衣裳、戴着洗过的旧帽子就去朝君，明礼的君子认为他过简过陋了。由此看来，君子行礼，不可不慎重，因为礼统领着大众的纲纪。如果纲纪松散，那么大众的行为也就乱套了。孔子说："我知礼，打仗就一定胜利，祭祀就一定得到福佑。"这大概是掌握了礼与身份相称的道理。

君子曰："祭祀不祈，不麾蚤①，不乐葆大②，不善嘉事，牲不及肥大，荐不美多品③。"

【注释】

①麾(huī)蚤：提早加快进行祭祀。麾，快。蚤，通"早"。

②葆(bāo)大：高大。指器币而言。葆，通"褒"，高。

③荐：指以笾、豆盛放贡品。

【译文】

君子说："祭祀不在于求福，不能求快提早，祭祀用的币帛不贪多求大，举行冠、婚等嘉礼，除了祭告祖先不须另行祭祀，祭祀用的牺牲不可全求肥大，供品也不是数量越多越美。"

孔子曰："臧文仲安知礼①！夏父弗綦逆祀而弗止也②，燔柴于奥③。夫奥者，老妇之祭也。盛于盆，尊于瓶。"

【注释】

①臧文仲：春秋鲁国正卿臧孙辰，历事庄公、闵公、僖公、文公四君，时人以为知礼。

②夏父弗綦(qí)逆祀：夏父弗綦，人名。鲁文公时的宗伯，掌管宗庙

祭祀。《左传》作“夏父弗忌”。闵公与僖公为鲁庄公之子。庄公死，嫡子闵公继位，闵公在位不久即死，庶兄僖公继位，僖公死，其子文公继位。文公二年(前625)合祭诸庙神主。依礼制，僖公继闵公之位，闵公的神位当在上。但掌管祭事的夏父弗忌为了取悦文公，将其父僖公的神主位置排在闵公之上，所以说是“逆祀”。事详《左传·文公二年》。

③燔柴于奥：燔柴，祭祀火神之礼。奥，郑玄认为当作“爨”，指灶神。下同。灶神只是“五祀”之一，礼节简单，夏父弗綦却用祭祀日、月、星辰等的燔柴之礼去祭灶神。

【译文】

孔子说：“臧文仲哪懂得礼！夏父弗綦颠倒了宗庙祭祀的顺序，他不加阻止，用祭火神的燔柴之礼祭灶神，他也没有劝阻。祭灶，不过是祭祀老妇之神。将饭食盛放在盆中，酒盛在瓶中而已。”

礼也者，犹体也。体不备，君子谓之不成人。设之不当，犹不备也。

【译文】

所谓礼，就好比人的身体。身体不完备，君子就称之为不完备的人。礼如果施用不当，就好比身体不完备一样。

礼有大，有小，有显，有微。大者不可损，小者不可益，显者不可揜，微者不可大也。故经礼三百①，曲礼三千②，其致一也③。未有入室而不由户者。

【注释】

①经礼：指常行之礼。三百：极言数目繁多，并非确数。下文“三千”同。

②曲礼：指礼仪的细节。

③一：一致，指诚。

【译文】

礼，有时以大为贵，有时以小为贵，有时表现显著，有时表现隐微。礼，应大的就不能缩小，应小的就不能增大，应显著的就不能遮掩，应隐微的就不能放大。所以，虽然常用之礼有三百，礼之细节有三千，但它们的追求是一致的，都是诚。这就像人要进屋，没人不是从大门进入的。

君子之于礼也，有所竭情尽慎，致其敬而诚若[①]，有美而文而诚若[②]。君子之于礼也，有直而行也[③]，有曲而杀也[④]，有经而等也[⑤]，有顺而讨也[⑥]，有摲而播也[⑦]，有推而进也[⑧]，有放而文也[⑨]，有放而不致也[⑩]，有顺而摭也[⑪]。

【注释】

①“君子”三句：指上文礼有以少、小、下、素为贵的情况。若，顺。一说，为句末语助词。

②有美而文而诚若：指礼有以多、大、高、文为贵的情况。

③有直而行也：郑注：“谓若始死，哭踊无节也。”这是说礼有直接表达出来的情况，如亲人刚去世，孝子跳脚痛哭，没有规定要节制。

④有曲而杀也：郑注：“谓若父在，为母期也。”这是说，礼有委曲而减少的情况，如丧礼的变服除服，母亲去世，孝子本应服丧三年，但如果父亲在世，则变通为服丧一年。

⑤有经而等也：礼有依照常法人人平等的情况，如为父母服丧三年，上至天子下至庶人都一样。

⑥有顺而讨也：礼有依次递减的情况，如上文“天子之堂九尺，诸侯七尺，大夫五尺，士三尺”等。讨，郑注：“犹去也。”即减少。

⑦有摲（chàn）而播也：礼有削减上层的份额以波及于下层的情况，如祭礼中自国君至贱吏都能分得到一份牲肉。摲，芟减。

⑧有推而进也：郑注：“谓若王者之后，得用天子之礼。”指礼仪中王者的后人虽已式微，但规格待遇仍依对待其先人之礼推而执行。

⑨有放（fǎng）而文也：礼有使用模仿自然的文饰的，如天子的礼服是模仿自然的纹饰。放，仿效，模仿。

⑩有放而不致也：礼有使用仿效自然的纹饰但有所减省的，如诸侯和卿大夫的礼服也是模仿天地自然之象，但天子的礼服纹饰为十二章和九章，诸侯和卿大夫的礼服纹饰减省，只有七章、五章、三章。致，至。

⑪有顺而摭（zhí）也：礼有自上顺于下的情况，如上文天子一食告饱，诸侯二，大夫三。摭，取。

【译文】

君子行礼，有时竭尽真情实意来表达，要致以恭敬来表现诚顺，有时以器物之美、纹饰之美来表现诚顺。君子行礼，有时是直截了当地表达出来的，有时是委婉而少少地表达出来的，有时是遵循常法而平等地表达出来的，有时是按顺序依次递减地表达出来的，有时是取之于上而普施于下的，有时是依对其先人之礼推导而提升规格的，有时是仿效自然而有文饰的，有时是仿效自然纹饰而有所减省的，有时是自上顺之于下的。

三代之礼一也，民共由之。或素或青[①]，夏造殷因。周坐尸，诏侑武方[②]，其礼亦然。其道一也。夏立尸而卒祭，殷坐尸[③]，周旅酬六尸[④]。曾子曰："周礼其犹醵与[⑤]？"

【注释】

①素：白。青：黑。

②诏：告尸威仪。侑(yòu)：劝尸饮食。武：郑玄认为当作"无"。方：常。

③"夏立尸"二句：郑注："夏礼，尸有事乃坐"，殷尸"无事犹坐"。孔疏，夏代礼仪质朴，由人扮作鬼神代表的尸，不能久坐神的位置，因此尸只有在饮食时才坐下，不饮食就站立着。殷代礼仪较文，尸既然代表鬼神，就应当安坐，因此不管有事无事都坐着。

④六尸：天子七庙，当祫祭时，聚六庙之主于太祖庙中，太祖庙和六亲庙祖各有一尸，六尸代表六主，太祖尸居中，其他六尸参加旅酬。

⑤醵(jù)：郑注："合钱饮酒为'醵'。"

【译文】

夏、商、周三代的礼本质是一致的，是要民众共同遵循。虽有时崇尚白色，有时崇尚黑色，但基本的礼是由夏代初创的，商代因循沿用。周代在祭祀宗庙时，尸是坐着的，告诉尸当行的礼仪和劝尸饮食，并无固定的常法，这种礼仪与商代是一样的。礼仪的道理是一致的。夏代宗庙祭祀时，尸是站立着的，一直站到祭祀完成；在商代尸有事没事都是坐着的，而周代有六亲庙之尸聚集太祖庙，依次互相劝酒的礼仪。曾子说："周礼宗庙祭祀中的旅酬之礼，好像现在众人凑钱喝酒一样吧？"

君子曰：礼之近人情者[①]，非其至者也。郊血[②]，大飨腥[③]，三献焖[④]，一献孰[⑤]。是故君子之于礼也，非作而致其情也，此有由始也。是故七介以相见也[⑥]，不然则已悫[⑦]；三辞三让而至[8],不然则已蹙[9]。故鲁人将有事于上帝[10],必先有事于頖宫[11];晋人将有事于河,必先有事于恶池[12];齐人将有事于泰山,必先有事于配林[13]。三月系[14],七日戒[15],三日宿[16],慎之至也。故礼有摈诏[17],乐有相步[18],温之至也[19]。

【注释】

①近人情:孙希旦认为是指接近人的生活之道。

②郊血:指南郊祭天献牲血。郊,祭天。

③大飨:指袷祭先王。腥:生肉。

④三献:指祭祀社稷和五祀。爓(xún):将肉在汤中煮至半熟。

⑤一献:指祭众鬼神的小祭祀。祭祀小的鬼神只须一献之礼。关于一献之礼,见《文王世子》"凡语于郊者"节注⑩。孰:同"熟"。指熟肉。熟肉最接近人的生活,但并不崇敬,牲血离人生活最远,反而最能体现敬。以上是对"礼之近人情者"的解释。

⑥七介以相见:宾、主双方都有七个负责传话服务的随员。这是侯、伯之礼的规格,如果是公则为九介,子、男为五介。这里举中间而言。

⑦已:甚,太。悫(què):质实。这里指朴实简单。

⑧三辞:主君迎宾于大门外,宾让自己的随员三次推辞,表示自己不敢接受主国的盛礼。三让:进大门、庙门、登阶上堂,主人都要让客人先入。

⑨蹙(cù):急迫。

⑩有事:指祭祀。

⑪頖(pàn)宫:大学名。见《王制》"天子命之教"节注②。鲁国将要祭天,首先要到頖宫告祭后稷,这是先告卑,后祭尊。后文的"晋人"、"齐人"句,也是同样道理。

⑫恶池：并州地区的小河名。郑注："'恶'当为'呼'。"

⑬配林：泰山附近的小山名。

⑭三月系：指祭天所用的牲要提前三个月单独系于牢中饲养。

⑮七日戒：指祭祀前十日开始的连续七天的斋戒，即散斋。

⑯三日宿：指祭祀前三天的严格斋戒，又叫"致斋"。

⑰揁：通"傧"，傧相，司仪。诏：告。

⑱乐：乐工。相步：古代的乐工多为盲人，因此要有人搀扶、引导乐工走路。

⑲温：温润承藉。

【译文】

君子说：礼仪中接近人的生活常道的礼，并不是最隆重、最崇敬的礼。例如在南郊祭天时用牲血为祭品，祫祭祖先时用生肉为祭品，而祭社稷、五祀时用在汤中煮至半熟的肉为祭品，祭众鬼神的小祭祀时才用熟肉为祭品。所以君子对于礼仪，不是一时兴起而用以表达感情的，而是有缘由的。所以国君相见，宾、主都要有七个随员负责传话，不然就显得太质朴简单了；客人要三次向主人表示不敢当，主人要三次礼让请客人进门，然后才登堂，不然就显得太急促失礼了。所以鲁国人要祭祀上帝，就一定要先祭于学校頖宫；晋国人要祭祀黄河，就一定要先祭于恶池；齐国人要祭祀泰山，就一定要先祭于配林。大祭所用的牲要提前三个月系于牢中饲养，祭前的十日，要先进行七天的散斋，接着再进行三天严格的斋戒，然后才举行祭祀，这是谨慎到了极点。所以宾主行礼时一定要有司仪引导，乐师一定要有人搀扶引路，这才使礼仪温厚妥帖到了极点。

礼也者，反本、修古，不忘其初者也。故凶事不诏，朝事以乐。醴酒之用，玄酒之尚；割刀之用，鸾刀之贵；莞簟之安，而稾鞂之设[①]。是故先王之制礼也，必有主也，故可述而多学也。

君子曰："无节于内者②，观物弗之察矣③。欲察物而不由礼，弗之得矣。故作事不以礼，弗之敬矣；出言不以礼，弗之信矣。故曰：礼也者，物之致也。"

【注释】

①"醴酒"六句：都是解释"修古"。醴酒，粮食酿造的甜酒。玄酒，即水。尚，上。上古无酒，以水献之，今已有醴酒，但仍设玄酒，居醴酒之上。割刀，后人使用的快刀。鸾刀，古人所用的钝刀。鸾，刀把端首装饰用的铃。莞（guān）簟（diàn），今人所用的蒲席和竹席。今人坐卧之席，蒲席在下，竹席在上。《诗经·小雅·斯干》："下莞上簟，乃安斯寝。"稾鞂（gǎo jiē），用庄稼秸秆编成的席。鞂，同"秸"。

②节：验。内：心。

③察：分辨。

【译文】

所谓礼，就是使人回归本性并遵循古制，就是不忘初始。所以有凶丧之事，不用诏告，人们自然会悲痛啼哭；朝廷宴飨老者贤者，奏乐自然使人快乐。今人喝酒要喝酿制的甜酒，但祭神时却将白水玄酒放在甜酒之上；今人用刀要用锋利的割刀，但祭祀时分割牲体仍以使用古式鸾刀为贵；今人坐着蒲席，上面再加一层竹席，坐着很安适，但祭天时却仍使用秸秆编成的席子。所以先王制定礼仪，一定要以返归根本、修习古制为主，后人才能传承、学习。

君子说："如果内心没有礼仪的检验标准，观察事物就不能明辨是非高下。要想观察事物而不从礼仪入手，就不可能得到正确的认识。所以办事不按照礼仪去做，就不能得到别人的尊敬；说话不依照礼仪去说，就不能得到别人的信任。所以说：礼，是万事万物的准则。”

是故昔先王之制礼也，因其财物而致其义焉尔①。故作大事必顺天时②，为朝夕必放于日月③，为高必因丘陵④，为下必因川泽⑤。是故天时雨泽，君子达亹亹焉⑥。

【注释】

①财物：孙希旦云：“财物，犹才性，即天时之所生，地理之所宜，人官之所能，物曲之所利也。财物各有所宜，故先王之制礼，因之而致其宜焉。”

②大事：指祭祀。

③朝夕：祭名。天子在春分的早晨朝日于东门之外叫做“朝”，在秋分的夜晚祭月于西门之外叫做“夕”。放：依。

④为高：祭天神。

⑤为下：祭地神。

⑥达：皆。亹亹（wěi）：勤勉的样子。

【译文】

所以过去先王制定礼，就依据事物的特性而赋以意义。所以举行祭祀一定顺应天时；举行朝日、夕月之祭，一定依据日出东方和月升西方的运行来进行；祭祀天帝，一定要凭借本来就高耸的山陵；祭祀地神，一定要凭借本来就低洼的川泽。所以，上天应时降雨，君子都勤勉努力。

是故昔先王尚有德，尊有道，任有能，举贤而置之，聚众而誓之。是故因天事天，因地事地，因名山升中于天①，因吉土以飨帝于郊②。升中于天，而凤皇降，龟龙假③；飨帝于郊，而风雨节，寒暑时。是故圣人南面而立而天下大治。

【注释】

①名山：指五岳。中：成。

②吉土：通过占卜而选择的吉地。

③假(gé)：至，到。

【译文】

所以，从前先王推崇有德行的人，尊重有道行的人，任用有才能的人，推举贤人安置到职位上，聚众宣誓。所以因天高而在山陵上祭天，因地低而在川泽中祭地，登五岳燔柴祭祀向上天报告成功，在南郊选择吉地祭祀天帝。因为燔柴祭祀向上天报告成功，所以象征祥瑞的凤凰降临、龟龙到来；因为祭祀天帝于南郊，所以风调雨顺，寒暑有序。这样，圣人只需朝南面站立在那里，天下就大治了。

天道至教，圣人至德。庙堂之上，罍尊在阼①，牺尊在西②；庙堂之下，县鼓在西③，应鼓在东④。君在阼⑤，夫人在房⑥，大明生于东⑦，月生于西，此阴阳之分，夫妇之位也。君西酌牺象⑧，夫人东酌罍尊，礼交动乎上，乐交应乎下，和之至也。

【注释】

①罍(léi)尊：画有云雷花纹的酒樽。

②牺尊：见本篇“礼有以文为贵者”节注⑨。在西：礼乐之器以在西方者为尊。

③县鼓：一种大鼓。县，同“悬”。

④应鼓：一种小鼓。因为先击朔鼓，后击应鼓，是对朔鼓的回应，

故名。

⑤阼:是东阶。人君以东为尊。

⑥房:指西房。古代的房在室的两旁。天子、诸侯有东、西房。

⑦大明:指日。

⑧象:象形酒樽。

【译文】

天道是最高的教导,圣人具备最高的品德。宗庙祭祀中,庙堂上,罍尊陈设在东阶,牺尊陈设在西阶;庙堂下,悬鼓设在两阶之间的西边,应鼓设在东边。国君站在阼阶上,夫人站在西房中,这好比太阳升于东方,月亮升于西方,这象征阴阳的分别,所以这样安排了夫妇的位置。国君由西阶从牺尊、象尊中酌酒,夫人由东阶从罍尊中酌酒,礼仪互动,在堂上交相进行;音乐奏鸣,在堂下交相呼应,这真是和谐之极。

礼也者,反其所自生[①];乐也者,乐其所自成。是故先王之制礼也以节事,修乐以道志。故观其礼乐,而治乱可知也。蘧伯玉曰[②]:"君子之人达[③]。"故观其器而知其工之巧,观其发而知其人之知[④]。故曰:君子慎其所以与人者。

【注释】

①反其所自生:即上文所说的"反本、修古"。自,由。

②蘧(qú)伯玉:名瑗,春秋时期卫国大夫。

③达:通于事理。

④发:指人的外在表现。

【译文】

礼,是返还自己生命的初始;乐,是欢庆自己取得的成就。因此,先王通过制礼来节制事情,通过习乐来引导心志。所以观察一个国家的礼乐，就可以了解到这个国家治理得好坏。蘧伯玉说："君子一类的人都通达事理。"所以君子只要观察器物就能知道工匠的巧拙，只要观察人的外在表现就能知道他的才智。所以说：君子对于用以与人交往的礼乐是非常谨慎的。

大庙之内敬矣①：君亲牵牲，大夫赞币而从；君亲制祭②，夫人荐盎③；君亲割牲④，夫人荐酒。卿大夫从君，命妇从夫人⑤。洞洞乎其敬也⑥，属属乎其忠也⑦，勿勿乎其欲其飨之也⑧！

纳牲诏于庭⑨，血、毛诏于室⑩，羹定诏于堂⑪。三诏皆不同位，盖道求而未之得也⑫。设祭于堂，为祊乎外⑬，故曰：于彼乎，于此乎？

【注释】

①大庙：指始祖庙。大，同"太"。

②制祭：孔疏：所制者"制牲肝洗以郁鬯，入以祭神于室"，即割取牲肝，用香草浸制的郁鬯酒清洗。

③盎：盎齐，葱白色的酒。

④割牲：指进献煮熟的牲体。

⑤"卿大夫"二句：制祭、割牲之时，卿大夫从君，荐盎酒时命妇从夫人。命妇，卿大夫之妻。

⑥洞洞乎：孔疏："质悫之貌。"是恭敬的样子。

⑦属属(zhǔ)乎：专一的样子。

⑧勿勿乎：勤勉的样子。

⑨纳牲诏于庭：牲入庭，以币告神。

⑩血、毛诏于室：杀牲取血、毛，告神于室。

⑪羹：肉羹。定：熟。

⑫道：言。

⑬祊（bēng）：郑注："祭明日之绎祭也。谓之祊者，于庙门之旁，因名焉。"绎祭，指在庙门外旁侧举行的祭祀。

【译文】

太庙之内的祭礼必须恭敬：国君亲自牵牲入庙，大夫协助国君捧着币帛紧跟在后；国君亲自摆设祭品，夫人进献盎齐之酒；国君又亲自进献煮熟的牲体，夫人献酒。卿大夫跟从着国君，命妇跟从着夫人。他们毕恭毕敬，表现得忠诚专一，勤勉而巴结地希望神灵享用供品！

祭献给神的牺牲入庙时，要在庭中告祭于神；进献牲血和毛时，要在室中告祭于神；进献肉羹熟肉时，要在堂上告祭于神。三次告祭都在不同的位置，这是说想求神降临却没有找到。先在堂上举行正祭，又在庙门之外设祭，像是在问：神是在那里吗，是在这里吗？

一献质[①]，三献文[②]，五献察[③]，七献神[④]。

【注释】

①一献：指各种小祭祀。

②三献：指祭社稷、五祀。

③五献：指祭四望、山川。察：明审。

④七献：指祭先公。这是讲祭诸神献数之差，等级越低，献酒的次数就越少。

【译文】

一献之礼质朴，三献之礼有文饰，五献之礼更盛大，七献之礼隆重神圣。

大飨[①],其王事与?三牲、鱼、腊[②],四海九州之美味也。笾、豆之荐,四时之和气也。内金[③],示和也。束帛加璧,尊德也。龟为前列,先知也[④]。金次之,见情也。丹漆、丝纩、竹箭[⑤],与众共财也。其余无常货[⑥],各以其国之所有,则致远物也。其出也,《肆夏》而送之[⑦],盖重礼也。

【注释】

①大飨:此指王大飨来朝诸侯。

②腊(xī):干兽肉。

③内:同“纳”。孙希旦说:“谓先内(纳)之于庙也。”金:铜。此处指鸣钟。

④“龟为前列”二句:龟为占卜之物,可预知吉凶休咎,所以陈列在最前排。

⑤纩(kuàng):丝绵。

⑥其余:指九州之外的国家。

⑦《肆夏》:古诗乐名。是天子宴飨诸侯演奏的乐章。郑注,《肆夏》当为《陔夏》,是送宾的乐曲。

【译文】

大飨来朝的诸侯,这是天子才能做的事吗?牛肉、羊肉、猪肉、鱼肉、干兽肉,是来自四海九州的美味佳肴。笾、豆里盛放的食品,都是四季和顺之气所产的物品。诸侯入朝贡铜铸钟,表示他们和睦快乐。诸侯升堂朝见天子时,献上束帛加玉璧,是尊敬天子的德行。庭中陈设贡品,龟甲放在最前列,因为龟能预知吉凶休咎。其次是铜,因为它能照见人情。其次是丹砂、大漆、蚕丝、丝绵、大竹、小竹,表示天子与天下民众共有财物。其他各国的贡品没有一定,各以本国所产的物品进贡,这样即使边远地方的物品也能送呈天子了。大飨礼毕,宾客走出庙门时,就奏《陔夏》送客，以显示礼仪的隆重。

祀帝于郊，敬之至也。宗庙之祭，仁之至也。丧礼，忠之至也。备服器①，仁之至也。宾客之用币，义之至也②。故君子欲观仁义之道，礼其本也。

【注释】

①服：指丧礼大殓、小殓时穿着的衣服。器：陪葬的明器。

②义：宜。

【译文】

天子亲自在南郊祭祀天帝，这是崇敬的最高表现。宗庙的祭祀，这是仁爱的最高表现。丧礼，这是忠诚的最高表现。为丧礼准备衣服与随葬的明器，这是仁爱的最高表现。宾客赠送币帛，这是义的最高表现。所以，君子如果要观察仁义之道，观察礼仪，这是最根本、最基础的。

君子曰："甘受和，白受采①。忠信之人，可以学礼，苟无忠信之人，则礼不虚道②。是以得其人之为贵也。"

【注释】

①"甘受和"二句：甘为众味之本，所以能接受五味的调和；白是五色之本，所以能接受其他的色彩。

②道：由，从。

【译文】

君子说："甘味可以接受五味的调和，白色可以接受各种颜色。忠信之人，才可以学礼，倘若是没有忠信品德的人，礼也不会虚浮地跟从着他。所以,学礼得到忠信品德的人最为可贵。”

孔子曰:“诵《诗》三百,不足以一献[1];一献之礼,不足以大飨[2];大飨之礼,不足以大旅[3];大旅具矣,不足以飨帝。毋轻议礼!”

【注释】

①一献:指燕礼中献酒之礼。

②大飨:此指祫祭先王。

③大旅:郑注:“祭五帝也。”“五帝”指上天东、南、西、北、中五方帝,祭祀礼制规格低于冬至祭天礼。

【译文】

孔子说:“即使能背诵《诗》三百篇,如果没有学过礼,也不能行一献之礼;即使能行一献之礼,也不能行大飨祫祭先王之礼;即使能行大飨祫祭先王之礼,也不能行大旅祭五帝之礼;即使能行大旅祭五帝之礼,也不足以行祭天之礼。所以不要轻率地议论礼!”

子路为季氏宰[1]。季氏祭,逮暗而祭[2],日不足,继之以烛。虽有强力之容,肃敬之心,皆倦怠矣。有司跛倚以临祭,其为不敬大矣。他日祭,子路与。室事交乎户[3],堂事交乎阶[4]。质明而始行事[5],晏朝而退[6]。孔子闻之,曰:“谁谓由也而不知礼乎[7]!”

【注释】

①季氏:鲁国大夫季桓子。宰:邑宰,治理邑的吏。

②逮：及。暗：天未亮。

③室事：正祭时，尸在室。交乎户：室外的人取祭品至室门口，室内的人接过祭品以献尸。

④堂事：邀尸上堂，在堂上行傧尸之礼。交乎阶：堂下的人把馔具送到阶前，堂上的人接过馔具奉尸。

⑤质明：天刚亮。质，正。

⑥晏：晚。

⑦由：子路名仲由。

【译文】

子路为季桓子家的邑宰。过去季氏举行岁时的祭祖，还不到天亮就开始，一整天还没祭完，天黑点起火烛继续。因为时间太长，虽然有强壮的身体、肃敬的诚心，大家都疲惫懈怠了。执事的人都站累了歪着身子、一只脚支撑着，倚靠着他物来应付祭祀，这实在是对祖先的大不敬。后来，有一次祭祀活动，子路参与。室内举行正祭时，室外的人送祭品到室门口，室内的人接过祭品献尸；举行堂上傧尸时，堂下的人把馔具送到阶前，堂上的人接过馔具奉尸。天亮开始祭祀行事，傍晚大家祭毕结束。孔子听说后，说："谁说仲由不懂礼呢！"

郊特牲第十一

【题解】

郑玄《礼记目录》云："名'郊特牲'者，以其记郊天用骍犊之义。此于《别录》属'祭祀'。"《释文》："郊者，祭天之名。用一牛，故曰特牲。"

此篇多记祭祀之礼，并杂有冠礼、婚礼、朝觐之礼、飨宴之礼、田猎之礼等。其中"冠义"一节，与《仪礼·士冠礼》之《记》完全相同。

郊特牲，而社稷大牢。天子适诸侯，诸侯膳用犊，诸侯适天子，天子赐之礼大牢，贵诚之义也[①]。故天子牲孕弗食也，祭帝弗用也。

【注释】

①"郊特牲"七句：见《礼器》"有以少为贵者"节。

【译文】

天子南郊祭天只用一头牛犊，祭祀社稷则要用太牢牛、羊、豕三牲。天子到诸侯之国，诸侯招待天子用膳也只用一头牛犊，而诸侯朝见天子，天子设宴则要用牛、羊、豕三牲，这体现了以诚为贵的道理。因此，天子不会食用怀孕的牲畜，祭祀天帝时也不会用怀孕的牲畜。

大路繁缨一就，先路三就，次路五就[①]。

【注释】

①“大路繁(pán)缨”三句：见《礼器》“有以少为贵者”节注⑦⑧。

【译文】

天子南郊祭天所乘的大路车，驾车之马的五彩颈饰、腹饰只用一圈，而先路车驾车之马的五彩颈饰、腹饰各用三圈；次路车驾车之马的五彩颈饰、腹饰各用五圈。

郊血，大飨腥，三献爓，一献孰[①]，至敬不飨味而贵气臭也[②]。诸侯为宾，灌用郁鬯[③]，灌用臭也。大飨尚腶脩而已矣[④]。

【注释】

①“郊血”四句：见《礼器》“君子曰：礼之近人情者”节注②③④⑤。

②臭(xiù)：气味。

③灌用郁鬯：见《礼器》“有以少为贵者”节注④。

④大飨：指诸侯来朝而天子设宴款待之。尚：上。腶(duàn)脩：加香料制成的干肉条。上菜的时候，先上腶脩，然后再上其他菜。这是贵气味而不贵口味之意。

【译文】

天子在南郊祭天时用牲血为祭品，祫祭先祖时用生的牲肉，而祭祀社稷之神和五祀之神时用在热汤中煮至半熟的牲肉，祭祀鬼神的小祭祀时才用熟肉，这是说明对至为崇敬的天神并不以食用的美味为贵，而是以气味浓郁为贵。诸侯朝见天子及互相聘问，宴席上酬酢献的是郁鬯香酒，献的就是郁鬯的香气。天子设宴招待来朝的各国诸侯，首先端上的是香料干肉条,也是以其香气为贵。

大飨[①],君三重席而酢焉[②];三献之介[③],君专席而酢焉[④]。此降尊以就卑也。

【注释】

①大飨:此指诸侯互相聘问,主国国君设宴招待来宾。

②君三重席:主君为来聘诸侯安排三重席子的坐垫。古时所用的席子,天子五重,诸侯三重,大夫两重,士一重。

③三献之介:卿代表诸侯聘问,主国国君宴宾,向宾三献敬酒,宾由副使大夫为代表(介)回敬主君,即酢酒,"三献之介"即指大夫。

④专席:单席。大夫之席本为两层,今为介(副使)再降一级,因而为专席,主君接受介的酢爵,因而也要撤掉三重席,换成单席。

【译文】

诸侯互访,主国国君设宴招待来宾,如果宾、主都是诸侯,则宾、主酬酢献酒,都坐在三重席上;如果来宾是代表诸侯的卿,主君先行三献之礼,当来宾的介向主君回敬献酒时,主君就要把自己的三重席改为单席,与介的坐席相同。这叫做降低自己尊贵的等级来迁就卑者的身份。

飨、禘有乐,而食、尝无乐[①],阴阳之义也。凡饮,养阳气也;凡食,养阴气也。故春禘而秋尝,春飨孤子[②],秋食耆老[③],其义一也,而食、尝无乐。饮,养阳气也,故有乐;食,养阴气也,故无声。凡声,阳也。

【注释】

①"飨、禘(dì)"二句:春季的飨礼、礿祭,都有音乐;秋季的食礼、尝

祭，都没有音乐。飨，飨礼，在阳。禘，郑玄认为当作“礿”(yuè)。下同。《王制》：“天子、诸侯宗庙之祭，春曰礿，夏曰禘，秋曰尝，冬曰烝。”礿祭在春，春天属阳，飨礼、礿祭因而有乐。食(sì)，食礼。食礼以食为主，无酒无乐。尝祭在秋，秋天属阴，因而无乐。

②孤子：孙希旦说，指死王事者之子。

③耆(qí)老：孙希旦说，指死王事者之父祖。

【译文】

春天举行飨礼和礿祭时，要演奏音乐，而秋天举行食礼和尝祭时，不演奏音乐，这合乎阴阳之义。凡是饮酒，意在保养阳气；凡是吃饭，意在保养阴气。因此，春天举行礿祭而秋天举行尝祭，春天用飨礼招待孤子，秋天用食礼招待耆老，其道理是一样的，举行食礼和尝祭时不能演奏音乐。饮酒，意在保养阳气，所以要演奏音乐；食礼，意在保养阴气，所以不演奏音乐。凡是音乐，都属阳。

鼎、俎奇而笾、豆偶[①]，阴阳之义也。笾、豆之实，水土之品也[②]。不敢用亵味而贵多品[③]，所以交于旦明之义也[④]。

【注释】

①鼎、俎(zǔ)：古代祭祀、宴飨时盛放牲体的食器。牲为动物，动物属阳，故其数奇。笾(biān)、豆：盛放蔬菜食器，植物属阴，故其数偶。

②水土之品：指笾、豆之实多为水、土生长出来的植物，并不是人所常吃的食品。

③不敢用亵味而贵多品：孔疏：“神道与人既异，故不敢用人之食味，神以多大为功，故贵多品。”或说，“不敢”亦包括“贵多品”，即不敢贵多品，不敢以物品种类繁多为贵。亵味，人常吃的美味。

④旦明：郑玄说当作“神明”。

【译文】

鼎和俎的数目是单数，笾和豆的数目是偶数，因为鼎、俎是盛放牲体的，牲体是动物，属于阳类，而笾、豆中盛放的多是植物，植物属于阴类，这合乎阴阳之义。笾、豆中盛放的食品，都是水和土中所生长的。祭品不敢用人常吃的美味，不敢以品种的繁多为贵，因为祭品的意义在于用以与神明交接。

宾入大门而奏《肆夏》①，示易以敬也②。卒爵而乐阕③。孔子屡叹之。奠酬而工升歌④，发德也。歌者在上，匏、竹在下⑤，贵人声也。乐由阳来者也，礼由阴作者也，阴阳和而万物得。

【注释】

①大门：庙门。《肆夏》：天子大飨诸侯时的迎宾乐曲。见《礼器》“大飨，其王事与”节注⑦。

②易：和悦。

③卒爵而乐阕（què）：天子酌酒敬诸侯，诸侯饮毕又回敬天子，天子饮毕后音乐也恰好奏完。阕，止，终了。

④奠酬：见《曾子问》“祭如之何则不行旅酬之事矣”节注③。此“奠酬”谓天子第一次献宾，宾酢天子，天子自饮一杯，再酌酒酬宾，宾接过酒杯不饮，放在席上。工：乐工。

⑤匏（páo）、竹：指笙、管（笛、箫）一类的乐器。

【译文】

天子宴飨来朝的诸侯，当宾客进入庙门时，乐队奏起《陔夏》，来表示和悦和尊敬。天子酌酒敬诸侯，诸侯饮毕又回敬天子，天子饮毕后音乐也恰好停止。孔子曾多次赞叹这种美好的礼仪。主、宾相互敬酒酬酢一轮，宾放下酒爵不再饮，然后乐工就登阶上堂唱歌，意在颂扬主、宾的德行。歌唱者在堂上，笙、管乐手在堂下，这表示以人声歌唱为贵。乐，由阳而产生，礼，由阴而制定，阴阳和谐协调，万物各得其所。

旅币无方①，所以别土地之宜，而节远迩之期也②。龟为前列，先知也。以钟次之③，以和居参之也④。虎豹之皮，示服猛也。束帛加璧，往德也。

【注释】

①旅币：诸侯各国进贡的财物。旅，众。币，指贡物。也称为“庭实”。无方：没有规定。

②节远迩(ěr)之期：根据各国距离天子的远近安排诸侯朝聘的期限。如邦畿外五百里者，一年朝聘一次，贡品是牺牲之类；邦畿外一千里者，两年朝聘一次，贡品是丝枲之类；邦畿外一千五百里者，三年朝聘一次，贡品是尊彝之类，如此等等。详《周礼·秋官·大行人》。

③钟：指铜，铜可铸钟。

④以和居参之也：孙希旦说：“前有龟，后有丹漆、丝纩、竹箭之属，取钟声之和，参居于前、后之间也。”即把起着调和协同作用的钟，放在前、后贡物之当中。

【译文】

诸侯朝聘进贡的物品没有规定，这是要区别不同土地所适宜生产的物品，根据距离天子的远近来制定各国朝聘的次数和贡品。陈设贡品，龟放在最前列，因为龟能预知吉凶休咎。其次是铜钟，放在前、后贡物的中间位置，因为铜钟起着调和协同的作用。陈列虎豹之皮，是表示天子能够镇服四方之威猛者。陈列束帛加璧,是表示天子之德让诸侯归服。

庭燎之百①,由齐桓公始也。大夫之奏《肆夏》也,由赵文子始也②。

【注释】

①庭燎:庭中用以照明的火炬。按照规定,庭燎的数目是天子百,上公五十,侯、伯、子、男三十。齐桓公当用五十,用"百燎"是僭天子之礼。

②赵文子:晋国大夫,名武。

【译文】

庭中摆设照明火炬一百个,僭用天子之庭的火炬数目,这是从齐桓公开始的。大夫僭用诸侯之礼奏《陔夏》迎宾,这是从晋国大夫赵文子开始的。

朝觐,大夫之私觌①,非礼也。大夫执圭而使,所以申信也。不敢私觌,所以致敬也。而庭实私觌何为乎诸侯之庭②?为人臣者无外交,不敢贰君也。大夫而飨君,非礼也。大夫强而君杀之,义也,由三桓始也③。

【注释】

①私觌(dí):私下进见访问国的国君。

②庭实:诸侯朝天子,或诸侯之间相聘,将礼品陈于庭中,称为"庭实"。

③由三桓始也:鲁桓公的嫡长子为鲁庄公,其余三个庶子即后来鲁国的孟孙氏、叔孙氏和季孙氏,他们位高权重。把持鲁国朝政,

鲁君曾想去“三桓”但未果。三桓，见《檀弓下》“季康子之母死，公输若方小”节注⑥。

【译文】

国君到他国朝觐，大夫为随从，私下晋见他国国君，这是不符合礼仪的。大夫手持玉珪出使他国，是要证明自己的诚信。不敢私下晋见他国国君，是为了表示对自己国君的尊敬。如果大夫竟然也准备陈列在庭中的礼品去私下晋见，那还怎么能像诸侯之庭呢？作为臣子，不能背着国君有个人的外交，表示不敢对国君有贰心。大夫宴飨国君，这是不合礼仪的。大夫的势力过强，国君可以杀掉他，合乎道理，这从鲁国“三桓”开始。

天子无客礼，莫敢为主焉。君适其臣，升自阼阶，不敢有其室也。觐礼，天子不下堂而见诸侯。下堂而见诸侯，天子之失礼也，由夷王以下[①]。

【注释】

①夷王：西周时的天子，周懿王之子，名燮。

【译文】

天子没有做客的礼仪，因为天下没有人敢当天子的主人。国君到臣子家里去，臣子要请国君从主人走的阼阶升堂，而不敢以房室的主人自居。觐礼是诸侯朝见天子之礼，天子是不应下堂接见诸侯的。下堂接见诸侯，那是天子的失礼，这从周夷王以后才有的。

诸侯之宫县[①]，而祭以白牡[②]，击玉磬[③]，朱干设钖[④]，冕而舞《大武》[⑤]，乘大路，诸侯之僭礼也。台门而旅树[⑥]，反坫[⑦]，绣黼丹朱中衣[⑧]，大夫之僭礼也。故天子微，诸侯僭；大夫强，诸侯胁。于此相贵以等⑨，相觌以货⑩，相赂以利，而天下之礼乱矣。

【注释】

①县：同“悬”。指乐悬，即悬挂在架上的编钟、编磬。孙希旦云：“天子宫县，谓四面县乐，若宫室然。诸侯轩县，惟东、西、北三面而已。”按照礼制，天子才用宫悬，现在诸侯用宫悬，是僭用天子之礼。详见《周礼·春官·小胥》。

②白牡：白色的公牛。这是殷代天子祭天的牺牲。宋是殷的后裔，故可用，其余诸侯只能按当时王室用牲规定用牲。

③玉磬：一种悬挂击打的乐器。按礼制，天子用玉磬，诸侯应用石磬。

④干：盾。钖(yáng)：此指盾牌背面的金属装饰。

⑤《大武》：古舞名。颂扬武王灭纣。《乐记》有较详细描写。诸侯可以舞《大武》，但不得“朱干、设钖，冕而舞”。

⑥台门：在门的两旁筑土为台，台上有屋，称为“台门”，是天子、诸侯布告法律、观察天气之所。也叫“观”、“阙”、“象魏”等。旅：道。树：屏。郑注：“礼，天子外屏，诸侯内屏，大夫以簾，士以帷。”

⑦坫(diàn)：小土台。两君会饮，主宾饮毕后，皆将饮空的酒爵放回坫上。这是诸侯之礼，大夫不得用。

⑧绣黼(fǔ)丹朱中衣：以丹朱为中衣之领，又于其上绣为斧纹。丹朱，赤色。黼，斧纹。中衣，内衣和外衣之间的一层衣服。

⑨相贵以等：孔疏：“谓臣下不畏惧于君，而擅相尊贵以等列。”指诸侯之间相互尊崇，抬高地位。

⑩相觌以货：孔疏：“大夫私相觌，以货贿，不辟君。”指大夫之间私下互访，拿着财货送礼往来，完全不通过国君。

【译文】

诸侯在庭中四面都悬挂钟磬乐器，祭天的牺牲用白色的公牛，击奏玉磬，让舞队手持着带金饰的红色盾牌，戴着冕，跳《大武》舞，乘着大路车，这都是诸侯僭用天子之礼的行为。大夫家的大门前筑起了高台，门内又设了屏风；堂侧建起了放置空酒爵的土台；穿的中衣衣领上镶着红边，还绣着斧形的纹饰，这都是大夫僭用诸侯之礼的行为。所以，天子的势力衰微，诸侯就僭越天子；大夫的势力强大，诸侯就受到威胁。诸侯之间相互尊崇，抬高地位；大夫之间不通过国君私下互访，拿着财货送礼往来；贵族们为了私利相互贿赂，这样一来天下的礼制就全乱了套。

诸侯不敢祖天子，大夫不敢祖诸侯①，而公庙之设于私家，非礼也，由三桓始也②。

【注释】

①“诸侯”二句：祖庙只能设于宗子之家，庶子之家无祖庙。即使诸侯和天子同宗、大夫和诸侯同宗，也不能设祖庙。

②“而公庙”三句：“三桓”都把桓公庙立于自家内，即“公庙之设于私家”。

【译文】

本来诸侯不能设天子的祖庙，大夫不能设诸侯的祖庙，但现在有把国君的祖庙设到大夫自家里的，这是不合礼仪的，这种事是从鲁国的三桓开始的。

天子存二代之后①，犹尊贤也。尊贤不过二代。诸侯不臣寓公②，故古者寓公不继世。

【注释】

①天子存二代之后：本朝天子要保护前代两个王朝的后裔，不令灭绝，如周天子要保护夏、商两代的后裔，封夏的后代于杞，封商的后代于宋，特许他们以天子之礼祭祀其祖。

②诸侯不臣寓公：孔疏："案《丧服传》云：'寄公者何也？失地之君也。'……诸侯不臣者，不敢以寄公为臣也。"寓，寄居。

【译文】

天子要保存前代两个王朝的后裔，这是尊重前朝的贤者。但这种特殊的礼遇只适用于前两个朝代。诸侯不敢将已失国而寄寓在本国的国君当作自己的臣子，但这仅限于寄居的国君本人而不包括其子孙，所以古时候寄居他国的诸侯没有继承人。

君之南乡①，答阳之义也；臣之北面，答君也。大夫之臣不稽首，非尊家臣，以辟君也②。

【注释】

①乡：通"向"。

②"大夫之臣"三句：大夫对诸侯国君行稽首叩拜之礼，如果家臣也对大夫稽首叩拜，则大夫似成为国之正君，变成一国二君，所以不能再用稽首叩拜之礼，要"辟君"。

【译文】

国君视朝时面朝南方，这是面对着阳的意思；臣子上朝要面向北方，这是面对国君的意思。大夫的家臣不能再对大夫行稽首叩拜之礼，这不是尊重家臣，而是由于稽首叩拜已是大夫拜君之礼，因此不能再让家臣稽首拜大夫，以避免大夫成了国之正君。

大夫有献弗亲，君有赐不面拜，为君之答己也。

【译文】

大夫有所进献于国君，不亲自前去，而是派家臣去送；国君对大夫有赏赐，大夫也不用上朝去当面拜谢，这是为了避免国君再向自己行答拜之礼。

乡人裼①，孔子朝服立于阼，存室神也②。

【注释】

①裼(shāng)：古代驱逐强鬼与疾疫的祭祀活动。也称"傩"(nuó)。

②存室神也：孔疏："于时驱逐强鬼，恐己庙室之神时有惊恐，故着朝服立于庙之阼阶，存安庙室之神，使神依己而安也。"存，慰问，省视。

【译文】

乡里人举行驱除疾疫恶鬼的祭祀，孔子穿着朝服站在家庙阼阶上，慰问、关照庙室之神。

孔子曰："射之以乐也，何以听，何以射！"孔子曰："士，使之射，不能则辞以疾，县弧之义也①。"

【注释】

①县(xuán)弧：古时家里如果生了男孩子，就在门左悬弓。

【译文】

孔子说："举行射礼时有音乐来伴奏，射者是怎样听着与射箭相配的音乐的啊，是怎样知道音乐与自己射箭的仪态仪容相配的啊！"孔子说："作为士，国君让他参加射礼，如果他不会射箭也不能说自己不会，而要托辞说自己生病不能去，因为男孩子生下来门口就悬挂着弓，含义就是男子天生就会挽弓射箭的。"

孔子曰："三日齐①，一日用之，犹恐不敬。二日伐鼓，何居②？"

【注释】

①三日齐(zhāi)：祭前的三日斋戒。见《礼器》"君子曰：礼之近人情者"节注⑯。

②何居(jī)：郑注："怪之也。"居，表疑问语气词。

【译文】

孔子说："祭前致斋三天，一天举行祭祀，即使这样还害怕不够诚敬。而今却在斋戒的前两天击鼓，这是怎么回事呢？"

孔子曰："绎之于库门内①，祊之于东方②，朝市之于西方③，失之矣。"

【注释】

①绎：天子、诸侯祭之明日又祭称之为"绎"。见《檀弓下》"仲遂卒于垂"节注②。绎祭应在庙内堂上进行。库门：诸侯王宫的外门。

②祊(bēng)：正祭的次日在庙门外举行的绎祭，求神当在庙门外的西方。参见《礼器》"大庙之内敬矣"节注⑬。

③朝市：早上的集市。据《周礼·地官·司市》，一日设三市，大市在日中，朝市在早晨，夕市在傍晚。朝市应在东方，夕市在西方。

【译文】

孔子说："该在王宫库门外举行的绎祭弄到库门内去祭，该在庙门外西边设祭求神弄到东边去求，该设在东方的朝市偏设到西方，这些都是失礼。"

社祭土而主阴气也①，君南乡于北墉下②，答阴之义也。日用甲③，用日之始也。天子大社④，必受霜露风雨，以达天地之气也。是故丧国之社屋之⑤，不受天阳也。薄社北牖⑥，使阴明也⑦。社，所以神地之道也。地载万物，天垂象，取财于地，取法于天，是以尊天而亲地也，故教民美报焉。家主中霤而国主社⑧，示本也。唯为社事，单出里⑨。唯为社田，国人毕作。唯社，丘乘共粢盛⑩。所以报本反始也。

【注释】

①社：土地神。土：五土，即山林、川泽、丘陵、坟衍、原隰。土是阴气之主。

②墉：墙。孔疏，祭社时在坛上设神主（牌位），面向北，国君来到北墙下，面向南祭奠，正对着神主。

③日用甲："甲"为天干的第一位，如以天干纪日，"甲日"即为每十日之始。以"日之始"的甲日祭社，是表示尊敬之意。

④天子大社：天子为天下百姓所立之社。大，同"太"。

⑤丧国之社屋之：被灭之国的社坛，要盖上屋子予以屏蔽，不让它接受风雨霜露之阳气。丧国之社，指周为所灭的殷建立的社，引以为戒。屋，动词，盖上屋子。

⑥薄社北牖（yǒu）：给所立的殷社加盖屋子，三面封死，只在北边开一个小窗。薄，通"亳"，"薄社"即"亳社"。殷始建都于亳，亳社

就是殷社。牖，窗。

⑦使阴明也：塞其三面，唯开北牖，即表示绝阳通阴，阳主生而阴主杀，阴明则物死。

⑧中霤：指宫室中央，亦宫室内的土地神。卿大夫之家主祭土神于中霤。

⑨单出里：郑注："皆往祭社于都鄙。"这是说，祭社时一里之中的人家全都要出来参与。单，通"殚"，尽。

⑩丘乘（shèng）：古代井田制时的行政单位，所谓"九夫为井，四井为邑，四邑为丘，四丘为乘"，则一乘为五百七十六家。粢盛（zī chéng）：供祭祀用的黍稷。粢，稷。盛，盛稷的容器。

【译文】

社祭是祭祀土地神，土是阴气之主，祭祀时国君面朝南立于社坛的北墙下，表示面对着阴。社祭总是用甲日，甲是纪日的初始日，用甲日是表示对社祭的重视。天子为天下百姓所立的太社，一定要承受霜露风雨的浸润，以贯通天地之气。所以亡国之社要盖上屋顶屏蔽起来，不让它接受天上的阳气。为被灭之国殷盖的亳社，三面封闭，唯在北墙上开个小窗，使它绝阳通阴，只通阴明。祭社，是尊崇土地神。大地承载万物，上天垂示星象，世间的财物都取之于地，伦理规范都效法于天，所以要尊敬上天而亲爱大地，所以要教育人们好好地报答大地。家里的土地神是中霤，祭土地就是祭中霤；国家的土地神是社，祭土地就是祭社，这都表示土地是立家、立国的根本。因此，唯有当里中举行社祭时，里中才会家家户户全体出动，全里空巷。唯有为社祭而举行田猎时，国中才会家家户户全体参加，人人出力。唯有为了社祭，各地丘、乘的民众都参与分摊，心甘情愿地拿出黍稷。这是为报答土地的恩情，返还自己初始的本性。

季春出火[①]，为焚也。然后简其车赋，而历其卒伍[②]，而君亲誓社,以习军旅。左之右之,坐之起之,以观其习变也。而流示之禽[3],而盐诸利[4],以观其不犯命也。求服其志,不贪其得。故以战则克,以祭则受福。

【注释】

①季春:郑玄说应作“仲春”。出火:取火用之。

②“然后”二句:简、历,郑注:“简、历,谓算具陈列之也。”即检阅、点算。车赋,车马器械。

③流示之禽:指驱逐禽兽加以展示,给参与田猎的士卒看。流,行,即行田。

④盐:通“艳”,艳羡。让参与田猎的士卒羡慕。按规定,田猎时大兽归公,小禽归私。

【译文】

仲春二月取火去焚烧田野的杂草。然后陈列清点车马器械,检阅统计士卒数目,国君亲自在社坛前誓师,然后开始操练军队。指挥队伍时而向左,时而向右,时而坐下,时而起立,以观察军队的服从与应变。然后派人去驱赶禽兽向士卒展示,令士卒歆美猎获之利,以观察士卒能遵纪、不违令。这样做就能令士卒服从,不使其贪图私利。所以,经过这样训练的士卒,攻能克,在祭祀中能得到神的赐福。

天子适四方,先柴[1]。郊之祭也,迎长日之至也[2],大报天而主日也[3]。兆于南郊[4],就阳位也。扫地而祭,于其质也。器用陶、匏[5],以象天地之性也。于郊,故谓之郊。牲用骍[6],尚赤也。用犊,贵诚也。郊之用辛也[7],周之始郊,日以至。卜郊[8],受命于祖庙,作龟于祢宫[9],尊祖亲考之义也。卜之日,王立于泽[10],亲听誓命[11],受教谏之义也。

献命库门之内[12]，戒百官也；大庙之命，戒百姓也。祭之日，王皮弁以听祭报[13]，示民严上也[14]。丧者不哭，不敢凶服，氾扫反道[15]，乡为田烛[16]，弗命而民听上。祭之日，王被衮以象天[17]。戴冕璪十有二旒[18]，则天数也[19]。乘素车，贵其质也。旂十有二旒，龙章而设日月[20]，以象天也。天垂象，圣人则之，郊所以明天道也。帝牛不吉[21]，以为稷牛[22]。帝牛必在涤三月[23]，稷牛唯具，所以别事天神与人鬼也。

万物本乎天，人本乎祖，此所以配上帝也。郊之祭也，大报本反始也。

【注释】

①柴：燔柴。古代祭天时，在地上堆积薪柴，并将牺牲、玉帛放在薪柴上一道燔烧，使烟气和牲肉的馨香气味上腾于天，请天神享用。

②迎长日之至：指冬至祭天。冬至日夜晚最长，白昼最短，冬至后，白昼一天比一天长起来。

③大报天：祭天的典礼一年中有九次，冬至祭天最为隆重，称之为“大报天”。

④兆：指祭坛的区域。

⑤陶、匏（páo）：陶和葫芦所制的酒器、食器。匏，葫芦的一种。

⑥骍（xīng）：赤色。此指赤色的牛犊。

⑦郊之用辛：南郊祭天选用辛日。或说用辛日取其为阳气所生之意，表示新的开始；或说用辛日，取斋戒自新之意。

⑧卜郊：占卜郊祭的日子。郊祭原有定日，而还要占卜日期，是表示郑重。

⑨作龟：犹言“灼龟”。祢（nǐ）宫：父庙。

⑩泽：郑注："泽宫也，所以择贤之宫也。"这里指在泽宫挑选参与祭祀的人员。

⑪亲听誓命：孔疏："又使有司誓敕旧章斋戒之礼，王又亲听受命之。"即听取有关人士讲解祭天礼仪的注意事项。

⑫献命：郑注："王自泽宫而还，以誓命重相申敕也。"指即将致斋时，天子重申誓命。

⑬皮弁：本指白鹿皮制成的冠，这里指皮弁服，即配合皮弁所穿的全套服装，即素衣、素裳，缁带。这是祭日早晨所着之服，临祭之时还要更换。

⑭示民严上：孔疏："示教人尊严其君上之义也。"严，敬。

⑮氾扫：泛扫。氾，同"泛"。反道：把新土铲到路的表面。

⑯田烛：在田头设烛火。因郊祭时间太早，特设烛火为王照明。

⑰被衮以象天：郑注："谓有日、月、星辰之象。"孔疏："当祭之日，王被衮冕，衮冕有日、月、星辰，以象天也。"被衮，指内服大裘，外披十二章之衣。衮，详《礼器》"礼有以文为贵者"节注①。

⑱冕璪(zǎo)十有二旒：冕的上端有一长方形的木版叫做"綖"，綖的前端垂有十二条穿着玉珠的五彩丝带。璪，用五彩丝绳穿玉珠垂在冕前为旒，即"玉藻"。

⑲则天数也：古者以为天之大数为十二，故制礼以十二为极数。

⑳龙章：指龙旗。

㉑帝牛：祭祀上帝所用之牛。不吉：指占卜不吉，或有死伤意外。

㉒为：用。稷牛：祭祀后稷所用的牛。周人在郊天时，以其始祖后稷配享。如果帝牛占卜不吉或有死伤，就要改用稷牛作为帝牛，另选其他牛作为稷牛。

㉓涤：指打扫干净的牛舍。

【译文】

天子到四方巡察，先要燔柴告天。郊外祭天，迎接最长白日的到来，为了最隆重、最盛大地报答上天，祭祀之礼以日为主。郊祭的地方选择在南郊，因为南方是阳位。清扫地面而举行祭祀，体现了质朴自然。祭祀使用陶土制作的器具和葫芦，象征着天地自然之性。祭天在南郊举行，所以也叫做“郊祭”。祭天的牺牲用赤色的牛犊，是因为周代崇尚赤色。以牛犊为牺牲，是因为看重牛犊的“诚”。南郊祭天选择辛日，是因为周代的最初的郊祭是辛日，是冬至日。占卜郊祭的日期，天子要先到祖庙禀告，再到父庙里灼龟占卜，这是表示尊敬始祖而亲近父亲。占卜的当天，天子立于泽宫，挑选一起参加祭天典礼的人，亲自聆听有司宣布祭天礼仪的规定，表示听从教诲与劝谏。

天子从泽宫回来，在王宫的外门库门内重申誓命，告诫百官听从；又在太庙内重申命令，告诫百姓。郊祭当天，天子穿着皮弁服听取有关官员报告郊祭的准备情况，这是教导百姓要尊敬君上。这一天，有丧事的人家不能哭，也不能穿丧服，百姓都走出门去扫除道路，并把新土铺在路面上，乡间的百姓在田头点亮火炬照明，这些都不用发布命令，百姓都自觉地按照上级的意图去做。祭天的当日，天子内穿大裘、外披绣有日、月、星辰等图案的衮服，表示效法上天。头戴着冕，冕的前端垂着五彩丝绳串的十二条玉珠，是效法天之大数十二。乘坐没有装饰的素车，是表示以质朴为贵。车上的旗帜有十二根飘带，旗上画有龙的纹饰并绣着日月图案，这也是效法天象。上天显现出日、月、星辰的天象，圣人懂得学习它、效法它，郊祭就是要彰显天道。祭天所用的帝牛，如果占卜结果说不吉，就要用稷牛来代替。祭天所用的帝牛，一定要在清洁的牛舍里饲养三个月，而稷牛只要是完整的就可以，这也是区别祭祀天神和人鬼的不同。

万物本源于上天，人本源于祖宗，这就是祭天时要让始祖配祭上天的道理。郊天之祭，就是最隆重、最盛大地回报本始、返回本始。

天子大蜡八[①]。伊耆氏始为蜡[②]。蜡也者，索也[③]。岁十二月，合聚万物而索飨之也。蜡之祭也，主先啬而祭司啬也[4]，祭百种以报啬也[5]。飨农及邮表畷、禽兽[6]，仁之至，义之尽也。古之君子，使之必报之。迎猫，为其食田鼠也；迎虎，为其食田豕也，迎而祭之也。祭坊与水庸[7]，事也。曰："土反其宅，水归其壑[8]，昆虫毋作[9]，草木归其泽。"

皮弁、素服而祭。素服，以送终也。葛带、榛杖，丧杀也[10]。蜡之祭，仁之至，义之尽也。黄衣、黄冠而祭[11]，息田夫也。野夫黄冠，黄冠，草服也。

大罗氏，天子之掌鸟兽者也，诸侯贡属焉。草笠而至，尊野服也[12]。罗氏致鹿与女，而诏客告也。以戒诸侯曰："好田、好女者亡其国。天子树瓜华，不敛藏之种也[13]。"

八蜡以记四方[14]。四方年不顺成[15]，八蜡不通[16]，以谨民财也。顺成之方，其蜡乃通，以移民也[17]。既蜡而收，民息已。故既蜡，君子不兴功。

【注释】

①大蜡(zhà)：年终的祭祀。八：大蜡所祭的八神，据郑注为先啬、司啬、农、邮表畷、猫虎、坊、水庸、昆虫。

②伊耆氏：古代天子之号。

③索：求索。指向众神求索万物，年终要一起祭享报答。

④先啬：陈澔说，先啬为八神之主。郑注："若神农者。"即教导人们稼穑耕耘者，或说即农神。啬，通"穑"。司啬：后稷。一说后稷为农神。

⑤百种：神名。百谷之种。

⑥农：农官田畯。邮表畷(zhuì)：田畯在田间所设的庐舍。畷，通

“缀”。

⑦坊：堤坊。水庸：沟渠。

⑧土反其宅，水归其壑（hè）：孔疏：“土归其宅，则得不崩”；“水归其壑，谓不泛溢”。壑，坑谷。

⑨昆虫：蝗、螟等害虫。

⑩丧杀：丧礼等级降低。

⑪黄衣、黄冠：这是农夫参加蜡祭时的衣着。黄冠，即草笠。

⑫尊野服也：草笠本是农夫的装束，因为年终功成是农夫的功劳，所以尊其服。

⑬“天子”二句：这句话的意思是告诫诸侯不要储存财物与民争利。树，种植。瓜华，瓜果。华，读为“瓠”（hù）。

⑭记四方：记四方收成的丰歉。

⑮顺成：指风调雨顺，五谷成熟。

⑯通：行，举行。

⑰移民：移走百姓的疲劳倦怠。因百姓终年劳动，要通过蜡祭聚会宴饮，去除厌倦，享受丰收之乐。

【译文】

天子的大蜡祭，所祭有八神。从伊耆氏开始有了蜡祭。所谓蜡，就是索求的意思。周历每年的十二月，要聚集万物、索求其神灵加以祭飨。蜡祭所祭祀的神灵，主要是祭“先啬”，再要祭主管农事的“司啬”，再要祭“百种”，以报答稼穑收获之功。还要祭飨田官之神“农”、田舍之神“邮表畷”及禽兽之神，这就体现了仁至义尽。古代的君子，只要使用了就一定要报答。迎来猫神，因为猫吃掉了危害作物的田鼠，迎来虎神，因为虎吃掉了危害农田的野猪，所以要把它们迎接来加以祭祀。还要祭祀堤防之神“坊”和沟渠之神“水庸”，也是因为它们有功于农事。蜡祭的祝辞说：“土壤回到大地上，水流回到壑谷中，昆虫不再危害庄稼，草木回到薮泽生长。”

天子戴着皮弁、穿着素服参加蜡祭。穿着素服，是为老去的万物送终。腰系葛带，手执榛杖，比丧礼常规等级稍减。蜡祭，这就体现了仁至义尽。农夫参加蜡祭，身穿黄衣、头戴黄冠，让他们饮酒宴乐得到休息。在田野劳作的农夫，头戴黄冠，黄冠，黄色是草野之色，秋季草木黄落，因而采用黄色。

大罗氏是负责为天子掌管鸟兽的官，诸侯进贡的鸟兽由他管理。进贡鸟兽的使者戴着草笠而来，这是表示对农夫的尊重。大罗氏将鹿和女子交给使者，让他们转交诸侯，并给诸侯带话。告诫诸侯说："喜好田猎、沉湎女色，就一定会亡国。天子只种植瓜果供食用，不收敛久藏之种，不藏储财物与民争利。"

蜡祭八神，要记录四方年成的丰歉。如果四方风不调、雨不顺，收成不好，就不举行蜡祭，来节约百姓之财。四方哪一方风调雨顺年成好，哪一方就举行蜡祭，通过蜡祭聚会宴饮，让百姓去除疲惫，享受丰收之乐。蜡祭之后，就把谷物收藏起来，让百姓得到休息。所以蜡祭以后，君子就不再大兴土木征调民众了。

恒豆之菹[①]，水草之和气也；其醢[②]，陆产之物也。加豆[③]，陆产也，其醢，水物也。笾、豆之荐，水土之品也。不敢用常亵味而贵多品[④]，所以交于神明之义也，非食味之道也。

先王之荐，可食也，而不可耆也[⑤]。卷冕[⑥]，路车，可陈也，而不可好也。《武》[⑦]，壮而不可乐也。宗庙之威，而不可安也。宗庙之器，可用也，而不可便其利也。所以交于神明者，不可以同于所安乐之义也。

酒醴之美，玄酒、明水之尚[⑧]，贵五味之本也[⑨]。黼黻、文绣之美，疏布之尚[⑩]，反女功之始也。莞簟之安[⑪]，而蒲越、稾鞂之尚[⑫]，明之也。大羹不和，贵其质也。大圭不琢，美其质也。丹漆雕幾之美[13]，素车之乘，尊其朴也。贵其质而已矣，所以交于神明者，不可同于所安亵之甚也。如是而后宜。

鼎、俎奇而笾、豆偶，阴阳之义也。黄目[14]，郁气之上尊也[15]。黄者，中也，目者，气之清明者也，言酌于中而清明于外也。

祭天，扫地而祭焉，于其质而已矣。醯醢之美而煎盐之尚[16]，贵天产也。割刀之用，而鸾刀之贵[17]，贵其义也。声和而后断也。

【注释】

①恒豆：指朝事（即宗庙祭祀进献生血生肉之事）常设的用于荐献的豆。菹（zū）：腌菜。

②醢（hǎi）：肉酱。

③加豆：祭祀末尾酳尸时所献之豆。

④不敢用常亵味而贵多品：见本篇“鼎、俎奇而笾、豆偶”节注③。

⑤耆：同“嗜”。

⑥卷（gǔn）：当作“衮”，天子礼服。

⑦《武》：即《大武》。

⑧玄酒：清水。明水：用铜制的鉴盘放在月下所承接的露水。

⑨五味：此指泛齐、醴齐、盎齐、缇齐、沈齐五种酒。陈澔说：“未有五味之初，先有水，故水为五味之本。”

⑩疏：粗。

⑪莞（guān）簟（diàn）：见《礼器》“礼也者，反本、修古”节注①。

⑫蒲越（huó）：用蒲草编结的席。越，蒲草。稾鞂（gǎo jiē）：见《礼器》“礼也者，反本、修古”节注①。

⑬幾（qí）：郑注：“谓漆饰沂鄂也。”沂鄂，指凹凸的纹饰。

⑭黄目：酒樽名。又叫“黄彝”，以黄金镂其外为眼睛的形状，故名。

⑮郁气：郁鬯酒的芳香。

⑯醯（xī）醢：用醋调制的肉酱。醯，醋。煎盐：即盐，由煎炼而成，故名。

⑰鸾刀：刀柄环上有铃的刀。古代祭祀时切割牲体时使用。

【译文】

祭祀常设的用于荐献的豆中盛放的腌菜，是水草的和美之气生成的；而肉酱，是陆地所产的兽肉制成的。祭祀最后为尸进献的漱口后所用食物的豆，其中盛放的腌菜是陆地生产，相配的肉酱却是水中的物产。笾、豆中盛放的祭品，都是水中或土中所长。祭品不敢用人所常吃的美味，而以品种的繁多为贵，这是表示与神明相交、敬奉神明的意义，不是为了品尝味道。

祭祀先王的供品，虽然可以吃，但不是人们爱吃的。祭祀时所穿的衮服，所戴的冕，所乘用的大路，可以陈列，看着威严、豪华，但不能平常就老是穿着、老是乘用的。《大武》之舞，气势雄壮，但不是供平常娱乐的。宗庙，威严壮观，但不是供平常居处的。宗庙祭祀所用的器具，虽然是可以使用，但不是供日常生活方便拿来用的。所以，用于和神明交往的物事，与人们日常安乐适意的物事是不可等同的。

酒醴虽然甜美，但祭祀时却以玄酒和明水作为上品，这是看重它是五味的根本。织品上的黼黻图案及刺绣纹饰虽然华美，但祭祀时却特别看重粗布，这是表示要返回到女工织品的初始。人们平常用着蒲席加竹席的坐垫，坐着很安适，但祭庙祭天时却要使用蒲草、秸秆编织的席子，这是因为祭祀的对象是神明。祭神的大羹肉汤不加任何调料，这是看重它原本的味道。天子祭天所用的大圭不加雕饰，这是看重它的质实纯朴。天子的乘车，涂刷着红漆、雕刻着高高低低的纹饰，但祭天时却乘用毫无雕饰的车辆，这是看重它的朴素。以上都是珍视物事的质朴纯真的本质而已，所以说，凡是用于与神明交接的物事，和百姓享用安乐舒适的物事是全然不同的。在礼制中也只有这样崇尚质朴的安排，才是适宜的。

祭祀器具鼎、俎的数目是奇数，而笾、豆的数目是偶数，这其中包含着阴阳的意义。黄目，用黄金刻镂成眼目之形为饰，是用来盛放郁鬯的上等酒樽。黄，依五行为中央之方色，目，是身体精气中显现清明的器官，称作黄目，是说把郁鬯斟入其中，而能让清明透澈于外。

祭天，地扫干净即可举行祭祀，看重的是质朴。以醋调制的肉酱虽然味美，而祭礼陈列祭品却把大盐放在肉酱的前面，看重的是大盐乃天然的物产。百姓平常切肉用锋利的割刀，但祭礼分割牲体时仍讲究使用古时并不那么锋利的鸾刀，那是看重它的意义。因为切割时銮铃之声和悦，牲肉应声割断，要的就是这种和谐。

冠义①，始冠之，缁布之冠也②。大古冠布③，齐则缁之④。其緌也⑤，孔子曰："吾未之闻也，冠而敝之可也⑥。"適子冠于阼⑦，以著代也⑧。醮于客位⑨，加有成也⑩。三加弥尊⑪，喻其志也⑫。冠而字之，敬其名也⑬。委貌⑭，周道也；章甫，殷道也；毋追，夏后氏之道也。周弁⑮，殷冔，夏收。三王共皮弁、素积⑯。无大夫冠礼⑰，而有其昏礼。古者五十而后爵，何大夫冠礼之有？诸侯之有冠礼，夏之末造也⑱。天子之元子⑲，士也。天下无生而贵者也。继世以立诸侯，象贤也⑳。以官爵人，德之杀也㉑。死而谥，今也。古者生无爵，死无谥。

【注释】

①冠义：冠礼的意义。冠礼中共有三次加冠，第一次是缁布冠，第二次是皮弁，第三次是爵弁。此节与《仪礼·士冠礼》文末的

《记》相同，可参看。

②缁布之冠：缁布冠，古代一般百姓成人时戴黑色的布冠。缁，黑色。

③大：同“太”。

④齐：同“斋”，斋戒。缁：这里是染成缁色的意思。

⑤緌(ruí)：冠两侧用于固定冠的缨带，在颈项处打结，称作“緌”。

⑥敝：丢弃。缁布冠仅在冠礼时用，因而加冠后就可以丢弃。

⑦適：同“嫡”。

⑧著：明。代：代替父亲。“著代”即表明其继承者的地位。

⑨醮(jiào)：见《曾子问》“曾子问曰：将冠子，冠者至”节注⑨。客位：户与牖之间，是宾客之位。

⑩加有成：每加一次冠，则给冠者进酒一次，称“加一醮”，表示冠礼的仪式又完成了一层，冠者即将完成成人礼。

⑪三加弥尊：冠礼中三次加冠，越来越尊贵，所以说“弥尊”。弥，益，更。

⑫喻其志也：孙希旦曰：“服弥尊则当思所以称之，晓喻冠者之志意，务令充大以称其服也。”所加之冠越来越尊贵，冠者就会思考志向、行为要与之相称，即要有远大的志向，宏大的作为。

⑬敬其名也：名为父母所取，因此要敬其名，行冠礼以后取字，便是成人，不得随意称名，非君、父，他人皆称其字而讳其名。

⑭委貌：和后文的“章甫”、“毋追”分别是夏、商、周三代日常所戴之冠，其形制已不可考。

⑮弁：和后文的“冔”(xǔ)、“收”，是夏、商、周三代斋戒和祭祀所戴之冠。《训纂》引《独断》：“周曰爵弁，殷曰冔，夏曰收，皆以三十升漆布为壳，广八寸，长尺二寸，加爵冕其上。周黑而赤，如爵头之色，前小后大。殷黑而微白，前大后小。夏纯黑而赤，前小后大。皆有收以持笄。……古皆以布。中古以丝。”

⑯素积：孙希旦说："以素缯为裳而襞（裙子腰际的褶子）积之也。素言其色，积言其制。"

⑰无大夫冠礼：古人二十而冠，五十才加爵为大夫，所以没有大夫的冠礼。

⑱末造：末世。孙希旦说："犹末世也。"一说，指末代所制作。

⑲元子：长子。

⑳象贤：效法先贤。

㉑德之杀：孔疏："言官爵之授，随德隆杀也。"即按照德行的高低授予官爵。

【译文】

冠礼的意义，冠礼三次加冠，第一次加的冠，是缁布冠。远古时，人们以白布为冠，到了斋戒时把它染成黑色的。古代的冠是否有緌，孔子说："冠有緌我没有听说过。不过，冠戴坏了，丢弃不用是可以的。"在阼阶之上为嫡子加冠，这是要明确嫡子的继承人的地位。在客位对冠者行醮礼，这是对冠者已是成人的尊重。三次加冠，越来越尊贵，这是希望冠者的德行、志向要与之相称。加冠后为冠者取字，以后就要以字相称，因为名是父母所取要予以尊敬，非师、长不能呼叫。周代常用的冠，叫"委貌"；殷代常用的冠，叫"章甫"；夏代常用的冠，叫"毋追"。斋戒和祭祀所戴的礼冠，周代叫"弁"，殷代叫"冔"，夏代叫"收"。三代又都用皮弁和腰间有褶子的白缯裙裳。没有大夫的冠礼，只有大夫的婚礼。因为，古时候要到五十岁才能受爵为大夫，而冠礼是在二十岁举行的，所以大夫怎么能有冠礼呢？诸侯有冠礼是夏代末期的事。天子的长子，也是士，也行士冠礼。天下没有生下来就尊贵的人。诸侯的长子继位为诸侯，是让他们效法自己的先贤。将官爵授予人，要按着德行的高下分等级。人死了给予谥号，这是现在的做法。古时候，活着的时候没有爵位，死后也没有谥号。

礼之所尊，尊其义也。失其义，陈其数[①]，祝、史之事也。故其数可陈也，其义难知也。知其义而敬守之，天子之所以治天下也。

【注释】

①陈其数：孔疏："谓笾、豆事物之数可布陈。"

【译文】

礼之所以可贵，贵在它的内在崇高的意义。如果失去了内在的崇高意义，只会摆摆笾豆、点点数的仪节，那是祝、史们干的事。所以说，礼的仪节是容易学会的，而其深刻的意义难以理解。真正懂得礼的深刻意义并且恭敬地遵守执行，那么天子就可以治理天下了。

天地合，而后万物兴焉。夫昏礼，万世之始也。取于异姓[①]，所以附远厚别也[②]。

币必诚[③]，辞无不腆[④]。告之以直信。信，事人也；信，妇德也。壹与之齐，终身不改[⑤]，故夫死不嫁。

男子亲迎，男先于女，刚柔之义也。天先乎地，君先乎臣，其义一也。

执挚以相见[⑥]，敬章别也。男女有别，然后父子亲；父子亲，然后义生[⑦]；义生，然后礼作；礼作，然后万物安。无别无义，禽兽之道也。

婿亲御授绥[⑧]，亲之也。亲之也者，亲之也。敬而亲之，先王之所以得天下也。出乎大门而先[⑨]，男帅女，女从男，夫妇之义由此始也。妇人，从人者也：幼从父兄，嫁从夫，夫死从子。夫也者，夫也。夫也者，以知帅人者也。

玄冕齐戒[10]，鬼神阴阳也。将以为社稷主，为先祖后，而可以不致敬乎？

共牢而食[11]，同尊卑也。故妇人无爵，从夫之爵，坐以夫之齿。

器用陶、匏，尚礼然也。三王作牢，用陶、匏。

厥明[12]，妇盥馈[13]。舅姑卒食，妇馂余[14]，私之也。舅姑降自西阶，妇降自阼阶，授之室也。

昏礼不用乐，幽阴之义也[15]，乐，阳气也。昏礼不贺，人之序也[16]。

【注释】

①取于异姓：《曲礼上》："取妻不取同姓。"取，同"娶"。

②附远厚别：孔疏："取异姓者，所以依附相疏远之道，厚重分别之义也。"另一说法，见《集解》引方悫说："必取于异姓，所以附远；不取同姓，所以厚别。"

③币：即纳征之币。纳征，古代婚礼"六礼"之一，指男方向女方赠送定亲的聘礼，女方受礼复书，双方的婚姻关系即确定。纳币，要送玄纁、束帛和俪皮（两张鹿皮）。

④辞无不腆：纳币时的说辞，不能自谦说自己的币帛不好。腆，善。

⑤"壹与之齐"二句：郑注："齐，谓共牢而食，同尊卑也。齐，或为'醮'。"郭店楚简《六德》："壹与之齐，终身弗改之矣。"

⑥挚：见面礼。指亲迎当天男子要执雁作为见面礼。

⑦"男女有别"四句：郭店楚简《六德》："男女不辨，父子不亲。父子不亲，君臣亡义。"文意相似，可以参看。

⑧亲御：婿亲自为新娘驾车，象征性地走一段，让车轮转几圈，再交给驭手驾车。授绥：由婿把绥交给新娘。绥，登车时拉手的

绳索。

⑨大门：指妇家大门。

⑩玄冕：大夫以上所穿的祭服。此指亲迎时所穿之服。

⑪共牢而食：指夫妇的坐席前放着盛有豚、鱼及干肉等的俎牢，夫妇共食。这是象征性的礼仪活动，并不真的要吃饱，夫妇"三饭卒食"，礼成。

⑫厥：其。明：明日。指共牢之明日。

⑬妇盥馈：或说此三字为后人据《士昏礼》加上的。馈，行馈食礼。指向舅姑进食。

⑭馂(jùn)余：吃剩下的食物。

⑮"昏礼不用乐"二句：婚属阴礼，乐属阳气，不能以阳事干犯阴事，故婚礼不用乐。《曾子问》载："取妇之家，三日不举乐，思嗣亲也。"

⑯"昏礼不贺"二句：婚姻之礼，意味着子代父，新妇代姑，新一代兴起，老一代衰落，从这一意义而言故不加庆贺。序，郑注："犹代也。"

【译文】

天地交配，而万物诞生兴发。婚礼，是自一世乃至万世的起始，是繁衍后代子孙的开端。娶异姓女子为妻，这是为了依附原本没有关系的家族、增强与异姓的联系。

男方向女方致送聘礼要诚心诚意，不要说礼物不好之类的谦辞。要告诫新妇为人须正直诚信。诚信，是用以侍奉人的根本；诚信，是为妇的德行。夫妇一旦同牢而食，同吃同喝了，那妇人就是夫家的人了，终身不能变改，所以丈夫死了就不再改嫁。

结婚之日，男子亲到女家迎娶，表示男先于女，是男刚女柔的意思。这就和天先于地、君先于臣的道理是一样的。

迎亲时，男子捧着礼物交给女家，以宾、主之道与新妇相见，这样表示恭敬、要彰明男女之别。男女有别,然后才有父子之亲;父子相亲,然后才有君臣之义;君臣有义,然后制定礼仪;制定了礼仪,然后万物相宜、各安其所。如果男女无别,父子无义,那就与禽兽一样了。

出门上车,新郎亲手把上车用的引绳交给新娘帮助登车,再亲自驾车,让车子走上一段,表示亲自为新娘做了事。自己对别人的亲爱之举,就是要别人也对自己亲爱。尊敬人并亲爱人,把这种尊敬与亲爱推而广之,先王就是凭借这一点得到天下的。从女家大门出来之后,男人就走在前面,男人带领着女人,女人跟随着男人,夫妇关系的道理与准则就是从这里开始的。妇人,就是跟从别人的人:年幼时跟从父兄,出嫁后跟从丈夫,丈夫死了跟从儿子。夫,就是丈夫的意思。丈夫,就是用智慧领导别人的人。

新郎迎亲要身着祭服,斋戒沐浴,禀告祖先和天地,这是将婚姻夫妇之道看作与鬼神祭祀一样地虔敬。婚后妻子就也是社稷之主、一家之主了,要继承祖先,繁衍后代,因此怎么能不虔诚地致以敬意呢?

成亲的当晚,夫妇方在新房里同牢而吃,共食一器中的牲肉,表示夫妇是尊卑相同的。因此,妇人没有爵位,妇女都依从丈夫的爵位,座次席位也以丈夫的辈分和年龄来排定。

远古时,食器都用陶器和葫芦,因为是崇尚天然。夏、商、周三代开始有夫妇共牢食用牲肉之礼,而器具则沿用了陶器、葫芦。

成亲次日的黎明,新娘盥洗后拜见公婆,向公婆进献食品。公婆吃完后,把剩下的食物赐给新妇,显示对她的恩典。礼毕,公婆先从西阶下堂,然后新妇从阼阶下堂,这表示从此家事授给新妇管理了。

婚礼不奏乐,因为结婚属于阴,而乐属于阳。举行婚礼,也不庆贺,因为结婚意味着新老兴衰代谢,新一代兴起,老一代衰落。

有虞氏之祭也,尚用气①。血、腥、爓祭②,用气也。殷人尚声,臭味未成③,涤荡其声④。乐三阕⑤,然后出迎牲。声音之号,所以诏告于天地之间也。周人尚臭[⑥],灌用鬯臭[⑦]。郁合鬯[⑧],臭阴达于渊泉[⑨]。灌以圭璋[⑩],用玉气也。既灌然后迎牲,致阴气也。萧合黍、稷[⑪],臭阳达于墙屋,故既奠然后焫萧合膻芗[⑫]。凡祭慎诸此。魂气归于天,形魄归于地,故祭,求诸阴阳之义也。殷人先求诸阳,周人先求诸阴。

【注释】

①尚:崇尚。气:指生肉的腥气。

②血、腥、爓(xún):孔疏:"血,谓祭初以血诏神于室。腥,谓朝践荐腥肉于堂。爓,谓沉肉于汤,次腥,亦荐于堂。"

③臭味未成:指未杀牲之前。未杀牲,还没有鲜血和腥气,所以说"臭味未成"。

④涤荡:郑注:"犹摇动也。"指奏响音乐,声音激荡。

⑤三阕(què):三遍。指奏乐三次,音乐停止才迎接牺牲。

⑥臭:孔疏:"谓鬯气也。"指郁鬯的香气。

⑦灌用鬯臭:以郁鬯酒灌地降神,用的是郁鬯的香气。鬯酒,是秬黍所酿之酒。

⑧郁合鬯:古人以郁金草煮汁与鬯酒混合,气味芬芳。郁,郁金草。

⑨阴:指入地。天阳地阴。

⑩圭璋:指舀郁鬯香酒浇泼到地上时用的勺子。这种勺子有个专名叫"瓒"(zàn)。以圭为柄称"圭瓒",以璋为柄称"璋瓒",统名"玉瓒"。

⑪萧:香蒿。

⑫奠:郑注:"谓荐孰时也。"即在尸入室之前,献上熟食以飨神。焫(ruò):烧。膻:郑玄认为当作"馨",馨芗(xiāng),指黍稷。芗,通"香"。

【译文】

有虞氏的祭祀，崇尚腥气。祭祀时用鲜血、生肉、半熟的肉，这是用腥气来敬神。殷人的祭祀，崇尚声音，在未宰杀牺牲之前，就先奏乐。乐曲奏过三章停止后，才出门迎牲。乐曲的呼号，就是用来召唤天地之间的鬼神的。周人的祭祀，崇尚香气，祭祀开始时用鬯酒浇泼在地上，让它的香气召神降临。用煮过的郁金草调配鬯酒，把它浇泼在地上，让它的香气渗入地下，达于渊泉。舀酒酌酒浇泼地上，用的是玉质的圭、璋做柄的勺子，这是使用玉的润清之气。把酒浇泼在地上降神后，然后出门迎牲，这是为了先致气于阴，给地下的神灵送上香气。杀牲之后，把香蒿配着黍稷焚烧，让烟气弥漫于墙屋之间，然后为尸酌酒置于席上，将香蒿、黍稷和牺牲的油脂混在一起燔烧，这是让阳气上腾，招致神灵到来。凡是祭祀，都要谨慎地做好这些礼节。人死后，其灵魂归于上天，这是阳；形体归于地下，这是阴，所以祭祀时要阴阳神灵兼顾，既要到天上去求阳，也要到地下去求阴。殷人是先到天上去求阳的，周人是先到地下去求阴的。

诏祝于室①，坐尸于堂②，用牲于庭③，升首于室④。直祭祝于主⑤，索祭祝于祊⑥。不知神之所在：于彼乎，于此乎？或诸远人乎？祭于祊，尚曰求诸远者与⑦？

【注释】

①诏祝于室：初杀牲时，以币告神于室。此节与《礼器》“纳牲诏于庭”内容类似，可参看。

②坐尸于堂：既杀牲，尸出坐于户西，南面，行朝践之礼。

③用牲于庭：纳牲于庭而杀之。

④升首于室：在庭中杀牲后，将牲首升置于室中北墙下。

⑤直祭：正祭。向神敬献熟食为正祭，而此前的献鲜血、献生肉，是表示敬意而已。

⑥索祭祝于祊(bēng)：求神之时，由祝致辞于门外之祊。旧注说，这是由于还不知神到底在哪里，因此里里外外，由近而远，到处寻求加以祭祀。即《礼器》“为祊乎外”。索，求。祊，见《礼器》“大庙之内敬矣”节注⑬。

⑦尚：庶几。

【译文】

祭祀，杀牲时，祝要用币在室中告祭于神；杀牲后，尸坐在堂上受飨；牵牲入庙时，要用币在庭中告祭于神；杀牲后献上牲首，要放在室中北墙下。正祭时，祝致辞于神主，广求众神而祭，祝致辞祭祀于庙门之外。因为不知道神到底在哪里：是在那里吗？是在这里吗？或者是在离人更远的地方呢？在庙门之外设祭，大概是到远方去求索神灵而祭吧？

祊之为言倞也①，肵之为言敬也②。富也者，福也。首也者，直也③。相④，飨之也。嘏，长也，大也。尸，陈也⑤。毛、血，告幽全之物也⑥。告幽全之物者，贵纯之道也⑦。血祭，盛气也⑧。祭肺、肝、心，贵气主也⑨。祭黍稷加肺，祭齐加明水，报阴也⑩。取膟膋燔燎升首⑪，报阳也⑫。明水涚齐⑬，贵新也。凡涚，新之也⑭。其谓之明水也，由主人之絜著此水也⑮。

【注释】

①倞(liàng)：索求，寻求。

②肵(qí)：指肵俎，放置心舌之俎。此“俎”与他“俎”不同，由主人亲

自进献于尸,用以表示尊敬。

③首也者,直也:首,升首之祭,即把牺牲之首进献给神灵。直,正。孔疏:“首为一体之正。”孙希旦说,进献的牺牲其他部位如牲体都只是一半,是不完整的,只有牲首是完整的,因此称为“一体之正”。

④相:侑尸进食者,即让尸享用此馔。

⑤尸,陈也:其他本作“尸,主也”,因而郑玄认为当从“主”,神主之义。

⑥幽全:即报告牲体内里美善,外观完具。幽,指血。全,指毛。

⑦纯:指内外皆善。

⑧血祭,盛气也:取血而祭,说明牲体内里美善,又证明牺牲其气之盛。

⑨气主:郑注:“气之所舍也。”

⑩齐(jì)加明水,报阴也:齐,指五齐,即泛齐、醴齐、盎齐、缇齐、沈齐。“五齐”都是未经过滤之薄酒,但其中也有清浊之分。明水,指用铜制的鉴盘放在月下所承接的露水。报阴,孙希旦说:“魂气为阳,体魄为阴。黍稷、牲体、酒醴之属,可以饮食而以味飨神者也,故曰‘报阴’。”

⑪膟膋(lǜ liáo):肠间的脂肪,祭祀时与萧、黍稷等燔烧。

⑫报阳:孙希旦说:“燔燎、升首,不可以饮食,而以气歆神者也,故曰‘报阳’。”

⑬涚(shuì):滤清。

⑭新之:指用明水滤清五齐,令其新洁以敬鬼神。

⑮絜:通“洁”。著:成。

【译文】

“祊”说的是“倞”,“倞”是求索的意思;“肵”说的是“肵俎”,就是敬的意思。祝辞中所说的“富”,就是福的意思。把牺牲的牲首进献于室,因为牲首为牲体之正。“相”，就是劝侑尸飨食。“嘏”，是赐福，是尸将神灵享用过的福胙给予主人，祈祝福禄长久，福禄广大。“尸”，就是神主。祭祀时进献的毛、血，是要向神报告所用牺牲内里美善，外观完整。报告牺牲内里美善，外观完整，是以牲体内外皆善为贵。用牲血祭神，因为血是牺牲的精气，证明其气之盛。而用肺、肝、心来祭神，是看重它们是生发生气的器官。用黍稷加肺祭祀，用五齐加明水祭祀，以饮食飨神灵，这是为了报答阴气。将香蒿和牲的肠间脂肪燃烧，升牲首于堂，以香气歆神灵，这是为了报答阳气。用承接的露水滤清五齐，让初成的浊酒清亮明洁。所谓滤清，就是让酒变得清新。之所以把承接的露水称为“明水”，是由于主人明洁清亮，此明水才能得到，才能造成。

君再拜稽首，肉袒亲割①，敬之至也。敬之至也，服也。拜，服也；稽首，服之甚也；肉袒，服之尽也。

祭称“孝孙”、“孝子”，以其义称也。称“曾孙某”，谓国家也②。祭祀之相③，主人自致其敬，尽其嘉④，而无与让也。腥、肆、爓、腍祭⑤，岂知神之所飨也？主人自尽其敬而已矣。

【注释】

①肉袒：脱去上衣左袖，露出左臂。割：解割牲体。

②国家：指诸侯和卿大夫。因为诸侯五庙，卿大夫三庙，除父、祖外还要祭曾祖及以上，所以可以自称“曾孙某”。

③相：赞礼之人。

④嘉：指外在仪表的美善。

⑤腥：生肉。肆：肢解剔剥后的牲体。腍（rěn）：熟肉。

【译文】

国君在祭祀时要两次行拜礼再稽首，袒露左臂亲自切割分解牲体，这是表示对神灵的最高的尊敬。最高的尊敬，就意味着顺从。跪拜，是表示顺从；稽首磕头，是表示最最顺从；袒露左臂，是表示完全彻底地顺从。

祭于祖庙时，自称“孝孙”，祭于父庙时自称“孝子”，这是嫡系子孙以伦理的名义来称呼的。诸侯和卿大夫在祭祀祖父以上的祖先时自称“曾孙某”，这是以国家的名义自称的。祭祀中的相，辅助礼仪的施行，要由主人自己致敬神灵，完美地表达对神灵的敬意，而尸是代表神灵的，无需谦让。祭祀时，无论是进献生鲜的牲肉、肢解切割后的牲体、半熟的牲肉、还是煮熟的牲肉，哪里还能知道神灵究竟享用了什么？这只是主人完美地表达对祖先、对神灵的敬意而已。

举斝、角[①]，诏妥尸[②]。古者尸无事则立，有事而后坐也。尸，神象也；祝，将命也。

【注释】

①斝(jiǎ)、角(jué)：两种酒器。据说，天子以斝奠，诸侯以角奠。参见《礼运》“祝、嘏莫敢易其常古”节注③。

②妥：安。此指安排尸坐下。

【译文】

把尸迎入室内之后，举起斝、角酒具行礼致敬，祝要提示主人安排尸坐下。在古代，尸无事时都站立着，只有在饮食时才坐下。尸，是神灵的象征；祝，传达神灵的指令。

缩酌用茅，明酌也[①]。醆酒涚于清[②]，汁献涚于醆酒[③]，犹明、清与醆酒于旧泽之酒也[④]。

【注释】

①"缩酌"二句：五齐中，醴齐、泛齐较浊，而盎齐以下较清，因而在祭祀中如果用泛、醴二齐，先用三酒中的事酒与其勾兑，再用一束茅草过滤掉糟滓。缩，滤去糟滓。酌，斟酌。

②醆(zhǎn)酒：盎齐、醍齐、沈齐三齐，较清明，无需过滤，只加清酒即可。

③汁献：郁鬯酒兑以醆酒。献，摩挲。通过摩挲郁金香草而出汁，掺进鬯酒，故名。

④旧泽(yì)之酒：泽，读为"醳"。"旧醳之酒"为"昔酒"，"三酒"之一。《周礼·天官·酒正》："辨三酒之物，一曰事酒，二曰昔酒，三曰清酒。"三酒，三种滤去糟滓的清酒。事酒，临时有事而新酿的酒。昔酒，久酿而成的酒。清酒，更久酿造而成的酒。

【译文】

祭祀用的醴酒要用茅草加以过滤，酒色清明再加调和，才能明酌敬神。盎齐、醍齐、沈齐三齐为"醆酒"，比较清明，无需过滤，只加清酒即可饮用；郁鬯酒要兑盎齐，就像事酒、清酒与盎齐都与昔酒兑在一起一样。

祭有祈焉①，有报焉②，有由辟焉③。

【注释】

①祈：郑注："祈，犹求也。谓祈福祥，求永贞也。"

②报：郑注："谓若获禾报社。"即对神灵的赐给予以报答。

③辟(mǐ)：郑注："读为'弭'。谓弭灾兵，远罪疾也。"

【译文】

祭祀，有的是为了祈求福祥，有的是为了报答恩典，有的是为了消弭兵灾祸疾。

齐之玄也[①]，以阴幽思也。故君子三日齐，必见其所祭者。

【注释】

①齐：同“斋”。下同。玄：指斋戒时的服装，玄衣、玄裳、玄冠。“玄”为幽阴之色。

【译文】

斋服，穿着是玄色，玄衣、玄裳、玄冠，因为黑色是幽阴之色，鬼神处于幽阴之地，因此穿着玄服思念处于幽阴之地的亲人。所以，君子如果专心致志地斋戒三日，一定能够见到自己要祭的神灵。

内则第十二

【题解】

郑玄《礼记目录》云："名曰'内则'者，以其记男女居室、事父母舅姑之法。"

本篇主要记载家庭内部各种人际关系的日常生活准则，如儿子、儿媳侍奉父母、公婆的进退之礼，饮食之法，妇人受赐之法，教子之法，等等。孙希旦认为，本篇有几处文字可疑，如从"凡养老，有虞氏以燕礼"至"皆有惇史"，与通篇所言不相符，文体亦异，"疑系他简脱简"。

后王命冢宰降德于众兆民①。子事父母②，鸡初鸣，咸盥、漱③，栉、縰、笄、总④，拂髦、冠、緌、缨⑤，端、韠、绅⑥，搢笏⑦。左右佩用。左佩纷帨、刀、砺、小觿、金燧⑧，右佩玦、捍、管、遰、大觿、木燧⑨。偪⑩，屦着綦⑪。

【注释】

①后王：天子。冢宰：官名。为六卿之首。兆民：郑注："万亿曰'兆'。天子曰'兆民'，诸侯曰'万民'。"是说天子的民众称为"兆民"，诸侯的民众称为"万民"。

②子：因下文有“男女未冠笄者”，所以这里应指已冠男子。

③咸：皆。盥：洗手。漱：漱口。

④栉（zhì）：梳篦。此指梳头。縰（xǐ）：郑注：“韬发者也。”即遮盖头发的布帛。此指以布帛遮盖头发。笄：簪子。孙希旦说：男子有二笄，一以固发，一以固冠。此笄乃固发之笄。总：发带，束发后垂在脑后为装饰。

⑤拂：振去灰尘后戴上。髦：一种假发，据说类似幼年的发型“鬌”（duǒ），或似刘海。

⑥端：指玄端服，为士的服装。上衣为黑色，下裳有三色，玄色、黄色、杂色均可。韠（bì）：古代系于裳外的蔽膝，皮制。绅：束在腰间的大带。

⑦搢（jìn）：插。笏（hù）：用来记事的玉、象牙或竹木制成的条形牌版，后成为礼仪性的器具。

⑧纷帨（shuì）：拭物的佩巾，类似后世的手巾。砺：磨刀石。小觿（xī）：解小结的工具，用象骨制成，锥形。金燧：利用阳光取火的铜镜形的器具。孔疏引皇氏云：“晴则以金燧取火于日。”

⑨玦：当作“决”。古代射箭时套在右手大姆指上的指套，骨制，拉弦时用以保护手指。捍：射箭时套在左臂上的皮套，又叫“遂”。管：笔管。遰（shì）：刀鞘。木燧：钻木取火的工具。孔疏引皇氏云：“阴则以木燧钻火也。”

⑩偪（bī）：用布帛束于膝至足，类似后世之绑腿裹脚。

⑪綦（qí）：鞋带。

【译文】

天子命令冢宰对天下百姓进行道德教育。儿子侍奉父母，鸡开始啼叫就都起床洗手洗脸、漱口，梳头、用布帛盖上头发，插上发簪固定，系上发带，整理假发做的刘海，戴上帽子，系好帽带，穿上玄端衣裳，系上蔽膝，腰间扎上大带，把笏版插入腰带中。身上左右佩带常用之物。

左边佩带有手巾、小刀、磨刀石、解绳带小结用的锥棍、利用日光取火的铜燧，右边佩带有射箭拉弦时拇指上带的指套、戴在左臂防护用的皮套、笔管、刀鞘、解绳带大结用的锥棍、钻木取火的木燧。扎好绑腿裹脚，穿好鞋，系好鞋带。

妇事舅姑，如事父母。鸡初鸣，咸盥、漱，栉、縰、笄、总，衣、绅[①]。左佩纷帨、刀、砺、小觿、金燧，右佩箴、管、线、纩[②]，施縏袠[③]；大觿、木燧，衿缨[④]。綦屦，以适父母舅姑之所。

及所，下气怡声[⑤]，问衣燠寒[⑥]，疾痛苛痒[⑦]，而敬抑、搔之[⑧]。出入则或先或后，而敬扶持之。进盥，少者奉槃[⑨]，长者奉水，请沃盥，盥卒，授巾。问所欲而敬进之，柔色以温之。饘、酏、酒、醴、芼、羹、菽、麦、蕡、稻、黍、粱、秫唯所欲[⑩]。枣、栗、饴、蜜以甘之[⑪]，堇、荁、枌、榆[⑫]，免、薨、滫、瀡以滑之[⑬]，脂膏以膏之。父母舅姑必尝之而后退。

【注释】

①衣、绅：孔疏："谓加玄端绡衣而后着绅带。"衣，指玄绡衣，即用黑缯所制之衣。

②箴：同"针"。纩（kuàng）：《小尔雅》："絮之细者曰'纩'。"指好丝绵。

③縏袠（pán zhì）：郑注："縏，小囊也。""縏袠"是装针线等物品的小囊。

④衿（jìn）：动词，系。缨：五彩丝带。此指女子许嫁之缨，是表示自己已有所属。

⑤怡：悦。

⑥燠（yù）：暖。

⑦苛：通“疴”，疥癣。

⑧抑：按。搔：摩。

⑨槃：同“盘”，承接水的木盘。古人洗手，要用匜（yí）盛水，倒在手上，下边用盘接水。

⑩饘（zhān）：稠粥。酏（yí）：稀粥。芼（mào）：菜。羹：肉羹。或说“芼羹”是以菜杂肉之羹。菽：豆的总称。蕡（fèi）：大麻子。黍：今之黄米。粱：即粟，北方俗称“谷子”，去壳后称“小米”。秫（shú）：稷之黏者。

⑪饴（yí）：糖。

⑫堇：堇菜。荁（huán）：堇菜类，叶较大。枌（fén）：白榆树皮。榆：刺榆，榆树的一种。

⑬免（wèn）：新鲜的。薨（kǎo）：干的。滫（xiǔ）：郑注：“秦人溲曰‘滫’。”《说文》：“滫，久泔也。”疑指使食品稍加发酵变柔软。瀡（suǐ）：郑注：“齐人滑曰‘瀡’。”或指勾芡使食品柔滑。

【译文】

媳妇侍奉公婆，如同侍奉父母一样。鸡开始啼叫就起床洗手洗脸、漱口，梳头，用布帛盖上头发，插上发簪固定，系上发带，穿上黑色的绡衣并在腰间束好绅带。身上左边佩带手巾、小刀、磨刀石、解绳带小结用的锥棍、利用日光取火的铜燧，右边佩带针、钥匙、线、细丝绵，都装在放杂物的小囊里；还有解绳带大结用的锥棍、钻木取火的木燧，这些物品都用五彩丝绳系好。穿好鞋，系好鞋带，然后到父母、公婆的住所请安。

到了父母、公婆的住室，要低声柔气地嘘寒问暖，如果父母、公婆身有疾病痛痒，就要恭敬地给他们按摩、搔痒。父母、公婆出门进门，或在前或在后，恭敬地扶持他们。给父母、公婆端上盥洗用水，年少的捧着盆盘接水，年长的手执容器从上方浇淋，请他们洗手洗脸，洗完后递上手巾。然后问他们想吃什么，恭敬地进献上，和颜悦色的态度让父母、公婆感到温暖。端上稠粥、稀粥、酒、醴酒、菜、肉羹、豆子、麦饭、大麻子饭、稻米饭、黍米饭、白粱米饭、黏米饭，让他们按照需求选用。还要加上枣子、栗子、饴糖、蜂蜜让味道甘甜，用新鲜的或晾干的堇、荁、白榆皮、刺榆皮来调和食物，让食品变柔变滑，用油脂调和，使其肥润可口。父母、公婆都品尝过后，才能告辞离开。

男女未冠笄者，鸡初鸣，咸盥、漱，栉、縰，拂髦，总角[1]，衿缨，皆佩容臭[2]。昧爽而朝[3]，问：何食饮矣。若已食则退，若未食，则佐长者视具[4]。

【注释】

①总角：把头发左、右分束为两个髻。

②容臭：孔疏："臭，谓芬芳。臭物谓之容者，庾氏云：'以臭物可以修饰形容，故谓之容臭。'"

③昧爽：天将明而未明时。

④具：指馔食。

【译文】

未行冠礼的男子，未行笄礼的女子，每天鸡刚啼叫就都起床盥洗、漱口，梳头、扎裹头巾，整理假发做的刘海，把头发左、右分束为两个髻，衣服缨带上系有绣囊，都装有香料。在天色将明而未明时，去向父母请安，问：早饭吃了什么、喝了什么。如果父母已经吃过了，就可以告退，如果还没有吃，那就帮助兄长侍奉准备馔食。

凡内外[1]，鸡初鸣，咸盥、漱，衣服，敛枕、簟[2]，洒扫室堂及庭，布席[3]，各从其事。孺子蚤寝晏起[4]，唯所欲，食无时。

【注释】

①凡内外：全家所有人，包括仆隶，不分男女、尊卑、长幼都包括在内。

②敛枕、簟（diàn）：是因为“不欲人见己亵者”。簟，指贴身的竹席。

③布：布置。

④孺子：小子。蚤：通“早”。晏：晚。

【译文】

家中所有的人，不分男女、长幼、尊卑，每天鸡刚啼叫，就都要起来盥洗、漱口，穿好衣服，把枕头和席子收起来，洒扫卧室、庭堂和院落，布置坐席，各自从事自己要做的事情。只有小孩子可以早睡晚起，随他想怎样，吃饭也可以不定时。

由命士以上①，父子皆异宫②。昧爽而朝，慈以旨甘③；日出而退，各从其事；日入而夕④，慈以旨甘。

【注释】

①命士：指受命于天子而有一定爵位的士。

②异宫：命士以上的家庭，父子不住在同一个院落内，而有自己的庭院、寝门、寝室。孙希旦说：“异宫则父子之寝各有正寝、燕寝、侧室之属，而其制备；同宫则唯父备有此制，而其子或唯有燕寝及妻之寝而已，而其制简。”

③慈：恭敬地进献。旨甘：即上节的“枣、栗、饴、蜜”。

④夕：夕见。指晚上的问候请安、昏定之礼。

【译文】

儿子是命士以上的官员，和父亲住在不同的院落里。天将明而未明时就去朝见父母，恭敬地献上甜美的食物侍奉老人早餐；日出后告退，然后各自从事自己要做的事情；日落后，要到父母那里去请安问候，也要恭敬地进献美味的食物侍奉老人。

父母、舅姑将坐，奉席请何乡[①]。将衽[②]，长者奉席请何趾。少者执床与坐[③]，御者举几[④]。敛席与簟，县衾箧枕[⑤]，敛簟而襡之[⑥]。

父母、舅姑之衣、衾、簟、席、枕、几不传[⑦]，杖、屦祗敬之[⑧]，勿敢近。敦、牟、卮、匜[⑨]，非馂莫敢用[⑩]，与恒食饮，非馂莫之敢饮食。

父母在，朝夕恒食[⑪]，子妇佐馂，既食恒馂。父没母存，冢子御食[⑫]，群子、妇佐馂如初[⑬]。旨甘柔滑，孺子馂。

【注释】

①乡：通“向”。

②衽（rèn）：卧席。这里意为躺卧。

③床：坐床。形制甚小，是尊者暂憩息时所用，与后世之床不同。与坐：让长者坐在“床”上稍等。

④御者举几：孔疏：“举几者，谓早旦亲起之后，侍御之人则奉举其几以进尊者，使冯（凭）之。”古人席地而坐，用凭几放在背后或身前作倚靠，可以比较舒适。

⑤“敛席”二句：孔疏：“敛席与簟者，敛此所卧在下大席，与上衬身之簟，又县其所卧之衾，以箧贮所卧之枕也。”县（xuán），同“悬”。衾，被子。箧（qiè），小箱子。

⑥襡（dú）：收藏。

⑦传：移。孔疏，父母、舅姑之物，收贮后子妇不得随意转移、搬动。

⑧杖、屦（jù）祗（zhī）敬之：孔疏：“杖、屦是尊者服御之重，弥须恭

敬,故云祗敬之,勿敢逼近也。"祗,敬。

⑨敦(duì)、牟(móu):盛黍稷的两种食器。卮(zhī):酒器。匜(yí):盛水的器皿。

⑩馂(jùn):吃剩下的食物。

⑪恒食:常食。

⑫冢子:指长子。御:侍。

⑬群子、妇:指长子之外的其他儿子及媳妇。

【译文】

父母、公婆如果将要坐下,儿子、媳妇就要捧着席子,请示铺设坐席的朝向。父母、公婆如果将要躺卧,长子、长媳就要捧着卧席,请示铺设卧席头脚的朝向。少子、少媳拿着坐床,让父母、公婆先坐下等候,侍者搬来几让父母、公婆可以倚靠凭依。每天起身后,要将父母、公婆铺垫的席子和贴身的细席收卷起来,把被子悬挂起来,把枕头放进箱子里,把贴身的细席收藏起来。

父母、公婆的衣服、被子、贴身的细席、铺垫的席子、枕头、几是不得随便移动的,老人的手杖、鞋子更要恭敬对待,不要随便去碰触。父母、公婆吃饭用的敦、牟,喝酒用的卮,盛水的匜,都不能擅用,只有等老人吃过后、儿子、媳妇接着吃剩下的食物时才可使用这些器皿。日常饮食的物品,儿子、媳妇若不是接着吃父母、公婆剩下的食物时也是不敢擅自动用的。

如果父母都健在,早晚日常饮食,由儿子、媳妇帮助他们吃完剩下的食物,要吃干净,不再有剩余。如果是父亲去世而母亲尚存,日常的饮食就由长子侍奉陪同,母亲吃剩下的食物,由长媳和其他的儿子、媳妇帮助吃完,也要吃干净,不再有剩余。父母吃剩下的食物中有美味可口、柔滑的,就由小孩子们把它吃掉。

在父母、舅姑之所,有命之,应"唯"敬对①。进退周旋慎齐[2]，升降、出入、揖游[3]，不敢哕、噫、嚏、咳、欠、伸、跛、倚、睇视[4]，不敢唾、洟[5]。寒不敢袭[6]，痒不敢搔。不有敬事[7]，不敢袒裼[8]，不涉不撅[9]，亵衣衾不见里[10]。

父母唾、洟不见。冠带垢，和灰请漱[11]；衣裳垢，和灰请浣；衣裳绽裂[12]，纫箴请补缀[13]。五日则燂汤请浴[14]，三日具沐。其间面垢，燂潘请靧[15]；足垢，燂汤请洗。少事长，贱事贵，共帅时[16]。

【注释】

①应“唯”：用“唯”来答应。

②齐：同“斋”，庄重。

③揖游：俯身走路。揖，俯身。游，行。

④哕(yuě)：干呕，要吐又吐不出来。噫(ài)：打饱嗝。睇(dì)视：斜视。

⑤唾：唾沫。洟(tì)：鼻涕。

⑥袭：加衣服。

⑦敬事：孙希旦说：“为尊者执劳事也。”即为长辈干体力活。

⑧袒裼：露出手臂。

⑨撅(guì)：撩起衣裳。

⑩亵(xiè)衣衾不见里：贴身的内衣和被子不能让里子显露出来。

⑪和灰：蘸着草木灰汁。古代使用草木灰来清除污垢，洗涤衣物。

⑫绽：裂开。

⑬补缀：缝补。

⑭燂(xún)：烧热。

⑮潘：淘米水。靧(huì)：洗脸。

⑯帅：遵循。时：通“是”。

【译文】

在父母、公婆的住所，他们如果有事使唤，要先用“唯”答应，然后恭敬地回话。在父母、公婆跟前，进退转身都要谨慎庄重，升降堂阶，出入门户，俯着身子走路，不敢干呕、打饱嗝、打喷嚏、咳嗽、打呵欠、伸懒腰、不能一只脚站立、也不能歪斜地倚靠着什么站立、不敢歪着头看或斜视，不敢吐唾沫、流鼻涕。在老人跟前，感到冷了也不敢添加衣服，感到痒了也不敢伸手搔挠。在父母、公婆跟前，不是为长者干力气活，就不敢脱衣露臂，不是蹚水就不敢撩起衣裳，贴身的内衣和被子不能让里子显露出来。

父母脸上的口水和鼻涕要及时地帮着擦干净，不能让人看见。父母的冠带、衣裳脏了，请求为父母蘸着草木灰汁清洗干净；衣裳开裂了，请求为父母穿针引线缝好补好。每五天一次就烧好热水让父母洗澡，每三天一次让父母洗头。这期间如果脸脏了，就热些淘米水让他们洗脸；如果脚脏了，就烧些热水让他们洗脚。年少的侍奉年长的，卑贱的侍奉尊贵的，都遵循这样的规矩去做。

男不言内，女不言外①。非祭非丧，不相授器②。其相授，则女受以篚③，其无篚，则皆坐奠之而后取之④。外内不共井，不共湢浴⑤，不通寝席，不通乞假。男女不通衣裳。内言不出，外言不入。

男子入内，不啸不指⑥。夜行以烛，无烛则止。女子出门，必拥蔽其面，夜行以烛，无烛则止。道路，男子由右，女子由左。

【注释】

①“男不言内”二句：《曲礼上》：“外言不入于梱，内言不出于梱。”意

义相似。"内"指家务事，由女人负责；"外"指男人的公事。

②"非祭"二句：孔疏："祭是严敬之处，丧是促遽之所，于此之时，不嫌男女有淫邪之意。"本来男女授受不亲，但在祭祀与治丧时，可以破例。因为祭祀是严肃庄敬的地方，而办理丧事是仓促匆忙的场合，在这两种情况下，男女可以互相授受。

③篚(fěi)：盛东西的竹筐。

④奠：放置。

⑤湢(bì)：浴室。

⑥啸(chì)：郑注："读为'叱'。"指大声说话、呵叱。

【译文】

男人不过问女人的家务事，女人不过问男人的公事。如果不是祭祀和办理丧事，男女之间不能用手交接传递器物。如果必须用手交接传递器物，那么女子把器物放进竹筐里传递交接；如果没有竹筐，那么男女都先坐下，一方把东西放在地上，然后由另一方取走。外院与内宅不使用同一口井，男女不使用同一间浴室洗澡，不使用同一张寝席，相互之间不借用东西。男女的衣裳不能混着穿。家门内说的话不传出家门外，家门外讲的话也不传入家门内。

男子进入内宅，不可大声说话也不可用手指指划划。夜晚出行要点燃火把，没有火把就不外出。女子出门，要把脸遮掩起来，夜晚行路也要点燃火把，没有火把就不外出。走路，男人走在右边，女人走在左边。

子妇孝者敬者，父母、舅姑之命勿逆勿怠。若饮食之，虽不耆，必尝而待[①]；加之衣服，虽不欲，必服而待；加之事，人代之，己虽弗欲，姑与之而姑使之[②]，而后复之。

子妇有勤劳之事，虽甚爱之，姑纵之而宁数休之。

子妇未孝未敬，勿庸疾怨[③]，姑教之。若不可教，而后怒之[④]；不可怒，子放妇出而不表礼焉[⑤]。

【注释】

①“若饮食之”三句：孔疏：“谓尊者以饮食与己，己虽不嗜爱，必且尝之，而待尊者后命，令己去之，而后去之。”耆，同“嗜”。

②姑：姑且。

③庸：用。

④怒：谴责。

⑤子放妇出：孔疏：“子被放逐，妇被出弃。”出，休掉。不表礼：孔疏：“不显明言其犯礼之过也。”指不对外宣扬其失礼的过错。

【译文】

儿子、媳妇孝敬父母、公婆，对父母、公婆的命令不违背、不怠慢。父母、公婆如果赐给饮食，即使不喜欢吃，也要尝一些，然后等到父母、公婆说可以离开了再离开；父母、公婆赐给的衣服，即使不喜欢穿，也要暂时穿上，然后等到父母、公婆说可以离开了再离开；父母、公婆分派自己干的事情，中途又派别人来代替自己干，自己即使不想让别人干，也要姑且交给来代替的人去干，姑且让来代替的人去干，等他干不完干不好之后，自己再重干。

当儿子、媳妇辛勤工作时，父母、公婆虽然非常心疼他们，也姑且就听任他们去辛苦而不能不让他们干，宁可让他们多休息几回。

如果儿子和媳妇不孝敬，也不用生气埋怨，姑且先对他们进行教育。如果对他们进行了教育也不改，而后就对他们进行谴责；如果对他们进行了谴责也不改，那就把儿子赶出门、把媳妇休掉，但不在外说儿子、媳妇失礼的过错。

父母有过，下气怡色，柔声以谏。谏若不入，起敬起孝[①]，说则复谏[②]；不说，与其得罪于乡、党、州、闾[③]，宁孰谏[④]。父母怒、不说而挞之流血[⑤]，不敢疾怨，起敬起孝。

【注释】

①起：郑注："犹更也。"

②说(yuè)：同"悦"。

③乡、党、州、闾：据《周礼》，二十五家为一闾，五百家为一党，五党为一州，五州为一乡。

④孰谏：指犯颜而谏。孰，同"熟"。

⑤挞：以木棍或鞭子击打。

【译文】

父母有了过失，做儿女的要低声下气、和颜悦色、柔声细语地加以劝谏。劝谏如果不听，做儿女的要更加恭敬、更加孝顺，等到父母高兴的时候再次劝谏；如果父母因为劝谏而不高兴，与其让父母得罪于乡、党、州、闾，那还是宁可自己犯颜苦劝。如果因此使父母生气、不高兴，而拿着棍子把自己打得流血，那也不敢埋怨恼怒，而是更加恭敬、更加孝顺。

父母有婢子若庶子、庶孙[①]，甚爱之，虽父母没，没身敬之不衰。子有二妾，父母爱一人焉，子爱一人焉，由衣服饮食，由执事，毋敢视父母所爱[②]，虽父母没不衰。子甚宜其妻[③]，父母不说，出。子不宜其妻，父母曰"是善事我"，子行夫妇之礼焉，没身不衰。

【注释】

①婢子:贱妾。若:及。庶子:指贱妾所生之子。

②视:比。

③宜:善。

【译文】

父母对贱妾及庶子、庶孙十分宠爱,即使父母去世,也要秉承父母的遗愿终身疼爱他们。儿子如果有两个妾,父母喜欢一个,儿子喜欢另一个,那么无论是衣服饮食,还是做事,儿子喜欢的那个妾都不敢和父母喜欢的那个妾相攀比,即使父母去世了也不改变。儿子认为自己的妻子很好很合适,但父母不喜欢,那就把妻子休掉。儿子觉得自己的妻子不好不合适,但是父母说“这个媳妇善于侍奉我们”,那么儿子就要以夫妇之礼对待妻子,终身都不改变。

父母虽没,将为善,思贻父母令名①,必果②;将为不善,思贻父母羞辱,必不果。

【注释】

①贻(yí):遗留。

②果:决。孔疏:“父母虽没,思行善事,必果决为之。若为不善,思遗父母羞辱,必不得果决为之。”

【译文】

父母即使去世了,儿子将要做善事,想到这会给父母带来美名,就一定果断地去做;将要做不善的事,想到这会给父母带来羞辱,那就一定不能贸然去做。

舅没则姑老①,冢妇所祭祀宾客②,每事必请于姑,介妇请于冢妇[3]。舅姑使冢妇，毋怠、不友、无礼于介妇[4]。舅姑若使介妇，毋敢敌耦于冢妇[5]，不敢并行，不敢并命，不敢并坐。

【注释】

①姑老：婆婆告老，将家事交付于长妇，即嫡长子之妻。《曲礼上》："七十曰老，而传。"男子七十岁，就要将家事交付给嫡长子，其妻也将家内事务交付给嫡长媳。若男子未及七十就去世，其妻也要将家事交付给长媳，这是因为祭祀时必须夫妻同时主持。

②冢妇：嫡长子之妻，即长媳。

③介妇：郑注："众妇。"即众子之妇。

④毋怠、不友、无礼于介妇：朱彬《训纂》引项平甫曰："言舅姑若使冢妇，毋得以尊自怠，而凌辱众妇也。'怠'也，'不友'也，'无礼'也，皆当以'毋'字统之。"

⑤敌耦：匹敌。指介妇不可因舅姑对自己好就与冢妇抗衡，而应持合乎自己身份的态度。

【译文】

公公去世，婆婆就要告老，把家庭事务交付给冢妇。冢妇办理祭祀、招待宾客等事务，都要向婆婆请示，不敢专断，众妇则要向冢妇请示。公婆让冢妇主事、做事，冢妇不要懈怠，不要不友爱，不要对介妇无礼。公婆如果让介妇主事、做事，介妇也不敢和冢妇抗衡，不敢和冢妇并肩而行，不敢像冢妇一样发号施令，不敢和冢妇平起平坐。

凡妇不命适私室不敢退。妇将有事[1]，大小必请于舅姑。

子妇无私货，无私畜，无私器，不敢私假，不敢私与。

妇或赐之饮食、衣服、布帛、佩帨、茝兰②，则受而献诸舅姑。舅姑受之则喜，如新受赐；若反赐之，则辞，不得命，如更受赐，藏以待乏。妇若有私亲兄弟，将与之，则必复请其故，赐而后与之。

【注释】

①有事：有私事。

②“妇或赐之”句：指妇的娘家兄弟赐给的东西。佩帨（shuì），佩巾。茝（chǎi）兰，茝和兰，都是香草，干燥后可以制作香囊，佩带于身。

【译文】

凡是做儿媳妇的，公婆没有发话让回自己的居室，就不敢告退。媳妇有私事，不论事大事小一定要先请示公婆。

儿子、媳妇没有属于个人的财货，没有属于个人的牲畜，没有属于个人的器物，不敢私自把家里的东西借出去，不敢私自把家里的东西送别人。

媳妇如果得到自己兄弟馈赠的饮食、衣服、布帛、佩巾、香草，接受后要献给公婆。公婆接受了，媳妇就感到高兴，如同自己刚接受了亲友馈赠时一样；如果公婆又把东西返还赐给自己，就要推辞，推辞不过，就像再次受到赏赐一样，收藏好以等待缺乏的时候。儿媳若有娘家兄弟，想给娘家兄弟送东西，一定要先报告公婆，说明原因，公婆将要送的东西赐给儿媳，儿媳再拿去送给娘家兄弟。

適子、庶子祇事宗子、宗妇①。虽贵富，不敢以贵富入宗子之家；虽众车徒，舍于外②，以寡约入。子弟犹归器③，衣服、裘衾、车马则必献其上④，而后敢服用其次也。若非所献⑤，则不敢以入于宗子之门，不敢以贵富加于父兄宗族。

若富，则具二牲，献其贤者于宗子。夫妇皆齐而宗敬焉[⑥]，终事而后敢私祭。

【注释】

①適子：祖父及父之嫡子，即小宗。適，同“嫡”。庶子：嫡子之弟。祇（zhī）：敬。宗子：大宗，即整个族人的嫡系长子。宗妇：大宗子之妻。

②舍：止。

③犹：若，如果。归（kuì）：通“馈”，赠送。

④裘衾：裘皮衣和被子。

⑤若非所献：如果要给宗子家所进献的物品不符合宗子的身份。

⑥夫妇：小宗夫妇。宗敬：助祭于宗子之家以致敬。

【译文】

嫡子、庶子要敬重奉事家族的大宗、宗妇。嫡子、庶子即使富贵了，也不敢以富贵的身份排场进入宗子家；虽然车马多、徒众多，也要停在宗子家的大门外，简简单单地进入宗子家。自己的子弟如果被赐予器物，如衣服、裘皮、被褥、车马，那就从中挑选上等的献给宗子，而后自己使用次一等的。如果要给宗子家所进献的物品不符合宗子的身份，就不敢将它们带入宗子家门，不敢倚仗自己的富贵凌驾于父兄宗族之上。如果嫡子、庶子富有，祭祖时则准备两头牺牲，要将好的一头献给宗子。宗子祭祖，小宗夫妇都要斋戒助祭于宗子家，大宗祭祖完毕，小宗才敢回家祭祀自家的父、祖。

饭：黍、稷、稻、粱、白黍、黄粱[①]，稰、穛[②]。

膳：胗、臐、膮、醢、牛炙[③]；醢、牛胾、醢、牛脍[④]；羊炙、羊胾、醢、豕炙；醢、豕胾、芥酱、鱼脍[⑤]。雉、兔、鹑、鷃[⑥]。

饮:重醴[⑦],稻醴清、糟,黍醴清、糟,粱醴清、糟;或以酏为醴,黍酏、浆、水、醷、滥[⑧]。

酒:清、白[⑨]。

羞:糗饵、粉酏[⑩]。

食:蜗醢而苽食、雉羹[⑪],麦食、脯羹、鸡羹,析稌、犬羹、兔羹[⑫],和糁不蓼[⑬]。濡豚包苦实蓼[⑭],濡鸡醢酱实蓼,濡鱼卵酱实蓼[⑮],濡鳖醢酱实蓼。腶脩、蚳醢[⑯],脯羹、兔醢,麋肤、鱼醢[⑰],鱼脍、芥酱,麋腥、醢、酱,桃诸、梅诸、卵盐[⑱]。

【注释】

①黍:黄黍。一种粮食作物,去皮后叫黏黄米。稷:与黍同属一类谷类作物。质黏的是黍,不黏的是稷。粱:小米。

②稰(xǔ)、穛(zhuō):郑注:"孰获曰'稰',生获曰'穛'。"稰,指成熟后收获的谷物。穛,指未完全成熟而收获的谷物。

③膳:这里指肉食。膷(xiāng):牛肉羹。它和下文的"臐、膮"都是加有五味等佐料而不加菜的羹。臐(xūn):羊肉羹。膮(xiāo):猪肉羹。醢:肉酱。郑注,"膮"、"牛炙"之间,不得有"醢",这里的"醢"是衍字。牛炙:烤牛肉。

④牛胾(zì):切成大块的牛肉。脍(kuài):细切的肉。

⑤芥酱:芥菜制成的调味酱。醢和酱是用以配胾、脍,因为胾、脍味淡,炙则不用。

⑥雉:野鸡。鹑(chún):鹌鹑。属于雉科中体形较小的一种。鷃(yàn):同"鴳",鷃雀,鹑的一种。

⑦重(chóng)醴:醴有糟、清之分,未经过滤的称"糟",经过过滤的称"清"。糟、清具设,为重醴。

⑧浆:有酸味的饮品。醷(yì):梅浆。滥:郑玄认为即《周礼·浆人》

六饮中的“凉”，汉时的寒粥，如糗饭加水的饮品。

⑨清：清酒。白：事酒和昔酒。《周礼·天官·酒正》：“辨三酒之物，一曰事酒，二曰昔酒，三曰清酒。”事酒，临时有事而新酿的酒，酿造期最短，较浊；昔酒，久酿而成的酒，较清；清酒，更久酿造而成的酒，最清。

⑩羞：此处指进献的笾、豆中所盛放的食物。糗（qiǔ）：炒熟的大豆捣成的粉。饵：用稻米粉和黍米粉混合蒸成的糕饼。因为饵有黏性，要将糗撒到饵上防黏，就成了糗饵。粉酏：郑玄据《周礼·天官·笾人》认为“粉酏”当作“粉餰”（zhān），指用稻米与切碎的动物脂肪拌和而成的面饼。

⑪食：郑注：“目人君燕食所用也。”即国君平时吃饭所食用的食物。蜗（luó）醢：用蚌蛤类的肉做成的酱。苽（gū）：郑注：“雕胡也。”《集韵》云或作“菰”，水生植物，生菰米可食。

⑫析稌（tú）：淘过的米。析，原讹为“折”，“析”通“淅”，淘洗。稌，稻。

⑬和糁（sǎn）不蓼（liǎo）：指上文肉羹加入调料和米屑拌成的面汤，但不加蓼菜。糁，用碎肉和米粉制成的羹。详见下文。蓼，又名“辛菜”，可以调味。

⑭濡：将肉煮熟并调和其汁。苦：苦菜。实蓼：剖开牲体腹腔，填入蓼菜，然后缝合。据说可以祛除腥气。

⑮卵（kūn）酱：用鲲鱼子制成的酱。

⑯腶（duàn）脩：加姜、桂等香料经捶打制成的干肉条。蚳（chí）醢：用蚁卵制成的酱。

⑰肤：切肉。

⑱诸：菹（zū）。这里指腌渍的桃干、梅干。卵盐：大盐。盐大如鸟卵，故名。

【译文】

饭类：黄黍饭、稷米饭、稻米饭、白梁饭、白黍饭、黄梁饭六种谷物，每种谷物还分为成熟时收获品和未成熟时收获品两类。

加馔时的膳食有：牛肉羹、羊肉羹、猪肉羹、烤牛肉，这四种食物排在第一行，放在北边，从西侧排放；肉酱、切成大块的牛肉、肉酱、切细的牛肉，这四种食物排在第二行，从东侧排放；烤羊肉、切成大块的羊肉、肉酱、烤猪肉，这四种食物排在第三行，从西侧排放；肉酱、切成大块的猪肉、芥子酱、切细的鱼肉，这四种食物排在第四行，从东侧排放。以上四行十六豆，是下大夫的食礼规格。如果将野鸡、兔子、鹌鹑、鷃雀这四种食物排在第五行，那就是上大夫的食礼规格。

饮料：每种醴都包括清醴和糟醴两种，稻醴，有清醴与糟醴，黍醴有清醴与糟醴，粱醴有清醴与糟醴；有时以粥为醴，有用黍煮的粥、酢醋、水、梅汁、寒粥。

酒：清酒和白酒。

进献的笾、豆中所盛放的食物：大豆糗饵、米饼粉酏。

国君燕食的食物：蚌蛤酱配菰米饭、野鸡羹，麦子饭、配肉羹和鸡羹，大米饭、配犬羹和兔羹，上述肉羹都要加入用佐料和米屑调制的汤，但不加蓼菜。烹煮小猪，要用苦菜将其包起来，并在猪腹里填入蓼菜；烹煮鸡，加入醢酱，在鸡腹中填入蓼菜；烹煮鱼，加入鱼子酱，在鱼腹中填入蓼菜；烹煮鳖，加入醢酱，在鳖腹中填入蓼菜。吃干肉条时要配上蚂蚁卵做的酱；吃肉羹，要配上兔肉酱；吃麋鹿肉片，要配上鱼肉酱；吃细切的鱼肉，要配上芥子酱；吃生鲜麋鹿肉，要配上醢肉糜酱；吃桃干、梅干，要配上大块盐巴。

凡食齐视春时，羹齐视夏时，酱齐视秋时，饮齐视冬时[①]。凡和[②]，春多酸，夏多苦，秋多辛，冬多咸，调以滑甘[③]。牛宜稌，羊宜黍，豕宜稷，犬宜粱，雁宜麦[④]，鱼宜苽。春宜羔、豚，膳膏芗[⑤]；夏宜腒、鱐[⑥]，膳膏臊[⑦]；秋宜犊、麋，膳膏腥[⑧]；冬宜鲜、羽[⑨]，膳膏膻[⑩]。

【注释】

①“凡食”四句：郑注：“饭宜温也。羹宜热也。酱宜凉也。饮宜寒也。”春时要温，夏时要热，秋时要凉，冬时要寒。齐（jì），同“剂”，调和。视，比照，参照。春时，春天的温度。这里指饭食要像春天的温度，要温和。

②和：食物味道的调和。郑注：“多其时味以养气也。”这是说要多食正当时令盛气之味。

③滑甘：使食物甘甜、柔滑的佐料。

④雁：鹅。

⑤膳：煎和。膏芗（xiāng）：牛油。芗，通“香”。

⑥腒（jū）：干雉。鳙（sù）：干鱼。

⑦膏臊：狗油。

⑧膏腥：猪油。

⑨鲜：生鱼。羽：指鹅。

⑩膏膻：羊油。

【译文】

根据四时节候安排饭食，调和饭食要像春天般温和，调和羹汤要像夏天般火热，调和酱料要像秋天般爽凉，调和饮品要像冬天般冰寒。

凡调和食物之味，春季多用酸味，夏季多用苦味，秋季多用辛味，冬季多用咸味，无论哪个季节，都要用滑柔甘甜的佐料加以调和。

肉鱼与饭食的搭配，牛肉配大米饭，羊肉配黍米饭，猪肉配稷米饭，狗肉配白粱米饭，鹅肉配麦子饭，鱼肉配菰米饭。

春天适宜吃羊羔、小猪，用牛油烹调；夏天适宜吃干雉、干鱼，用狗油烹调；秋天适宜吃牛犊、小鹿，用猪油烹调；冬天适宜吃鱼、鹅，用羊油来烹调。

牛脩、鹿脯、田豕脯、麋脯、麕脯[①]，麋、鹿、田豕、麕皆有轩[②]。雉、兔皆有芼[③]，爵、鷃、蜩、范、芝栭、菱、椇、枣、栗、榛、柿、瓜、桃、李、梅、杏、楂、梨、姜、桂[④]。

【注释】

①麕(jūn)：獐子，似鹿无角。

②轩(xiàn)：切成大片。孔疏："腥食之时，皆以藿叶起之，而不细切，故云'皆有轩'。"

③芼(mào)：以菜拌和。郑注："谓菜酿也。"

④爵：通"雀"。蜩(tiáo)：蝉。范：蜂。芝栭(ér)：孔疏："无华叶而生者曰芝栭。"疑为今之木耳。也有人认为"芝"、"栭"为二物，"芝"为木耳，"栭"为软枣。菱：菱角。椇(jǔ)：指枳椇果，今称"拐枣"，味甘可食。

【译文】

牛肉干、鹿肉干、野猪肉干、麋肉干、獐子肉干，其中麋、鹿、野猪、獐子都可以切成大片裹着藿香叶生吃。野鸡羹、兔羹都用菜拌着吃，还有雀、鷃、蝉、蜂、木耳、菱角、枳椇、枣子、栗子、榛子、柿子、瓜、桃子、李子、梅子、杏、山楂、梨子、姜、桂等。

大夫燕食[①]，有脍无脯，有脯无脍；士不贰羹、胾[②]；庶人耆老不徒食[③]。

【注释】

①燕食：平常的饮食。

②贰：重。指士可以吃羹、胾，但不能重设。

③耆(qí)：六十岁曰"耆"。不徒食：吃饭就一定有肉。徒，空。《王

制》："六十非肉不饱。"

【译文】

大夫平时的饭食，如果有切细的肉就没有肉干，如果有肉干就没有切细的肉；士平时的饭食可以有肉羹和大肉块，但不能重设。六十岁以上的老人，吃饭一定要有肉。

脍，春用葱，秋用芥①。豚，春用韭，秋用蓼。脂用葱，膏用薤②。三牲用藙③，和用醯，兽用梅。鹑羹、鸡羹、鴽④，酿之蓼。鲂、鱮烝⑤，雏烧，雉，芗，无蓼。

【注释】

①芥：郑注："芥酱也。"

②脂、膏：郑注："脂，肥凝者，释者曰'膏'。"肥油为脂，化开的为膏。薤（xiè）：又名"藠（jiào）头"，一种菜蔬。

③三牲：牛、羊、猪。藙（yì）：食茱萸，似茱萸而实赤小，《尔雅》称之为"榝"。

④鴽（rú）：鹌鹑类小鸟。

⑤鲂（fáng）：即鳊鱼，属鲤类，体高呈菱形。鱮（xù）：鲢鱼。

【译文】

搭配细切的肉，春季用葱，秋季用芥子酱。搭配小猪，春季用韭菜，秋季用蓼菜。凝脂用葱来搭配，汤油用薤来搭配。牛、羊、猪三牲用食茱萸搭配，用醋来调味，其他兽肉用梅酱调味。鹑羹、鸡羹、鴽，都要拌上蓼菜。鳊鱼、鱮鱼蒸着吃，小鸟、野鸡烧烤着吃，这些食物都有香料，但不拌搭蓼菜。

不食雏鳖。狼去肠，狗去肾，狸去正脊①，兔去尻②，狐去首，豚去脑，鱼去乙[③]，鳖去丑[④]。

【注释】

①狸：狸猫。

②尻（kāo）：屁股。

③乙：鱼肠。《尔雅·释鱼》："鱼肠谓之'乙'。"因鱼肠与"乙"字形相似，故名。

④丑：肛门。以上这些器官均不利于人，因而食用时要去掉。

【译文】

不吃幼鳖。吃狼肉要去掉肠子，吃狗肉要去掉腰子，吃狸肉要去掉正脊，吃兔肉要去掉屁股，吃狐肉要去掉头，吃猪肉要去掉脑，吃鱼肉要去掉肠子，吃鳖肉要去掉肛门。这些部位吃了都对人有害。

肉曰脱之[①]，鱼曰作之[②]，枣曰新之[③]，栗曰撰之[④]，桃曰胆之[⑤]，柤、梨曰攒之[⑥]。

【注释】

①脱：去骨剥皮。

②作：《尔雅》作"斮"，刮去鳞片。

③新：枣易落有尘埃，擦拭之使新。

④撰（xuǎn）：同"选"，挑选。虫子爱食栗子，所以食用前要挑选。

⑤胆：擦拭。桃多毛，因而要拭去其毛，使表面光滑。

⑥柤（zhā）：同"楂"，山楂。攒（zuàn）：通"钻"。这里指去掉山楂、梨子上的虫眼。

【译文】

肉去骨剥皮叫做"脱"，鱼刮去鳞片叫做"作"，枣子把表皮擦拭干净叫做"新",栗子拣选没有虫咬的叫做"选",桃子擦拭表皮的桃毛叫做"胆",剜掉山楂、梨子的虫眼叫做"钻"。

牛夜鸣则庮[①];羊泠毛而毳[②],膻;狗赤股而躁,臊[③];鸟皫色而沙鸣[④],郁[⑤];豕望视而交睫[⑥],腥;马黑脊而般臂[⑦],漏[⑧]。雏尾不盈握,弗食;舒雁翠[⑨],鹄、鸮胖[⑩],舒凫翠[⑪],鸡肝、雁肾、鸨奥、鹿胃[⑫]。

【注释】

①庮(yǒu):恶臭。

②泠(líng):通"零"。毳(cuì):毛与毛结聚。

③赤股:大腿内侧无毛。躁,臊:孔疏:"躁,谓举动急躁。狗若如此,其肉臊恶。"

④皫(piǎo)色:羽毛变色而无光泽。沙鸣:嘶哑。孔疏:"谓鸣而声嘶。"

⑤郁:腐臭。

⑥望视:远视。交睫:睫毛交结。腥:郑注:"'腥'当为'星',声之误也。星,肉中如米者。"此即猪囊虫(绦虫尾蚴)病。

⑦般:毛色杂乱。臂:前腿。

⑧漏(lóu):读为"蝼",蝼蛄。这里指马肉如蝼蛄一样臭。

⑨舒雁:鹅。翠:尾肉。

⑩鹄(hú):天鹅。鸮(xiāo):猫头鹰。胖(bǎn):肋骨两侧的薄肉。

⑪舒凫(fú):鸭子。

⑫鸨(bǎo):鸟名。比雁略大。奥(yù):脾胃。

【译文】

牛如果半夜里哞哞叫,它的肉有恶臭;羊的毛零落稀少且纠结,它的肉有膻味；狗的大腿内侧无毛且急躁，它的肉有臊味；鸟的羽毛变色无光且叫声嘶哑，它的肉有腐臭味；猪的眼睛总望向远处且睫毛相交，它的肉里有囊虫；马的脊背黑色且前腿有杂毛，它的肉如蝼蛄一样臭。小鸟的尾巴羽毛不满一握，就不吃；鹅的尾部的肉，天鹅和猫头鹰肋骨两侧的肉，鸭子的尾部的肉，鸡的肝、鹅的肾、鸨的脾胃、鹿的胃，这些部位的肉都不能吃。

肉腥[①]，细者为脍，大者为轩。或曰：麋、鹿、鱼为菹[②]，麕为辟鸡[③]，野豕为轩，兔为宛脾[④]。切葱若薤，实诸醯以柔之。

【注释】

①腥：不熟的肉，生肉。

②菹（zū）：与“轩”意近，指切成大片。

③辟（bì）鸡：肉末酱。

④宛脾：兔肉末酱。

【译文】

不熟的肉，切成细丝的叫做“脍”，切成大片的叫做“轩”。还有一种说法是：麋肉、鹿肉、鱼肉切成大片，叫做“菹”；獐子肉切成细末调酱，叫做“辟鸡”；野猪肉切成大片，叫做“轩”；兔肉切成细末调酱，叫做“宛脾”。葱或薤切碎放在肉中，加醋搅拌会柔和软滑。

羹食，自诸侯以下至于庶人，无等。大夫无秩膳[①]。

【注释】

①秩膳：常置的美味。秩，常。膳，美食。

【译文】

羹和饭，从诸侯至老百姓都可以食用，这方面没有等级差别。大夫没有常置备的美食。

大夫七十而有阁①。天子之阁，左达五，右达五②。公、侯、伯于房中五③，大夫于阁三，士于坫一④。

【注释】

①阁：木板制作的存放食物的柜架。

②"天子之阁"三句：宫室之制，中央为正室，正室左、右为房，房外有墙叫"序"，序外各有一室叫"夹室"。天子有左夹室五阁，右夹室五阁。达，夹室。

③公、侯、伯于房中五：诸侯比天子地位低，只在一房之中有夹室五阁。

④坫（diàn）：古时室内放东西的土台。

【译文】

大夫到七十岁就有存放食物的木架。在天子宫室中，序外两夹室，左夹室有五个阁架，右夹室有五个阁架。公、侯、伯的房中有五个阁架，大夫房中有三个阁架，士房中只有一个放食品的土台。

凡养老：有虞氏以燕礼，夏后氏以飨礼，殷人以食礼，周人修而兼用之。凡五十养于乡，六十养于国，七十养于学，达于诸侯。

八十拜君命，一坐再至，瞽亦如之；九十者使人受。五十异粻，六十宿肉，七十贰膳，八十常珍，九十饮食不违寝，膳饮从于游可也。六十岁制，七十时制，八十月制，九十日修,唯绞、紟、衾、冒死而后制。五十始衰,六十非肉不饱,七十非帛不煖,八十非人不煖,九十虽得人不煖矣。五十杖于家,六十杖于乡,七十杖于国,八十杖于朝,九十者,天子欲有问焉,则就其室,以珍从。七十不俟朝,八十月告存,九十日有秩。五十不从力政,六十不与服戎,七十不与宾客之事,八十齐丧之事弗及也。五十而爵,六十不亲学,七十致政。凡自七十以上,唯衰麻为丧。

凡三王养老,皆引年。八十者一子不从政,九十者其家不从政,瞽亦如之。凡父母在,子虽老不坐。

有虞氏养国老于上庠,养庶老于下庠;夏后氏养国老于东序,养庶老于西序;殷人养国老于右学,养庶老于左学;周人养国老于东胶,养庶老于虞庠,虞庠在国之西郊。有虞氏皇而祭,深衣而养老;夏后氏收而祭,燕衣而养老;殷人冔而祭,缟衣而养老;周人冕而祭,玄衣而养老。①

【注释】

①此段文字皆见于《王制》,内容稍有差异。

【译文】

凡养老之礼各朝不同:有虞氏用燕礼,夏后氏用飨礼,殷人用食礼,周人斟酌去取而兼用这三种礼。对年过五十的老人,在乡中行养老礼;对年过六十的老人,在国都行养老礼;对年过七十的老人,在大学行养老礼。此例天子、诸侯都通用。

年过八十的老人,拜谢君王赏赐,以跪坐两次俯首至地行礼即可,双目失明的人也如此;年过九十的老人,可以请人代受君王的赏赐。关于用餐,年过五十的老人,可以享用较精细的粮食;年过六十的老人,家里储备有肉食，可以保证常有肉吃；年过七十的老人，正餐之外要保证随时可以有吃的；年过八十的老人，可以时常吃到珍贵美食；年过九十的老人，饮食也不离开寝室，如果出游则膳食饮料同时跟随以保障供给。关于丧具的制作，年过六十的老人，每年都要准备丧具；年过七十的老人，每个季节都要准备丧具；年过八十的老人，每个月都要准备丧具；年过九十的老人，则每天都要准备丧具，只有绞、紟、衾、冒等，是人死后才置办的。人五十岁开始衰老，年过六十的老人没有肉就吃不饱，年过七十的老人没有丝绵衣服就不暖和，年过八十的老人不依傍他人的身体就睡不暖和，年过九十的老人虽有人依傍也睡不暖和了。年过五十的老人可在家拄杖，年过六十的老人可在乡中拄杖，年过七十的老人可在国都中拄杖，年过八十的老人可在朝廷中拄杖，年过九十的老人，天子若有事咨问，就要到老人家中去，带着珍贵礼物前往。年过七十的老人上朝见君王，行礼后即可离去，不必等朝会结束才退朝；年过八十的老人，君王每个月要派人去问候；年过九十的老人，君王每天要派人致送常吃的膳食。年过五十的老人不服劳役，年过六十的老人不参与军事活动，年过七十的老人不参与会见宾客，年过八十的老人可以不参与祭礼及丧礼。大夫五十岁封爵位，年过六十不再亲自到学校学习，年届七十退休辞官。遇到丧事只须穿着丧服，不必参与丧礼的仪式。

凡夏、商、周三代行养老礼都根据户籍来核定年龄，以确定免除赋税徭役的对象。家有年过八十的老人，可有一个儿子不服徭役；家有年过九十的老人，全家都不服徭役，盲人也可以享受这样的待遇。只要父母健在，儿子即使年龄再大也不敢坐下。

有虞氏，在上庠为退休的卿大夫举行养老礼，在下庠为退休的士和庶人举行养老礼；夏人，在东序为退休的卿大夫举行养老礼，在西序为退休的士和庶人举行养老礼；殷人，在右学为退休的卿大夫举行养老礼，在左学为退休的士和庶人举行养老礼；周人，在东胶为退休的卿大夫举行养老礼，在虞庠为退休的士和庶人举行养老礼，虞庠在国都的西郊。有虞氏的人头戴皇举行祭祀，穿着深衣举行养老礼；夏人头戴收举行祭祀，穿着燕衣举行养老礼；殷人头戴冔举行祭祀，穿着缟衣举行养老礼；周人头戴冕举行祭祀，穿着玄衣举行养老礼。

曾子曰："孝子之养老也，乐其心[1]，不违其志，乐其耳目，安其寝处，以其饮食忠养之[2]。孝子之身终，终身也者，非终父母之身，终其身也。是故父母之所爱亦爱之，父母之所敬亦敬之。至于犬马尽然，而况于人乎！"

【注释】

①乐（lè）：使父母快乐。

②忠养：指孝子要尽心奉养父母，不只是让父母吃饱穿暖。

【译文】

曾子说："孝子奉养父母，要使父母内心快乐，不违抗他们的意志，要使他们耳目愉悦，使他们居处安适，在饮食方面尽心侍候赡养。孝子要终身尽孝直到去世，说终身孝敬父母，不是说终父母之身，而是终孝子之身。因此父母所爱的，孝子也要爱；父母所敬的，孝子也要敬。甚至是父母喜欢的狗和马也是如此，何况是对他们所喜爱的人呢！"

凡养老，五帝宪[1]，三王有乞言[2]。五帝宪，养气体而不乞言，有善则记之为惇史[3]。三王亦宪，既养老而后乞言，亦微其礼[4]，皆有惇史。

【注释】

①宪：法，效法。郑注："养之为法其德行。"

②有：通“又”。乞言：乞求善言。指请老者训话，提出指导意见。

③惇（dūn）史：敦厚之史。指老人有善言美德，记录下来作为敦厚之史，做众人的榜样。

④微其礼：指乞言时不可强求。

【译文】

凡举行养老礼，五帝时是效法老人的德行，三王时还要向老人乞求善言。五帝时效法老人的德行，是为了奉养他们的精气身体，因而没有乞求善言，只是把他们的善言德行记录下来，作为敦厚之史。三王时也效法老人们的德行，但在养老之礼快结束时要向他们乞求善言，留下意见，但也不可强求，要随老人们的意愿，也要把老人的善言美德记录下来，作为敦厚之史。

淳熬[①]：煎醢加于陆稻上[②]，沃之以膏[③]，曰“淳熬”。淳毋[④]：煎醢，加于黍食上，沃之以膏，曰“淳毋”。

炮[⑤]：取豚若将[⑥]，刲之刳之[⑦]，实枣于其腹中，编萑以苴之[⑧]，涂之以谨涂[⑨]。炮之，涂皆干，擘之[⑩]，濯手以摩之，去其皽[⑪]。为稻粉，糔溲之以为酏[⑫]，以付豚[⑬]。煎诸膏，膏必灭之。钜镬汤[⑭]，以小鼎[⑮]，芗脯于其中[⑯]，使其汤毋灭鼎。三日三夜毋绝火，而后调之以醯醢。

捣珍[⑰]：取牛、羊、麋、鹿、麕之肉，必脄[⑱]，每物与牛若一，捶反侧之，去其饵[⑲]，孰，出之，去其皽，柔其肉[⑳]。

渍[㉑]：取牛肉，必新杀者，薄切之，必绝其理[㉒]，湛诸美酒[㉓]，期朝而食之以醢若醯、醷[㉔]。

为熬[㉕]：捶之，去其皽，编萑，布牛肉焉，屑桂与姜，以洒诸上而盐之，干而食之。施羊亦如之。施麋、施鹿、施麕皆如牛羊。欲濡肉[26]，则释而煎之以醢，欲干肉，则捶而食之。

糁[27]：取牛、羊、豕之肉，三如一，小切之，与稻米。稻米二，肉一，合以为饵，煎之。

肝膋[28]：取狗肝一，幪之以其膋[29]，濡炙之，举燋[30]，其膋不蓼。取稻米，举糔溲之，小切狼臅膏[31]，以与稻米为酏[32]。

【注释】

①淳(zhūn)熬：食物之名。"八珍"之一。淳，浇灌。熬，煎。

②陆稻：种在陆地中的旱稻。

③沃：浇溉。膏：油。

④淳毋(mú)：食物之名。"八珍"之二。郑注："毋，读曰'模'。模，象也。"即淳毋是类似淳熬的珍肴。

⑤炮：烹饪方法。炮豚为"八珍"之三。

⑥将：当作"牂"(zāng)，公羊。炮牂为"八珍"之四。

⑦刲(kuī)：割。刳(kū)：从中间剖开再挖空。

⑧萑(huán)：萑苇，芦类植物。苴(jū)：包裹。

⑨谨(jìn)涂：和有秸草的泥巴。谨，当作"墐"。

⑩擘(bò)：剖裂，剥掉。

⑪皽(zhāo)：皮肉上的薄膜。

⑫糔溲(xiǔ sǒu)：加水调和米粉。

⑬付：通"敷"。此指将糊状米粉涂抹包裹小猪。据孔疏，对公羊则"解析其肉，以粥和之"。

⑭钜(jù)：大，巨大。镬(huò)：锅。

⑮小鼎：指盛有小猪或小羊的小鼎。

⑯芗：通"香"。脯：羊肉脯。小猪是整头放入小鼎中，羊肉则薄切为脯。

⑰捣珍:"八珍"之五。捣,捶。

⑱脄(méi):脊侧肉,即里脊肉。

⑲饵:筋腱。

⑳柔:指用醋和醢汁调和。

㉑渍(zì):浸泡。"八珍"之六。

㉒绝其理:横断肌理。

㉓湛(jiān):浸泡。

㉔期(jī)朝:一昼夜。醯(xī):醋。醷(yì):梅浆,梅汁。

㉕熬:用火烤肉。"八珍"之七。

㉖濡(rú)肉:煮烂湿软的肉。

㉗糁(sǎn):用碎肉和米粉制成的糕。按:糁食不在"八珍"之内,从此至"煎之",当是错简,应在下文"不蓼"二字之下。译文已加纠正。

㉘肝膋(liáo):肠间脂肪。"八珍"之八。

㉙幪(méng):类似帐幕。这里是覆盖的意思。

㉚举:全,都。燋(jiāo):通"焦",烤焦。

㉛狼臅(chù)膏:郑注:"臆中膏也。"指胸腹腔中脂肪,或即板油。

㉜酏:这里当作"飦"(zhān),指稠粥。

【译文】

淳熬:是把煎过的肉酱放在陆生稻米所做的饭上,再浇上油,这就是"淳熬"。淳毋:是把煎过的肉酱放在黍米所做的饭上,再浇上油,这就是"淳毋"。

炮:是取来小猪或公羊,宰杀后剖开腹腔、掏空内脏,把香枣填进腹中,编织芦苇把它包裹起来,外面涂上掺和着秸草的泥巴。然后用火烘烤,等到泥巴都烤干了,将泥巴剥掉,把手洗干净搓摩肉身,搓掉皮肉表面的薄膜。然后制作稻米粉,加水调和成稀糊状,敷在烤熟的小猪身上,烤熟的公羊就剖开来涂抹。再在小鼎中盛放膏油,把小猪和羊肉放入鼎中煎烹,小鼎中的膏油一定要没过小猪或羊肉。再用大锅烧热水,将盛有小猪或羊肉脯的小鼎放置于大锅内,大锅里的热水不要没过小鼎。这样连续三天三夜不停火,而后将小猪或羊肉取出来,用醋和肉酱来调味。

捣珍:取来牛肉、羊肉、麋肉、鹿肉、獐子肉,一定要取里脊肉,每种肉都和牛肉一样多,放在一起反复捶捣,去掉肉中的筋腱,煮熟后取出来,去掉肉表面的薄膜,食用时加上醋和肉酱汁调和滋味。

渍:取来牛肉,必须是新宰杀的,切成薄片,切割时一定要横断肉的纹理,然后用美酒浸泡,浸泡一天一夜就可以食用,加上肉酱或者是醋和梅浆调和滋味。

做熬:先捶捣牛肉,去掉薄膜,用芦苇编成席子,把牛肉铺放在上面,把桂皮和姜切碎,洒在牛肉上,再放上盐,烘干即可吃。用羊肉做也是这样。用麋肉、鹿肉、獐子肉来做,也和做牛、羊肉一样。如果想要吃湿软的肉,就加水用肉酱煎着吃,如果想要吃干肉,捶捣一下就可以直接吃。

肝膋:取来一个狗肝,用它的肠脂油包裹起来,使肠脂油浸润狗肝,然后放在火上烘烤,等脂油都烤化烤焦,肝就熟了,吃时不用加蓼菜。糁:取来牛、羊、猪肉,三者分量一样,都切成小肉丁,放入稻米饭。按照稻米饭两份、肉一份的比例,调和搅拌做成饼块,用油煎了吃。取来稻米饭,加水调和,再加入切碎的胸腹里的脂油,和稻米饭一起制成稠粥。

礼始于谨夫妇。为宫室,辨外内[①],男子居外,女子居内。深宫固门,阍、寺守之[②],男不入,女不出。

男女不同椸枷[③],不敢县于夫之楎椸[④],不敢藏于夫之箧笥[⑤],不敢共湢浴[⑥]。夫不在,敛枕箧簟席,襡器而藏之[⑦]。少事长,贱事贵,咸如之。

夫妇之礼,唯及七十,同藏无间。故妾虽老,年未满五十,必与五日之御[⑧]。将御者,齐、漱、浣[⑨],慎衣服,栉、縰、笄、总角[⑩],拂髦,衿缨,綦屦。虽婢妾,衣服饮食必后长者。妻不在,妾御莫敢当夕。

【注释】

①外:正寝。内:燕寝。

②阍:阍人,掌宫门之禁。寺:寺人,掌后宫内人之禁。

③椸枷(yí jià):晾衣服的竹竿架子。

④楎(huī)椸:钉在墙上挂衣的木橛。直曰"楎",横曰"椸"。

⑤箧(qiè)笥(sì):放衣服的箱子。方曰"箧",圆曰"笥"。

⑥湢(bì):浴室。

⑦韣(dú)器:指收藏的套子。韣,收藏。

⑧"故妾虽老"三句:郑注:"五十始衰,不能孕也,妾闭房,不复出御矣。"

⑨齐:同"斋"。漱:漱口。浣:沐浴。

⑩总角:与下文的"拂髦",皆衍字。拂髦为男子装饰,妇人无髦。皆不译。

【译文】

礼,始于严谨的夫妇之礼。建造宫室,区别内外正寝与燕寝,男子居外,女子居内。宫室深邃,门闱牢固,有阍人、寺人把守管理,男人不得入内,女人不得出外。

男女不能共用一个晾衣服的竿子架子,妻子不敢把自己的衣服挂在丈夫的衣钩上,不敢把自己的衣服放到丈夫的衣箱里,不敢和丈夫共用一间浴室。丈夫如果不在家,妻子就要把丈夫的枕头收进箱子里,簟席收卷好,把丈夫的用品都装起来收藏好。年少的侍奉年长的,卑贱的侍奉尊贵的，都是如此。

夫妇之礼规定，只有到了七十岁，夫妻才能在一室中同居共寝，无须分居两室。所以妾虽然年老了，只要未满五十岁，就必须每五天侍夫过夜一次。将要侍夜的妾，要先斋戒，洗漱，沐浴，挑选好衣服换上，梳好头，用布帛束发作髻，头上插好发簪，系上发带，穿好鞋，系好鞋带。即使是受到宠爱的婢妾，衣服和饮食也要比长者差一等。如果正妻不在家，轮到正妻侍夫过夜时，妾也不敢代替正妻去侍夜。

妻将生子，及月辰①，居侧室②。夫使人日再问之，作而自问之③。妻不敢见，使姆衣服而对④。至于子生，夫复使人日再问之。夫齐，则不入侧室之门。子生，男子设弧于门左⑤，女子设帨于门右⑥。三日，始负子，男射女否。

【注释】

①月辰：孔疏："谓生月之辰，初朔之日也。"即生孩子那个月的初一。

②侧室：燕寝的旁室。

③作：指感到胎儿在腹内躁动。

④姆：女师，即德行可为师表的老妇。

⑤男子设弧于门左：见《郊特牲》"孔子曰：射之以乐也"节注①。

⑥帨(shuì)：佩巾。

【译文】

妻将生子，到了临产的那月的初一，就要搬到侧室居住。丈夫要派人每天两次探视问候，妻子感到孩子在腹中活动了，丈夫要亲自去探视问候。妻子却不敢面见，而请女师穿戴整齐答话。等到孩子生下来后，丈夫又要派人每天两次去问候。遇到丈夫在正寝斋戒，就不能再进侧室之门去问候了。孩子生下以后，如果是男孩，就在侧室门左侧悬挂一张木弓，如果是女孩，就在侧室门右侧悬挂一条佩巾。过三天，才将孩子抱出来，如果是男孩，就行射礼，女孩就不用了。

国君世子生，告于君，接以大牢[①]，宰掌具[②]。三日，卜士负之。吉者宿齐，朝服寝门外[③]，诗负之[④]。射人以桑弧、蓬矢六[⑤]，射天地四方。保受[⑥]，乃负之。宰醴负子[⑦]，赐之束帛。卜士之妻，大夫之妾，使食子。

【注释】

①接：谓接子。孙希旦说："就子生之室，陈设馔具，以礼接待之也。"

②具：陈设馔具。

③寝：路寝。

④诗：承接。孙希旦说："诗负之，谓以手承下而接负之也。"

⑤射人：官名。掌射。桑弧：桑木制作的弓。蓬矢：用蓬草制作的箭。

⑥保：保姆。

⑦醴：郑注："醴，当为'礼'，声之误也。礼以一献之礼。"

【译文】

国君的嫡长子出生，报告国君，用太牢之礼来迎接嫡长子的诞生，膳宰负责陈设馔具。出生第三天，通过占卜选一位士，来抱新生的世子。获吉卜被选中的士，前一天就要斋戒，当天，穿上朝服站在路寝门外，双手承接过新生的世子，让他脸朝外地抱在怀中。然后，射人用桑木做的弓，射出六支用蓬草制作的箭，射向天地四方。之后，保姆接过新生的世子，抱着。膳宰以一献之礼向抱新生世子的士敬酒，并代表国君赐给他束帛。还要以占卜的方式选择正处哺乳期的士的妻子或大夫的妾,用以喂养新生的世子。

凡接子择日[1],冢子则大牢[2],庶人特豚[3],士特豕,大夫少牢,国君世子大牢。其非冢子,则皆降一等[4]。

【注释】

①接子择日:郑注:"虽三日之内,尊卑必皆选其吉焉。"指产子接生之礼,选在三天之内的吉日举行。

②冢子:嫡长子。此特指天子的嫡长子。下面几句讲的也都是嫡长子。

③特豚:一头小猪。

④皆降一等:天子、诸侯少牢,大夫特豚,士与庶人仍为特豚,不变。

【译文】

凡举行产子接生的仪式,选在三天内的吉日举行,天子的嫡长子用牛、羊、猪三牲,庶人的嫡长子用一头小猪,士的嫡长子用一头大猪,大夫的嫡长子用少牢一羊、一猪,国君的嫡长子用太牢牛、羊、猪各一。如果不是嫡长子,用牲的规格就要降低一等。

异为孺子室于宫中。择于诸母与可者[1],必求其宽裕、慈惠、温良、恭敬、慎而寡言者,使为子师[2],其次为慈母[3],其次为保母[4],皆居子室。他人无事不往。

【注释】

①诸母:国君的众妾。可者:指众妾之外可以担任保姆的人,地位低于众妾。

②子师：郑注："教示以善道者。"指教育孩子有良好的道德品行。

③慈母：郑注："知其嗜欲者。"指了解孩子的喜好。

④保母：郑注："安其居处者。"指要能让孩子安逸居处。

【译文】

孩子出生后，要在宫中另辟一室供他居住。首先要从国君的众妾和可以担当保姆的人中选择性情宽厚、慈惠、温良、恭敬、谨慎且沉默寡言的人，来做孩子的老师，其次的做孩子的慈母，再其次的做孩子的保姆，她们都与孩子同居一室。其他人无事不得去孩子的住室。

三月之末，择日剪发为鬌[①]。男角女羁[②]，否则男左女右。是日也，妻以子见于父，贵人则为衣服[③]，由命士以下皆漱、浣[④]。男女夙兴[⑤]，沐浴，衣服，具视朔食[⑥]。夫入门[⑦]，升自阼阶，立于阼，西乡。妻抱子出自房，当楣立[⑧]，东面。姆先相曰[⑨]："母某敢用时日祗见孺子[⑩]。"夫对曰："钦有帅[⑪]。"父执子之右手，咳而名之[⑫]。妻对曰："记有成[⑬]。"遂左还授师子[⑭]，师辩告诸妇、诸母名[⑮]，妻遂适寝。夫告宰名[⑯]，宰辩告诸男名[⑰]，书曰"某年、某月、某日某生"而藏之。宰告闾史[⑱]，闾史书为二，其一藏诸闾府，其一献诸州史[⑲]。州史献诸州伯，州伯命藏诸州府[⑳]。夫入食[㉑]，如养礼。

【注释】

①鬌(duǒ)：婴孩头上留下的胎发。

②男角(jué)：男婴囟(xìn)门两侧的头发留下不剪。女羁：女婴头顶的头发留下一纵一横不剪，形成交叉的十字形。

③贵人：指卿大夫。

④命士：见本篇"由命士以上"节注①。

⑤男女:即下文"诸妇"、"诸母"、"诸男"之属。夙兴:早起。

⑥具:馔具。朔食:每月初一的膳食,天子太牢,诸侯少牢,大夫特豕,士特豚。

⑦门:指正寝之门。

⑧楣:次栋之梁,即房屋的二梁。

⑨姆先相:先由保姆代妻传话。孔疏:"'姆先相'者,妻既抱子,当楣东面而立,傅姆在母之前而相佐其辞。"一说,"姆先"下应读断,指保姆在妻子侧面而略向前的位置。相,传话。

⑩某:指婴儿母亲的姓氏。祗(zhī):恭敬。

⑪钦有帅:郑注:"言教之敬,使有循也。"指教育孩子应敬循善道。钦,敬。帅,循。

⑫咳(hái):颔。

⑬记有成:谨记父亲的话而让孩子有所成就。

⑭还(xuán):转,旋转。

⑮辩:通"遍"。诸妇:大功以上卑者之妻。

⑯宰:家臣的总管。

⑰诸男:族中的父兄子弟。

⑱闾史:二十五家为闾,由闾胥治理,闾史是闾胥的下属。

⑲州史:二千五百家为州,由州长治理,州史是州长的下属。

⑳州伯:州长。州府:指州长官署中收藏文书的地方。

㉑夫入食:丈夫从正寝进入燕寝,与妻同食。

【译文】

婴孩出生后将满三个月,选择吉日为婴孩剪发,但要留下一部分胎发不能剪。男孩留下囟门两侧的头发,女孩留下一纵一横十字形的头发,否则,就男孩留下左边头发,女孩留下右边头发。这一天,妻子带着孩子去见孩子的父亲,如果父亲为卿大夫以上的身份,夫妇就都要穿新制的衣服,如果父亲为命士以下的身份,就不用另制新衣,但要洗漱好,穿上洗净的衣服。家族中的男女都要早起,沐浴,换上礼服,为夫妇准备膳食,要比照每月初一的膳食规格。丈夫进入正寝的门,从阼阶升堂,站在阼阶主位上,面向西。妻子抱着婴儿从房中走出来,在堂上当楣而立,面向东。保姆站在妻子侧前先帮助传话说:“孩子的母亲某氏,敢以即日恭敬地带孩子拜见父亲。”丈夫回答说:“你要教导孩子敬循善道。”父亲握住孩子的右手,摸着孩子的下巴为他取名。妻子回答说:“谨记您的话,让孩子将来有所成就。”然后向左转把孩子交给女师,女师将孩子的名遍告族中同辈的妇人、长辈妇人,妻子于是返回燕寝。丈夫把孩子的名告诉给宰,宰又遍告同姓的父兄子弟,同时在简册上写上“某年、某月、某日某生”,然后收藏起来。宰又把孩子的名告诉闾史,闾史记录两份,一份收藏到闾府,另一份上报给州史。州史报告给州伯,州伯则命令收藏到州府中。丈夫也返回燕寝与妻子同食,与平时夫妇供养的常礼一样。

世子生①,则君沐浴朝服,夫人亦如之,皆立于阼阶,西乡。世妇抱子升自西阶,君名之,乃降。適子、庶子见于外寝②,抚其首,咳而名之。礼帅初,无辞③。

【注释】

①世子生:此节讲的是国君太子生三月后的命名仪式,主要论与一般嫡长子的差异,相同处已省略。

②適子、庶子:郑注:“此適子,谓世子弟也。庶子,妾子也。”指嫡子之弟与庶出的兄弟。外寝:指燕寝。

③无辞:指没有嫡长子命名仪式上丈夫与妻子所说、所答之辞。

【译文】

世子出生,选择吉日命名,国君沐浴并穿上朝服,夫人也是,都站立在阼阶上，面朝向西方。世妇抱着孩子，从西阶升堂，等到国君为孩子命名后，世妇才抱着孩子下台阶。如果出生的是嫡子之弟或庶出的兄弟，就在燕寝拜见国君，国君抚摸着孩子的头和他的下巴，为其命名。礼节也与世子的命名之礼相同，但丈夫与妻妾之间没有告诫与应承之辞。

凡名子，不以日月，不以国，不以隐疾[①]。大夫、士之子，不敢与世子同名。

【注释】

①“凡名子”四句：见《曲礼上》“名子者”节注①。

【译文】

凡是给儿子起名，不能用日月名，不能用国名，不能用身体隐蔽之处的疾病名。大夫、士的儿子，不敢与世子同名。

妾将生子[①]，及月辰，夫使人日一问之。子生三月之末，漱、浣，夙齐，见于内寝，礼之如始入室。君已食[②]，彻焉，使之特馂[③]，遂入御。

【注释】

①妾：指大夫、士之妾。

②君：丈夫。

③特：独。

【译文】

大夫、士的妾将要生子，到了临产的那个月，丈夫要派人每天去问候一次。孩子生下后的第三个月的月末，选择吉日，妾洗漱更衣，一早就要斋戒，抱着孩子在燕寝拜见丈夫，丈夫以妾初嫁来时的礼仪相待。丈夫与正妻吃过饭后，将食物撤下，妾独自吃剩下的饭食，然后妾就陪侍丈夫过夜。

公庶子生[①]，就侧室。三月之末，其母沐浴，朝服见于君，摈者以其子见[②]。君所有赐，君名之。众子，则使有司名之。

【注释】

①公：国君。

②摈者：保姆、女师等女性。国君地位尊贵，即使是妾也不亲自抱幼儿。摈：通“傧”。

【译文】

国君的妾生子，住在侧室中。孩子生下第三个月的月末，孩子的母亲沐浴，穿上朝服去见国君，由傧者抱着幼儿一道去。国君若偏爱此妾，有所赏赐，就亲自为这个孩子取名。如果是众妾所生之子，就让有关官员取名。

庶人无侧室者，及月辰，夫出居群室[①]。其问之也，与子见父之礼无以异也。

【注释】

①群室：孙希旦说：“谓夹室之属也。”王夫之云：“无定之名，随可居即居之，避寝，以便其妻也。”今从王说。

【译文】

庶人家中如果没有侧室，妻子到了临产的那个月，丈夫就要搬出寝室，随便住到哪个房间。至于待产期间丈夫每天问候妻子，满三个月后妻子抱孩子见父的礼仪，和士大夫没有不同。

凡父在[①]，孙见于祖，祖亦名之，礼如子见父，无辞。

【注释】

①父：指丈夫的父亲，即新生儿的祖父。

【译文】

凡是新生儿的祖父健在，那么到了三月之末，孙子要行拜见祖父之礼，祖父为孩子取名，礼仪和拜见父亲一样，只是没有告诫与应承之辞。

食子者三年而出[①]，见于公宫则劬[②]。大夫之子有食母，士之妻自养其子。

【注释】

①食(sì)子者：喂养国君之子的士之妻或大夫之妾。

②公宫：国君宫室。劬(qú)：慰劳。

【译文】

喂养国君之子的士之妻或大夫之妾，三年后可以离宫回家，回家前国君在公宫赏赐慰劳她们。大夫之子可有奶妈哺乳，士之妻要自己喂养孩子。

由命士以上及大夫之子，旬而见[①]。冢子未食而见[②]，必执其右手；適子、庶子已食而见[③]，必循其首[④]。

【注释】

①旬:十日。朱熹说,这一节是"别记异闻,或不待三月也",即礼俗或有不同,生子后有三月父子才见面的,也有十天就相见的。

②食:即上文所说"夫入食,如养礼"之"食",与夫人进食。

③適子:即嫡子,冢子同母的弟弟。庶子:妾之子。

④循:抚。

【译文】

命士以上到大夫之子,通常是生下满三个月以后父子才相见,但也有生下十日以后即相见的。如果孩子是嫡长子,父子相见之礼就在夫妻未进食之前举行,父亲一定要拉着孩子的右手;如果孩子是嫡子、庶子,父子相见之礼就在夫妻进食之后举行,见面时父亲一定要抚摸孩子的头。

子能食食[①],教以右手;能言,男"唯"女"俞"[②]。男鞶革[③],女鞶丝。六年,教之数与方名[④]。七年,男女不同席,不共食。八年,出入门户及即席饮食,必后长者,始教之让。九年,教之数日[⑤]。十年,出就外傅[⑥],居宿于外,学书计[⑦]。衣不帛襦袴[⑧]。礼帅初,朝夕学幼仪,请肄简谅[⑨]。十有三年,学乐、诵诗、舞《勺》[⑩]。成童,舞《象》[⑪],学射、御。二十而冠,始学礼[⑫],可以衣裘帛。舞《大夏》[⑬],惇行孝弟,博学不教,内而不出[⑭]。三十而有室,始理男事[⑮],博学无方,孙友视志[⑯]。四十始仕,方物出谋发虑[⑰]。道合则服从,不可则去。五十命为大夫,服官政[⑱],七十致事[⑲]。凡男拜,尚左手。

【注释】

①食食:第一个"食"为动词,吃;第二个"食"为名词,食物。

②唯、俞：皆应答之声。孙希旦说："但唯之声直，俞之声婉，故以为男、女之别。"

③鞶(pán)：囊袋。《仪礼·士昏礼》："庶母至门内施鞶。"

④数：识数目及算数。方名：即东、南、西、北四方之名。

⑤数日：郑注："朔望与六甲。"即关于记日的知识初一、十五及天干、地支相配的六十甲子。

⑥外傅：教学之师。

⑦书计：识字和算术。书，指六书，即象形、指事、形声、会意、转注、假借等造字之法。计，指九数，即九种计算方法。详见《周礼·地官·保氏》。

⑧襦(rú)：里衣。袴(kù)：下衣。幼童不用帛做内衣和下袴，是为了防止奢侈。

⑨肄：学习。简：郑注："谓所书篇数也。"指学习礼仪书的篇章。谅：信。郑注："信也，请习。"孔疏："言请长者习学篇章简礼，及应对信实言语也。"

⑩《勺(zhuó)》：文舞名。

⑪成童，舞《象》：成童，十五岁以上。《象》，武舞名。见《文王世子》"天子视学"节注⑬。

⑫学礼：学习吉、凶、军、宾、嘉五礼。

⑬《大夏》：郑注："乐之文武备者也。"据孔疏，为夏禹之乐舞。

⑭内：同"纳"。

⑮男事：受田并履行服役等事。

⑯孙：顺。

⑰方：比照，衡量。

⑱服官政：见《曲礼上》"人生十年曰幼"节注⑦。

⑲致事：郑注："致其事于君而告老。"即辞职退休。

【译文】

孩子能自己吃饭了，要教他们用右手吃饭；孩子能学说话了，要教他们学习应答，男孩说“唯”，女孩说“俞”。男孩的囊袋用皮革制作，女孩的囊袋用丝帛制作。孩子到了六岁，要教他们识数目和东、南、西、北四方的名称。到了七岁，男孩、女孩就不坐在同一张席子，也不在一起吃饭了。到了八岁，出入门户、坐席吃饭，一定要在长者之后，这是开始教导他们学会谦让。到了九岁，要教他们懂得朔望和六十甲子记日。到了十岁，男孩就要离家外出跟随老师去学习，在外边住宿，学习识字和算术。不能用帛做内衣和裤子，防止滋长奢侈之心。要学习遵行基本的长幼之礼，早晚学习少儿应当遵循的礼节，学习讲述礼仪的篇章，学习应对信实言语。到了十三岁，开始学习音乐，诵读诗篇，学跳名叫《勺》的舞。到了十五岁成童的时候，学跳名叫《象》的舞，学射箭和驾车。到了二十岁，举行冠礼，开始正式学习礼仪，这时可以穿裘皮衣服和帛制的衣服了。要学跳名叫《大夏》的舞，要笃行孝悌，广博地学习各种知识，但不教导别人，努力地吸纳积累，但不炫耀表现。到了三十岁，有了家室，开始受田服役，广博地学习，不设固定的目标方向；与朋友们和顺亲睦相处，观察他们的志向特长。到了四十岁，开始做官，对事物加以衡量比较，而后思考谋划行动。如果与国君志同道合就服从，否则就离开。到了五十岁，受命为大夫，担任国家的行政长官，到了七十岁，就告老退休。凡男子行拜礼，左手要在右手之上。

女子十年不出，姆教婉、娩、听从①；执麻枲②，治丝茧③，织纴、组、紃④，学女事，以共衣服⑤；观于祭祀，纳酒浆、笾豆、菹醢，礼相助奠。十有五年而笄⑥；二十而嫁；有故⑦，二十三年而嫁。聘则为妻，奔则为妾⑧。凡女拜，尚右手。

【注释】

①婉：郑注：“谓言语也。”指言语柔和委婉。娩（wǎn）：郑注：“娩之

言媚也。媚，言容貌也。”指容貌和顺妩媚。

②枲（xǐ）：麻，纤维可织布编绳。

③丝茧：养蚕缫丝。

④织纴（rèn）：织缯帛。组、紃（xún）：丝带。孔疏：“薄阔为组，似绳者为紃。”

⑤共：通“供”。

⑥笄：见《曲礼上》“男女异长”节注④。

⑦故：有父母之丧，要为父母服三年之丧，所以后文说“二十三年而嫁”。

⑧奔则为妾：孙希旦说：“女不待聘而嫁者谓之奔。”

【译文】

女子到十岁，就不得随便外出，由女师教她们说话和悦委婉，容颜柔顺妩媚，听从他人的吩咐；教给她们绩麻治枲，养蚕缫丝，织帛织缯，编带编绳，学习女红，供给衣服；安排她们观看祭祀仪式，传送酒浆、笾豆、腌菜、肉酱等祭器祭品，帮助安放祭奠礼仪使用的馔具。到了十五岁，举行笄礼；到了二十岁，就可以出嫁；如果有父母之丧等变故，可到二十三岁再出嫁。按照聘问的礼仪出嫁就做正妻，如果不等到男方来聘、不按照正规礼仪嫁人就做妾。凡是女子行拜礼，右手要在左手之上。

玉藻第十三

【题解】

郑玄云："名曰'玉藻'者，以其记天子服冕之事也。"孙希旦指出："此篇首记天子、诸侯衣服、饮食、居处之法；中间自'始冠缁布冠'至'其他则皆从男子'，专记服饰之制：始冠，次衣服，次笏，次韠，次带，次及后、夫人、命妇之服，其前后又杂记礼节、容貌、称谓之法。《礼记》中可以考见古人之名物制度者，此篇为最详。"

本篇所记天子、诸侯、卿大夫、士和后、夫人及命妇的服制，具体细分为冠制、带制、笏制、韠制、玉佩之制等，兼记相关礼仪和礼容以及称谓之法。篇内有错简现象，导致文意不通，译注中已根据郑注、孔疏移正。

天子玉藻①，十有二旒，前后邃延②，龙卷以祭③。玄端而朝日于东门之外④，听朔于南门之外⑤，闰月则阖门左扉，立于其中⑥。皮弁以日视朝⑦，遂以食⑧；日中而馂⑨，奏而食⑩。日少牢，朔月大牢。五饮：上水、浆、酒、醴、酏。卒食，玄端而居。动则左史书之⑪，言则右史书之，御瞽几声之上下⑫。年不顺成，则天子素服⑬，乘素车⑭，食无乐。

【注释】

①玉藻：冕前悬垂的玉串，也叫“旒”(liú)。孔疏：“以玉饰藻，故云‘玉藻’也。”藻，穿玉珠的五彩丝绳。

②邃：深长。延：通“綖”，覆在冠冕上面的一块前方后圆的板，表为黑色，里为浅红色。因其前后皆长于冕，故曰“邃延”。

③龙卷(gǔn)：即龙衮，绘有龙图案的天子的礼服。见《礼器》“礼有以文为贵者”节注①。

④玄端：郑注：“‘端’当为‘冕’，字之误也。玄衣而冕。”即穿玄衣黄裳并戴冕。朝日：即朝日礼，天子在春分之日行礼。东门：国都的东门。

⑤听朔：天子、诸侯于每月初一，以特牲祭奠宗庙，报告朔日，即“告朔”。然后在明堂颁布当月之政令，处理政务，即“听朔”或“视朔”。南门：国都的南门，明堂位于国都之南。

⑥“闰月”二句：天子听朔于明堂十二室，每月一室，闰月在十二月之外，无室可居，天子站在应(正)门中，关上左侧的一扇门，听朔理政。

⑦皮弁：本指白鹿皮制成的冠，这里指皮弁服，即配合皮弁所穿的全套服装，即素衣、素裳，缁带。详见《郊特牲》“天子适四方”节注⑬。

⑧食：指朝食。古人每天只有朝食和夕食为正食。

⑨馂(jùn)：此指朝食剩余的食物。

⑩奏：奏乐。

⑪左史：孔疏：“左阳，阳主动，故记动”；“右是阴，阴主静故也”。

⑫瞽：指乐人。几：考察。孔疏：“若政和则乐声乐，政酷则乐声哀。”

⑬素服：衣冠皆以白色缯帛制作，没有色彩、纹饰。

⑭素车：只用白土粉刷，没有漆和装饰的车。

【译文】

天子之冕，悬垂着十二条五彩丝绳贯穿着玉珠的旒，顶上是一块板，天子头戴着这种冕、身穿有龙形图案的礼服参加祭祀。春分之日，在国都东门之外，天子头戴着冕、身穿玄衣纁裳，举行朝日祭礼；每月初一，在国都南门之外明堂的每月相应的房室内，天子举行听朔典礼，颁政令，理政务；闰月，明堂内没有对应月份的房室，天子站在应门中，关上左侧的一扇门，听朔理政。天子平日上朝，戴皮弁、穿素衣素裳，退朝后，仍穿着皮弁素服朝食；日中时，吃早饭剩下来的食物，吃饭时，都要奏乐。平日，天子的膳食是羊、豕二牲，每月初一，天子的膳食用牛、羊、豕三牲。五种饮品：水为最上等，其次为酸浆汁、酒、醴酒、稀粥。吃完饭，换上玄端休息。天子的起居行动由左史记录，天子的言论话语则由右史记录，御用的盲人乐师负责审音，辨乐声高下而察政治得失。如年成不顺，天子就穿素服，乘素车，吃饭时不奏乐。

诸侯玄端以祭①，裨冕以朝②。皮弁以听朔于大庙，朝服以日视朝于内朝③。朝④，辨色始入⑤。君日出而视之，退适路寝听政，使人视大夫，大夫退，然后适小寝⑥，释服⑦。又朝服以食⑧。特牲，三俎⑨。祭肺⑩，夕深衣，祭牢肉⑪。朔月少牢，五俎四簋⑫。子、卯稷食菜羹⑬，夫人与君同庖⑭。

【注释】

①玄端："端"亦当作"冕"。见上节注④。

②裨冕：副冕，指次于上服一等的冕服。天子冕服有六，即大裘而冕、衮冕、鷩冕、毳冕、絺冕、玄冕。对于天子来说，大裘而冕是上服，其余五种皆为裨冕。公服衮冕，自鷩冕以下为裨冕。侯、伯服鷩冕，自毳冕以下为裨冕。子、男服毳冕，自絺冕以下为裨冕。

五等诸侯在祭祀宗庙时都要服上服，而在朝见天子时则要服裨冕，这是因为进入天子之国，宜自降下，故不敢服上服而服其次服。

③朝服：戴玄冠，穿缁衣素裳。内朝：路寝门外、雉门内宫廷为“治朝”，又叫“正朝”。

④朝：指群臣入朝。

⑤辨色：天色初明可辨物事。

⑥小寝：指燕寝。诸侯正（路）寝一，燕寝三。路寝门外是正朝，接受群臣朝见，称为“内朝”。路寝为理政之所，在宫殿区前部。燕寝是休息之所，在宫殿区后部。

⑦释服：国君到燕寝即脱掉朝服换上玄端。如果是卿大夫脱掉朝服就换上深衣（衣裳相连，前后深长，为家居之服装）。

⑧又朝服以食：郑注：“食必复朝服者，所以敬养身也。”

⑨三俎：郑注：“豕、鱼、腊（xī）。”“腊”为干肉。

⑩祭肺：食前之祭，即进食前祭祀造食者，以示不忘本，祭肺是切取一块猪的肺放在食具中表示祭奠。

⑪祭牢肉：把肉切为小段以祭。

⑫五俎：豕、鱼、腊、羊及羊的肠胃。四簋（guǐ）：黍米饭、稷米饭、大米饭、黄粱米饭各一簋。

⑬子、卯：孔疏：“纣以甲子死，桀以乙卯亡，以其无道被诛，后王以为忌日。”稷食菜羹：以稷谷为饭，以菜为羹而食。这是因为忌日而减损饮食。

⑭同庖（páo）：共牢，不再另杀牲。庖，厨。

【译文】

诸侯祭祀宗庙，要穿戴玄冕之服，朝见天子，要穿戴裨冕之服。在太庙听朔、颁布当月政令时，要穿戴皮弁服，平日到内朝上朝见国君，要穿戴朝服。群臣上朝，天刚蒙蒙亮就进入宫门。国君则在日出后才到廷视朝，视朝后国君退到路寝听政理政，国君派人接待大夫，若大夫无事上奏就退朝，然后国君回到燕寝休息，脱下朝服，换上玄端服。吃早饭时，要再穿上朝服。早饭要杀一头猪，设三俎，即猪肉、鱼肉、干肉。吃之前要先切割一块猪肺祭奠，吃晚饭时，可以不穿朝服而穿着深衣，吃饭之前要把猪肉切成小段行祭祀礼。每月初一，杀羊、豕二牲，设五俎，即猪肉、鱼肉、干肉、羊肉和羊的肠胃，主食四簋，即黍米饭、稷米饭、大米饭、黄粱米饭各一簋。遇到子日、卯日忌日，国君要减食，即降低膳食标准，以稷为饭，以菜为羹，平时夫人与国君共牢，不再单独为夫人杀牲。

君无故不杀牛[①]，大夫无故不杀羊，士无故不杀犬豕。君子远庖厨[②]，凡有血气之类，弗身践也[③]。至于八月不雨，君不举[④]。年不顺成，君衣布搢本[⑤]，关梁不租，山泽列而不赋[⑥]，土功不兴，大夫不得造车马。

【注释】

①无故：指没有祭祀、宴飨宾客之事。下同。

②庖厨：宰杀烹割牲畜的场所。君子因怀有仁爱之心，不忍见牲畜被宰杀，所以要远离庖厨。《孟子·梁惠王上》："君子之于禽兽也，见其生不忍见其死，闻其声不忍食其肉，是以君子远庖厨也。"

③践：当作"翦"，杀。

④不举：不杀牲。本指举肺脊而祭。国君每日杀牲以食，食前要举肺脊以祭，这里指不杀牲。

⑤搢（jìn）：插。本：士所插的竹笏，国君本应插象笏。笏，见《内则》"后王命冢宰降德于众兆民"节注⑦。

⑥列：通“迾”，遮拦。指禁止不按季节进行狩猎、采集活动。

【译文】

没有祭祀、宴飨宾客之事，国君就不杀牛，大夫不杀羊，士不杀狗和猪。怀有仁爱之心的君子都会远离宰杀烹煮牲畜的场所，凡是有血、有气的动物，君子都不忍亲见宰杀。如果连续八个月不下雨，出现旱灾，国君的膳食就不杀牲不吃肉、不举肺而祭。如果年成不顺，国君就穿着麻布衣裳，腰间所插也不再是象牙笏而改用竹笏，关卡渡口处不再征收租税，山林川泽虽禁止不按季节进行狩猎、采集，但不再征收赋税，不兴办土木工程，大夫也不得制造车马。

卜人定龟①，史定墨②，君定体③。

【注释】

①卜人：卜师。定龟：按贞卜需要选择不同的龟甲。定，孔疏：“定其所当用。”

②史：太史。墨：用火灼龟后，龟甲裂开，粗的裂纹叫“墨”，旁出的细纹叫“坼”，占卜要根据坼裂的走向与征象来判断吉凶。

③体：兆象，即龟甲上裂纹的走向与形态，要据此考察其所表示的五行之象来判定吉凶。

【译文】

国家有事要占卜时，由卜师根据需要选定用于占卜的龟甲，由太史烧灼龟甲并考察确定龟甲坼裂后的走向与征象，由国君判定龟甲裂纹的征象究竟是吉是凶。

君羔幦虎犆①；大夫齐车鹿幦豹犆，朝车②；士齐车鹿幦豹犆。

【注释】

①幦(mì):车轼上的覆盖物。犆(zhí):缘,镶边。“幦”和“犆”都是国君斋车上的装饰。

②朝车:郑注:“臣之朝车,与斋车同饰。”

【译文】

国君的斋车,车轼上用羊羔皮覆盖,用虎皮镶边;大夫的斋车,车轼上用鹿皮覆盖,用豹皮镶边,大夫的朝车,与大夫的斋车装饰相同;士的斋车,车轼上也用鹿皮覆盖,用豹皮镶边。

君子之居恒当户[①],寝恒东首[②]。若有疾风、迅雷、甚雨,则必变[③],虽夜必兴,衣服冠而坐。日五盥[④],沐稷而靧粱[⑤]。栉用椫栉[⑥],发晞用象栉[⑦]。进禨进羞[⑧],工乃升歌。

浴用二巾,上絺下绤。出杅[⑨],履蒯席[⑩],连用汤[⑪],履蒲席,衣布晞身[⑫],乃屦,进饮[⑬]。

【注释】

①当户:指对着门,向着明亮之处。当,对。

②东首:东方有生气,因而头朝着东方。

③变:改变,变化。即下文所说的姿态、仪态的变化。

④盥:洗手。

⑤沐:洗头发。靧(huì):洗脸。

⑥栉:梳子。椫(shàn):白理木。详见《礼器》“礼有以文为贵者”节注⑩。

⑦晞(xī):干燥。象栉:象牙制作的梳子。

⑧禨(jì):酒。指洗发后所饮之酒。羞:同“馐”,指美味。

⑨杅(yú):浴盆。

⑩蒯(kuǎi)席:蒯草编织的席。孔疏:"蒯菲草席涩,出杅而足践履涩草席上,刮去垢也。"

⑪连:冲洗。指去除足垢后再用热水冲洗。

⑫布:浴衣。

⑬进饮:即上文"进禨",同时也要"进羞"和"升歌"。

【译文】

君子居处总是对着门户,睡觉时头总是朝着东方。如果刮大风、打响雷、下暴雨,那么君子就要作出相应的调整,改变姿态仪容,即使已是深夜,也要爬起来,穿好衣服、戴上冠冕而端坐。君子每天洗五次手,用淘稷米的水洗头发,用淘粱米的水洗面孔。头发洗好后,要用白理木制作的梳子梳理,头发晾干了,就用象牙梳子梳理。沐浴后,体力消耗,因而要进酒和进食,同时乐工升堂唱歌。

洗澡时要用两条浴巾,洗上身用细葛巾,洗下身用粗葛巾。从浴盆中出来,要站在蒯席上,搓去脚上的污垢,然后用热水冲洗双脚,再踏上蒲席,穿上浴衣,擦干身子,穿好鞋子,再喝酒吃些食物,听乐工奏乐。

将适公所,宿齐戒,居外寝①,沐浴。史进象笏②,书思对命。既服,习容观、玉声,乃出。揖私朝③,烨如也④,登车则有光矣。

【注释】

①外寝:正寝。

②史:大夫自家执掌文书的史官。

③私朝:孔疏:"大夫自家之朝也。"即大夫处理家政之处。

④烨(huī):与后文的"光"都表示仪容之盛。

【译文】

将要去宫中朝见国君,前一天晚上就要斋戒,住在正寝,要沐浴。

史官进上象笏，思考面见国君时要说的话，准备将君命都记在笏板上。穿好朝服，演习一下仪容举止，听听玉佩的鸣响声和步伐是否配合，然后出发。出发前要在自家的治事之处和家臣揖别，神采飞扬，登上车，更是精神焕发。

天子搢珽①，方正于天下也。诸侯荼②，前诎后直③，让于天子也。大夫前诎后诎，无所不让也。

【注释】

①珽(tǐng)：天子所用玉笏。又称作“大圭”。长三尺，头部稍宽呈锥形，下部方正。郑注：“谓之珽，珽之言挺然无所屈也。”象天子治理天下方正平直。

②荼(shū)：诸侯之笏，其形制为头部呈半圆形，下部方正。因为诸侯要屈服于天子，所以上端呈半圆形。

③诎(qū)：弯曲。郑注：“谓圜杀其首，不为椎头。”

【译文】

天子插在腰带间的珽，其形制上呈尖锥形，下部方正，表示天子治理天下方正公平。诸侯插在腰带间的荼，其形制上呈半圆形，下部方正，表示诸侯屈服于天子。大夫插在腰带间的笏，上下四角都呈圆弧形，这表示大夫对天子、诸侯都要屈服。

侍坐则必退席①，不退则必引而去君之党②。登席不由前，为躐席③。徒坐不尽席尺④。读书，食，则齐⑤。豆去席尺。

【注释】

①退席:将坐席退后至旁侧。

②不退则必引而去君之党:孙希旦说:"臣侍君坐,则必退其席而远君,如君命之勿退,则亦必引却而稍离君所,皆所以明退让之义也。"引,退。党,所,即君所坐之处。

③躐(liè)席:越前登席。古人所坐之席分上、下、前、后,升席时必由席之下端,即后方登入,而不能由席之前方径上。如果从前方直接升席,则为躐席。躐,超越。

④徒坐:无事而坐。指非饮食及学习时而坐。徒,空。

⑤"读书"三句:读书时要让尊者听到自己的声音,吃饭时怕弄脏席子,在这两种情况下,身子才与席子的前沿平齐。

【译文】

臣子侍坐国君时,一定要将自己的坐席向旁侧后退一点儿,如果席子不后退,也一定要往席子的后面坐,身子要离国君坐处有一定距离。登席不能从席前方径直登上,这样上席叫做"躐席"。无事而坐时,要距席的边沿一尺。只有读书和吃饭时才靠前坐,与席子的前沿平齐。盛食物的豆等器皿,也要放在离席一尺远的地方。

若赐之食而君客之,则命之祭然后祭[①]。先饭[②],辩尝羞[③],饮而俟。若有尝羞者,则俟君之食,然后食。饭,饮而俟。君命之羞,羞近者[④],命之品尝之[⑤],然后唯所欲。凡尝远食,必顺近食。君未覆手[⑥],不敢飧[⑦]。君既食,又饭飧。饭飧者,三饭也。君既彻,执饭与酱,乃出授从者。

【注释】

①"若赐之食"二句:孔疏:"若臣侍君而赐之食,则不祭,若赐食而

君以客礼待之,则得祭。虽得祭,又先须君命之祭,后乃敢祭也。”表现了臣子对国君的忠诚与爱护。

②饭:食。

③辩:通“遍”。

④羞近者:先吃靠近自己的菜。郑注是为了“避贪味”。

⑤品尝:遍尝。品,遍。

⑥覆手:吃饱以后用手擦拭嘴边,这是害怕有饭菜残留粘在嘴边。

⑦飧(sūn):郑注:“劝食也。”孔疏,是用汤饮浇饭而食。

【译文】

如果国君赐臣子一道进餐,并且以客礼对待臣子,那么臣子就要行祭食礼,但要得到君命后再祭。祭毕,臣子可以先吃起来,先要遍尝各种食物,然后喝饮品,再等待国君进食。如果进餐时有膳宰负责先品尝食物,那么臣子只要等待国君开始进食,然后自己也开始进食。国君吃饭时,臣子先喝些饮品等待进食。国君命臣子吃菜,臣子应先吃靠近自己的菜,国君命臣子遍尝各种菜,然后臣子就可以随意食用各种菜了。凡是想要品尝远处的菜肴,也一定要按着顺序从近处的菜肴开始吃。吃饭时,国君没有用手擦拭嘴角,臣子不敢劝食。国君表示已经吃完了,臣子就泡上泡饭劝国君再吃点儿。劝食,以吃三口为限。国君吃完饭撤席了,臣子拿着饭与酱,出门交给自己的随从,这是表示对国君赏饭的尊重。

凡侑食,不尽食。食于人不饱。唯水浆不祭,若祭,为已傺卑①。

【注释】

①已:太,甚。傺(xiè)卑:身份低下卑微。傺,同“偞”。郑注:“厌

(yā)也。"对卑微的物品也祭祀,是压低、降低了礼仪的格调。

【译文】

凡是侍奉他人吃饭,自己不能尽情吃喝。去人家做客吃饭,不能吃饱。到和自己身份相等的人家吃饭,吃之前都应先祭,只有饮水、饮浆不祭,因为水、浆非尊物,如果也祭,就显得太卑微了。

君若赐之爵,则越席再拜稽首受,登席祭之;饮,卒爵而俟,君卒爵,然后授虚爵。君子之饮酒也,受一爵而色洒如也①,二爵而言言斯②,礼已三爵③,而油油以退④。退则坐取屦,隐辟而后屦,坐左纳右,坐右纳左。

凡尊必上玄酒⑤。唯君面尊。唯飨野人皆酒。大夫侧尊,用棜⑥;士侧尊,用禁⑦。

【注释】

①洒(xiǎn)如:郑注:"肃敬貌。"

②言言(yín)斯:郑注:"言言,和敬貌。斯,犹耳也。"言言,即"訚訚"。斯,语助词。

③已:止。

④油油:郑注:"说(悦)敬貌。"酒饮过三爵,"敬"就可以减少一些了,即可以不要那么严肃了。

⑤凡尊必上玄酒:凡陈设酒樽,必以玄酒配酒而设,以玄酒为上,表示重古之意。两樽若东、西并列,则玄酒樽在西,以西为上。若南、北并列,则玄酒樽在南,以南为上。玄酒,即清水。

⑥棜(yù):放置酒樽等酒食器具的无足的礼器,形如案盘。见《礼器》"有以高为贵者"节注④。

⑦禁:放置酒樽等酒食器具的有足的礼器,形如案盘。见《礼器》

“有以高为贵者”节注③。

【译文】

臣子侍奉国君私下饮酒，国君如果赐酒，臣子就要离开坐席，向国君拜两次叩头接受，登上自己的坐席，先行祭礼；再饮尽杯中酒，便等着国君饮酒，国君也饮尽了酒，然后将空杯交给侍者。君子陪侍饮酒，接受国君赐下的第一杯酒时神色严肃庄重，接受第二杯酒时神色谦和崇敬，依礼饮完三杯就停止，于是高兴恭顺地退下。退下后跪坐着取鞋，到堂下隐蔽处去穿鞋，左腿跪下穿右脚的鞋，右腿跪下穿左脚的鞋。

凡陈设酒樽，一定要将盛玄酒的酒樽放在上位，表示尊古。只有国君宴请臣子时，才将酒樽正对着国君，表示酒为国君所赐。只有宴飨农人时都用一般的酒，而不用玄酒。大夫与宾客饮酒，酒樽要设在旁侧，放在棜上；士与宾客饮酒，酒樽也要设在旁侧，放在禁上。

始冠缁布冠①，自诸侯下达，冠而敝之可也。玄冠朱组缨②，天子之冠也。缁布冠缋緌③，诸侯之冠也。玄冠丹组缨，诸侯之齐冠也。玄冠綦组缨④，士之齐冠也。缟冠玄武⑤，子姓之冠也⑥。缟冠素纰⑦，既祥之冠也。垂緌五寸，惰游之士也⑧。玄冠缟武，不齿之服也⑨。居冠属武，自天子下达，有事然后緌。五十不散送⑩。亲没不髦⑪。大帛不緌⑫。玄冠紫緌⑬，自鲁桓公始也。

【注释】

①冠：动词，行冠礼。缁布冠：黑麻布做的冠。有关冠礼详见《郊特牲》“冠义”节。

②玄冠：玄色缯制作的冠。

③缋（huì）緌（ruí）：有画纹的帽带。缋，绘画。緌，冠两侧用于固定

冠的缨带，在颈项处打结，亦有装饰作用。

④綦（qí）：青黑色。

⑤缟（gǎo）冠玄武：缟冠，白色生绢制作的冠，是吉冠；玄武，是玄色帛做的冠圈，丧事所戴。“缟冠玄武”是说祖父去世，父亲仍在服丧，孙虽已除丧但也不敢戴吉冠，因而戴半凶半吉之冠。

⑥子姓：即孙。姓，生。孙由子生，故称。

⑦纰（pí）：边缘。

⑧惰游之士：郑注：“罢（pí）民也。”即游手好闲但还不够判刑的人。

⑨不齿：郑注：“所放不帅教者。”即那些不服从管教该放逐的人。

⑩散送：按丧礼，服丧期间，前三天丧服的腰绖多余的部分要散开下垂，而三天后要收敛起来，等出殡时又要散开。这里是说，五十岁以上的人，服丧时就可以不太注重细节，可以不散送。送，送葬。

⑪髦：假发做的刘海。见《内则》“后王命冢宰降德于众兆民”节注⑤。

⑫大帛：郑注：“‘帛’当为‘白’，声之误也。”白色缯所做的冠，即素冠。

⑬紫緌：孙希旦说，紫为间色，不正，不当用为冠緌。但春秋时人尚紫，故鲁桓公用之。

【译文】

行冠礼时，第一次加的冠是缁布冠，从诸侯以下都是如此，缁布冠在冠礼结束后就不再戴，可以丢弃。天子行冠礼，第一次加的冠是玄色的冠，用朱红色的丝带做帽带。诸侯行冠礼，第一次加的冠是缁布冠，用彩色的丝带做帽带。玄色的冠，并用红色的丝带做帽带，是诸侯斋戒时所戴的冠。玄色的冠，并用青黑色的丝带做帽带，是士斋戒时所戴的冠。白色生绢的冠和玄色的冠圈，是孙在祖父去世后自己已除丧服、但父亲未除丧服时所戴之冠。白色生绢的冠，又在冠缘以白绫镶边，这是孝子在大祥祭后所戴之冠。戴白色生绢的冠,以白绫为冠缘镶边,垂着五寸长的冠緌,这是游手好闲的惰游之民所戴之冠。玄色的冠,并以白色生绢为冠圈,这是那些不服管教、该放逐的人所戴之冠。闲居时所戴之冠,冠缨挂在冠圈两旁,只有当有事时才把冠缨垂下来,自天子以下所有人都是这样做的。到了五十岁,送葬时可以让丧服的腰绖扎好,不必散开垂下。父母去世以后,子女也不须再戴"髦"这种假发。用白缯制的素冠是一种凶冠,没有緌作为装饰。戴玄色的冠而配以紫色的帽带,是从鲁桓公开始的。

朝玄端,夕深衣①。深衣三袪②,缝齐倍要③。衽当旁④,袂可以回肘。长、中继揜尺⑤。袷二寸⑥,袪尺二寸,缘广寸半。

【注释】

①"朝玄端"二句:这是大夫、士燕居之服。

②深衣三袪(qū):深衣的腰围是袖围的三倍。袪,袖口。袖口的围长是二尺四寸,腰围则是七尺二寸。

③齐(zī):裳的下摆。倍要:腰围是七尺二寸,下摆的周长则是一丈四尺四寸。要,同"腰"。

④衽(rèn)当旁:指缝在上衣两旁的布幅作为衣襟。

⑤长、中:长衣和中衣。长衣、中衣形制和深衣相同,都是上衣下裳相连。长衣、中衣都穿在礼服内,中衣总是穿在吉服内,长衣有时穿在凶服内,有时当做外衣。继揜(yǎn)尺:中衣、长衣的袖子,在袖口处另长出一尺,因而称为"继揜尺"。揜,同"掩",掩盖。深衣之袖长二尺二寸,则长、中衣之袖经继掩尺的延长后长三尺二寸。

⑥袷(jié):郑注:“曲领也。”指圆弧形的衣领。

【译文】

早晨穿玄端,晚上穿深衣,这是大夫、士闲居时的着装。深衣的袖围是二尺四寸,腰围是袖围的三倍,为七尺二寸,缝纫的深衣的下摆,比腰围大一倍。深衣的衣襟开在旁边,深衣衣袖较宽,手肘可以在袖中屈伸。长衣、中衣的衣袖,与深衣相比在袖口处又接出一尺,可以掩住双手。弧形的领子宽二寸,袖口宽一尺二寸,下裳的边缘宽一寸半。

以帛里布[①],非礼也。士不衣织[②]。无君者不贰采[③]。衣正色[④],裳间色[⑤]。非列采不入公门[⑥],振絺、绤不入公门[⑦],表裘不入公门[⑧],袭裘不入公门[⑨]。

【注释】

①以帛里布:这句是讲外衣和中衣要相称。外衣如果是冕服,冕服用帛,中衣就用素;外衣如果是皮弁服、朝服、玄端,三者都是布做的,中衣也要用布做的。里,中衣。

②织:染色后织成的衣料。大夫以上可衣织,士地位低贱,所穿是先织成而后染色之衣。

③无君者:指离开本国的大夫、士。不贰采:衣裳不用两种不同的颜色。大夫、士去国,三月内服素衣素裳,三月之后服玄端玄裳。

④正色:青、赤、黄、白、黑五方之色。孙希旦说,衣在上为阳,阳为奇数,故用正色。

⑤间色:正色调配出来的色。“间”有杂义,指杂有二色,绿、红、碧、紫、骊黄为间色。裳在下为阴,阴为偶数,故用间色。

⑥列采:正色之服,即青、赤、白、黑、黄五色。

⑦振(zhěn)絺(chī)、绤(xì):夏天单穿细葛布、粗葛布衣为外衣。

振,通“袗”,单衣。

⑧表裘:以裘为外衣。据郑注、孔疏,“振絺、绤”与“表裘”,“二者形且亵”,“可鄙亵”,因此必须罩上外衣才能出门。

⑨袭裘:古人冬穿裘,夏穿葛,裘、葛之上有中衣,即裼(xī)衣,裼衣外又有正服,如朝服、皮弁服。敞开正服前襟,露出裼衣,就叫“裼”,掩好正服前襟就叫“袭”。

【译文】

外衣和中衣的质地要相配,如果外衣用布制作,而中衣却用帛制成,这就不合于礼。士,不能穿先染丝后纺织的绸缎,只能穿纺织后再染色的缯帛。失位离开本国的大夫、士,上衣与下裳不能有两种颜色。上衣的颜色,要用正色,下裳的颜色,要两色混杂。不是穿着正装而是穿不同颜色的衣裳,不能进入公门;夏天只穿细、粗葛布衣服,不能进入公门;冬天只穿着皮裘,不能进入公门;冬天穿着皮裘,以礼服掩住上襟,但没有露出裼衣和正装,不能进入公门。

纩为茧,缊为袍,禅为絅,帛为褶①。

【注释】

①“纩(kuàng)为茧”四句:郑注,“茧”和“袍”是给衣服夹层添加丝絮后的异名。纩,新丝绵絮。禅(dān),单衣。缊(yùn),旧丝绵絮。絅(jiǒng),有衣裳但无里子。褶(dié),有里有面但不填充棉絮的夹衣。

【译文】

用新丝绵填充到夹衣里的衣服叫“茧”,用旧丝绵填充到夹衣里的衣服叫“袍”,有面无里的单衣叫“絅”,有面有里但中间不填充丝绵的夹衣叫“褶”。

朝服之以缟也，自季康子始也①。孔子曰："朝服而朝，卒朔然后服之②。"曰："国家未道③，则不充其服焉。"

【注释】

①"朝服"二句：天子朝服皮弁服，衣以素，诸侯朝服玄冠缁衣。季康子为大夫却用缟制朝服，这是僭越天子之礼但又不敢尽同。

②卒朔：听朔礼毕。

③未道：未合于正道。

【译文】

朝服用白色生绢来制作，是从鲁国大夫季康子开始的。孔子说："国君和臣子都穿着朝服上朝，每月初一听朔时穿着皮弁服，完事后又换上朝服。"又说："国家未走上正道，国君的礼服也就不会完备了。"

唯君有黼裘以誓省①，大裘非古也②。君衣狐白裘③，锦衣以裼之④。君之右虎裘，厥左狼裘⑤。士不衣狐白。君子狐青裘豹褎⑥，玄绡衣以裼之⑦；麛裘青豻褎⑧，绞衣以裼之⑨；羔裘豹饰⑩，缁衣以裼之；狐裘，黄衣以裼之。锦衣狐裘，诸侯之服也。犬羊之裘不裼⑪。

不文饰也不裼。裘之裼也，见美也⑫。吊则袭，不尽饰也。君在则裼，尽饰也。服之袭也，充美也⑬。是故尸袭，执玉、龟袭。无事则裼，弗敢充也。

【注释】

①黼（fǔ）裘：黑羔皮与狐白皮相杂制成的有黼纹的裘。省：郑注："当为'狝'。狝，秋田也。""誓省"是为社祭进行田猎而举行的告

誓仪式。

②大裘：黑羔皮裘。大裘是天子祭天之服，诸侯如果服大裘是僭礼。

③狐白裘：以狐腋下面的白毛皮制成的裘。狐白少而贵，只有大夫以上可服。

④锦衣：和下文的“玄绡衣”，都是中衣，即裼衣。裼衣的颜色要与裘的颜色一致，因为裘是白色，所以这里裼衣也是白色，领缘的镶边是朱色。

⑤“君之右”二句：右、左，指国君卫士。虎裘、狼裘，象征如虎狼之威猛以保卫国君。

⑥君子：指大夫、士。褎(xiù)：同“袖”。

⑦绡(xiāo)：生丝。

⑧麛(mí)：鹿。豻(àn)：北方的一种野狗。

⑨绞：苍黄色。

⑩饰：即袖。

⑪犬羊之裘：是庶人所穿的下等皮裘。不裼：即“袭”。“裼”与“袭”相对。见本篇“以帛里布”节注⑨。一般情况下，都以裼为敬。下等人所穿皮裘罩上外衣只能叫“袭”。

⑫见：同“现”，显现。

⑬充：覆盖。

【译文】

国君可以穿着黼裘参加为社祭进行田猎而举行的告誓仪式，如果是穿着天子祭天的黑羔皮裘去参加，这是不符合古制的。国君穿着狐白裘，外罩素锦裼衣。国君右卫士穿虎皮裘，左卫士穿狼皮裘。士的地位低，不能穿狐白裘。大夫、士穿狐青裘，袖口用豹皮镶边，外罩用青色生丝绢做的裼衣；如果穿鹿裘，袖口用青豻皮镶边，外罩苍黄色的裼衣；如果穿黑羔裘，袖口用豹皮镶边，外罩黑色的裼衣；如果穿狐裘，外罩黄色的裼衣。用锦衣做裼衣配狐裘,这是诸侯之服。狗皮、羊皮之裘是庶人所穿,没有裼衣。

大夫与士穿裘服,在不需要文饰的时候,也不用穿裼衣。穿着裘服而要罩上裼衣,就是为了显现裼衣的华美以示敬意。丧家小殓之祭后,客人去吊丧就要罩好正服,由于哀伤而不显露文饰。在国君面前则要使裼衣露出领缘,显现文饰,表示对国君的尊重。掩好上服前襟、不露出裼衣领缘,是为了掩盖裼衣的华美。所以祭祀中的尸,为了表示尊敬也要掩好上服前襟、不露出裼衣领缘;玉和龟甲是宝瑞,拿着玉和龟甲的人也要掩好上服前襟、不露出裼衣领缘。没有祭祀礼仪活动了,就要露出裼衣领缘,不要掩盖了裼衣之华美。

笏:天子以球玉①,诸侯以象,大夫以鱼须文竹②,士竹本③,象可也④。见于天子与射,无说笏⑤。入大庙说笏,非古也。小功不说笏⑥,当事免则说之⑦。既搢必盥,虽有执于朝,弗有盥矣。凡有指画于君前⑧,用笏;造受命于君前⑨,则书于笏。笏,毕用也⑩,因饰焉。笏度二尺有六寸,其中博三寸,其杀六分而去一⑪。

【注释】

①球:郑注:"美玉也。"

②须:当作"颁",通"斑"。鲛鱼皮上有斑,以其为装饰。

③竹本:指笏的本体以竹制作。

④象可也:孔疏:"以象牙饰其边缘。言可者,通许之辞。"

⑤说(tuō)笏:平时,笏或执于手,或插于大带,如果既不手执又不插带,即离开身体,就叫"脱笏"。说,通"脱"。

⑥小功不说笏:遇丧事要捶胸顿足地号哭,因而要"脱笏";但小功

以下的轻丧，哀轻，可以不脱笏。

⑦当事：当殡殓之事。免(wèn)：古代居丧时束发的一种方式。见《檀弓上》“公仪仲子之丧”节注②。

⑧指画：指点比画。这是指在国君面前讲话，需要用手比划加以说明时，就在笏上写、笏上画。

⑨造：进。

⑩毕：指记事备忘等都用笏。

⑪杀(shài)：削减，削薄。

【译文】

笏：天子的笏用美玉制作，诸侯的笏用象牙制作，大夫的笏竹制，用有斑纹的鲛鱼皮装饰，士的笏的本体竹制，可用象牙装饰。诸侯、大夫和士朝见天子、参加射礼，都属于吉事，所以不可脱笏。如果进入太庙祭祀时脱笏，这是不符合古制的。参加丧礼，小功以下的丧事不脱笏，小功以上的丧事可脱笏，当死者殡殓，自己头缠白布条要捶胸顿足地号哭时，就要脱笏。去朝见国君，将笏插进大带后一定要先洗手，以后在朝中需要执笏时就不用再洗手了。凡在国君面前讲话需要指点比画、作记录时，要用笏；进到国君面前接受命令时，就将国君的命令写在笏上。笏，指画、记事全都要用，因此要加以装饰。笏长二尺六寸，中间宽三寸，诸侯的笏上端要削减六分之一，大夫、士的笏上下两端都要削减六分之一。

韠[①]：君朱，大夫素，士爵[②]，韦[③]。圜、杀、直[④]：天子直，公侯前后方[⑤]，大夫前方后挫角，士前后正。韠下广二尺，上广一尺，长三尺，其颈五寸[⑥]，肩，革带[⑦]，博二寸。一命缊韨幽衡[⑧]，再命赤韨幽衡，三命赤韨葱衡[⑨]。

【注释】

①韠(bì):蔽膝。遮蔽腰腿的皮制围裙,约为上广一尺、下广二尺的上窄、下宽形。

②爵(què):通“雀”,赤而微黑色,像雀头的颜色。

③韦:去毛熟治的皮革。这是说君、大夫和士的三种韠都是用韦制作的。

④圜:即后文所说“大夫前方后挫角”。大夫的蔽膝,下广二尺,自下向上裁剪直行至五寸处,左、右各向内斜裁剪至广一尺,再修剪其角,使之呈圆弧形,故曰“圜”。杀(shài):即后文所说“公侯前、后方”。诸侯的蔽膝,上广一尺,从上方左、右各向下裁剪直行五寸;下广二尺,从下方左、右各向上裁剪直行五寸,上、下再斜裁相承接,其上、下各有一长方形,故曰“方”。直:即后文所说“天子直”。天子的蔽膝,从上方一尺宽处左、右斜行向下一直至下方宽二尺处,故曰“直”。

⑤前、后:郑注:“韠以下为前,以上为后。”

⑥其颈五寸:蔽膝上端宽一尺,一尺的中间五寸即颈,两边剩余的部分叫“肩”。

⑦革带:系在腰间的腰带,蔽膝就系在革带。

⑧一命:与后文的“再命”、“三命”,分别指士、大夫、卿。缊(wēn):赤、黄二色相间。韨(fú):也是蔽膝。穿祭服时就叫“韨”,穿他服时就叫“韠”。幽:通“黝”,黑色。衡:即“珩”(héng),佩饰上方的横玉,常作小半圆弧形。

⑨葱:青色。

【译文】

关于蔽膝:国君的蔽膝是朱红色的,大夫的蔽膝是白色的,士的蔽膝是赤而微黑色的,都用熟治的皮革制作。蔽膝有圆形、方形、直裁三种形制:天子的蔽膝,左、右两斜边都是直的;诸侯的蔽膝,上、下是两个长方形；大夫的蔽膝，上端两角裁剪略呈圆弧形；士的蔽膝，上、下都是直直正正的。蔽膝，下端宽二尺，上端宽一尺，长三尺，上端有五寸宽的颈，两寸宽的肩，两寸宽的革带。参加祭礼、穿着祭服时配的蔽膝叫“韨”。士用赤黄色的韨，配黑色的玉珩；大夫用赤色的韨，配黑色的玉珩；卿用赤色的韨，配青色的玉珩。

天子素带①，朱里，终辟②。而素带，终辟③。大夫素带，辟垂。士练带④，率⑤，下辟。居士锦带⑥，弟子缟带。并纽约用组⑦，三寸⑧，长齐于带⑨。绅长制⑩：士三尺，有司二尺有五寸⑪。子游曰：“参分带下，绅居二焉。”⑫绅、韠、结三齐⑬。大夫大带四寸。杂带⑭，君朱绿⑮，大夫玄华⑯，士缁辟二寸，再缭四寸⑰。凡带有率，无箴功⑱。肆束及带⑲，勤者有事则收之，走则拥之。

【注释】

①带：大带。衣有二带，大带和革带。大带谓之“绅”，革带谓之“鞶”。大带用以束腰，较宽；革带用以系挂佩饰及蔽膝等，较窄。

②辟(pí)：用彩缯镶边。郑注，“辟”读如“裨”，“谓以缯采饰其侧”。

③素带，终辟：此指诸侯带饰，与天子相比，没有“朱里”。

④练：白色熟绢。

⑤率：通“繂”(lǜ)，用暗针缝边。

⑥居士：郑注：“道艺处士也。”指学业、事业尚未有成就的士人。

⑦并：指自天子达于弟子。纽：大带两端交结之处。约：以物穿纽将带结到一起。组：丝绳。

⑧三寸：郑注：“谓约带纽组之广也。”指系扎大带的纽和丝绳宽三寸。

⑨长齐于带:即与绅一样长。

⑩绅:大带束好后,余出的下垂部分叫“绅”。

⑪有司:分管相关职事的官吏。此处指府史等吏员。

⑫“子游曰”以下二句:孔疏,人长八尺,大带至脚长四尺五寸,平均分为三份,绅长占其中的两份,约三尺。

⑬绅、韠、结三齐:“绅”即绅带,“韠”即蔽膝,“结”即上文的约带纽组,三者皆长三尺,故云“三齐”。

⑭杂带:燕居之服所用之带。

⑮君:孔疏:“谓天子诸侯。”朱绿:大带用朱色镶边,绅用绿色镶边。

⑯华:黄色。

⑰再缭四寸:大夫以上,大带宽四寸,可以重叠环绕腰;士大带宽两寸,环绕后不能重叠,广度也是四寸。缭,绕。

⑱箴:同“针”。

⑲肆(yì)束:余束,即约带之余组。肆,通“肄”,余。

【译文】

天子的大带用白色的丝绸制作,里衬是朱红色的,整个大带从上到下都镶边。诸侯的大带也是白色丝质,也是从上到下全部镶边,但没有朱红色的衬里。大夫的大带也用白色丝绸制作,只有大带两侧和下垂的部分镶边。士的大带用白色熟绢制作,只在大带的下方镶边。居士用彩锦制作大带,学校的弟子用白色生绢制作大带。所有这些人的大带,系的时候交会之处都用三寸宽的丝带结扎在一起,丝带下垂的部分与大带下垂的部分等长。大带垂下的部分叫做“绅”,它的长度规定是:士绅长三尺,有司绅长二尺五寸。子游说:“如果把从大带到脚的长度分为三份,绅长为三分之二。”绅、蔽膝、丝带结的下垂部分是平齐的。大夫以上,大带都宽四寸。平时燕居所系的带,天子和诸侯的大带镶朱红色边,绅镶绿色边;大夫的大带,镶玄色边,里衬镶黄色边;士的大带的镶边,里外都是黑色宽两寸,环绕后不能重叠,上下各镶一寸的边,也是宽四寸。所有的大带，用暗针缝边，不露出针脚。丝带打结后多余的部分和大带下垂的部分，如果要劳动、要干活的时候就收起来握在手里；如果要跑动，就抱在怀里。

王后袆衣[①]，夫人揄狄[②]，君命屈狄[③]。再命袆衣，一命襢衣，士禒衣[④]。唯世妇命于奠茧[⑤]，其他则皆从男子[⑥]。

【注释】

①袆(huī)衣：王后祭服之一。郑注："刻缯而画之，着于衣以为饰。"与下文的"揄狄"，都是刻绘为雉鸡图案，涂上色彩，缀于衣上作为装饰的祭服。

②夫人：指侯爵、伯爵的夫人。揄(yáo)狄：亦作"揄翟"，王后"六服"之一。

③君：郑注："女君也。"即子、男之妻。屈(què)狄：王后祭服之一。屈，通"阙"。郑注："谓刻缯为翟(狄)，不画也。"即只刻绘为雉鸡之形而不加绘彩色作为祭衣装饰。

④"再命袆衣"三句：这里的"再命"、"一命"指的是爵位为子、男之诸侯。据注疏，诸侯之臣分三等，卿、大夫、士。子、男之卿再命，妻鞠(袆)衣；子、男大夫一命，妻服展(襢)衣；士不命，妻服禒衣。袆，郑注当为"鞠"(jū)字之误。鞠，色黄，如初生桑叶之色。襢(zhàn)衣，白色礼服。禒(tuàn)衣，黑色礼服。袆衣、襢衣、禒衣，既是王后"六服"之一，也是内、外命妇之服。

⑤世妇：诸侯之妾。奠：献。

⑥男子：指自己的丈夫。这是说，自天子之后，至诸侯夫人，他们的丈夫有怎样的地位，其妻子就穿怎样的服饰。

【译文】

王后穿袆衣，侯爵、伯爵夫人穿揄狄，子、男诸侯的夫人穿屈狄。

子、男诸侯的卿，其妻穿鞠衣，大夫之妻穿襢衣，士之妻穿褖衣。只有诸侯之妾在受命为国君献茧时，地位与大夫相当，穿襢衣；其他妇女都按照丈夫地位高低穿着相应的命服。

凡侍于君，绅垂①，足如履齐②，颐霤③，垂拱。视下而听上，视带以及袷④，听乡任左⑤。

【注释】

①绅垂：郑注："则磬折也。"即弯腰站立，如磬之弯折之形。

②齐（zī）：裳的下摆。

③颐霤（liù）：面颊如房檐般的斜垂。霤，屋檐。

④袷（jié）：交领。孔疏："视君之法，下不过带，高不过袷。"

⑤听乡任左：侍者一般站在国君的右侧，故左耳靠近国君，因此称为"任左"。乡，通"向"。

【译文】

凡陪侍国君，站在国君身边，身子要向前倾，使绅带下垂，裳的下摆接地，像要被脚踩到一样，头微低，面颊如屋檐般斜垂，两手拱合下垂。视线朝下但要微微向上仰头认真听国君说话，视线要在国君的腰带和衣领之间，听国君讲话，头要稍偏右，侧着左耳倾听。

凡君召以三节①。二节以走，一节以趋②。在官不俟屦③，在外不俟车④。

【注释】

①节：一种证明身份、用以执行某种任务的凭信，有多种材料、多种形制。出土实物有"鄂君启节"，铜质，如圆形的竹筒一剖为三，

以其中的一片刻字为信，有车节、舟节两种，为楚国颁发给长途贩运商贩的通关凭证。此处指使者所持的、代表国君发号施令的凭信。

②“二节以走”二句：国君召臣，如果是急事，就派使者持二节，臣要奔跑前去；如果不急，就持一节，臣快步疾走即可。

③官：朝廷治事处。

④外：孔疏：“谓其室及官府也。”即朝廷之外，在自己的家里或官府里。

【译文】

凡国君派使者召臣，有三个节。如果事情紧急，使者持两个节，臣子就要奔跑前往；如果事情不那么紧急，使者持一个节，臣子要快步疾走。凡国君召唤，臣子如在朝办公处，不等穿好鞋子就赶去；若不在朝而在外，不等备好车子就赶去。

士于大夫，不敢拜迎①，而拜送。士于尊者，先拜，进面②，答之拜则走③。

【注释】

①迎：孙希旦说：“谓迎于门外也。”拜迎礼是地位、身份相等者的礼节，身份地位较低者，要在门内行拜礼。

②进面：孔疏：“亲相见也。”

③答之拜则走：若大夫在门内答拜行礼，那么迎接的士人要赶紧避开，表示不敢当大夫之拜。

【译文】

士对于大夫的光临，不敢在大门外拜迎，因为那是身份相等的双方才用的礼节，但大夫离开时士可以出门拜送。士去见尊者，要先在门外行拜礼，然后进门见面，尊者在门内答拜，士要赶快避开，表示不敢当。

士于君所言，大夫没矣则称谥若字[①]，名士。与大夫言，名士，字大夫。于大夫所，有公讳[②]，无私讳[③]。凡祭不讳，庙中不讳[④]，教学临文不讳[⑤]。

【注释】

①称谥若字：有谥则称谥，无谥则称字。

②公讳：避讳国君及国君父祖之名。

③私讳：避讳父母及祖父之名。

④“凡祭不讳”二句：祭祀群神时的祝嘏之辞，有祖先名讳不避讳。庙中上不讳下，如果是祭祖，就不讳父；如果是祭父，则当讳祖。

⑤教学：指教《诗》、《书》典籍等。临文：孔疏：“谓简牒及读法律之事也。”古注说，如果教学也讲避讳，会误导后生；如果为文也讲避讳，会把正事弄错。

【译文】

士在国君处谈话，如果说到已故的大夫，就要称其谥号，如果没有谥号就称其字，不可称名；如果说到已故的士，则可以称名。士与大夫谈话，提到某士，就称其名，说到某大夫，则称其字。士在大夫处谈话，只避公讳，不避私讳。凡是祭祀群神时的祝嘏之辞，有祖先名讳，无须避讳；宗庙祭祀时，讳上不讳下；教学典籍、读写文件和法律文书时，也无须避讳。

古之君子必佩玉，右徵、角，左宫、羽[①]，趋以《采齐》，行以《肆夏》[②]，周还中规，折还中矩[③]。进则揖之[④]，退则扬之[⑤]，然后玉锵鸣也[⑥]。故君子在车则闻鸾、和之声[⑦]，行则鸣佩玉，是以非辟之心无自入也。君在不佩玉[⑧]，左结佩[⑨]，右设佩。居则设佩，朝则结佩。齐则绡结佩而爵韠[⑩]。

【注释】

①“右徵、角”二句：徵、角、宫、羽，都是“五音”之一。详见《月令》“孟春之月”节注⑨。这里指君子在行走时佩玉互相碰撞发出如音乐般的声响。

②《采齐（jì）》、《肆夏》：皆为乐章名。《肆夏》，当为《陔夏》。

③“周还（xuán）中规”二句：周还，即反转而行，要转一百八十度的弧形弯，如圆规画圆；折还，即拐弯而行，要转九十度的直角，如方矩。还，旋转。

④揖：指身体向前微俯。

⑤扬：指身体向后微仰。

⑥锵（qiāng）：佩玉碰撞发出锵锵的声响。

⑦鸾、和：二者都是马车上的铜铃。“鸾”在车横，“和”在车轼。

⑧君在不佩玉：郑注以为指太子，孙希旦说，这是指大夫、士。

⑨左结佩：用丝带结其两璜，使其不能相击发声。关于佩玉形制，孔疏：“凡佩玉必上系于衡（珩），下垂三道，穿以蠙珠，下端前后以县（悬）于璜，中央下端县（悬）以冲牙，动则冲牙前后触璜而为声。所触之玉，其形似牙，故曰冲牙。”近代墓葬考古发掘出土过许多成组的佩玉，自珩下垂的丝绳上，所附玉饰甚多，如荆州熊家冢墓地所出佩玉组合等，可以对春秋战国时楚国贵族佩玉的形制特点有直观的了解。

⑩绡（zhēng）：郑注：“屈也，结又屈之。”指将佩玉向上弯曲挽成结，这是为了不让佩玉互相碰撞发出声响。爵：通“雀”。见本篇“韠，君朱”节注②。韠：见本篇“韠，君朱”节注①。

【译文】

古代，君子身上一定有佩玉，行走时右边的佩玉发出乐音中的徵角和角声，左边的佩玉发出宫声和羽声，快走时与《采齐》的节拍相应，行走时与《陔夏》的节拍相应，向后转身，要像圆规画出圆弧形；向左右拐弯时，要像矩尺一样走成方角。前进时身体微微前俯，后退时身体微微后仰，这样，佩玉就会随着行走发出动听的锵锵声。所以君子乘车时就能听到鸾铃、和铃的鸣响声，行走时又能听到佩玉的声响，这样，一切邪僻的念头就不会进入君子的心中。臣在国君面前不佩玉，即要把左边的佩玉用丝带结起来，不让它发出声音，但右边还是照常佩玉。大夫、士闲居时，左、右都正常佩玉，上朝时则要缩起左侧佩玉。斋戒时要把左、右佩玉都向上挽成结系到革带上，因为斋戒要肃静，所以不能让佩玉发出声响，要戴上赤色而微黑的蔽膝。

凡带必有佩玉①，唯丧否。佩玉有冲牙②，君子无故玉不去身③，君子于玉比德焉。天子佩白玉而玄组绶④，公侯佩山玄玉而朱组绶，大夫佩水苍玉而纯组绶⑤，世子佩瑜玉而綦组绶⑥，士佩瓀玟而缊组绶⑦。孔子佩象环五寸而綦组绶⑧。

【注释】

①带：革带。

②冲牙：参见上节注⑨。

③故：指丧事和灾病。

④绶：即穿系佩玉的丝带，也称为“襚”(suì)。

⑤“公侯”二句：指公侯佩玉，玉色似山之玄而杂有纹理；大夫佩玉，玉色似水之苍而杂有纹理。纯，郑注当为“缁”，古文或作糸旁才，故误。

⑥瑜：玉之美者。綦(qí)：纹理杂色。

⑦瓀玟(ruán mín)：次于玉的美石。缊：赤黄色。

⑧象环：以象牙为环。“环”是璧的一种，“五寸”指环的直径。

【译文】

凡从天子到士，革带上一定要佩玉，只有服丧时除外。佩玉上有叫冲牙的玉，君子如果没有丧事或灾病等原因，玉就不离身，因为君子是以玉来象征德行的。天子佩带白玉，用玄色的丝带；公侯佩带山玄色的玉，用朱红色的丝带；大夫佩带水苍色的玉，用黑色的丝带；世子佩带美玉，用杂色的丝带；士佩带差玉一等的美石瓀玟，用赤黄色的丝带。孔子佩戴的是象牙制作的直径五寸的环，用杂色的丝带。

童子之节也①：缁布衣，锦缘，锦绅并纽，锦束发，皆朱锦也。童子不裘不帛，不屦絇②。无缌服③，听事不麻④。无事则立主人之北，南面。见先生⑤，从人而入。

【注释】

①童子：未行冠礼的男孩。

②絇(qú)：鞋头上的装饰。

③无缌服：郑注：“虽不服缌，犹免(wèn)。”缌麻是较远亲等的丧服，童子虽然不用穿着缌麻服，但头上还是要用白麻布条将头发扎起来。

④听事：到丧家帮忙。不麻：不加麻绖的带子。

⑤先生：老师。

【译文】

未行冠礼的童子的礼节：穿的是黑布衣，用丝绸镶边，绅和纽也用丝绸镶边，束发也用丝绸，这些丝绸都是朱红色的。童子不穿裘皮衣，不穿丝帛衣，童子的鞋子，头上不加装饰。家里有丧事，童子依亲等应穿着缌麻丧服，可不穿，到办丧事的人家去帮忙，也不扎麻绖带。没事的时候要站在主人的北侧，面向南。拜见老师时，要跟着成年人进入。

侍食于先生、异爵者①，后祭先饭②。客祭，主人辞曰“不足祭也”。客飧③，主人辞以“疏”④。主人自置其酱，则客自彻之。一室之人⑤，非宾客，一人彻。壹食之人⑥，一人彻。凡燕食，妇人不彻。

【注释】

①异爵者：爵位尊于自己之人。

②后祭先饭：吃饭前行祭礼，要在尊者之后祭；吃饭时，要在先生和尊者前先吃，表示为尊者尝食。

③飧(sūn)：吃饱以后又多吃几口，表示对主人所设食物之赞赏。

④疏：粗。孔疏：“故主人见客飧而致辞云‘粗食伤客，不足致饱’，若欲使更食然也。”

⑤一室之人：郑注：“同事合居者也。”

⑥壹食之人：郑注：“壹，犹聚也。为赴事聚食也。”

【译文】

陪侍老师或爵位高于自己的人吃饭，行祭礼时要在后，进食时要在前。客人行祭礼时，主人要推辞说“不值得祭”。客人吃饱以后赞美主人的饭菜，主人则抱歉地说“只是粗饭糙食罢了”。如果主人是亲自将调味的酱放置到席前的，那么客人在吃过之后就要自己动手把它撤掉。合住的同事们在一起吃饭，没有宾、主之分，吃过以后，就由年纪最轻的一人撤下馔具。大家有事而一道聚餐，吃过之后，也由年纪最轻的一人撤下馔具。凡平常吃饭，妇人不需要自己撤除馔具。

食枣、桃、李,弗致于核。瓜祭上环[1],食中,弃所操。凡食果实者后君子,火孰者先君子[2]。

【注释】

①上环:指上半个瓜。把瓜从中间切断,其断截面呈环形,故曰“环”。以上为尊,所以祭上环。

②孰:同“熟”。

【译文】

吃枣子、桃子、李子,不得将核扔到地上。吃瓜的时候要先祭上半个,然后吃瓜的中部,手所拿的瓜底部分就扔掉。凡吃果实,要先请尊者、长者吃,自己后吃;但吃烹饪的熟食,就要在尊者、长者之前吃,因为熟食由人制作,怕味道不好。

有庆[1],非君赐不贺。有忧者,勤者有事则收之,走则拥之[2]。孔子食于季氏,不辞[3],不食肉而飧。

【注释】

①庆:喜庆之事。孔疏:“谓或宗族亲戚燕饮聚会,虽吉不相贺,不足为荣故也。唯受君之赐为荣,故相拜贺。”

②“有忧者”三句:此处中断,应有脱遗文,致文意不明。译文省略。

③不辞:孔疏:“凡客将食兴辞,而孔子‘不辞’者,必是季氏进食不合礼也”;“凡礼食先食胾,次食殽,乃至肩,至肩则饱,乃飧。孔子在季氏家食,不食肉而仍为飧者,是季氏馔失礼故也”。

【译文】

家里有喜庆之事,如果没有国君的赏赐,就不敢接受亲友的道贺。孔子在季氏家吃饭,孔子进食前没有行推辞之礼,还没有吃肉就用汤浇饭而食，季氏安排馔食该是失礼了。

君赐车马，乘以拜赐[①]；衣服，服以拜赐。君未有命[②]，弗敢即乘、服也。君赐，稽首，据掌[③]，致诸地。酒肉之赐弗再拜。凡赐，君子与小人不同日。

【注释】

①“君赐车马”二句：国君赐给车马时，大夫、士要拜，第二天则要乘着此车马前去拜谢。后文的“衣服”也是如此。

②君未有命：必须有了君的命令，才敢真正启用乘坐君赐之车马，穿着君赐之衣服。

③据掌：郑注：“以左手覆按右手也。”

【译文】

国君赐给大夫、士车马，大夫、士要拜受，翌日再乘着所赐的车马去拜谢国君；国君赐给大夫、士衣服，大夫、士要拜受，翌日再穿着所赐的衣服去拜谢国君。国君所赐车马、衣服，如果没有国君的命令可以乘车、穿衣，大夫、士就不敢乘车、穿衣。国君有赏赐，大夫、士拜谢行礼要跪下磕头，把左手按在右手之上，手着地，头触地。如果国君赏赐的是酒和肉，只在当时拜受就行，不用次日再拜。国君赐物，君子和小人不能在同一天赏赐，要区别尊卑。

凡献于君，大夫使宰[①]，士亲，皆再拜稽首送之。膳于君，有荤、桃、茢[②]，于大夫去茢，于士去荤，皆造于膳宰[③]。大夫不亲拜，为君之答己也。

【注释】

①宰:家臣之长,为家中事务的总管。

②荤:姜之类的辛菜,能去秽物。桃:桃木。茢(liè):笤帚。荤、桃、茢,都是辟邪之物。

③造:至。膳宰:掌饮食厨炊之官。

【译文】

凡向国君进献物品,大夫要派自己家臣之长宰去送,士要亲自去送,送到国君宫门外,交给国君的小臣,然后行再拜稽首之礼。向国君进献美食,要一道献上驱避凶邪的姜等辛辣物、桃木和笤帚;如果是向大夫进献美食,就献上姜等辛辣物和桃木,去掉笤帚;如果是给士送美食,就附送桃木和笤帚,去掉姜等辛辣物;所进献的美食,都送到主管厨炊的官员膳宰那里。大夫不亲自去向国君进献物品,是怕麻烦国君给自己答拜行礼。

大夫拜赐而退[①]。士待诺而退,又拜[②],弗答拜。大夫亲赐士,士拜受,又拜于其室。衣服弗服以拜。敌者不在[③],拜于其室。凡于尊者有献,而弗敢以闻[④]。士于大夫不承贺[⑤]。下大夫于上大夫承贺。亲在,行礼于人称父。人或赐之,则称父拜之。

【注释】

①大夫拜赐而退:大夫拜谢国君的赏赐时,只到国君门外向国君的小臣致辞,小臣入内通报国君,大夫不必等待小臣回复就可以退下了。

②"士待诺"二句:士拜谢国君的赏赐时,到国君门外向国君的小臣致辞后,要等小臣回报国君的意思,才能退下,临走时还要对国

君的答报再进行拜谢。

③敌者：身份地位相当的人。

④弗敢以闻：据注疏，这是给尊者献物的“致辞”，不敢直说献给尊者，只能说是送给尊者的随从。

⑤承：受。郑注：“士有庆事，不听大夫亲来贺己，不敢变动尊也。”

【译文】

国君对大夫和士有赏赐，大夫行礼拜谢，只到国君的宫门外向国君的小臣致谢，小臣入内向国君禀报，大夫不必等小臣出来回复就可以退下。士行礼拜谢国君的赏赐，要等待小臣入内禀报后，传出国君说了“诺”，才能退下，临走时还要对国君的回复再次拜谢，而国君不须答拜。大夫亲自赏赐物品给士，士要行拜受礼，翌日还要到大夫家中再次拜谢。如果赏赐的是衣服，不用穿上衣服去拜谢。身份地位相当的人前往人家中赐赠物品，如果受赐赠者恰好不在家，翌日受赐赠者要到赐赠者家中拜谢。给比自己身份地位高的人进献物品，不敢直说献尊者，只能说是致送给尊者的随从。士有喜庆之事，不敢接受大夫的祝贺。但下大夫有喜庆之事，可以接受上大夫的祝贺，因为二者地位相近。父亲健在，与他人行礼时都要用父亲的名义。如果他人赐赠东西，要以父亲的名义拜受。

礼不盛，服不充[①]，故大裘不裼[②]，乘路车不式[③]。

【注释】

①不充：是不将外衣拉紧以掩蔽内衣之华美。充，孔疏：“犹袭也。”

②不裼：不显露裼衣。

③路车：天子祭天时所乘之车。

【译文】

如果不是隆重的典礼仪式，礼服的前襟就不掩蔽，显露出内衣之美，所以天子郊祀祭天穿大裘要系好前襟不显露裼衣，乘路车去祭天时也不凭轼行礼。

父命呼，唯而不诺[①]。手执业则投之，食在口则吐之，走而不趋。亲老，出不易方，复不过时。亲癠[②]，色容不盛，此孝子之疏节也。父没而不能读父之书，手泽存焉尔[③]；母没而杯、圈不能饮焉[④]，口泽之气存焉尔[⑤]。

【注释】

①唯而不诺：孔疏："唯恭于诺。"

②癠(jì)：病。

③手泽：孔疏："平生所持手之润泽。"

④圈：屈木做成的饮器。

⑤口泽：孔疏："平生口饮润泽之气。"

【译文】

父亲呼喊儿子的时候，儿子应答要说"唯"而不说"诺"，因为说"唯"比说"诺"更恭敬。儿子听到父亲呼喊，手中正拿有东西要赶快放下，嘴里正吃着食物要马上吐掉，要跑步前往而不仅仅是快走。双亲年老，做儿子的出门不改变方向去所，以免双亲找不到自己；要按时回家，以免双亲牵挂自己。如果双亲生病了，儿子面有忧愁畏惧之色，这是孝子最起码、最基本的礼节。父亲去世了，儿子不忍阅读父亲读过的书，那是因为书上还保存着父亲的"手泽"；母亲去世了，儿子不忍使用母亲用过的杯、圈，那是因为杯、圈上还保存着母亲的"口泽"。

君入门，介拂阑，大夫中枨与阑之间，士介拂枨[①]。

宾入不中门[②]，不履阈[③]。公事自阑西[④]，私事自阑东[⑤]。

【注释】

①“君入门”四句：郑注：“此谓两君相见也。”故此君指来访的国君，即宾。介，指来访国君的随从官员，是副宾。由卿担任上介，还有大夫介和士介。拂，挨，贴。闑（niè），门橛，竖在门中央的短木。枨（chéng），门楔，竖在门槛两旁的长木柱。主君在闑东，宾在闑西。来访的国君与介从闑西和西枨进入。

②宾：国君派卿大夫出聘他国，卿大夫即为宾客。不中门：不能走在闑西与枨的正中央，而应走更挨近闑的位置。

③阈（yù）：门槛。

④公事：指奉国君之命行聘享之事。自闑西：这是宾见主之礼。

⑤私事：以私人名义觐见他国国君。自闑东：这是臣见君之礼。

【译文】

两国国君相见，来访的国君从门橛和西侧的门楔之间进入，上介挨着门橛进入，大夫介也从门橛和西侧的门楔之间进入，士介挨着门楔进入。

来访的如果是卿大夫，不能走西侧门橛和门楔的正中央，而应更挨近西侧门橛，通过时也不能踩踏门槛。如果是奉国君之命前去聘问，就从门橛的西边进入；如果是以私人名义拜见他国国君，就从门橛的东边进入。

君与尸行接武[①]，大夫继武[②]，士中武[③]。徐趋皆用是，疾趋则欲发[④]，而手足毋移[⑤]。圈豚行[⑥]，不举足，齐如流[⑦]。席上亦然。端行[⑧]，颐霤如矢[⑨]。弁行[⑩]，剡剡起屦[⑪]。执龟、玉，举前曳踵，蹜蹜如也[⑫]。凡行[⑬]，容愓愓[⑭]，庙中齐齐[⑮]，朝廷济济翔翔[⑯]。

【注释】

①接武：郑注："蹈半迹。"孔疏："二足相蹑而蹈其半也。"指两只脚迈步很小，后脚的脚印叠压在前脚脚印一半的部位。武，足迹。

②继武：郑注："迹相及。"孔疏："两足迹相继也。"即两脚足迹相继，后脚脚尖紧接着前脚脚跟。

③中武：郑注："迹间容迹。"孔疏："每徙，足间容一足地也。"前脚、后脚之间能容下一脚的距离。中，间。

④发：抬脚。

⑤毋移：郑注："欲其直且正。"孔疏："不得邪低、靡匜、摇动。"移，指摇晃、偏斜、拖沓。

⑥圈（juǎn）豚行：转足循地而行，好像小猪循圈而行。圈，转。豚，猪。

⑦齐（zī）如流：孔疏："足既不举，身又俯折，则裳下委地，曳足如水流状也。"齐，见本篇"凡侍于君"节注②。

⑧端行：直身而行。此处是说疾趋。

⑨颐霤：见本篇"凡侍于君"节注③。如矢：直行如箭矢，不邪曲。

⑩弁行：跑。弁，急。

⑪剡剡（yǎn）：急速抬脚的样子。

⑫蹜蹜（sù）：举步局促的样子。

⑬行：道路。

⑭惕惕（shāng）：郑注："直疾貌也。"指直行快走的样子。

⑮齐齐（zhāi）：恭敬诚恳的样子。

⑯济济翔翔：郑注："庄敬貌。"

【译文】

在宗庙中行路步法的规定：国君和充当尸的人行走两脚迈步很小，后脚的脚印叠压在前脚脚印一半的部位；大夫行走步子稍大，两脚足迹相继，后脚脚尖紧接着前脚脚跟；士走路步子最大，前脚、后脚之间能容下一脚的距离。国君、大夫和士徐行时都要用这种走法，疾趋时则要迅速抬脚起步，但手足不要歪斜摇摆。循地转圈，像是脚不离地，裳的下摆拖曳在地上如同水流一般。入席或离席时也是这样一种走法。直身而行，身子要微微弓折，头稍俯，面颊如屋檐般斜下，直行前进如箭矢一般不歪斜。跑步时，双脚不停地急速抬起。手执龟甲或玉器等重要物品时，走路抬起脚尖，拖着脚跟，行不离地，小心翼翼。凡在道路上行走，正身快步；在宗庙里行走，恭敬诚恳；在朝廷上行走，庄重而有威仪。

君子之容舒迟，见所尊者齐遬[①]。足容重，手容恭，目容端，口容止，声容静，头容直，气容肃，立容德[②]，色容庄，坐如尸。燕居告温温[③]。凡祭，容貌颜色如见所祭者。丧容累累[④]，色容颠颠[⑤]，视容瞿瞿梅梅[⑥]，言容茧茧[⑦]。戎容暨暨[⑧]，言容詻詻[⑨]，色容厉肃，视容清明。立容辨[⑩]，卑毋谄，头颈必中[⑪]。山立[⑫]，时行，盛气颠实扬休[⑬]，玉色。

【注释】

①齐遬(zhāi sù)：谦和恭谨。

②德：得。这是说站立时身体要微俯，像有人授物给自己，自己得到的样子。

③告：郑注："谓教使也。"温温：和柔谦恭的样子。

④累累(léi)：虚弱疲惫的样子。

⑤颠颠(tián)：忧虑的样子。

⑥瞿瞿(jù)：惊愕的样子。梅梅：即昧昧，茫然的样子。

⑦茧茧：声细而微弱的样子。

⑧暨暨(jì)：果断刚毅的样子。

⑨詻詻(è)：教令严厉的样子。

⑩辨：通“贬”。

⑪中：直立而不倾侧。

⑫山立：此句前或有脱文。

⑬颠（tián）：通“阗”，充满。

【译文】

君子的容貌要恬淡娴雅，见到所尊敬的人则要谦和恭谨。君子举足要稳重，举手要恭敬，目光要正不斜视，口唇要合不妄动，语调和静不咳嗽，头脸端直不侧倾，气度穆穆不乱喘，站立时身体微俯，好像得到别人授物，自己正在接受，面色容颜庄重而不怠慢，坐就如祭礼中的尸端坐在神位一样。君子平素闲居时教育人、使唤人，态度要温柔和善。凡是祭祀之时，容貌面色都要像真正看见所祭的神鬼一样敬重。孝子服丧时，神情虚弱疲惫，面容忧郁，眼神惶恐而茫然，说话声细而微弱。君子身穿戎装时，神情果敢刚毅，号令严明凌厉，面容威严肃穆，眼神明察秋毫。在尊者面前站立，仪态谦卑，但不是谄媚，头颈必保持中正而不倾侧。如山一般耸立而不动摇，行动时，盛气充满身体，阳刚之气的壮美展现在外，面色温润如玉。

凡自称，天子曰“予一人”，伯曰“天子之力臣”①。诸侯之于天子，曰“某土之守臣某”；其在边邑，曰“某屏之臣某”②；其于敌以下③，曰“寡人”。小国之君曰“孤”，摈者亦曰“孤”④。上大夫曰“下臣”，摈者曰“寡君之老”。下大夫自名，摈者曰“寡大夫”。世子自名，摈者曰“寡君之適”⑤。公子曰“臣孽”⑥。士曰“传遽之臣”⑦，于大夫曰“外私”⑧。大夫私事使，私人摈则称名，公士摈则曰“寡大夫”、“寡君之老”。大夫有所往，必与公士为宾也⑨。

【注释】

①伯:孙希旦说,谓九州之长,即分封在各州的诸侯。力臣:天子的效力之臣。

②屏:在边境为天子之藩屏。

③敌:身份地位相当的人。

④摈:通“傧”。这里指主人一方的接待员,负责为主、宾传话。

⑤適:同“嫡”。

⑥公子:诸侯的庶子。孽:通“蘖”,树的旁生枝芽。

⑦传(zhuàn)遽:郑注:“以车马给使者也。”“传”是驿站之车,“遽”是驿站之马,都是传递邮件的工具,也指乘驿传车马传递消息的使者。

⑧外私:郑注:“士臣于大夫者曰‘私人’。”士对自家大夫自称“私”,对别家大夫则自称“外私”。私,大夫的家臣。

⑨公士:诸侯之士。奉君命出使,则由公士做随从。宾:即介,宾客一方的随从官员。

【译文】

关于自称,天子自称“予一人”,九州的州伯自称“天子之力臣”。诸侯对天子自称“某地之守臣某”;在边境的诸侯,对天子自称“某方的藩屏之臣某”;诸侯对地位和自己相同或低于自己的人,自称为“寡人”。小国的国君自称“孤”,傧者为他传话时也称他为“孤”。上大夫在自己的国君面前自称“下臣”,如果出使他国,傧者在传话时称他为“寡君之老”。下大夫在自己的国君面前自称己名,如果出使他国,傧者在为他传话时称他为“寡大夫”。世子在国君面前自称己名,如果出使他国,傧者在传话时称他为“寡君之嫡子”。国君的庶子在国君面前自称“臣孽某”。士在国君面前自称为“传遽之臣”,在别家大夫前自称“外私”。大夫因私事出使他国,家臣为傧者通报则称大夫之名,奉国君之命出聘,公士为傧通报则称之为“寡大夫”或“寡君之老”。大夫如果正式出聘,一定要由公士为介。

明堂位第十四

【题解】

郑玄《礼记目录》云:“名曰‘明堂’者,以其记诸侯朝周公于明堂之时所陈列之位也。”

从全篇内容看,其篇名或如王夫之所说:“《明堂位》者,取篇首之辞以为篇目。”

本篇从开头到“七年,致政于成王”,这一部分内容与《逸周书·明堂解》基本相同。主要记载周公摄政,天下大治,诸侯来朝于明堂,各就其位。之后的部分则记述因周公之德,鲁国国君可袭用古代天子衣物、器物等事,通篇赞美鲁国礼乐之盛,但夸饰过度,多不实之辞。

昔者周公朝诸侯于明堂之位[①]:天子负斧依[②],南乡而立。三公,中阶之前[③],北面,东上。诸侯之位,阼阶之东,西面,北上。诸伯之国,西阶之西,东面,北上。诸子之国,门东[④],北面,东上。诸男之国,门西,北面,东上。九夷之国[⑤],东门之外,西面,北上。八蛮之国,南门之外,北面,东上。六戎之国,西门之外,东面,南上。五狄之国,北门之外,南面,东上。九采之国[⑥],应门之外[⑦],北面,东上。四塞[⑧],世告至[9]。此周公明堂之位也。

【注释】

①周公：姓姬，名旦。周武王之弟，武王去世时成王尚年幼，周公代成王掌管朝政。明堂：古代帝王布政及举行祭祀、朝会、庆赏、选士等典礼的地方。据《大戴礼记·明堂》载，它是一座上圆下方的建筑，四堂十二室，一室有四户（门）八牖（窗），代表着天圆地方、四面八方、四时十二月等许多象征意义。周公规定了天子、诸侯等在明堂举行典礼时站立的位置。在陕西长安发掘出王莽时期的明堂建筑遗址。

②负：背。斧依：画有斧形图案的屏风，在堂上户牖之间。依，或作“扆”（yǐ），屏风。

③中阶：明堂共有九阶，东、西、北各二阶，南面东、中、西三阶。

④门：即下文的“应门”。

⑤九夷：与下文的“八蛮”、“六戎”、“五狄”皆为九服之外东、南、西、北四方的国家。“九”、“八”、“六”、“五”指泛数。

⑥九采：按周礼规定，四方诸侯依远近亲疏分为“侯服”、“甸服”、“男服”、“采服”等。此处指九州之牧。《王制》：“千里之内曰‘甸’，千里之外曰‘采’、曰‘流’。”采，即采本州之美物以贡天子。

⑦应门：明堂四面有门，南面之门内有应门。

⑧四塞：四方边塞之国。

⑨世告至：无定期的朝贡，只有在国君易代、新君即位时才来朝见。

【译文】

从前，周公在明堂接受诸侯朝见，规定了天子、诸侯以及四方各国君长所站立的位置：周公代表天子，背靠着带斧形图案的屏风，面朝南而立。三公站在中阶前，面朝北，以东侧为尊位。侯爵诸侯站在阼阶东面，面朝西，以北侧为尊位。伯爵诸侯站在西阶西面，面朝东，以北侧为尊位。子爵诸侯,站在应门内的东面,面朝北,以东侧为尊位。男爵诸侯站在应门内的西面,面朝北,以东侧为尊位。东方的夷族各国君长站在东门外,面朝西,以北侧为尊位。南方的蛮族各国君长站在南门外,面朝北,以东侧为尊位。西方的戎族各国君长站在西门外,面朝东,以南侧为尊位。北方的狄族各国君长站在北门外,面朝南,以东侧为尊位。九州之牧采服各国站在应门外,面朝北,以东侧为尊位。九州之外的四方边塞各国,只在新君即位时来朝见一次。这就是周公规定的天子、诸侯在明堂朝见时的位置。

明堂也者,明诸侯之尊卑也。

【译文】

所谓明堂,就是表明诸侯的尊卑等级。

昔殷纣乱天下,脯鬼侯以飨诸侯[①],是以周公相武王以伐纣。武王崩,成王幼弱,周公践天子之位,以治天下。六年,朝诸侯于明堂,制礼作乐,颁度量,而天下大服。七年,致政于成王[②]。成王以周公为有勋劳于天下[③],是以封周公于曲阜,地方七百里,革车千乘[④],命鲁公世世祀周公以天子之礼乐[⑤]。

【注释】

①脯鬼侯:将鬼侯杀死后做成肉脯。鬼侯,《史记·殷本纪》中作“九侯”。九侯有“好女”,嫁给纣王,因“不好淫”,纣王杀之,并“醢九侯”。

②致政:郑注:“以王事归授之。”

③勋劳：郑注："王功曰'勋'，事功曰'劳'。"

④革车：兵车。

⑤祀周公以天子之礼乐：旧注已指出，此处所记为"夸辞"，未可尽信。孔子已批评鲁国僭用天子之礼。

【译文】

从前，殷纣王扰乱天下，杀死鬼侯制成肉脯，用来宴飨诸侯，所以周公辅助武王讨伐纣王。武王去世，成王年幼，于是周公摄政，履行天子的职责，治理天下。摄政的第六年，令诸侯到明堂来朝见，制定礼仪和音乐的制度，颁布了度量标准，天下都完全顺从。摄政的第七年，周公就把执政权交还给了成王。成王认为周公对治理天下有功劳，因此将周公封在曲阜，拥有领土七百里，兵车一千辆，命令鲁国国君世世代代用天子的礼乐之制来祭祀周公。

是以鲁君孟春乘大路①，载弧韣②；旂十有二旒③，日月之章，祀帝于郊④，配以后稷⑤，天子之礼也。

【注释】

①大路：天子祭天所乘之车。

②弧：张开旌旗之幅的竹弓。韣(dú)：弓袋。

③旂(qí)：古代画有两龙相依倚图案并在竿头悬铃的旗子。

④帝：郑注："谓苍帝灵威仰也。"这是"五帝"之一的东方之帝。只有周天子才能祭昊天上帝，鲁是诸侯只能祭所在方位的帝。

⑤后稷：周人始祖。传说因其母未婚，孕而生子，出生后即被弃诸荒野，但受到禽鸟野兽的保护而不死，遂被其母收回，故名之"弃"。后率民从事稼穑，为尧、舜时的农官。

【译文】

因此，鲁国国君就可以在孟春之月乘天子祭天时坐的大路，大路载着张开旌旗的竹弓;飘旗上插有十二条飘带的垂饰,画着日月的图案,到南郊祭祀天帝,并以周的祖先后稷的神主来配享,这是天子祭天之礼。

季夏六月,以禘礼祀周公于大庙[①],牲用白牡,尊用牺、象、山罍[②],郁尊用黄目[③],灌用玉瓒大圭[④],荐用玉豆、雕篹[⑤],爵用玉琖仍雕[⑥],加以璧散、璧角[⑦],俎用梡、嶡[⑧]。

升歌《清庙》,下管《象》[⑨];朱干玉戚,冕而舞《大武》[⑩];皮弁素积[⑪],裼而舞《大夏》[⑫]。《昧》,东夷之乐也;《任》,南蛮之乐也[⑬]。纳夷蛮之乐于大庙,言广鲁于天下也。

【注释】

①禘(dì):大祭。鲁之禘,祀周公于太庙,而以鲁公配祭。

②牺、象、山罍:即牺尊、象尊、罍尊,均为酒器。见《礼器》“天道至教”节注①②⑧。

③黄目:酒樽名。见《郊特牲》“恒豆之菹”节注⑭。

④灌:用酒灌地降神。玉瓒:灌时酌酒的勺子,用玉制成。大圭:斗柄,用玉制成。见《郊特牲》“有虞氏之祭也”节注⑩。

⑤篹(suǎn):笾一类的食器,以竹制作。

⑥玉琖(zhǎn):夏后氏之爵。琖,酒盏。仍雕:因爵之形雕刻。夏后氏之爵是不加雕镂的,此则因循其爵之形而加以雕镂。仍,因。

⑦加:加爵,即正献后臣向尸加爵敬酒。璧散、璧角:饮酒的器皿,皆用玉璧装饰杯口。散容五升,角容四升。

⑧梡(kuǎn):有虞氏俎名,有四足如案。嶡(jué):夏代的俎名,与梡相似,两足之间有横木。

⑨“升歌”二句:升乐工于庙堂而歌。《清庙》、《象》,见《文王世子》

“天子视学”节注⑪⑬。下管,管匏竹一类的乐器在堂下。

⑩“朱干玉戚”二句:见《郊特牲》“诸侯之官县”节注④⑤。

⑪素积:与皮弁相配的裳,腰间有皱褶的白布裙。

⑫《大夏》:见《内则》“子能食食”节注⑬。

⑬“《昧》,东夷之乐”四句:按《周礼·春官·鞮鞻氏》郑注:“四夷之乐,东方曰《韎》,南方曰《任》,西方曰《侏离》,北方曰《禁》。”“昧”与“韎”同。天子有四夷之乐,而鲁只用东夷、南蛮两种,这是降于天子又隆于诸侯的礼仪规格。

【译文】

季夏六月,鲁国国君在太庙以禘礼祭祀周公,牺牲用白色的公牛,酒樽有牛形的牺尊、象形的象尊和有山岭云朵图案的罍尊,郁鬯香酒用黄金镂刻为眼睛形状的酒樽盛放,将郁鬯酒浇地降神时用玉瓒大圭,进献食品时用玉雕饰的豆和笾,献酒时用雕有花纹的玉盏,诸臣在加爵进酒时用璧散和璧角,盛放牲体的俎用有四足和加横木的几案。

乐工登堂唱《清庙》之诗,堂下管乐队吹奏《象》之曲;舞者或左手执红色的盾牌,右手持玉制的戚斧,戴着冕跳《大武》之舞;或头戴皮弁,穿着腰间有皱褶的白布裙,袒露正服前襟露出漂亮的中衣而跳《大夏》之舞。《昧》,是东夷的乐舞;《任》,是南蛮的乐舞。鲁国也将东夷和南蛮的乐舞纳入太庙祭祀中,这是天子要让鲁国将周公之德推广于天下啊。

君卷冕立于阼[①],夫人副袆立于房中[②]。君肉袒迎牲于门[③],夫人荐豆、笾。卿大夫赞君,命妇赞夫人,各扬其职[④]。百官废职,服大刑[⑤],而天下大服。是故夏礿、秋尝、冬烝[⑥],春社、秋省而遂大蜡[⑦],天子之祭也。

【注释】

①卷(gǔn)冕:即衮冕,天子的祭服。

②副：首饰。袆：即袆衣，王后的祭服。见《玉藻》“王后袆衣”节注①。

③肉袒：袒露左臂，表示要亲自杀牲，即《郊特牲》所说的“肉袒亲割，敬之至也”。

④扬：举。

⑤大刑：重罪。孙希旦说：“百官废职服大刑，盖祭前誓戒之辞也。”

⑥夏礿、秋尝、冬烝：礿、尝、烝皆为四时祭祀之名。此处无春祭名，孙希旦说：“记者见《春秋》不书鲁春祭。遂以为鲁但有三时之祭也。”见《王制》“天子、诸侯宗庙之祭”节注①。

⑦省（xiǎn）：指秋天田猎前的祭祀。大蜡：见《郊特牲》“天子大蜡八”节注①。

【译文】

祭祀周公时，国君身穿衮冕之服站在阼阶上，国君夫人头戴首饰身穿袆衣站在房中。国君袒露左臂到庙门迎接祭祀用的牺牲，亲自杀牲祭祖，国君夫人亲自进献豆、笾。祭祀中，卿大夫辅助国君，卿大夫之妻辅助夫人，各自履行自己的职守。官员中擅离职守、放弃职责的，是重罪，要受重罚，这样天下才能好好地服从。所以鲁国夏天的礿祭、秋天的尝祭、冬天的烝祭以及春天祭社，祀土地神，秋天举行的田猎到年终索祭百神的蜡祭，这些实际上都是周天子才有的祭祀。

大庙[①]，天子明堂。库门，天子皋门；雉门，天子应门[②]。振木铎于朝[③]，天子之政也。山节[④]，藻棁[⑤]，复庙[⑥]，重檐[⑦]，刮楹[⑧]，达乡[⑨]，反坫[⑩]，出尊[⑪]，崇坫[⑫]，康圭[⑬]，疏屏[⑭]，天子之庙饰也。

【注释】

①大庙：郑注：“言庙及门如天子之制也。”大，同“太”。

②"库门"四句:郑注:"天子五门:皋、库、雉、应、路。鲁有库、雉、路。"这里是说,鲁国的库门相当于天子的皋门,鲁国的雉门相当于天子的应门。

③木铎(duó):见《檀弓下》"卒哭而讳"节注②。

④山节:斗拱刻画成山形。

⑤藻棁(zhuō):在短柱上绘着图案纹饰。参见《礼器》"是故君子大牢"节注③。

⑥复庙:重屋,即双重屋顶。

⑦重檐:双重的屋檐,即在上层屋檐下再安一板檐,以遮挡风雨不要淋坏了墙壁。

⑧刮楹:孔疏:"以密石摩柱。"即用质地细密的石头刮摩楹柱,令其光滑。楹,柱。

⑨达乡:孔疏:"达,通也。乡,谓窗牖也。以牖户通达,故曰'达乡'也。"

⑩反坫:见《郊特牲》"诸侯之宫县"节注⑦。

⑪出尊:指反坫的位置出于尊位,即酒樽之南。

⑫崇坫:两楹之间的高土台,两君相见,用于放置玉圭等礼品。崇,高。

⑬康(kàng)圭:孔疏:"为高坫,受宾之圭,举于其上也。"康,通"亢",举。

⑭疏屏:在屏风上刻云气、虫兽等图案。疏,雕刻。

【译文】

鲁国的太庙,犹如天子的明堂。鲁国的正门是库门,相当于天子的正门皋门;鲁国的雉门,相当于天子的应门。鲁君宣布政令前要在朝廷上摇动木铎警示众人,这本是天子宣布政教的做法。鲁国的太庙,在斗拱上雕刻山形图案,在梁上短柱雕刻水草图案,重叠的屋顶,双重的房檐,刮磨光亮的楹柱,四面通达的窗户,两柱子间设饮酒后放空酒杯的土台，土台设在酒樽之南，还设有一个高土台，用以放置诸侯所献的玉圭，还有雕刻云气、虫兽图案的屏风，这些本都是天子太庙的装饰。

鸾车，有虞氏之路也；钩车①，夏后氏之路也；大路，殷路也；乘路②，周路也。

有虞氏之旂，夏后氏之绥，殷之大白，周之大赤③。

夏后氏骆马黑鬣④，殷人白马黑首，周人黄马蕃鬣⑤。

夏后氏牲尚黑，殷白牡，周骍刚⑥。

【注释】

①钩车：车厢前面的栏杆呈弯曲状的车。

②乘路：又叫“玉路”，即有玉饰的车。

③“有虞氏”四句：郑注：“四者，旌旗之属也。”孙希旦说：“有虞氏始为交龙之旂；夏后氏于旂之外又为绥，殷人又增为大白，周人又增为大赤也。”绥，当为“绥”，将旄牛尾系在旗顶。大白，白色旗。大赤，赤色旗。

④骆：孔疏：“白黑相间也。……夏尚黑，故用黑鬣也。”鬣：马的鬃毛。

⑤蕃：赤色。王引之说，“蕃”是白色。

⑥骍（xīng）刚：赤色的雄性牲畜。

【译文】

鸾车，是有虞氏君主所乘之车；钩车，是夏代君主所乘之车；大路，是殷代君主所乘之车；乘路，是周代君主所乘之车。

有虞氏用画有交龙的旗，夏代又加上了在旗杆顶端插上旄牛尾的旗，殷代又增加了白色的旗，周代又增加了赤色的旗。

夏代用白身黑色鬣毛的马，殷代用白身黑头的马，周代用黄身红色鬣毛的马。

夏后氏祭祀崇尚用黑色的牺牲,殷代崇尚用白色的雄性牺牲,周代崇尚用赤色的雄性牺牲。

泰[①],有虞氏之尊也;山罍[②],夏后氏之尊也;着[③],殷尊也;牺、象,周尊也。

爵,夏后氏以琖,殷以斝[④],周以爵。

灌尊,夏后氏以鸡夷[⑤],殷以斝[⑥],周以黄目。其勺,夏后氏以龙勺,殷以疏勺,周以蒲勺[⑦]。

【注释】

①泰:郑注:“用瓦。”陶制的盛酒器,无绘饰。

②山罍:孔疏:“画之为山云之形也。”绘有山形云雷的盛酒器。

③着:郑注:“着地无足。”无足而腹部直接着地的盛酒器。

④斝(jiǎ):一种酒器。见《礼运》“祝、嘏莫敢易其常古”节注③。

⑤鸡夷:即“鸡彝”,鸡形或带有鸡形图案的酒器。

⑥斝:读为“稼”,郑注:“画禾稼也。”绘有禾稼图案的酒器。

⑦“夏后氏”三句:龙勺,勺头制成龙头形。疏勺,即勺柄及勺头通刻云气纹饰。蒲勺,孔疏:“刻勺为凫头,其口微开,如蒲草本合而末微开也。”

【译文】

泰,是有虞氏用的无绘饰的陶制盛酒器;山罍,是夏后氏用的画有山云图形的盛酒器;着,是殷代用的器腹着地而无足的盛酒器;牛形的牺尊、象形的象尊,是周代用的盛酒器。

历代饮酒用的酒杯,夏后氏用的是玉饰的琖,殷代用的是圆口三足的斝,周代用的是容量较小的爵。

历代行灌礼灌地降神用的酒樽，夏代用鸡形的鸡彝，殷代用画有禾稼的酒樽，周代用黄金镂刻为眼睛形状的酒樽。酌酒时所用的勺，夏代用刻为龙头形的勺，殷代用通体刻有云气图形的勺，周代用刻成凫头形的勺。

土鼓、蒉桴、苇籥[①]，伊耆氏之乐也[②]。拊搏、玉磬、揩击、大琴、大瑟[③]，中琴、小瑟[④]，四代之乐器也。

【注释】

①土鼓、蒉桴(kuài fú)：见《礼运》"言偃复问曰：夫子之极言礼"节注⑦。苇籥(yuè)：苇管做的短笛。

②伊耆氏：传说中的古代君王。

③拊(fǔ)搏：古代一种打击乐器。皮革内填充糠，形如小鼓。揩击：即柷(zhù)、敔(yǔ)，都是打击乐器。见《月令》"是月也，命乐师修鞀、鞞、鼓"节注④。奏乐开始时击柷，结束时击敔。大琴：《尔雅·释乐》："大琴谓之离。"二十七弦。大瑟：又叫"洒"，形似琴，郭璞说："长八尺一寸，广一尺八寸，二十七弦。"

④中琴、小瑟：其制不详。

【译文】

筑土为鼓，抟土为鼓槌，截一节苇管为短笛，这是上古伊耆氏时代的乐器。拊搏、玉磬、柷敔、大琴、大瑟、中琴、小瑟，这是虞、夏、商、周四代所用的乐器。

鲁公之庙[①]，文世室也[②]；武公之庙[③]，武世室也[④]。

【注释】

①鲁公：周公长子伯禽。

②文世室：周文王之庙。世室，按古代宗庙制度，诸侯五庙，其开国远祖之庙，称“世室”，不毁、不迁，父、祖、曾祖、高祖各庙皆应毁弃。

③武公：鲁武公。伯禽的玄孙，名敖。

④武世室：周武王之庙。

【译文】

鲁公伯禽的庙，相当于周的文王庙，百世不毁；武公敖的庙，相当于周的武王庙，也是百世不毁。

米廪[①]，有虞氏之庠也；序[②]，夏后氏之序也；瞽宗[③]，殷学也；頖宫[④]，周学也。

【注释】

①米廪：郑注：“虞帝上孝，今藏粢盛之委焉。”和下文的“庠”、“序”、“瞽宗”、“頖宫”皆指学校。周天子有此四学，鲁国得用天子礼乐，所以也有这四种学校。

②序：郑注：“次序王事也。”即安排王事政务。

③瞽(gǔ)宗：郑注：“乐师瞽矇之所宗也。”指培养教育目盲的乐师的地方。

④頖(pàn)宫：郑注：“于以班政教也。”頖，或作“泮”。

【译文】

米廪，是有虞氏的学校；序，是夏代的学校；瞽宗，是殷代的学校；頖宫，是周代的学校。这四种学校，鲁国都有。

崇鼎、贯鼎、大璜、封父龟[①]，天子之器也；越棘、大弓[②]，天子之戎器也。

【注释】

①“崇鼎”句:崇、贯、封父,皆为国名。古者伐国,迁其重器,以分同姓。大璜(huáng),夏代之璜。璜,半璧曰“璜”。

②棘:通“戟”。

【译文】

崇国的鼎、贯国的鼎、夏的大璜、封父国的龟,这些本是天子的宝器;越国的戟、大弓,这些本是天子的兵器。

夏后氏之鼓足[①],殷楹鼓[②],周县鼓[③]。垂之和钟[④],叔之离磬[⑤],女娲之笙簧[⑥]。夏后氏之龙簨虡[⑦],殷之崇牙[⑧],周之璧翣[⑨]。

【注释】

①鼓足:王念孙说,“鼓足”应为“足鼓”,乃鼓名,与下文“楹鼓”、“县鼓”同例。“足鼓”是带四足的鼓,考古发现出土物中有四足之铜鼓。

②楹鼓:鼓框两侧各凿一孔,贯穿在树立的柱子上的鼓。

③县(xuán)鼓:鼓周边有环,可以悬于架上的鼓。

④垂:人名。舜时的共工(官名)。《世本》:“垂作钟。”认为垂是钟的发明者。和钟:按照声音次序排列悬挂的钟,即编钟。

⑤叔:人名。事迹不详。离磬(qìng):按照声音次序排列悬挂的磬,即编磬。《世本》:“无句作磬。”

⑥女娲(wā):传说中上古时的女帝。《世本》:“女娲作笙簧。”笙簧:笙中之簧,笙中的发音薄片。

⑦簨虡(sǔn jù):悬挂钟磬所用的木架。横木叫“簨”,簨上有一大板叫“业”,直柱叫“虡”。木架上画龙图案为装饰,故曰“龙簨虡”。

⑧崇牙：在簨的大板“业”上刻出锯齿形，以挂钟磬之纮带。

⑨璧翣(shà)：簨虡的装饰物。在簨的上端两角插上画有图案的缯制成的扇，扇上载有小玉璧，并垂五彩羽毛于其下。

【译文】

夏代用带四足的足鼓，殷代用有柱贯穿中央的楹鼓，周代用可以悬挂在架子上的县鼓。垂发明了按声音次序排列悬挂的编钟，叔发明了按声音次序排列悬挂的编磬，女娲发明了笙簧。悬挂钟磬的架子，夏代在横梁上绘有龙图案，殷代在有龙图案的横梁的大板上刻出牙形，周代又在横梁的两端插上画有图案的缯制成的扇，扇上载有小玉璧，并垂五彩羽毛于其下。

有虞氏之两敦，夏后氏之四琏，殷之六瑚，周之八簋[①]。俎，有虞氏以梡，夏后氏以嶡，殷以椇，周以房俎[②]。夏后氏以楬豆[③]，殷玉豆，周献豆[④]。

【注释】

①“有虞氏之两敦”四句：敦(duì)、琏(lián)、瑚、簋，皆为盛黍稷的食器。

②“有虞氏以梡”四句：梡(kuǎn)、嶡(jué)，见本篇“季夏六月”节注⑧。椇(jǔ)：俎名。“椇”是一种果树，树枝曲桡，果实拐折，此俎之四足向外斜出呈曲桡拐折之状，因而得名。房俎，俎名。左、右各有两足，两足之下各有一跗作为底撑，类似于古代的堂室旁的左、右房，故名。

③楬(qià)豆：祭器名。没有图案装饰的木制高脚盘。

④玉豆、献(suō)豆：殷之豆以玉作装饰但不雕画图案，周之豆以玉作装饰并且雕刻纹饰，故名。献，雕刻。

【译文】

盛放黍稷，有虞氏用两敦，夏代用四琏，殷代用六瑚，周代用八簋。盛放牲体，有虞氏用有四足的几案，夏代用有四足并加横木的几案，殷代用四足弯曲的几案，周代用左、右各两足，两足之下各有一跗作为底撑的几案。夏后氏用木制的上面没有任何装饰的楬豆，殷代用玉装饰而不绘刻图案的玉豆，周代则用玉装饰又绘刻图案的献豆。

有虞氏服韨①，夏后氏山，殷火，周龙章。

【注释】

①韨（fú）：祭服上的蔽膝。见《玉藻》“韠，君朱”节注⑧。

【译文】

历代祭祀的祭服，有虞氏用无纹饰的蔽膝，夏代用画有山形图案的蔽膝，殷代用画有火形图案的蔽膝，周代用画有龙形图案的蔽膝。

有虞氏祭首①，夏后氏祭心，殷祭肝，周祭肺。

夏后氏尚明水②，殷尚醴，周尚酒。

有虞氏官五十，夏后氏官百，殷二百，周三百。

有虞氏之绥③，夏后氏之绸练④，殷之崇牙⑤，周之璧翣。

【注释】

①祭首：食前以牺牲之首为祭品行礼。

②明水：用铜制的盘皿一类的器具放在月下所承接的露水。

③绥：当作“緌”。见本篇“鸾车，有虞氏之路也”节注③。

④绸练：郑注：“夏绸其杠，以练为之旒。”即用绸绢缠绕旗杆，以白练作为飘带。

⑤崇牙：郑注："殷又刻缯为崇牙，以饰其侧。"指将旗帜的边缘刻成牙齿形状。

【译文】

食前之祭，有虞氏崇尚用牺牲的头来祭祀，夏代崇尚用牺牲的心来祭祀，殷代崇尚用牺牲的肝来祭祀，周代崇尚用牺牲的肺来祭祀。

祭祀时的酒饮，夏代崇尚用明水，殷代崇尚用醴酒，周代崇尚用酒。

参与祭祀的官员，有虞氏为五十人，夏代为一百人，殷代为二百人，周代为三百人。

历代的丧葬用旗，有虞氏将旄牛尾系在旗杆顶端做装饰，夏代用白丝绸缠绕旗杆、以素练做飘带加以装饰，殷代将旗帜的边缘做成齿牙之形作为装饰，周代旗上有带图案的缯制成的扇，扇上载有小玉璧，并垂五彩羽毛于其下作为装饰。

凡四代之服、器、官，鲁兼用之。是故鲁，王礼也，天下传之久矣。君臣未尝相弑也，礼乐、刑法、政俗未尝相变也，天下以为有道之国。是故天下资礼乐焉[①]。

【注释】

①资：取。郑注："春秋时，鲁三君弑，又士之有诔，由庄公始，妇人髽而吊，始于台骀，云'君臣未尝相弑'，'政俗未尝相变'，亦近诬矣。"

【译文】

凡是虞、夏、商、周四代所用的礼服、礼器、官员，鲁国都兼而有之。因此鲁国使用的是天子之礼乐，天下人所共知，传闻已久。鲁国的君臣没有互相残杀，礼乐、刑法、行政、风俗始终没有发生改变，天下诸侯都认为鲁国是有道的国家。所以天下都以鲁国为榜样学习践行礼乐。